中国历史研究学术文库

中国社会科学院古代史研究所文化史研究室 编

互洽共生

——明代商人、商业与国家体制关系探研

常文相 著

海峡出版发行集团 THE STRAITS PUBLISHING & DISTRIBUTING GROUP | 福建教育出版社

图书在版编目（CIP）数据

互洽共生：明代商人、商业与国家体制关系探研/常文相著．—福州：福建教育出版社，2019.5（2023.8 重印）
（中国历史研究学术文库）
ISBN 978-7-5334-8368-5

Ⅰ.①互… Ⅱ.①常… Ⅲ.①商业经济—关系—国家制度—研究—中国—明代 Ⅳ.①F729.48

中国版本图书馆 CIP 数据核字（2019）第 021272 号

中国历史研究学术文库
中国社会科学院古代史研究所文化史研究室 编
Huqia-gongsheng
互洽共生
——明代商人、商业与国家体制关系探研
常文相 著

出版发行 福建教育出版社
（福州市梦山路 27 号 邮编：350025 网址：www.fep.com.cn
编辑部电话：0591-83716932
发行部电话：0591-83721876 87115073 010-62024258）
出 版 人 江金辉
印　　刷 福州报业鸿升印刷有限责任公司
（福州市仓山区建新镇建新北路 151 号 邮编：350082）
开　　本 710 毫米×1000 毫米 1/16
印　　张 19.5
字　　数 319 千字
插　　页 1
版　　次 2019 年 5 月第 1 版 2023 年 8 月第 2 次印刷
书　　号 ISBN 978-7-5334-8368-5
定　　价 59.00 元

从历史中吸取智慧
——“中国历史研究学术文库”序

卜宪群

经过各方的共同努力，特别是在福建教育出版社的大力支持下，“中国历史研究学术文库”和大家见面了。这套文库将主要面向中青年学者，出版他们关于中国历史与文献研究方面的论著，展现他们的学术风采，使他们沿着先贤的足迹，不懈努力，勤勉进取，为繁荣和发展中国特色哲学社会科学做出贡献。文库首批图书出版之际要我说几句话，我就以在中国历史研究院成立大会上的发言为底稿，就新时代为什么要加强历史学习和历史研究谈一点粗浅的体会。

一、从历史中吸取智慧是新时代的需要

伟大的时代必有史学的参与，史学也必将为伟大的时代贡献智慧，这是史学的功能，也是史学家的职责。中华民族素有学习和总结历史发展经验的优良传统。历史学习、历史思维、历史借鉴，在我国历史上许多重大政治与社会变革中，在许多思想、文化的重大转折和突破性演变中，都产生过强大的推动作用。史学在维护中华民族发展过程中的国家认同、民族认同、文化认同上产生过重大作用。回望历史，中华民族统一多民族国家的形成以及中华文明的长期延续，使中国历史发展既艰难曲折又波澜壮阔，呈现出自身的特点与规律。而善于总结历史经验与继承历史传统，是中华民族一次次登上人类文明高峰的重要基础。我们党历来重视历史学习，从历史中吸取智慧，不断开拓前进。毛泽东同志十分善于总结历史经验，他说:“今天的中国是历史的中国的一个发展；我们是马克思主义的历史主义者，我们不应当割断历史。从孔夫子到孙中山，我们应当给以总结，承继这一份珍贵的遗产。这对于指导当前的伟

大的运动，是有重要的帮助的。"[1] 1944年，毛泽东同志批示延安的《解放日报》全文转载郭沫若的《甲申三百年祭》，目的是以明末农民起义军李自成集团为例，教育广大干部和全党同志不要重犯胜利时骄傲的错误，从而把延安整风运动推向深入。实事求是是我们党的优良传统，这四个字也是从史书中发掘出来，并赋予了新的含义。

改革开放40年的伟大成绩，昭示着中华民族从站起来、富起来到强起来的历史性飞跃。习近平总书记指出："当代中国正经历着我国历史上最为广泛而深刻的社会变革，也正在进行着人类历史上最为宏大而独特的实践创新。"[2] 这一"广泛而深刻的社会变革"与"宏大而独特的实践创新"就是中国特色社会主义道路，这是中华民族五千多年历史上从未有过的大变局。如同中国历史上许多杰出政治家善于从历史中总结经验、探索未来一样，习近平总书记深知，在这片土地广袤、人口众多、历史积淀深厚的国家建设社会主义，必须坚持中国特色，必须坚持中国国情、中国道路，这须臾也离不开历史思维。因此，他高度重视历史学习，指出"历史是最好的教科书"。他多次强调历史认识的重要性，指出历史、现实、未来是相通的。历史是过去的现实，现实是未来的历史。他十分强调吸取历史经验的必要性，指出治理国家和社会，今天遇到的很多事情都可以在历史上找到影子，历史上发生过的很多事情也都可以作为今天的镜鉴。中国的今天是从中国的昨天和前天发展而来的。要治理好今天的中国，需要对我国历史和传统文化有深入了解，也需要对我国古代治国理政的探索和智慧进行积极总结。总书记站在辩证唯物主义和历史唯物主义的高度，讲清楚了我们开辟中国特色社会主义道路的历史必然，讲清楚了我们为什么要从历史中吸取智慧，及其在新时代的重要意义。

二、历史中蕴含着丰富的治国理政智慧

漫长的历史长河中，中华民族在治国理政上积累了丰富的历史智

---

[1] 毛泽东：《中国共产党在民族战争中的地位》，《毛泽东选集》第2卷，北京：人民出版社，1991年，第534页。

[2] 习近平：《在哲学社会科学工作座谈会上的讲话》，《人民日报》，2016年5月17日。

慧，我认为以下三个方面尤为值得重视与总结。

其一，创造并长期维护了中华民族统一多民族国家的治理体系。源于先秦的“大一统”思想和理念，在秦汉以后转化为政治实践，形成了“事在四方，要在中央”，“海内为郡县，法令由一统”的中央集权国家治理体系。这一体系既包含了先秦以来历史文化传承的某些因素，更深刻体现了战国以后社会生产力的发展在国家治理体系上的政治诉求。这一治理体系符合我国历史实际，得到了历代有为的政治家和思想家的高度认同，具有深厚的政治基础、思想基础和社会基础。我国历史上秦汉唐宋元明清所创造的数座文明高峰，都与这一治理体系所发挥的巨大作用不可分割。中华民族之所以产生并长期凝聚不散，也是这一治理体系延续不断的结果。这充分说明大一统的国家治理体系深得人心，是趋势，是潮流，符合我国国情。世界历史上也出现过不少盛极一时的强盛帝国，但最终都走向分崩离析，其根本原因就在于它们缺少我们这样长期凝聚而成的共同经济联系和历史文化认同。历史反复证明，统一多民族国家的完整与安定是国家治理的前提条件。任何分裂与动荡，都会导致国家与人民陷入灾难。这一历史经验与教训，我们今天仍然不可忘却。

其二，形成并不断丰富完善了统一多民族国家的一系列治理理念与制度体系。中华民族在长期的历史发展过程中，融合各民族智慧，在政治、经济、文化、社会、生态、边疆、民族等一系列国家治理制度体系建设上都有缜密的思考。例如自西周开始，敬德保民的人本、民本意识开始产生，春秋时期“神”在政治中的作用进一步动摇，民本的呼声更加高涨。发轫于先秦的民本思想，在我国封建社会更是演化为许多具体的治理措施。又如自春秋战国时期开始的“尚贤”呼声，推动了当时各国选贤任能思想与实践的发展，并对我国封建社会选贤任能的制度化建设、德为才帅的用人理念产生了重大作用。再如春秋战国时期法治思想的产生与实践，极大丰富了人们对法制在国家治理中的重要性的认识。而秦朝严刑峻法致二世而亡的教训，又直接导致汉代以后“德主刑辅”治理理念与政策的产生。历代所形成的以民为本、德主刑辅、严格吏治、选贤任能、反腐倡廉、基层治理、民族认同、生态保护等思想与制度，内涵极为丰富，其历史智慧至今仍值得我们总结和借鉴。

其三，构建并传承了统一多民族国家的共同价值观。数千年来我们的祖先认识到“是非不乱则国家治”的道理。要做到“是非不乱”，就要有正确认识事物、正确评判事物的共同价值观。中华民族讲求礼义廉耻，提出“礼义廉耻，是谓四维；四维不张，国乃灭亡”。中华民族讲求正己修身，提出“博学于文，行己有耻”，“己所不欲，勿施于人”，“身修而后家齐，家齐而后国治，国治而后天下平”。中华民族讲求变革进取，提出“治世不一道，便国不法古”。此外，厚德载物、居安思危、自强不息、勤劳事功、和而不同等价值观，在历史上都成为凝聚社会的精神核心力量，是历史留给我们的宝贵财富。正是这些精神，使我们的祖先在国家治理上表现出政治秩序、文化秩序、社会秩序相统一的特点，形成了“是非不乱”的共同价值观，对治国理政、维护国家的长治久安产生了积极作用，形成了富有鲜明特色的中华精神文化，至今仍有其不朽的价值，值得我们认真学习。

中国有着悠久的古代史学传统，有着近代以来实证史学的丰硕成果，更有马克思主义传入中国后形成的科学历史理论体系。丰厚的史学遗产是我们的宝贵财富，广大中青年学者需要认真学习和吸取。这套文库应当坚持以马克思主义唯物史观为指导，以习近平新时代中国特色社会主义思想为引领，坚持中国史学经世致用的优良传统，借鉴古今中外一切科学的史学研究方法，为构建具有中国特色的马克思主义史学学科体系、学术体系、话语体系做出贡献。同时，我也真诚地希望史学界的青年朋友积极给文库投稿，希望史学界的老朋友关心支持这套文库，将优秀的学术著作推荐给文库。

最后，祝这套文库的学术生命常青！

中国帝制时代的权力与财富（本书序）

赵轶峰

常文相的第一部学术著作《互洽共生——明代商人、商业与国家体制关系探研》题意显明，就是讨论明代商人、商业与国家体制之间的关系。这个问题在我看来非常重要，很可能是重新理解中国乃至国际学术界许多年来反复研讨、争论却难以达成共识的一些话题的一个关键所在。

明清处于中国帝制时代收结的末端，如果要对中国帝制时代国家与社会体系的基本特质和演变情势做一个通观，尤其是如要看出这种体系长期推演下来所能达到的结果，就必须要研究明清时代的历史。这个结果，其实就是中国在与外部世界全面对接之前自身历史推演方向如何的基本答案。这个结果很复杂，要从无数历史文献、信息中妥当地归纳出其本质性的内容，把那些内容之间的关联看清楚，再用明白晓畅的文字叙述出来，实在不是容易的事情。自新史学兴起以来，许多前人的研究，其实就是在做这件事情。

明清时代史料充足，要了解所有的事情，苦于难以穷尽史料，总有关照不到的地方，但要了解这个时代国家体制、社会基本结构及历史演进的大致趋向，条件毕竟比研究更早时代的情况要便利。只是史料无论怎样充足，都不会自己说话，当时的人没有后来历史的参照——当事者迷，不曾提出我们现在思考的同样的问题，因此还是得靠现在的研究者选择和运用史料，把明清时代的历史经验与后来的演变结合起来思考，作为了解当下、思考未来的资源。这就需要一些理论和方法。而到了这个环节，大家的想法就有差异，研究的结果也就纷纷纭纭。明清史界半个多世纪以来的研究所能达成的基本共识是，明清时代的商人是极其活跃的社会阶层，明清时代的商业是相当发达的，但关于这究竟意味着什么，思考的路径就有许多差别。曾经影响很多学者的一个路径是，把明清时代看作“封建社会”的末期，又认为“封建社会”的后面一定是资本主义社会，于是明清时代的商人和商业就成了论说中国“封建社会”正在解体、资本主义生产关系正在发生的关键。但是，把明清时代的中国看作“封建社会”，是借用先前苏联理论界讲历史的模式，既未与中国历史文献记载相吻合，也缺乏逻辑的基础，对此学术界已经做了很清楚的梳理。我自己多年研究的心得，是把明清时代的基本社会体制称为“帝制农商社会”。由明入清，这种体制处于发展过程中，并在18世纪达到高度繁荣，其后延续，直至19世纪中叶，并没有显露出自行向另一种社会体制转变的确切征象。这就把研究明清时代中国社会的总体演变趋势，从过分强势的理论预设语境中拉回来，还原为一个主要需要通过对中国历史的具体研究来说明的问题。而无论具体研究所揭示的情形如何，明清时代中国社会形态的推演与西方的差异性比以前想象的更大且复杂，这是肯定的。与“封建社会”说相关的另一种成见是，认为中国有一个一以贯之的“重农抑商”主义，国家始终鄙视商人，压制商业，所以商业就发展不起来。这主要是偏重从对帝制前期思想史的研究中获得的印象，实际社会的运行并非与某些思想主张完全一致。所以汉代的商人就很有势力，五代、宋时期，商业已经非常发达。到了明清时代，“重农抑商”已经接近成了空话。有了“重农抑商”的成见，就会夸大商业与国家的对立性，忽视两者之间关系的复杂性，还会夸大商业对旧制度的解体作用。这些年的明清经济史研究既然揭示了明清商人的活跃和商业的繁荣，“抑商”说法的有效性也就大大降低。那么现在要研究的主要问题就是，明清时代国家与商人和商业的关系究竟怎样？以往对于商业的研究，多从纯粹经济史着眼，也就是突出商业的经济属性而将其从社会体系中相对剥离开来进行审视，商品种类、流通方式、流通量、资本来源与去向等较受重视，而商业的制度框架和社会环境，则仅仅是个背景。这应该与经济学的理论大多是以商品经济充分发达的现代社会作为研究对象有关。现代经济是在全球化过程中展开的，全球化是一个融通的过程，所以现代经济比前现代经济具有更强的世界统一性，前现代经济则有更强的差异性，类型更复杂，因而相关的研究更需要考虑制度框架和社会环境问题。就帝制时代后期的中国而言，这是一个集权的体系，权力对社会财富的支配力强大而少有制约。因而，国家与商业的关系就深深渗透进商业的内部，常常具有近乎决定性的意义，而不是单纯的外部背景。

文相的这本书，就在这个方向的研究中向前推进了很大一步。他在梳理大量文献、参酌前人研究并重新思考研究视角的基础上，提出了一些重要的看法。从他的研究中可以了解到，明代中国商品经济空前活跃，统治者也肯定商业对国计民生之必要性，在司法实践和政策运行层面将商人与其他庶民同等对待，为商业开展提供必要的秩序保障。明朝固然曾经实行一些约束商人的政策，但并没有以“抑商”为根本政策，而且演变的趋向，是对商业行为的日益认可。明代的士大夫，大多反对病商苛政，主张通过监管来收官商共利之效。“通商裕国”“厚农资商”“农商交重”“工商皆本”的思想，在明代已经普遍流传，已能说明商业在帝制框架下尚有充分发展潜力。学术界早就对明代的盐法、茶法进行了研究，但基本上是就事论事，或者从明朝财政的角度想问题，本书则在更深的层面指出，这些措置的背后是政府和商人的合作。开中法是政府招募商人开发西北边地以实现边疆物资供给，同时增加财政收入的重要方法，茶叶的专卖也是政府利用商人实现周边区域控制而采取的措施。政府因佐军、赈饥、营造等需求，已经把商人作为推行国家大政的杠杆，商人则不仅需要政府营建维持商业运行所必需的社会秩序环境，还可能通过与政府的合作获取更大的经济利益。明代的商人既然能够在既有社会体制中增加财富，就不会执意颠覆既有的体制，就会设法在既有体制中稳固地位、提高地位。于是，富商大贾就会置办恒产，兼为地主，也会从事科举或者钻营捐纳，成为官绅。这种演变，慢慢地把商人与绅衿混合起来，使财富和权力交织到一起，从而也就使商业融合为帝制体系内在的要素，商人与政府合作，农业同商业并荣，权力和财富结合，呈现为一种互洽共生的情态。

如果说，西欧的历史提供了商业瓦解“封建”的经验，明代中国的历史则提供了另一种商业与帝制共生的历史经验。这种格局，在明代还只是初步展开，到了18世纪，则呈现出全貌。如果我们把明清两代商人、商业与国家的关系都联系起来，会更真切地看到这本书中展现的情形和结构关系。中国帝制时代后期的商人从来没有提出自己独立的政治和社会诉求的原因，以及这个时代的商业发展并未瓦解既有国家体制的原因，也可以在这种互洽共生关系中找到部分答案。

这样的探索，对于理解中国历史整体的推演是很有意义的。中国帝制体系建立之初，的确偏于倚重农业，有“重农抑商”的言论和贬低商人的政令，对商业的管制也比较严格。但是，帝制的基本功能之一就是整合广大地域范围于同一个秩序体系中，这其实去除了真正“自给自足”社会的根基。帝制下社会产品的流动不可避免，商品贸易也会比在权力结构高度地方化的“封建制”下更便利。所以，帝制的内在逻辑，既包含对社会的强控制，也包含商业的展开。地域广泛的行政统一体，是商业发达的温床。于是，在控制商业带来的流动性对农业社会的冲击与从商业中获取较大收益之间维持一种平衡，就是帝制时代农商政策的核心。农业本身的发展，集市和城市经济、手工业的发展，国内交通的便利化，海外交通的展开，都在逐渐推动商品经济走向活跃。明清时代，中国社会积聚的商业能量伴随全球化，显示了自己巨大的力量，权力对商业财富的追求，也随之强化。这样，我们就在明清历史画卷中，看到帝制国家权力与商业财富之间种种超乎以往的缠绵。明清时代社会充满变化，也充满矛盾，但更明确地承认商业的正当性，却在这个时代基本成为共识。这个时代的社会精英、地方豪强、庶民大众、统治者，大都接受了这种共识。财富力量在这个时代深刻地影响了社会的演变，社会的流动性肯定是增强了，社会精英成了混合体，人民更深地卷入了商业，而活跃的商品经济又意味着更多的变化在前头。明朝后期已经大大削弱了的政府权力，似乎难以掌控商业力量，也难以掌控社会财富，但是清代重新整合的权力却有更大的控制功能。财富与权力的互洽共生推演下来，最终还是权力支配财富，商业能量为帝制体系的再度强化提供了重要的支撑。这种帝制与商业耦合的新生态，在社会经济基础趋于市场化的意义上与西方的资本主义社会一致，但在社会权力支配关系的意义上却与西方迥然不同。我们对这种结构，至今还缺乏深度的理论认识。这既是文相将来要努力的，也是我们大家都应该关注的。

文相同我一起研究明清史许多年，心志笃定，从无旁骛，根柢坚实。近年得中国社会科学院的孙晓、张兆裕等专家的提点，亦得诸多京华名宿之熏陶，眼界胸襟愈为宽阔。为文相的这本书作序，虽未必能够尽显其精要得失，我还是与有荣焉。

2019 年 1 月 4 日于长春

目 录

绪　论

一、问题提出

明代以来，伴随商品生产的发达与物资流通的广泛，商人阶层普遍兴起。当时的中国，无论就其国际处境还是国内社会经济结构而言，也正发生着深刻变化。[1] 其间商人的活动与社会变迁的历史过程相呼应，他们在扩充商业资本、繁荣商品经济的同时，本身亦成为国家和社会体系中一支不容忽视的内在力量。以上看法已是国内外诸多学者的大致共识，不过，在如何呈现明代社会变化的真实面貌并解释该社会总体形态特征及演进趋势方面，学界尚存不同认识，仍有进一步澄清和讨论的必要。

本书以社会变迁中的明代商人、商业与国家体制基本关系为中心，重点探讨彼时政府管理层的商业政策、观念及商人在既有国家社会构造中的权利地位，以期能够就此提出一些新的认识。先前相关研究，往往接受并采用“现代”社会如何生成的话语模式，以西方社会的演进情态和过往经验为参照尺度，仅把中国历史当做相对西方的比较对象。此类研究通常先验认定中西社会按照相同规律，性质上同属于一种历史运动进程，于是以否定姿态将明清时期应然视为传统中国正处在自我解体过程中的“封建社会”末期。理论上这个社会的经济结构以自给自足的农业形态为主要特征，而转贩贸迁的商人即被看成体现着先进商品经济含义的一类人群，他们的商业活动和资本积累瓦解了先前自然经济基础，其自身伦理及行为取向也应该同行将替代“封建社会”的资本主义工商社会趋向一致，甚至还被赋予了促生新式生产关系和精神文化以引领社会进行体制变革的历史使命。

---

[1] 相关代表性研究可参见万明主编：《晚明社会变迁问题与研究》，北京：商务印书馆，2005 年；张显清主编：《明代后期社会转型研究》，北京：中国社会科学出版社，2008 年。

总而言之，作为传统社会内部的异质分子，明清商人与当时国家社会体制在本质上是矛盾冲突的。

由此预设出发，以往研究大多关注明清商人能否突破旧有体制束缚，从而成长为具有独立阶级意识的社会领导角色；在具体操作上则着力从当时商人、商业的持续发展中找寻某些近似西方的能够推动社会向资本主义进步变革的因素和迹象，即所谓的“资本主义萌芽”。这种思路方法显示了中国学界试图破除西方长期流行的源于“东方专制主义”“亚细亚形态”等各种“中国停滞论”说辞的努力，同期发掘的大量有关明清社会经济关系及发展状况的原始文献，亦为今后的实证研究奠定了坚实基础。然而西方现代文明的兴起实是一场历时长久、规模宏大且基于其自身历史形成的包括政治、经济、社会、文化、科技及内外环境等各领域嬗变在内的全方位系统性综合结构推演结果，中国学者刻意阐释的市场经济繁荣、商业资本扩大、商品产量提高及生产劳动中出现雇佣关系诸要素，并不能构成古代社会必然朝资本主义体制顺向递进的充分条件。[1] 事实上，明清中国也确实没有发生这样的根本转变。

既然中国后来未曾产生原发资本主义，面对这一现实，很多研究者又不得不退回来强调传统商人落后保守及其与政治权贵势力结合依附的一面，问题指向就变成探寻中国内部“封建社会”自我解体抑或资本主义发生障碍的原因。更有甚者依然主张传统中国的长期延续停滞性，认为其在近代

---

〔1〕 赵轶峰指出，“商业资本在中西文明的古典时代都已经产生，但只能达到商业繁荣，却不能催生出资本主义体制”，而“从资本、雇佣劳动、商品生产、商品市场这几个要素看，15 到 17 世纪中国与欧洲经济有大量的共性现象”，然“这类的确与资本主义经济秩序相吻合的社会经济因素，并不一定会成长壮大成为资本主义经济秩序，也不一定能构成向资本主义主导的经济秩序稳步推进的历史过程”，故“同一时期中国所发生的社会变动，与欧洲的变动之间，有关联，有相似处，但总体而言不在同一轨道上”，因此必须正视二者差异，“所有试图通过单一要素——无论是雇佣劳动关系、GDP，还是伦理价值的比较——来分析中欧历史道路的相似的方法，能够说明的问题甚为有限，有时甚至是误导性的”。赵轶峰：《世界大变迁与明清中国——对现代早期东西方历史进程的再思考》，《社会科学辑刊》2015 年第 6 期，第 151 ~ 152 页。

受到西方强烈的外力刺激前几乎不具备自行更新的条件和能力。[1] 此种研究始终是以西方历史经验作为衡量人类社会文明进程的统一标准，把中国置于背离西方的相对“变态”的演化道路上，其间商人角色亦陷入自身属性非进步即落后、与既有体制关系非对立即附庸的复杂纠结中。

然而实际情形是，帝制中国一直都是一个覆盖广袤地域和众多人口的社会共同体，其中农业、商业、手工业、畜牧业多元经济并举。商业满足了不同地区间产品交换与物资调动的需要，维持着社会经济平稳运行，是中央集权的庞大国家所不可或缺的基本经济成分之一，且越到帝制后期其重要地位愈加突显。商人同样在这个涵盖广泛的共同体中担当着沟通促进各地经济交流的关键角色，他们作为传统社会“四民”一员，本身也构成了中国历史内在嬗变的结构性要素。同时，在华夏文明核心区和边缘区长时段内聚式的互动交融中，中国历史社会的文明演进前后相承，保持了长久活力而未尝中断，并最终于清代完成了中华文明地理区域同国家行政版图的基本重合，整合农耕与游牧社会后的国家共同体又在接续前代社会变迁倾向的基础上得以进一步推进发展。[2] 再者，一些研究表明，“封建”本意是指中国先秦时期以西周分封制为典型方式的封邦建国制度，与帝制时期中央集权的官僚郡县体制有明显区别，且秦以后已不再成为主导性的国家制度与社会形态。而出自社会发展五形态递进说，用以指称中国前现代社会的“封建社会”概念其实是一种刚性简约的直线逻辑演绎，缺乏充分的学理论证和事实依据，泛化与模糊了“封建”原意。[3] 如此一来，与其过分纠缠中国本未发生的“封建社会”向资本主义社会过渡为什么没有

---

[1] 黄宗智虽曾表示，把社会停滞与前商品化经济相联系，将近代化等同商品化，以及主张商品化必然会导致资本主义，其实反映了当前研究中中西方共同存在的一种规范认识危机。不过他同时申明，明清时期蓬勃的商品化现象显示出的是“过密型”没有发展的增长，与小农生产长期停留于糊口水平形成悖论，这种解释反而进一步印证了传统中国社会发展停滞的观点。参见［美］黄宗智：《中国经济史中的悖论现象与当前的规范认识危机》，《史学理论研究》1993 年第 1 期。

[2] 参见赵轶峰：《中华文明的延续性、内聚性及其演进的模式特征》，苗长虹主编：《黄河文明与可持续发展》第 11 辑，郑州：河南大学出版社，2015 年。

[3] 相关研究可参见赵轶峰：《关于中国“封建社会”的一些看法》，《东北师大学报（哲学社会科学版）》2005 年第 3 期；冯天瑜：《“封建”考论》，武汉：武汉大学出版社，2006 年。

发生，远不如正面探析明清中国社会整体正在发生何种变化更有意义。

近年来，赵轶峰先生以中国历史作为研究主体，全面考察了明清时期国家、社会、文化总体形态，认为从公共权力组织方式角度看，涵括中央集权世袭君主制、科举—官僚制、贵族制、宗法制等的传统政治架构之主导方面仍然沿着先前帝制体系轨道演进，没有形成突破帝制意识形态的新质政治文化趋势，而在明代经济领域则可以辨识出五项最具结构性意义的突出变化，即称量形态的白银成为主导货币、赋役体制中基于土地并以货币征收的赋税比例扩大、货币主导的政府财政体制形成、国内和国际市场体系发展、人口大幅增长并带来新的经济局面，同时明中叶开始展现出的中国社会诸多新异且不可逆的变化过程还包括卷入全球性大变迁、社会分层体系简单化、商业与商人地位上升、市民文化活跃、儒学社会化等。[1]基于以上认识，他提出明清“帝制农商社会”说，即这是一种“在中央集权的帝制体系框架内展开的以农业、手工业生产为基础的商业化程度日益增强的社会，其最基本特征是，帝制—官僚—郡县体制与农商混合经济达成具有一定稳定性的共生态”。明清国家体系保持了多民族统一框架下的皇帝—官僚制和残余形态贵族制传统，农业一直是其重要经济基础，与帝制时代前期相比，“差别在于商业经济社会关系在全社会的蔓延，与此密切相关的是人的大幅度增强的自由程度和流动性”。这个社会帝制体系的稳固强化与商品货币经济繁荣并行不悖，商人财富实力提升，与士绅阶层同居社会优势地位，“士与商的融合也在悄悄地发展，逐渐向形成‘绅商’支配结构的方向演变”。[2]同时，商业资本的大规模运作虽能引起明清社会总体结构出现一些变动，但“它基本没有造成国家组织方式的改变，没有造成持续的颠覆性社会思想、观念潮流，没有造就出新的强大而独立的社会阶层来引导社会组织变更”[3]，或者说，“这是一种虽然商品经济相当发达，但没有科技革命，因而不能发生真正意义上的工业化，也没有发生从

---

[1] 参见赵轶峰：《政治文化视角下的明清帝制农商社会》，《中国史研究》2016年第3期；赵轶峰：《明代经济的结构性变化》，《求是学刊》2016年第2期；赵轶峰：《明代中国历史趋势：帝制农商社会》，《东北师大学报（哲学社会科学版）》2007年第1期。

[2] 赵轶峰：《明清帝制农商社会论纲》，《古代文明》2011年第3期，第103～104页。

[3] 赵轶峰：《明代的变迁》，上海：上海三联书店，2008年，第308页。

臣民社会向公民社会的组织改造及相应的观念变革，社会秩序在久已存在的'帝制—官僚—州县'体制框架内继续运行的结构状态"[1]。综合来看，在继承性与变迁性要素共同作用下，"明清时代中国社会形态的突出特征，正是商业经济发展与社会自由度的增强以及庶民文化的发达趋势与中央集权的君主—官僚—贵族体制的持续发展，构成了一种自洽格局"，而"这种自洽格局显示出帝制农商社会在商品经济繁荣情况下继续延伸的潜能"。[2] 这样，不仅自给自足的自然经济不能反映明清社会经济形态的本质，且包容了较发达商业资本和商品经济的中国帝制体系也未曾发生自行解体现象，"如果没有后来西方殖民主义的入侵，中国会在农商为本的帝制社会的道路上继续缓慢演变，它前面有资本权力膨胀、市场经济高度发展、市民阶层壮大、社会自由扩大、乡村被城市吸附和支配的很直接的前景，但没有代议民主制的前景"[3]。也就是说，明清时代的中国在帝制框架前提下向着以农商为基础的商业化社会逐渐演变，既包含"现代性"而非处于停滞，亦未走在与西方相同的"现代化"道路上，故体现为人类历史上一种独特的社会演进形态。

如果上述见解成立，那么意味着自中国社会经济格局与国家权力架构二者演进趋势看，商业和商人已经成为明清帝制国家体系必不可少的内在组成要素。彼时国家经济管理部分顺应市场规律，为商业活动的继续展开留下了较大空间。在此社会经济结构下，商人与商业资本同既有国家社会体制具有深度契合性，其进一步发展繁荣，在相当长一段时期内，并不一定会造成"帝制农商社会"的解体。由此则引出一个值得深入思考的课题：明清商人在何种意义上与当时国家和社会体制是矛盾冲突的，又在何种意义上与其是互洽兼容的？亦即就中国历史社会发展演变含义而言，明清商人同既有体制和文化传统之间，到底表现出怎样的基本关系？这样，从理论建构回归实证考察，需要研究者对上述话题重加审视，通过细致梳理辨析史料予以具体判断说明。故沿着这一追问，本书立足于实证研究方

---

[1] 赵轶峰：《明清江南研究的问题意识》，《探索与争鸣》2016 年第 4 期，第 92 页。

[2] 赵轶峰：《政治文化视角下的明清帝制农商社会》，《中国史研究》2016 年第 3 期，第 21 页。

[3] 赵轶峰：《明代中国历史趋势：帝制农商社会》，《东北师大学报（哲学社会科学版）》2007 年第 1 期，第 13 页。

法，尝试对明代社会变迁中商人、商业与国家体制关系相关问题做出合理阐释与解答。

二、相关研究

关于明清时期的商人与商业研究，在20世纪50年代国内开始的“资本主义萌芽”大讨论的学术背景下，长期以来一直是作为该问题的重要相关项来展开讨论的。[1] 很多学者主张明清时期由于商品经济的发展，劳动分工的深化，传统中国在某些行业和地区生产中内发出现了资本主义萌芽。此时旧的社会体系正在瓦解，新的生产关系逐渐形成，拥有大量资本的商人凭借其在社会新旧交替的历史变迁中所展现出的独特身份地位而受到研究者关注。因此，以中国资本主义发展前景为指向，对明清商人的研究主要集中于他们的阶级属性以及商业资本的积累、流向与转化等方面。

傅衣凌的《明清时代商人及商业资本》和《明清社会经济史论文集》两部著作，前者系统考察了明代的徽州商人、江苏洞庭商人、福建海商、陕西商人及清代前期的东南洋铜商和厦门洋行，后者部分篇章分析了中国传统社会长期迟滞的原因，并做了一些有关明清浙江龙游商人、河南武安商人与徽州婺商的资料类辑。前书首篇《明清时代商人及商业资本发展概述》，集中反映了他对此时商人、商业发展与资本主义萌芽关系问题的主要看法。文章从工农业生产工具和技术的进步、商品化作物广泛种植与经营性地主涌现、土地兼并和地租形态由实物到白银货币的转变所导致的社会分化加剧及雇佣劳动者数量的增加、手工业自农业中分离出来并向工场手工业迈进、商业资本家对生产运销过程的控制、商路密布、商业都市发达、市民阶级兴起及市镇人口增长等多个方面说明，明清时期无论商业规模、商人活动范围还是商业资本积累，都大大超过前一历史阶段的水平，进而论证16世纪前后中国的工农业生产中已出现了资本主义生产关系的萌芽。

---

〔1〕参见中国人民大学中国历史教研室编：《中国资本主义萌芽问题讨论集》，北京：生活·读书·新知三联书店，1957年；南京大学历史系中国古代史教研室编：《中国资本主义萌芽问题讨论集（续编）》，北京：生活·读书·新知三联书店，1960年；南京大学历史系明清史研究室编：《明清资本主义萌芽研究论文集》，上海：上海人民出版社，1981年；南京大学历史系明清史研究室编：《中国资本主义萌芽问题论文集》，南京：江苏人民出版社，1983年。

这一萌芽孕育滋长于传统社会母体内，造成生产者与生产资料分离，不仅促进了国内市场形成和社会经济繁荣，也在不断消解着旧的经济体系。在此环境下，大商人阶层应运而生，他们中很多是由小商品生产者分化出来，通过商品贩运获取差价和剥削雇工伙计等方式聚集起足以与地主阶级相抗衡的财富，其中亦不乏因经营工业而发迹的商业资本家。但是，新因素每每附着于旧因素而存在。绝大多数农民为担负高额租佃从事副业，这促使农业与手工业长期保持结合，限制了商品生产集中和市场发育，延缓了商业资本向产业资本的过渡。地主阶级则仍然支配着大量劳动力，特别在广大农村，佃农制始终居于主导地位。而商人多来自无地可耕的农民，与农业的天然联系，使大量资金重又回流到购置土地中去。与此同时，商业活动增加了国家财政收入，巩固了现政权的统治基础，商业资本亦维持了乡村公社的家族组织残余，丰富了地主经济内容，增强了小农制度的韧性。最后，商人经常受到政府的歧视与抑制，为了生计只能依附官僚势力，寻求庇护。会馆、公所等商人组织的成立也旨在依托官府强化内部管控，扩大垄断，减少竞争。以上种种原因，虽阻碍了资本主义萌芽成长，然对于正处在解体状态中的中国社会，无疑起到了瓦解作用，因而也为中国资本主义的发展，准备了若干历史前提。[1]

吴承明《中国资本主义与国内市场》中有《论明代国内市场和商人资本》一文，先后论述了明代国内各级市场概况、商路的增辟、商业市镇的繁盛、主要商品的长距离运销及大商人资本的兴起。该文将商人资本作为市场结构的一个要素，从经营内容、资本组织与资本量上揭示其历史作用。文章总结，明代徽商、山陕商等商帮的出现，以及随之产生的贷本和合伙经商制度，说明国内市场已具备相当的积累货币资本的能力。但这种积累多少还须借助政府权力，且大商人的资本关系常限于家族范围内，尚缺乏社会信用。吴承明长年致力于中国资本主义问题的研究，他还与许涤新合编了《中国资本主义发展史》，书中同样注意到明代商人资本的新动向，表现为大商人远离乡井，土地依附关系减弱，及明后期有些商业资本开始

---

〔1〕 参见傅衣凌：《明清时代商人及商业资本》，北京：人民出版社，1956 年；傅衣凌：《明清社会经济史论文集》，北京：人民出版社，1982 年。

伸向生产领域，投资手工业。[1]

韩大成《明代社会经济初探》一书里的“关于明代高利贷资本的几个问题”与“明代的富商巨贾”两个专题，主要探讨了明代高利贷资本及掌握大量商业资本的富商的特点和作用。书中指出虽有部分高利贷资本投资商业或开办手工工场，但同时其激化了社会矛盾，造成小生产者的处境日益困苦。在多数情况下，它仍是巩固地主土地所有制的重要手段，维护着没落的社会制度。而随着商品生产发达和社会分工扩大，明中叶后不仅商业资本十分活跃，且出现了一批具有较大社会影响的富商巨贾。他们的活动一定程度上促进了各地区各民族间的经济交流，提高了工商业者自身地位，改变了先前的本末观念。有的商人还开设作坊工场，雇募工匠，甚至预付资金直接操控商品的产销，这些都为资本主义萌芽创造了有利条件。不过，在明代富商巨贾身上并不体现鲜明的进步特征，他们通过不正当手段获取了惊人的财富，又用相当一部分购买土地。不少商人还与官府保持着千丝万缕的联系，虽涉入反抗斗争，但总体来说他们仍乐于投托势要，拉拢权贵，传统色彩依然浓厚。[2]

唐力行的代表作《商人与中国近世社会》，突显了16世纪以来中国商人在社会变革中发挥的历史作用。书中认为，从传统中国社会结构看，商人在经历了春秋战国的黄金时代后，便一直处于统一与抑商、财富与地位的两难境地。而伴随中国资本主义萌芽的诞生，明中叶后商人阶层经过两次心理整合，形成商帮和商会，逐步融注于资产阶级。此间诸如世界市场对中国商品大量需求刺激了商品生产、江南市镇勃兴、白银货币广泛流通及商业资本向产业资本转化等一系列社会经济新因素的综合发展，再次印证了商人是“这个世界发生变革的起点”。唐力行的研究，某种程度上放大了商人群体同传统社会的对立性，这样的论证方式本身即陷入两难。在其笔下，商人的经营活动摇撼着传统社会的根基，推动使之缓慢步入近代转型，他们对传统文化也加以熔铸改造，融会了启蒙性、科学性、实用性、通俗性等时代特征，乃至将中国早期启蒙思潮提升到一个新高度。然而，

---

〔1〕 参见吴承明：《中国资本主义与国内市场》，北京：中国社会科学出版社，1985年；许涤新、吴承明主编：《中国资本主义发展史》第1卷，北京：人民出版社，1985年。

〔2〕 参见韩大成：《明代社会经济初探》，北京：人民出版社，1986年。

与资本主义萌芽的脆弱相应，中国商人终归缺乏独立的品格，无法完全担负起变革社会的重任，难以走出近世社会的怪圈。[1]

姜守鹏《明清北方市场研究》中相关章节分析了“北方地区商人结构及商业资本组织形式的变化”，把明清商人按拥有特权与资金的多少依次划分为垄断商人、大商人、铺店商人和小商小贩四种，指出该时期从商者日渐增多，不仅社会地位显著提高，且巨大的商业利润也吸引不少官僚士子加入其中。在北方地区，盐商等垄断商人、长途贩运商与牙商等中小商人都取得了长足发展，进而形成以晋商为代表的区域商人集团，更加促进了商业繁荣。合资制、合伙制、贷本制、合股制等经营方式的产生，正是商业资本活跃的表现。[2]

张忠民的专著《前近代中国社会的商人资本与社会再生产》，认为自然经济和商品经济共存于中国前近代社会中，但二者却具有截然不同的历史导向。其从中国古代社会为什么未能依靠自身力量自觉过渡到现代社会，即促使中国社会形态发生变革的动力为什么积聚不足的问题出发，讨论了明清时期商人资本的兴起背景、种类职能、地域分布、经营模式、生产分配及商人的伦理精神，指出商人资本对当时社会发展起到了双重作用。[3]

吴慧主编的《中国商业通史》第3卷中有关明代部分，内容涉及明代商品经济的发展、国内外商业贸易、国家商业政策思想和商人文化观等，并专有一章介绍了明代的商人和商帮。该书指出，明代商品经济发达，商人不但数量远超前代，且阶层构成亦出现分化。一方面，封建性商人同现政权关联密切，包括贵族商人、官僚商人等，在商人群体中占主要地位。这些人依靠政治特权和经济优势，把商业、土地、高利贷三者结合在一起，保持了商人、地主、官僚三位一体的传统格局，并利用与其有人身隶属关系的奴仆从事商业活动，加固了既有体制的落后性。而庶民地主经商者及以经商为主业的职业商人，他们中有的由于与贵族、官僚牵连过多，或因兼并土地、放贷活动也被归为上一类，同具有腐朽性和保守性。另一方面，众多中小商人与商业劳动者，发挥了通有无、调余缺的积极社会功用，其

---

[1] 参见唐力行：《商人与中国近世社会》，杭州：浙江人民出版社，1993年。

[2] 参见姜守鹏：《明清北方市场研究》，长春：东北师范大学出版社，1996年。

[3] 参见张忠民：《前近代中国社会的商人资本与社会再生产》，上海：上海社会科学院出版社，1996年。

中有些人还从商品流通领域介入生产领域，出现了商业资本转而与产业相联系的新倾向。他们是商人中新兴的较进步阶层，同封建性商人有本质区别，可称为新型商人。作为传统社会的异己力量，新型商人不再扮演附庸角色，其与商品生产及自由雇佣劳动相结合，代表着资本主义的前进方向，加速了旧有自然经济结构的分解。至于明代商业思想，书中表示，与新兴工商业者逐步壮大相应，当时非權利思想、重商思想日益抬头，一定程度上反映了这一群体的利益要求。[1]

上述诸位学者对明清商人及商业资本的解读大体是以理论上的中国资本主义衍生历程为观照的，所以他们特别强调商业发展对旧有社会经济体系的瓦解作用，重视生产经营中雇佣关系的展开及商业资本向产业资本的转化，关注商人阶层独立于既有体制的革命性力量的成长，并为他们最终未能冲破体制束缚而感到遗憾，这其实也是那个时代中国学人普遍遵循的研究思路。而明清商人在专制政权严格控制与过分掠夺下表现出的软弱性和依附性，自然成了此一时期资本主义发展缓慢的原因之一。

当然，并不是所有学者都赞成中国会自行推演出资本主义的观点，黄仁宇就直接否定了古代中国萌发资本主义的可能。他在收入到《放宽历史的视界》中的《从〈三言〉看晚明商人》一文首先提出：采取中央集权制的中国传统社会，朝廷威权号令广泛无涯，而行政技术低劣；统治者往往着意于政治稳定，很少求诸法律及经济的改革；其在规划管理上追求整齐划一，不仅与实际情形多有不合，更与西洋诸国近代以来保障人权、保护私有财产、司法独立、允许市民自治种种措施大相径庭；“重农抑商”纵非政府经常维持的政策，亦为社会发展之必然趋势。他继续表示，明代财政管理向经济落后地区和门类看齐，以防止因各地发展水平不均带来社会震荡，这种经济政策虽符合当日政治统一需要，从长远来看却与历史潮流背道而驰。在此以农村经济为基础的非竞争性社会环境里，商人既不能于法律认可下完全提高自己的社会地位，也不会促使商业成为免遭官府歧视限制的独立经济部门。带着这样的意见，黄仁宇从明代短篇小说集“三言”中的商人故事入手，比照高度发达后的西方资本主义模式，反观中国社会此前运行状态。他指责传统中国没有建立起完善的银行信贷制度和邮递通讯系统，使资金周转受阻，信息交换有限，物资运输不畅。商品交易

[1] 参见吴慧主编：《中国商业通史》第3卷，北京：中国财政经济出版社，2005年。

缺少能够掌控大宗贸易的批发商，妨碍了资本集中与生产扩大。商业资本出路狭窄，常用于购置田产，或投放高利贷。商人间的合伙经营差不多局限在宗亲乡族关系内，其道德义务可能大过经济效益，难以进化成现代股份公司。富商大贾多依赖政治势力，利润既厚，无意于经济组织革新。这一切都表明，明代的商人生活和商业习惯，远未达到质的改变，而症结又不在商业本身，实系被传统政治制度及社会风气所拘束。内中最大障碍为否定私人财产的绝对性，其次是政府总揽货币发行权却复因力不能及而付之阙如。再者，官方交通通信机构不向民间开放，对商贸交易造成不利影响。最后，官僚地主的煊赫声势及家族关系的牢不可破，也阻遏了纯粹经济力量的展开。总之，16 至 17 世纪的中国商业缺乏资本主义的性格，在后来外强势力侵入前，经济变革的趋势并不存在，对其研究应脱离欧洲经济史的范畴。[1]

黄仁宇依据西方社会发展的经验和成果，以今日眼光，评判历史上中国的经济面貌从未发生过有如资本主义式的根本改观，在反对中国学者直接沿袭欧洲经济史概念的同时，也大致用“外铄论”的方式重申了中国传统社会长期停滞的观点。[2] 余英时对中国资本主义萌芽的研究一样持批评态度，认为资本主义乃西欧特有的一套社会经济系统，中西社会显示的个别平行现象不代表整体结构运作趋向一致，故多年来大陆学界的讨论是缺乏历史基础的。他的文集《儒家伦理与商人精神》收录了其有关近世中国儒学演变、商人伦理及士商互动的系列研究文章，包括《中国近世宗教伦理与商人精神》并自序、《士商互动与儒学转向——明清社会史与思想史之一面相》等。与前人论著大抵采用的以经济发展带动社会发展的经济决定论视角不同，《中国近世宗教伦理与商人精神》着眼于商人的主观世界，发掘思想文化推进社会转型的积极内涵。该文注意到宗教入世转向和商人

[1] 参见黄仁宇：《放宽历史的视界》，北京：生活·读书·新知三联书店，2001 年。

[2] 与黄仁宇的内在思想理路相似，李伏明认为，明中叶后商品经济的发达只是资源配置不平衡下国民经济危机的反应，其与传统社会结构秩序并未构成本质冲突，亦非资本主义萌芽的表现。中国资本主义的“外铄”不一定是耻辱，明清江南商业发展为现代化的产生准备了物质和心理条件，中国大门被打开以后，江南很自然成为中国近现代化最先进的地区。参见李伏明：《义利之辩、重农轻商与明清江南商品经济的发展——兼评中国资本主义萌芽问题》，《学术月刊》1993 年第 4 期。

阶层兴起在中西历史进程中表现相似，侧重考察了明清商人的价值观念及自觉意识，特别是儒家伦理对他们商业活动的有益影响，由此用韦伯的方法论却得出与之相反的结论，即所谓如“入世苦行”等为新教独有的某些观念行为，其实也正是中国宗教伦理的要素。这样，余英时的逻辑似乎就变成，尽管中国社会不一定必然走向资本主义，但中国的思想文化变迁同样符合韦伯所揭示的西方资本主义赖以萌发的原初理念，因而能够为中国资本主义的出现提供某种精神基础。全文分三篇，前两篇阐述了中唐以来新禅宗、新道教和新儒家的世俗化转向，这为16世纪后中国商业展开和商人崛起准备了思想条件；后一篇从明清儒家的“治生”论和新四民观谈起，探讨当时商人与传统宗教伦理，尤其是与新儒家的关系。文章指出，明清以降士人越来越重视个人道德的物质基础，他们倾向于须先在经济生活上获得独立自足的保证，然后才有可能维持自身的尊严和人格。而此时商业的发达也促使人们重新评价商人的社会地位，传统社会观念和秩序结构已然变动，四民不分，士商相混，甚至出现士不如商的言论与现象。伴随商业知识书的大量涌现、小说戏剧的流行及民间宗教的兴盛，商人也开始主动了解儒家思想并关心道德问题，相信内中道理能够用来帮助他们经商。这样，上层文化与通俗文化交融汇流，勤俭诚信等儒家信条深入日常生活，突出体现在商人身上，而“贾道”的提出更表明他们深信自己的事业具有超越性的庄严意义。在具体操作上，彼时理性化的商人较多利用传统文化资源，于商业经营中注重会计算术，采取薄利多销的原则、百货商店式的营销模式、广告宣传等，尤其是他们依托乡党亲族发展出伙计制度，把旧的宗族关系转化成新的商业组合，恰为中国从传统迈入现代的一种过渡方式。综合而言，明清时期商人地位普遍提高，他们取代了之前属于士绅阶层的部分社会职能，受到官民的认可尊重，其自身的精神凭借与意识形态亦得彰显，这一切折射出当时中国在社会和思想层面都已发生了深刻变化。

余英时又曾提到商业活动是儒学转向的外缘，他的另一篇文章《士商互动与儒学转向——明清社会史与思想史之一面相》即重点分析了社会环境变化对社会文化造成的影响。该文指出，中国社会自15世纪以来便开始了一种长期变动的过程，过去的研究无论是把明清时期看作帝制中国的最后阶段，还是将此时的社会变迁套进资本主义萌芽的历史公式，其实都过分夸大了传统与近代之间的断裂，忽视了内在渐变的明清中国同遭受西方入侵产生剧变的现代中国的关联。而明中叶以降，中国社会发生的一个非常具有意义的现象就是士商关系中“弃儒就贾”趋势的出现，士商界限逐渐模糊，双方由此建立起新的联结并不断深化关系。士商互动合流引发社会价值观念的调整，商人崇尚风雅，热心公益，其才识操行、职能地位得到明确认可，他们对国家社会的切实贡献亦获充分肯定，进而缩短与士人的差距，呈现“自足”的世界观。与此同时，商人主动参与文化事业，打破了之前该领域士大夫的独霸之局。与商业化潮流带来的以上种种社会变动相应，儒学也加速了自身的俗世转向。文中以“润笔”为例评述了儒家辞受标准的修改，并特别提出古今义利观从分离到和合的转变，经过新的诠释，二者相倚相成，通为一脉。另外，余英时还注意到时人对“奢”的积极功用的重视，即就社会整体势态看，奢侈有助于集聚财富，调剂余缺，不仅能促进商品流通及市场扩展，而且创造了更多就业机会以资赡小民。在其眼中，此番鼓励消费、以奢济贫的主张，改造了传统思想，和理欲、义利、公私等观念的变化一样，透射着某种现代精神。

余英时从思想文化角度切入，论证儒家伦理和商人精神于近世社会变迁背景下可以达成一致，相得益彰。不过他的研究较明显存在以思想史取代社会经济史的取向，而儒家伦理与商业行为间的关系事实确否如其所言，尚需继续检讨。[1] 再者，无论余英时多么推崇入世转向后的儒家伦理在近代变革中的进步意义，明清中国的真实情状又让其不得不降低对思想文化方面作用的估计。他无奈表示，入世苦行的伦理必须有其他客观条件的适当配合才能推进资本主义发展，故中国的问题正在于政治和法律缺少理性化的过程。至于处身其中的商人，尽管成就斐然，历史影响显著，但他们虽已走近传统的边缘，却终究未曾突破传统。为化解自己的理论困境，余英时还专门述及当时商人与专制皇权的关系，意欲说明皇权滥用不但造成士大夫阶层异化，且也严重损害了商人权益，又一次把中国现代化进程受

---

〔1〕 赵轶峰即指出：“从历史的角度来看，一种特殊的伦理成分肯定不足以解释诸如从前近代向近代社会的转变这样深刻的社会变革……余先生和韦伯一样取了儒教中心的视角而忽略了下层社会宗教和伦理价值的特殊性”，“虽然儒家的思想观念和16世纪以来的社会商品化发展的关联是不能否定的，但是，从儒家思想入手来解释这次商品化发展运动却会忽视更根本性的社会文化因素”。赵轶峰：《晚明北方下层民众价值观与商业社会的发展》，《东北师大学报（哲学社会科学版）》2003年第1期，第6、11页。

阻的原因脱卸给以政治安定为主要目标的中央集权官僚体制扼杀新经济因素成长的活力上来，求解于政治结构“有时”对经济形态产生的决定作用。事实上，中国能否遵循西方模式自发生成资本主义抑或渐次步入现代化，此类单从经济层面排解不开的难题，改换到思想文化领域去透视，同样显得模糊不清。[1]

与余英时的研究取向相类，张明富也着重探讨了明清时期的商人文化。他的《明清商人文化研究》认为中国传统社会经过千年演进，至明清时代已步入晚景，彼时商品经济异常活跃，商人拥有雄厚的资本，成为一个重要的社会阶层。与西欧封建社会晚期的商人相比，明清商人毫不逊色，他们的活动给旧有社会带来了不小的变化，但最终未能冲破末世的浓重暮色，促成中国新时代的来临。该书通过对明清商人文化各组成要件的分析，主要包括属于物质文化的衣食住行等生活消费、属于制度文化的会馆公所等社会组织以及属于精神文化的经营之道、商业伦理等知识和价值体系，试图揭示这一文化的特征。明清商人文化反映了当时社会的性质，张明富以商人会馆为例，指出其于推动商人文化整合与商品经济发展的同时，也具有在政府保护下排除竞争、限定价格的垄断色彩。商人与官府联系紧密，他们的职业价值虽获认同，但仍渴求权力，谋取仕途，形成了既自尊自信又自卑自贱的二重性商业观。受儒家思想熏染，明清商人信奉勤俭诚信、缘义取利的经营原则，他们还事亲以孝，为国以忠，赈贫扶孤，利物济人，并将之内化成一种商业伦理。最后，张明富从正反两方面总结明清商人文化的特点及其社会影响。在此文化中，重利尚义、崇人文顺自然与僭越礼制、迷恋权力并存，这些要素共同决定了明清商人的历史命运。大体而言，张明富把考察视角从经济层面转入文化层面，且比余英时更清楚看到明清商人文化中的消极因素，然其背后所追问的，依然是传统中国为什么没能进入资本主义社会的问题。[2]

关于日本学者对明清社会经济及商人角色的研究，即如大岛利一的《“天工开物”的时代》一文，或可代表日本学界对中国传统社会演变趋势的一般看法。《天工开物》产生于晚明时代，大岛利一引用北村敬直的观

---

〔1〕 参见沈志佳编：《余英时文集》第3卷《儒家伦理与商人精神》，桂林：广西师范大学出版社，2004年。

〔2〕 参见张明富：《明清商人文化研究》，重庆：西南师范大学出版社，1998年。

点否定了中国前近代社会长期停滞的偏见，指出中国前期社会在受到以鸦片战争为起点的外国资本强力冲击前，就已经进入解体过程了。一方面，当时中国政治上独裁专制，因循保守，几无任何改观，但在经济文化领域却极度繁荣，逐渐兴起新的生产，并形成新的社会关系。白银的广泛流通推进了社会自解体运动，明末赋役改革恰是这一解体过程的生动注解，而海外白银的不断涌入也说明中国的变革离不开国际环境的影响。在银经济时代背景下，经营性地主出现，农民的土地束缚有所减轻，城乡手工业日趋发达，商品生产大量使用雇佣劳动。这些现象似乎预示着，中国传统社会的基础已然发生动摇，正逐步向近代化迈进。然而另一方面，上述种种引发前期社会解体的要素由于专制权力的阻遏制约都没能发展成熟，农民依旧难以从土地依附中完全获得解放，商业资本继续耗费在奢侈生活和土地购买上，市民阶级亦终未脱离官僚阶级的支配而独立成长，中国社会具有真正意义的转型仍要推迟到鸦片战争西方入侵以后。这样看来，与国内学者论述中国资本主义萌芽的曲折经历时遇到的困境相似，大岛利一笔下的中国近代化进程同样显得步履维艰，他的研究还是未能有效化解开中国自主实现从传统向现代跨越的难题。[1]

藤井宏《新安商人的研究》以明人汪道昆的《太函集》为中心，参考方志、笔记等其他史料，从活动范围和营业项目、资本蓄积和经营形态、与生产者和消费者的接触、与国家及官僚的关系等几方面系统考察了新安（徽州）商人的生产生活情貌。文章认为，宋代以后中国商业有了明显进步，商品买卖的重点从奢侈品移向日常生活必需品，农民被卷入国内商业网，长距离的商品运销也在农村市场上出现，以此为明清商人的活动提供了宽广舞台。伴随白银的广泛流通，新安商人凭借始行于明中期的盐政纳银开中制取得了巨大收益，并借机把业务推广到全国乃至海外，崛起为中国商业界与山陕商人对峙的另一大势力。新安商人通过共同资本、委托资本、婚姻资本、援助资本、遗产资本、官僚资本及劳动资本等方式完成了资本积累过程，立足于血亲乡党的结合，使用同族、同乡、家丁开展经营。其主要利用地区差价获取交易利润，并投资土地，以高利贷资本控制农民，从而与地主形成竞争，支配了部分农业经济。同时，他们还在织染、冶铁、

---

[1] 参见［日］大岛利一：《“天工开物”的时代》，［日］薮内清等：《天工开物研究论文集》，章熊、吴杰译，北京：商务印书馆，1959年。

制陶等行业内组织工场生产，显示着向近代手工业雇佣劳动转变的趋势。在同国家及官僚的关系上，新安商人为免受官府欺压掠夺，或支持宗亲乡人应举为官，或自己经由捐纳得官，或与势宦攀友结亲，用种种手段和政权结成紧密关联。在徽州地区，儒贾相辅相成，互为助益，且科举“商籍”的确立也表现出政府为增加税收而对商人采取了特殊优待政策，官商势力亦随之壮大。在藤井宏看来，尽管《太函集》里多次提及徽州人“左儒右贾”的观念，但并非说明新安商人已具备了等同中世纪西欧自由都市中商人的与权贵阶级抗衡的独立自觉意识。他表示，明末清初的商人身上虽包含着向近代产业资本家转化的萌芽，客观上成为既有体制的掘墓人，然而新安商人是最集中体现旧中国社会特质的典型前期商人，他们的命运与明清专制王朝的兴衰相始终，因此很难推动中国历史产生重大进步。另一方面，新安商人的活动又促使商品化作物栽培和家内手工业均有所发展，增进了农民与商品市场的联系，扩大其视野的同时，也积聚起他们反抗压迫的力量。如此一来，研究前景暗淡的明清商人的理由，恐怕只能是这一群体在阻碍中国近代化进程中的那种无意识的积极作用了。[1]

寺田隆信的《山西商人研究》，是日本学者解读明清地域商人的又一力作。该书序章指出，战后日本学者认识到要准确把握中国历史结构的演变，必须重视位于西方入侵前夜的明清时代。他们试图找出传统中国社会发生的一些变化，并阐明这种变化的意义，以反驳借口中国没有孕育出资本主义就断定其处于绝对停滞状态的理论。简言之，日本二战后明清社会经济史研究，乃是以批判中国社会停滞论为目标，围绕当时商品手工业生产可否向资本主义过渡，及此一新生产力的发展能否引发如土地所有关系等社会一系列变化问题展开的。寺田隆信力求通过梳理史料描绘出明清山西（包括陕西）商人的真实面貌，即他们究竟是在怎样的社会背景下登上历史舞台，又是凭借怎样的市场结构成长起来的。他认为中国商业资本在旧社会体系里未能创造出新生产方式的原因应从商人的具体活动，特别是抽取利润的过程中加以探讨，所谓商人作为旧时代解放力量具有局限性的看法，也该理解成伴随前期社会商业经营而产生的一种必然现象。这样，全书自分析明代北部边塞军事消费地区的经济结构入手，揭示出随着屯政

---

〔1〕 参见［日］藤井宏：《新安商人的研究》，傅衣凌、黄焕宗译，《江淮论坛》编辑部编：《徽商研究论文集》，合肥：安徽人民出版社，1985年。

废弛及土地兼并，一个以政府为买方、以包括当地势豪和军官的土地经营者为卖方的大规模粮食交易市场正在形成，由此边饷供给以实物为主向以银货为主的转变才透显现实意义，商人也从中赚取了巨大利润。同时，山西商人围绕开中盐法的实施展开运营，依靠区位优势积聚财富，而后资力雄厚者复因政策变化多南迁两淮。在弄清山西商人的资本运作与利润获取方式的基础上，寺田隆信再从地缘环境、营业项目、活动范围、经营形态及商业观念诸角度对之进行了全面考察。他提到，山西商人奉循勤俭不欺的道德规范，将正当营利视作符合社会需要和认可的有益行为，又因其商业活动本建立在对所处政权体制的结附凭恃上，故此他们同样眷恋官场，追求特权，成了维系传统社会的一分子。彼时集合了经商知识和教训的商业书，虽对商人的能力品德提出了要求，却也没能由社会整体出发去看待商业繁荣并寻求经商获利的意义所在。总之，山西商人没有显现出批判或超越现实社会体制与伦理道德的动机，亦未表达勇往直前迫使士大夫承认其独立存在价值的诉求，他们的行事实际上与近代社会发展方向背道而驰，不可能冀望以解放整个社会。寺田隆信尽管努力从中国自身发掘社会内在演变的契机，但最终仍依照西方尺度标准来评价明清商人的历史性质，说到底研究思路还是落入了原有模式的窠臼。[1]

以上可知，受"封建社会"自我解体及资本主义发生障碍研究范式的影响，先前学者虽然做到把明清商人、商业与中国传统社会变迁问题联系起来考察，但他们视西方历史演进历程为典型，意识里大多先存有一个现代社会即是走向资本主义的进化史观，因而本国商人商业的发展理所当然成了资本主义普遍性发生规律的具体体现。这种研究倾向将明清商人看作传统国家社会的破坏和对抗力量，从二者相冲突层面展开论述，要求商人相应发挥变革生产关系、瓦解既有体制的历史作用。因此，学者们不遗余力去搜寻当时商人身上流露出的符合所谓资本主义萌芽的诸种因素，如表现在社会经济上的商业资本发达及其支配下的含有雇佣关系的商品生产，表现在思想文化上的商人道德观念与作为资本主义精神源泉的新教伦理几近一致。即使注意到中西社会整体结构差异，反对或不使用资本主义萌芽概念的研究者，也大抵采取一种参照西方已然经验的现代化转型方法论视

[1] 参见［日］寺田隆信：《山西商人研究》，张正明等译，太原：山西人民出版社，1986 年。

角，讨论各种现代要素在传统中国的表现、意义及其是否可与西方以往经历若合符节。然而中外学者无论验证了明清商业资本的运作和商人精神的整合与同时期西方社会的表征如何契合，中国未能自发产生资本主义的基本事实皆使之无法自圆其说。于是问题转向探讨彼时商人的历史局限性，而症结无外归之于专制权力的强控扼杀阻碍了商业自由发展，或商人对传统政治、社会势力过分依赖，及商业资本出路不畅被大量耗损在攀结官府、科举支出、投资田地、奢侈消费上。这样，明清商人既受旧有体制限制，又与之密切结合，似乎是一个充满悖论的矛盾体，他们自身不管蕴含多么巨大的活动力与创造力，终究深陷前资本主义社会的桎梏，无法走出两难的历史处境。〔1〕

大体来看，这些研究相对缺少对中国历史社会自身特殊实情和演变脉络的充分关注与正面论说，而或明或暗多少都带有西方中心主义的色彩。为此，美国加州学派部分学者即展开了力图摆脱西方程式以探掘中国特质的研究。如彭慕兰通过比较欧洲英格兰和中国江南地区相似的经济运行状况，表示工业革命前西方并不存在明显独特的内生优势，中欧之间经济命运的大分流是在18世纪相当晚的时候才出现的。〔2〕再如李伯重讨论了16至19世纪中国江南的早期工业化，多层面呈现该地域近代以前的工业发展

---

〔1〕陈支平提出，以往学界对中国古代商人及商业资本书的理论预设与历史事实并不相符，更多情况下古代中国商品经济和农业经济是作为共生体而长期存在的，中国的国家体制与社会文化具备包容多元经济共同演进的可能，但国家权力的强势却使商品经济的开展必须沿着自上而下变革的道路前行。他力图突破遵照欧洲经验模式单纯从经济维度来解释中国历史进程，着意由中国本土体制内去寻求社会进步转型的纹理，但最后其依然强调明清专制保守的政治体制和社会环境对商品市场经济发展乃至质变所起的制约作用，考量的关节之一仍在于国家对社会的强力控制及商人对现政权的依附服从，某种程度又把问题拉回到讨论中央集权君主专制政体同商品经济的矛盾并如何阻碍商人、商业的充分成长上来。参见陈支平：《中国商人历史研究中的制度与文化：一个新的路径》，《学术月刊》2009年第4期。

〔2〕参见［美］彭慕兰：《大分流：欧洲、中国及现代世界经济的发展》，史建云译，南京：江苏人民出版社，2003年。对该书评论可参见赵轶峰：《“大分流”还是“大合流”：明清时期历史趋势的文明史观》，《东北师大学报（哲学社会科学版）》2005年第1期。

史。[1] 然而，加州学派很大程度夸大了经济指标对于社会现代转型的决定意义，强调工业革命的发生得益于海外殖民和煤铁资源等偶然因素的作用，他们站在中国立场，反问为什么欧洲不是中国，此一倒挂的思维方式究其实仍是一种变相的西方中心主义。且从社会结构变迁及演进趋势意义讲，早期工业化的前景似乎也只能是西方既成的现代工业化体系，但明清江南的工业化迹象还不足以促动科技革命，因而总体缺乏发生根本转向的必需条件。这样，加州学派的研究指向依然未能完全脱离中国资本主义发生学范畴，尚难以对明清中国历史进程与出路做出令人满意的解释回答。

其他值得关注的有关明清商业、商人的代表性研究，如范金民《明清江南商业的发展》一书，系统考述了明清时期江南的商品生产、商品流通、商品市场、各地商人商帮在江南的活动、商业兴盛对江南社会经济的影响等一系列重要课题。该书指出江南商业持续发展的前提在于商品生产发达，这有赖于当地优越的自然条件及农民的获利动机和经营方式，而便捷的交通网络更促进了商品中外流通与各级市场拓展，商业资本不断扩充，国内统一市场已然形成。江南与全国各地的经济联系日益紧密，通过输入商品生产原料，输出手工业成品和生活资料，凭借区域间的不同社会分工建立起明显的经济优势。范金民又着力探讨了活跃于江南地区的安徽、福建、广东、山西、陕西、山东、河南、江西、湖广、浙江、江苏各商帮的经营活动，及其创设的会馆公所等商人组织，进而分析明清商人与江南地方官民士庶的关系。大致而言，商人既痛恨官府的抑勒苛取，又不得不仰仗其维护起码的经营环境并保障自身的合法权益与财产安全。他们投身公益，赈灾恤贫，虽赢得百姓的响应支持，成为江南社区建设的重要力量，但仍存在与民众利益不甚协调的一面。商人也多具备一定的文化素养，乐于附庸风雅，结纳名流，士商双方可谓相互利用，各取所需。针对黄宗智提出的单位工作日报酬递减的“过密化”理论，范金民质疑人口与赋税压力导致江南小农一直徘徊在糊口水平的说法，他表示日后江南经济尽管潜伏危机，但总体上明清江南商业的发展推进了商品生产，带动了市镇繁荣，终而成就了富庶的江南经济区。[2]

---

〔1〕 参见李伯重：《江南的早期工业化（1550～1850年）》，北京：社会科学文献出版社，2000年。

〔2〕 参见范金民：《明清江南商业的发展》，南京：南京大学出版社，1998年。

范金民的另一部研究成果《明清商事纠纷与商业诉讼》则全面而详细论析了明清时期商业纠纷和诉讼的实态，内容还涉及商人控诉地方官府无偿索取、商帮之间及其与社会各阶层的纠葛关系等。书中主张，地方官着眼于情理和原被两造实际做出的判决，虽可不完全拘泥法律，但也要严格受到法令条例的约束。其对商业诉讼的裁断，大部分既出于情理的考虑，又符合法律的精神，且能兼顾涉案双方的经济能力。然明清商人的经商环境并非乐观，他们控告仗势索扰的官吏衙役，虽可能赢得法理上的胜诉，但很多时候却难获现实利益的保障。当时商人若以群体力量参与诉讼，常会占据一些优势，不过商帮与地方政府在互相利用依靠的同时，又随时随地充斥着矛盾，因此很难说这些商人或商帮已经组成了“公共流域”，从而成为一种独立的经济社会力量。[1]

孙强的《晚明商业资本的筹集方式、经营机制及信用关系研究》考述了晚明商业运作的实际情形，包括商业资本的家庭筹资、借贷融资、合伙集资等筹集方式，商业活动中的亲身、合伙、家族、雇佣、奴仆等经营机制，及伴随商品交易产生的牙行居间、赊卖赊买、商业汇兑等信用现象。孙强注意到晚明社会呈现的一些新动向，一方面中央集权政治体制继续强化，另一方面在社会经济领域商业化元素却空前活跃，展示出非传统性的转变迹象。他从晚明商品经济繁荣这一事实出发，探究彼时商业资本的发展程度与潜力，以期为认识明清社会总体变迁提供一种解释线索。结论部分还延伸讨论了君主专制政体对商业的容纳、“重农抑商”的实质及法律框架下商业资本的发展空间等问题，颇具启发意义。[2]

加拿大学者卜正民《纵乐的困惑：明代的商业与文化》借用万历《歙志》编纂者张涛将明代社会风俗变迁比附为四季周期循环的隐喻，沿着自交通到商业再到文化的轨迹，描述了一部正在发生巨大商业变化的明代中国经济文化史。该书认为，基于农业秩序恢复和交通网络完善，明代中国逐步由井然有序、自给自足的乡村社会变成一个堕落的城市商业社会，商业活动日益作为一种致富手段被人们实践和称颂，改变着经济资源与社会权力的分配，使处身其间的士大夫陷入财富所带来的快乐及这一快乐所触

---

〔1〕 参见范金民等：《明清商事纠纷与商业诉讼》，南京：南京大学出版社，2007 年。

〔2〕 参见孙强：《晚明商业资本的筹集方式、经营机制及信用关系研究》，长春：吉林大学出版社，2007 年。

发的困惑之中。不同于西方资本主义道路模式，明代商业的繁盛创造了广泛的市场经济，拓宽了社会生活范围，却没有从根本上瓦解既有体制结构。对利益与享乐的追求似亦非王朝溃亡背后的动因，而恰恰是商业关系的蔓延促进了社会文化精英和经济精英更加紧密交合在一起，士绅集团的力量由此得到强固，从而能够克服明亡危机，主导了以后的社会发展进程。[1]

文学作品内容某种程度上是社会实际情态的艺术反映，由此视域切入解析商人世界，亦是商人研究的一个侧面。黄仁宇的文章已见前述，复如陈大康的《明代商贾与世风》，运用明代小说提供的生动形象素材，对之进行分类归纳与整理阐析，由此讨论商贾势力在明代中后叶如何逐渐膨胀，及这种势力膨胀后又使整个社会风气发生了怎样的变化。该书因将小说作为主要研究材料，故在历史真实性上强调以一种整体综合的视角观察、解释当时社会人情风貌，进而深度发掘出古代小说的史学价值。[2]

另邵毅平著有《中国文学中的商人世界》，其明代部分概述了当时文学兴起的历史文化背景，描绘了各种文体对商人形象的塑造，并从中梳理出商人的表现与特点。书中指出，由于市民社会的发展、重商观念的盛行及士商关系的进一步密切，极具平民化倾向的明代文学同前代相比，对商人的生活更充满理解同情，也更能明确给予他们以尊重肯定，这使得明代文学中的商人世界相对来说更富有积极和真实色彩。邵毅平从文学角度展现了明代商人活动的方方面面，尤为关注他们的情趣追求、现实处境及其与士大夫的互动关系，一定意义上揭示出这一群体的精神内涵与社会地位。[3]

此外尚有不少关于明清地域商人商帮的学术著作，其中以徽商、晋商

---

〔1〕 参见［加］卜正民：《纵乐的困惑：明代的商业与文化》，方骏等译，北京：生活·读书·新知三联书店，2004年。

〔2〕 参见陈大康：《明代商贾与世风》，上海：上海文艺出版社，1996年。

〔3〕 参见邵毅平：《中国文学中的商人世界》，上海：复旦大学出版社，2005年。

研究为代表。[1] 且多年来学界对该相关领域的探讨一直热情不减，已经合作编著了多套大型丛书，主要有中华书局（香港）有限公司出版的“中国十大商帮”、浙江人民出版社出版的“中国地域商人丛书”及黄山书社出版的“中国商帮丛书”等。

三、研究意义与内容框架

前人考察明清商人、商业的相关学术成果，发掘了研究资料，丰富了研究内容，拓宽了研究视野，确有益于深化对该课题的认识，也为本书写作奠定了厚实的史料基础。不过这些论著所涉及的地域商人商帮研究，多以具体描述他们的商业经营及生产生活情态为主，其中将商人、商业发展同明清社会历史变动趋势联系起来的分析，在方法论上也大体秉承了资本主义发生学范式，参照近代西方演进历程来衡量中国的历史情态和商人的地位作用，以期找出传统中国能否自行进化到现代社会的答案。在此一思路影响下，学者们基于帝制国家政体运行与社会经济发展天然矛盾的先入观念，往往突显了二者在形态结构及历史演变意义上的冲突性征，夸大了商业化本身与现代社会的直接关联。这类研究将明清商人视为传统社会的异质和对立角色，倾向讨论既有体制对商人的压制剥削及商人价值观念对儒家伦理的冲击突破，即是重申当时商人对于传统政治势力、社会组织、思想体系的依附性并起到的稳固作用，亦是在预设上首先判定他们本该成长为挣脱、改造旧有秩序的独立力量。这样，不少研究者尽管看到了明清商人及其资本的优势与活力，但或强调社会固有的调节机制对商人资本的消解吸纳，从而延缓了变革步伐，或强调商人品格的先天不足，从而最终摆脱不掉与这个应被否定的“封建社会”一同没落的命运。

---

〔1〕代表性著作可参见张海鹏、王廷元主编：《徽商研究》，合肥：安徽人民出版社，1995 年；王廷元、王世华：《徽商》，合肥：安徽人民出版社，2005 年；张正明：《晋商兴衰史》，太原：山西古籍出版社，1995 年；刘建生、刘鹏生等：《晋商研究》，太原：山西人民出版社，2002 年；黄鉴晖：《明清山西商人研究》，太原：山西经济出版社，2002 年；高春平：《晋商学》，太原：山西经济出版社，2009 年；刘建生等：《明清晋商与徽商之比较研究》，太原：山西经济出版社，2012 年；李刚：《陕西商帮史》，西安：西北大学出版社，1997 年；张海鹏、张海瀛主编：《中国十大商帮》，合肥：黄山书社，1993 年；等等。

明清“帝制农商社会”说是从正面提出的关于中国前近代历史的系统论述体系，其把中国历史进程作为研究主体，力求自根本上抛弃中国社会停滞或必将发生资本主义等各类西方中心式的预设。该说以明清社会实际情态为依据，认为此时的中国主要源于自身的演进，逐渐呈现出诸多新异且不可逆的“历史性”变迁特征。这一整体转变既是结构性的也是文化性的，是此前中国历史合乎逻辑的长期发展的结果，同时亦为后来的社会演变提供了基础。在明清时代的中国社会，商业同农业一样，越来越成为维持社会文明共同体稳定运行的内在组成要素和基本经济成分，当时商人与国家体制的双向互动使彼此也达成了一定的互适并存关系，由是衍生出一种既保持帝制体系架构又包容商业高度发展空间的帝制农商社会。这种关于明清商人、商业与国家体制关系的基本判断是“帝制农商社会”说能否成立的核心根据之一，是关系到该说是否合乎明清历史实际并可否恰当解释当时社会发展状况的关键问题，需要进一步用实证研究加以检验印证。就明代中国而言，逐渐发达的商品经济对政府管理产生了多大程度的影响，国家对商人、商业做出了什么样的制度安排，商人的法律权利地位是否得到承认，其在商业经营中又与官府结成何种关系，这些问题都有待从实证层面予以重新审视辨析。那么，从原本史实出发，通过对明代社会变迁中商人、商业与现行国家体制关系面貌的具体考察，进而尝试分析中国历史演变的独特性征与轨迹，以有助于建构一种更为合理的中国历史叙述体系，当为本书的研究意义所在。

作为明代商人角色及其与国家权力体系关系研究的初步探索，本书主体部分分四个专题章讨论。第一章总体论述明代的商业管理政策，这不仅集中体现了当时统治层对商人在既有体制中所处位势的一种制度性安排，亦映射出他们维持商业发展并对商人经营活动意欲善加管控利用的普遍心态。本章从明太祖的商业政策及对商人的态度谈起，认为其出于恢复生产、稳固秩序的“重农”考虑，实施了一系列加强社会控制的措施，虽具有限制商业的实际作用，但不以“抑商”为根本目的。且明太祖着手建立健全商贸制度法规，体恤商人疾苦，保护商人权利，为此后商业活动的有序展开提供了助益。而明初“海禁”政策的出台缘于倭寇持续侵扰及中日交涉不畅，并非朝廷立意封闭海岸阻绝对外交往，更不是长远国策。太祖之后，明朝历代诸帝大都秉承了国初的商业政策基调。明政府不仅设置钞关疏通钞法，且与社会经济发展水平相适应，商税征缴物也完成了由钱钞向白银的转换。不过明中期以来，明廷广派税使，强佥商役，苛征官木，对商人剥削压榨日益严重。然此大体出自皇权滥用，不代表国家商业政策实质导向，并受到朝野上下一致抵制。总的来看，明代商业管理较为全面完善，商税税率税额整体偏低，国家体制较大程度容纳了商品货币经济，彼此表现出一种内在互适性。

商税征收是国家对社会于财政意义上进行有效管理的一种方式，相较于一般性商业政策，更能真切揭示出国家体制与社会成员之间的互动关系。从历史演进趋势看，与帝制时代早期相比，明代中国最为突出的一个特征便是商业关系的广泛蔓延，并由此引发传统社会在经济结构上产生深刻变化，而经济结构的变迁又对政府的施政水平与政策调适提出了更高要求。第二章具体探讨掌握着明代国家社会管理权和话语权的士大夫阶层有关商税征收的认识与表现，依次理析了他们对关市征商缘起及社会职能的评议、对商民平等的提倡及病商弊政的批评、加强榷政监管及施惠商民的言行，最后总结了其中一些人对商税价值功用、征缴方式及农商关系的思考。该章表示，明代士大夫秉持关市除奸御暴、调节农赋的看法，主张爱养商民，完善监管，并正视商税足国裕民的合理意义，阐发出“惠商佐国”“农商交重”“工商皆本”等折射时代含义的新观念。由此可见，尽管明代政府的榷税管理要适应商品市场化模式尚须做出更大调整，但仍为帝制体系下商人、商业的充分发展提供了广阔空间。

商人群体在政府制定的法律规约框架内被界定的权利与地位状况，既构成商业发展的制度环境，又较大程度决定了商人同国家体制的基本关系。第三章着重从明代国家有关商业的司法规章、审判层面，分析彼时商人的法权地位。本章指出，明初服饰与路引规定着眼于强化社会普遍管控，虽对商人权利和商业活动造成不利影响，但长远来看，并没有明确表现出在该社会体系里商人地位要低于其他庶民的含义。明代法律典章不仅规范了商业行为，也保障商人正当权益不遭侵夺，内里亦未传达出阻遏商业开展的用意。同时明代商人在科举仕进方面也不曾受到特殊歧视，后期朝廷还专门设立“商籍”以解决盐商子弟由于户籍所限不能异地入学应考的困难。通过对明末苏州工商业碑刻及《盟水斋存牍》所载广东地方商事诉讼的两个个案调查，同样可看到此间商人的合理诉求得以表达和实现，其法律身份地位归属于庶民，能够被政府视作社会组成的基本人群加以平等对待。故就明代商人法权地位而言，国家权力是将他们与其他庶民一样同等含纳在帝制体系之内，二者不构成本质上的对立冲突。

商业活动的正常有序展开有赖于国家提供良好的秩序环境和完善的法律保障，而国家也常常需要借助利用商人的财力以巩固政权，增加收入。纵观明代，举凡国家的军需调配、物资供给、边境开发、赈灾救济、工程建设，大都离不开商人的支持与贡献。当时国家经由多种渠道参与控制商业活动，并同商人于经济利益配置上互有依赖需求，以此为基础，双方可能会逐步结成某种共利合作关系。第四章主要从盐法、茶法运行等方面探析明代国家与商人的合作，认为开中盐法确立了官商合作架构，之后历经变通调适，进一步平衡了盐商内部及官商利益关系，终使实力雄厚的纲商成为政府正式授权的特许商人。明代士大夫对盐政运行中的官商合作也有充分认识，他们视国家与商人为命运相连的共同体，尤其强调依照市场规律、采用经济手段调动商人积极性，以期实现二者相济共赢。在茶法运行及其他相关事项中，展示出的官商合作面貌大致相似。这样，明代政府依靠官商合作方式，有效完成了部分国防军备建设和财政收支周转。此种由国家主导的合作关系的持续深入，体现着当时商人、商业同既有体制具有相当程度的契合性，亦即说明，明代国家帝制体系的权力运作与社会商品经济的繁荣发展之间，本可达成一种并向前行、互洽共生的演进态势。

第一章　明代的商业政策

一、明太祖的商业政策及对商人的态度

（一）“重农”视角下的“禁末”心态

明太祖向来重视农业，将其看作“为治之先务，立国之根本”[1]。当兵戈四起、天下未靖之际，为确保满足国用军需又能减轻百姓负担，他在与臣僚刘基讨论如何制定常赋时就提出：“今日之计，当定赋以节用，则民力可以不困，崇本而祛末，则国计可以恒舒。”[2] 后明太祖平定淮东还乡省墓，置酒宴请当地父老，又劝勉他们“幸教子弟孝弟力田，毋远贾”[3]。

在明太祖看来，农民躬耕务实，持心恒一，商人却漂泊不定，难善始终。他曾于洪武八年（1375）亲撰一部戒饬百官、教化民众的训示之作《资世通训》，内《商用章》即道：

> 朕谓谒者曰：“世之有商贾，或贫而或富者，终不能久，为何？”谒者曰：“商贾之心利重，贪而无厌，其中诈取者甚多，两平者间有。此等行藏，鬼神鉴见，所以或贫加于诈，或富加于两平者。或又贫者富，富者贫，盖彼各更心之不同耳。所以贫者获富，以其革诈心而用诚实，以此而致富。或又富者贫之，因弃两平之心而尚诈，获不足而贫生焉。”[4]

---

〔1〕《明太祖实录》卷19，丙午年正月辛卯，台北：“中央研究院”历史语言研究所，1962年，第260页。

〔2〕《明太祖实录》卷20，丙午年四月己未，第277页。

〔3〕［清］张廷玉等：《明史》卷1《本纪第一·太祖一》，北京：中华书局，1974年，第14页。

〔4〕［明］朱元璋：《资世通训·商用章》，《续修四库全书》第935册，上海：上海古籍出版社，2002年，第265页。

此意在表明，经商之人，但求牟利，贫富无常，若辈贪婪诈取者多，公平交易者少。可见明太祖对舍本趋末的商人确有一种因鄙夷其行而力求规训的心理，同时也强调了诚心乃致富之必要前提。他还尝谕户部官员曰：

> 农桑衣食之本，然弃本逐末，鲜有救其弊者。先王之世，野无不耕之民，室无不蚕之女，水旱无虞，饥寒不至。自什一之涂开，奇巧之技作，而后农桑之业废……朕思足食在于禁末作，足衣在于禁华靡。尔宜申明，天下四民，各守其业，不许游食，庶民之家，不许衣锦绣，庶几可以绝其弊也。[1]

故在建国后，明太祖出于恢复农业生产和稳定社会秩序以安民裕国的考虑，大举农桑本业，重惩游手闲徒。洪武三年（1370），他以“细民无田以耕，往往逐末利而食不给”[2]为由，迁徙苏松嘉湖杭五地民无田产者四千余户于临濠开种，后又规定，凡逃移之民听其随地占籍，“若有不务耕种，专事末作者，是为游民，则逮捕之”[3]。

商贾不直接创造物质财富，且行踪无着，流动性强，对于明初从维护稳定和增加财税着眼的统治者而言，必然会带来国家对基层社会控制监管的困难。为防止大批无业游民混迹其间，实行户籍、路引制度以严格审核商民身份职业，即在情理之中。明太祖诰令：“乡民商旅，则各以户帖、路引为验”[4]，“一切臣民，朝出暮入，务必从容验丁，市村人民舍客之际，辨人生理，验人引目”[5]，“凡无文引私度关津者，杖八十……若军民出百里之外不给引者，军以逃军论，民以私度关津论”[6]。其中对商人的规定尤详：“商本有巨微，货有重轻，所趋远迩水陆，明于引间，归期难限，其业邻里务必周知。若或经年无信，二载不归，邻里当觉之，询故本户。若

---

[1]《明太祖实录》卷175，洪武十八年九月戊子，第2663页。

[2]《明太祖实录》卷53，洪武三年六月辛巳，第1053页。

[3]《明太祖实录》卷208，洪武二十四年四月癸亥，第3099页。

[4]《明太祖实录》卷131，洪武十三年五月己亥，第2085页。

[5][明]朱元璋：《御制大诰续编·辨验丁引第四》，《续修四库全书》第862册，上海：上海古籍出版社，2002年，第270页。

[6][明]刘惟谦等：《大明律》卷15《兵律三·关津》，《续修四库全书》第862册，上海：上海古籍出版社，2002年，第521页。

或托商在外非为，邻里勿干。"[1] 至于商人贩运居停，牙行埠头则要按时登记上报："凡城市、乡村诸色牙行及船埠头，并选有抵业人户充应，官给印信文簿，附写客商、船户住贯姓名、路引字号、物货数目，每月赴官查照。"[2] 若非贩鬻之人，或路引过期，法当拿办："今后无物引老者，虽引未老，无物可鬻，终日支吾者，坊厢村店拿捉赴官，治以游食。重则杀身，轻则黥窜化外。"[3] 为了贬斥商人，明太祖甚至在庶人冠服上对农商之家做出区别："十四年令农衣绸、纱、绢、布，商贾止衣绢、布。农家有一人为商贾者，亦不得衣绸、纱。二十二年令农夫戴斗笠、蒲笠，出入市井不禁，不亲农业者不许。"[4] 重本抑末之意，于斯可见。

其实，明太祖批判和限制商人，主要是从游食者营营逐利而为民害的弊端来论说的。他们不事农产，不劳而获，不仅易使天下浸染奢华虚饰之风，且又有人工于机巧，夤缘官府，恣肆妄为，自属严防之列。此层用意在《大诰续编》"再明游食"及"市民不许为吏卒"中表述得较为明白：

> 再明游食，互知生理……所在有司、邻人、里甲，有不务生理者，告诫训诲……一月之间，仍前不务生理，四邻里甲拿赴有司……设若不拿，此等之徒，非帮闲在官，则于闲中为盗。帮闲在官，教唆官吏，残害于民，不然为贼乡里。[5]

> 市井之民，多无田产，不知农业艰难。其良善者，将本求利，或开铺面于市中，或作行商出入，此市中之良者也。有等无藉之徒，村无恒产，市无铺面，绝无本作行商。其心不善，日生奸诈，岂止一端？惟务构结官府，妄言民之是非。[6]

不过明太祖眼中的市井游惰之民，虽可能包括部分商贩在内，但若其

---

〔1〕［明］朱元璋：《御制大诰续编·互知丁业第三》，《续修四库全书》第862册，第270页。

〔2〕［明］刘惟谦等：《大明律》卷10《户律七·市廛》，《续修四库全书》第862册，第484页。

〔3〕［明］朱元璋：《御制大诰续编·验商引物第五》，《续修四库全书》第862册，第270页。

〔4〕［清］张廷玉等：《明史》卷67《志第四十三·舆服三》，第1649页。

〔5〕［明］朱元璋：《御制大诰续编·再明游食第六》，《续修四库全书》第862册，第271页。

〔6〕［明］朱元璋：《御制大诰续编·市民不许为吏卒第七十五》，《续修四库全书》第862册，第300页。

正当经营，亦为守业善类。他所要遏制打击的实乃不务生理的帮闲诈伪之辈，并非专门针对商人群体。通常情况下，明太祖仍视商贾为仅行业分工有别的庶民之一员。他曾云：

古先哲王之时，其民有四，曰士农工商，皆专其业。所以国无游民，人安物阜，而致治雍雍也。朕有天下，务俾农尽力畎亩，士笃于仁义，商贾以通有无，工技专于艺业。所以然者，盖欲各安其生也。然农或怠于耕作，士或骛于修行，工贾或流于游惰……则民食何由而足，教化何由而兴也？[1]

其在《大诰续编》里也言：

士农工技，各知稼穑之艰难。所以农尽力于畎亩，士为政以仁，技艺专业，无敢妄谬。维时商出于农，贾于农隙之时。四业题名，专务以三，士农工，独商不专，易于农隙。此先王之教精，则野无旷夫矣。[2]

务要验丁报业，毋得一夫不务生理。是农是工，各守本业，毋许闲惰。巨贾微商，供报入官，改古之制，常年守业，消乏不堪，复入官报，更名某业，不许在闲。[3]

先王之教，其业有四，曰士农工商。昔民从教，专守四业，人民大安。异四业而外乎其事，未有不堕刑宪者也……凡民邻里，互相知丁，互知务业，具在里甲。县州府务必周知，市村绝不许有逸夫。[4]

可知明太祖屡申游食禁例，令四民守本业而勿远游，实为从巩固明初政权的现实目的出发而做出的一种政治考量。他力图规范社会各阶层成员的行为，倡导“工商农业皆听其故”[5]，由此各安生业，奉法守分，以至“家昌身裕，斯为仁义忠孝之民”[6]。同时，明太祖也一贯秉持了保民图治的理政思想，意欲足食兴教，即“民有常产，则有常心，士农工商，各居

---

〔1〕《明太祖实录》卷177，洪武十九年四月壬寅，第2687页。

〔2〕［明］朱元璋：《御制大诰续编·序》，《续修四库全书》第862册，第267页。

〔3〕［明］朱元璋：《御制大诰续编·松江逸民为害第二》，《续修四库全书》第862册，第269页。

〔4〕［明］朱元璋：《御制大诰续编·互知丁业第三》，《续修四库全书》第862册，第269~270页。

〔5〕《明太祖实录》卷73，洪武五年五月戊辰，第1352页。

〔6〕《明太祖实录》卷150，洪武十五年十一月丁卯，第2362页。

一业，则自不为非"[1]。这样讲来，明太祖时常表达的所谓"崇本祛末"等看法，并不能简单理解成禁止民众经商。其宗旨乃是在当时战乱后亟待重建秩序、休养民生的社会环境下，重申农业为立国之基，敦促人民积极生产，以满足物资供求。为此政府必须有效控制大量农业人口，并强化对包括商人在内的社会各阶层群体的监督与支配，使之专力本业，保证于国家财政收入中占举足轻重地位的农业税源的充足稳定。[2] 在这种社会管理思路下，商人可被视为农民的一分子，而商业亦被当做农闲之时起着辅助调剂作用的本业。那么，与其去过分追究明太祖的"抑商"观念，倒不如说他关注的核心问题还是在于"厚本重农"更切近实际。

（二）建立商业贸易制度法规

明初君臣其实能够认识到以商贸之利裕财足国的重要性，明太祖大抵可把商人和其他庶民一样平等看待，故曾就汉代皇帝过度挫辱商人的做法表示不解："昔汉制，商贾、技艺毋得衣锦绣乘马，朕审之久矣，未识汉君之本意如何。《中庸》曰'来百工也'，又古者日中而市，是皆不可无也。况商贾之士，皆人民也，而乃贱之。汉君之制意，朕所不知也。"[3] 而对于商税征收，明太祖也务求简省便民。早在登基前，虽连年争战，财用不足，然他鉴于"来远人在乎修政，裕国用贵乎通财"[4]，设立关市批验所，对来往商旅征税。之后因税重导致货物壅滞，其遂从臣下所请降低税率，以便"懋迁之利，流转不穷，军用给足"[5]。同时，政府向商人收取的官

---

[1] [明] 申时行等：《明会典》卷9《吏部八·关给须知》，北京：中华书局，1989年，第55页。

[2] 赵轶峰指出，"明朝最初刻意恢复自耕农为主体的农本经济体系，并为稳定自耕农经济而限制商业活动和社会流动性，强化皇权主导的帝制体系……一定程度上继承了元代人身依附关系强化的社会制度"，而在社会制度框架基本走上中华文明核心区传统历史轨道后，"从15世纪开始，发生了一系列'历史性'的变迁"。赵轶峰：《中华文明演进历程中的帝制农业社会与帝制农商社会》，林文勋、张锦鹏主编：《中国古代农商·富民社会研究》，北京：人民出版社，2016年，第50页。

[3] [明] 朱元璋：《明太祖文集》卷10《敕问文学之士》，《景印文渊阁四库全书》第1223册，台北：台湾商务印书馆，1986年，第104页。

[4] 《明太祖实录》卷11，壬寅年十月辛卯，第143页。

[5] 《明太祖实录》卷12，癸卯年闰三月丁丑，第150页。

店钱，明太祖也以“税太多病民，故命减之”[1]。最终，商税率确定为“三十税一，过取者以违令论”[2]。洪武二十三年（1390），他再次申明“各处税课司局，商税俱三十分税一，不得多收”[3]。《大诰三编》中“巡阑害民”条亦云：“三十分中，定例税一，岂有重叠再取者？今后敢有如此者，虽赦不宥。”[4]

明太祖耻于与民争利，其减轻商税的主张，深合传统治国理念中藏富于民之道。即如洪武十九年（1386）他下发给户部一道旨意，告诫官员爱养民力，毋事苛敛：

> 善理财者，不病民以利官，必生财以阜民。前代理财窃名之臣，皆罔知此道，谓生财裕国，惟事剥削蠹蚀，穷锱铢之利，生事要功……我国家赋税已有定制，撙节用度，自有余饶。减省徭役，使农不废耕，女不废织，厚本抑末，使游惰皆尽力田亩。则为者疾而食者寡，自然家给人足，积蓄富盛。尔户部政当究心，毋为聚敛，以伤国体。[5]

在他看来，“言利之臣，皆戕民之贼也”[6]，而商人作为庶民之一，自当一体惠恤。同年，大同知府郑彦康请：“往岁大同中纳盐粮交易者多，所以税课益增。自停盐粮，近年税课亏耗，不及旧额。”得命：“户部核其所亏之数，悉免征。”[7]《大诰续编》又云该年明太祖对诸司进奏之商税文册要求严加核明，毋容混淆欺蔽。[8] 次年户部再建议，各处税课视旧有亏，应以两年前所收额度为准，其回复道：“商税之征，岁有不同，若以往年概为定额，苟有不足，岂不病民？宜随其多寡，从实征之。”[9]《明太祖实录》还记：“彰德府税课司税及细民瓜菜柿枣、畜牧饮食之物，事闻，上曰：

---

[1] 《明太祖实录》卷14，甲辰年正月丁卯，第176页。

[2] 《明太祖实录》卷14，甲辰年四月己酉，第193页。

[3] ［明］申时行等：《明会典》卷35《户部二十二·课程四·商税》，第255页。

[4] ［明］朱元璋：《御制大诰三编·巡阑害民第二十》，《续修四库全书》第862册，上海：上海古籍出版社，2002年，第335页。

[5] 《明太祖实录》卷177，洪武十九年三月戊午，第2681~2682页。

[6] ［清］张廷玉等：《明史》卷81《志第五十七·食货五》，第1970页。

[7] 《明太祖实录》卷179，洪武十九年十一月庚申，第2712页。

[8] 参见［明］朱元璋：《御制大诰续编·诸司进商税第五十一》，《续修四库全书》第862册，第290页。

[9] 《明太祖实录》卷185，洪武二十年九月壬辰，第2779页。

‘古谓聚敛之臣甚于盗臣，正此等官吏也。’命罪之。”[1]

《明史》“商税”卷目中所载明太祖处置相关问题的诸多举措，亦可与上文互参：

彰德税课司，税及蔬果、饮食、畜牧诸物。帝闻而黜之。山西平遥主簿成乐秩满来朝，上其考曰“能恢办商税”。帝曰：“税有定额，若以恢办为能，是剥削下民，失吏职也。州考非是。”命吏部移文以讯。十年，户部奏：“天下税课司局，征商不如额者百七十八处。”遂遣中官、国子生及部委官各一人核实，立为定额。十三年，吏部言：“税课司局岁收额米不及五百石者，凡三百六十四处，宜罢之。”报可。胡惟庸伏诛，帝谕户部曰：“曩者奸臣聚敛，税及纤悉，朕甚耻焉。自今军民嫁娶丧祭之物，舟车丝布之类，皆勿税。”罢天下抽分竹木场。[2]

本着利官阜民原则，明太祖制定了一套行之有效的商业管理法规。《明史》称：

关市之征，宋、元颇繁琐。明初务简约，其后增置渐多，行赍居鬻，所过所止各有税。其名物件析榜于官署，按而征之，惟农具、书籍及他不鬻于市者勿算，应征而藏匿者没其半。买卖田宅头匹必投税，契本别纳纸价。凡纳税地，置店历，书所止商氏名物数。[3]

凡商贾、侩屠、杂市，皆有常征，以时榷而输其直于府若县。凡民间贸田宅，必操契券请印，乃得收户，则征其直百之三。[4]

其中“契本”为纳税凭证，“纸价”指印制契本的工本费。洪武二年（1369）有令：“凡买卖田宅头匹，赴务投税。除正课外，每契本一纸，纳工本铜钱四十文，余外不许多取。”[5]“店历”即登记客商的簿籍，“凡客店，每月置店历一扇，在内赴兵马司，在外赴有司，署押讫，逐日附写到店客商姓

---

[1]《明太祖实录》卷88，洪武七年四月癸亥，第1571页。

[2]［清］张廷玉等：《明史》卷81《志第五十七·食货五》，第1975页。另，竹木抽分场罢后又有恢复，《明会典》载：“洪武十三年，罢天下抽分竹木坊。二十六年定，凡龙江、大胜港俱设立抽分竹木局……永乐六年，设通州、白河、卢沟、通积、广积抽分五局。十三年，令照例抽分。”［明］申时行等：《明会典》卷204《工部二十四·抽分》，第1023页。

[3]［清］张廷玉等：《明史》卷81《志第五十七·食货五》，第1974页。

[4]［清］张廷玉等：《明史》卷75《志第五十一·职官四》，第1852页。

[5]［明］申时行等：《明会典》卷35《户部二十二·课程四·商税》，第255页。

名人数、起程月日，月终各赴所司查照”[1]。

关于榷税机构，起先设官店，再“改在京官店为宣课司，府州县官店为通课司，后改通课司为税课司、局”[2]，两京又置都税司，此外各地还有抽分场局、河泊所。“所收税课，有本色，有折色。税课司局，京城诸门及各府州县市集多有之，凡四百余所。其后以次裁并十之七……凡税课，征商估物货；抽分，科竹木柴薪；河泊，取鱼课。又有门摊课钞，领于有司。”[3] 巡栏则将“所办额课，日逐巡办，收于司局，按季交与官攒，出给印信收票”[4]。明人张瀚就此总结：“明兴，关市之禁视前代尤详。舟车掌于钞关，为司徒属。竹木掌于抽分，为司空属。盐课有转运，有提举，而又有御史稽察之；茶课亦然。余皆领于司徒。即征商之法，纤悉具备已。”[5]

伴随商税征缴机构的设立与完善，明太祖一并出台了一系列加强市场管控和规范商业行为的措施。如洪武元年（1368），其诏中书省：“命在京兵马指挥司并管市司，每三日一次校勘街市斛斗秤尺，稽考牙侩姓名，时其物价。在外府州各城门兵马，一体兼领市司。”[6] 第二年明廷统一颁布权量标准式样，通行全国依法制造校定，“牙行市铺之家，须要赴官印烙，乡村人民所用斛斗秤尺，与官降相同，许令行使”[7]。同时规定：

> 凡内外军民官司，并不得指以和雇和买，扰害于民。如果官司缺用之物，照依时值，对物两平收买。或客商到来，中买物货，并仰随即给价，如或减驳价值及不即给价者，从监察御史、按察司体察……定时估，仰府州县行属，务要每月初旬取勘诸物时估，逐一覆实，依时开报，毋致高抬少估，亏官损民。上司收买一应物料，仰本府州县

---

〔1〕［明］申时行等：《明会典》卷35《户部二十二·课程四·商税》，第255页。

〔2〕［清］张廷玉等：《明史》卷75《志第五十一·职官四》，第1852页。

〔3〕［清］张廷玉等：《明史》卷81《志第五十七·食货五》，第1974页。

〔4〕［明］申时行等：《明会典》卷35《户部二十二·课程四·商税》，第257页。

〔5〕［明］张瀚：《松窗梦语》卷4《商贾纪》，盛冬铃点校，北京：中华书局，1985年，第81页。按明初尚无钞关，其设始于宣德年间。

〔6〕《明太祖实录》卷37，洪武元年十二月壬午，第744页。“三日一次”《明会典》作“二日一次”：“洪武元年，令兵马司并管市司，二日一次较勘街市斛斗秤尺，并依时估定其物价。”［明］申时行等：《明会典》卷37《户部二十四·课程六·权量》，第270页。

〔7〕［明］申时行等：《明会典》卷37《户部二十四·课程六·权量》，第270页。

照依按月时估，两平收买，随即给价，毋致亏损于民。[1]

《大诰续编》亦言：

天下府州县今后毋得指以庆节为由和买民物，往往指此和买名色，不还民钱者多，此弊虐吾民久矣。诰出，敢有如此者，许被扰之民，或千或百或十，将该吏拿赴京来，斩首以除民患。[2]

朝廷凡有诸色造作，文书明下有司，止许官钞买办，毋得指名要物，实不与价。果有违吾令者，许被科之民，或千或百或十，赍《大诰》拿该吏赴京，物照时估给钞，将该吏斩首，以快吾良民之心。[3]

到洪武二十六年（1393），明太祖再度申明：

凡天下官民人等，行使斛斗秤尺，已有一定法则，颁行各司府州县收掌。务要如式成造，较勘相同，印烙给降民间行使。[4]

凡民间市肆买卖，一应货物价值，须从州县亲民衙门，按月从实申报合干上司。遇有买办、军需等项，以凭照价收买。[5]

《大明律》也载："有司和雇和买不即给价，若给价有增减不实者，计所亏欠及多余之价，坐赃论。"[6] 这些法令的施行，有助于市场公平交易的展开，也在一定程度上保障了商民利益。

再者，当时"客商人等贩卖物货，多被官私牙行等高抬低估，刁蹬留难"[7]，为防止不良牙行侵害商人正当权益，明太祖还"申明牙侩朘剥商贾私成交易之禁"[8]，对私充牙行、估价不公、把持行市、强买强卖等违法行为都予以重处：

私充者，杖六十，所得牙钱入官。官牙埠头容隐者，笞五十，革

[1] [明] 申时行等：《明会典》卷37《户部二十四·课程六·时估》，第270页。
[2] [明] 朱元璋：《御制大诰续编·庆节和买第七十六》，《续修四库全书》第862册，第300页。
[3] [明] 朱元璋：《御制大诰续编·造作买办第七十七》，《续修四库全书》第862册，第300页。
[4] [明] 申时行等：《明会典》卷37《户部二十四·课程六·权量》，第270页。
[5] [明] 申时行等：《明会典》卷37《户部二十四·课程六·时估》，第270页。
[6] [明] 刘惟谦等：《大明律》卷7《户律四·仓库》，《续修四库全书》第862册，第474页。
[7] [明] 朱元璋：《御制大诰三编·私牙骗民第二十六》，《续修四库全书》第862册，第338页。
[8] 《明太祖实录》卷251，洪武三十年三月庚辰，第3634页。

去……凡诸物行人评估物价，或贵或贱，令价不平者，计所增减之价，坐赃论。入己者，准窃盗论……凡买卖诸物，两不和同，而把持行市，专取其利，及贩鬻之徒，通同牙行，共为奸计，卖物以贱为贵，买物以贵为贱者，杖八十。[1]

甚至他一度下令取缔牙行，犯者严惩不贷：

洪武初，京城置塌房及六畜场，停积客商货物及猪羊等畜，听其两平交易，革罢官私牙行，但收免牙钱一分。[2]

天下府州县镇店去处，不许有官牙私牙。一切客商应有货物，照例投税之后，听从发卖。敢有称系官牙私牙，许邻里坊厢拿获赴京，以凭迁徙化外……巡阑敢有刁蹬多取客货者，许客商拿赴京来。不应税而税者……治以死罪。[3]

此外，明太祖对商人自身逃税贩假等损减国家赋课和扰乱市场秩序的行径也绝不姑息：

凡客商匿税及卖酒醋之家不纳课程者，笞五十。物货酒醋，一半入官……若买头匹不税契者，罪亦如之。仍于买主名下，追征价钱一半入官……凡泛海客商，舶船到岸，即将物货尽实报官抽分。若停塌沿港土商牙侩之家不报者，杖一百。虽供报而不尽者，罪亦如之。物货并入官，停藏之人同罪……凡民间周岁额办茶盐商税诸色课程，年终不纳齐足者，计不足之数，以十分为率，一分笞四十，每一分加一等，罪止杖八十，追课纳官。[4]

凡私造斛斗秤尺不平，在市行使，及将官降斛斗秤尺，作弊增减者，杖六十……凡造器用之物，不牢固真实，及绢布之属，纰薄短狭

---

[1] [明] 刘惟谦等：《大明律》卷10《户律七·市廛》，《续修四库全书》第862册，第484页。

[2] [明] 李东阳等：《明会典》卷32《户部十七·库藏一·课程·事例》，《景印文渊阁四库全书》第617册，台北：台湾商务印书馆，1986年，第339页。

[3] [明] 朱元璋：《御制大诰续编·牙行第八十二》，《续修四库全书》第862册，第302页。

[4] [明] 刘惟谦等：《大明律》卷8《户律五·课程》，《续修四库全书》第862册，第480~481页。

而卖者，各笞五十，其物入官。[1]

此类律令典章的订立与落实，既整顿了市场环境，也明确了商人义务，为明初国内商业的有序发展创造了良好条件。

关于明太祖对待商人的态度，复举如下数例："南雄商人以货入京，至长淮关，吏留而税之，既阅月而货不售。商人讼于官，刑部议，吏罪当纪过。上曰：'商人远涉江湖，将以求利，各有所向，执而留之，非人情矣。且纳课于官，彼此一耳，迟留月日，而使其货不售，吏之罪也。'命杖其吏，追其俸以偿商人。"[2] 又洪武二十四年（1391），明太祖以京师人口稠密，用地紧张，"商人货物至者，或止于舟，或贮于城外民居，驵侩之徒从而持其价，高低悉听断于彼"，因令工部于三山等门外濒水处，建塌房数十，"商人至者，裨悉贮货其中，既纳税，从其自相贸易，驵侩无所与，商旅称便"。其后，"所司于贫民负贩者，亦驱使投税，应天府尹高守礼以为言，遂命禁之"。[3]

而明太祖严肃法纪，不仅为商人经商提供便利，使之免受贪吏奸牙的苛索盘剥，且对其病故者所遗财物也做了保护性规定："如有客商病死，所遗财物，别无家人亲属者，告官为见数，行移招召父兄子弟，或已故之人嫡妻，识认给还。一年后无识认者，入官。"[4] 同时，他也允许除生员外的社会各阶层人士上书议政，"果有一切军民利病之事，许当该有司、在野贤人、有志壮士、质朴农夫、商贾技艺，皆可言之，诸人毋得阻当"[5]。在这个意义上，商人获得了部分建言权。最后，明太祖还多注意加强对士庶民众的劝教，尝召集儒士编纂《公子书》及《务农技艺商贾书》，并言："公卿贵人子弟虽读书，多不能通晓奥义。不若集古之忠良奸恶事实，以恒辞直解之，使观者易晓，他日纵学无成，亦知古人行事可以劝戒。其民间商工农贾子弟亦多不知读书，宜以其所当务者直辞解说，作《务农技艺商

---

[1] ［明］刘惟谦等：《大明律》卷10《户律七·市廛》，《续修四库全书》第862册，第485页。

[2] 《明太祖实录》卷98，洪武八年三月己巳，第1673页。

[3] 《明太祖实录》卷211，洪武二十四年八月辛巳，第3139～3140页。

[4] ［明］申时行等：《明会典》卷35《户部二十二·课程四·商税》，第255页。

[5] ［明］申时行等：《明会典》卷78《礼部三十六·学校·儒学》，第452页。

贾书》，使之通知大义，可以化民成俗。”[1]

（三）实施“禁海”的本意

说到明初的海禁政策，这里面实含有明太祖对于国防形势的顾虑，在国家安危与商贸利益之间抉择，他必然得把前者放在第一位。通常认为，明太祖于洪武四年（1371）首次下达“禁海”令：“诏吴王左相靖海侯吴祯籍方国珍所部温、台、庆元三府军士，及兰秀山无田粮之民尝充船户者，凡十一万一千七百三十人，隶各卫为军，仍禁濒海民不得私出海。”[2] 当时海疆不靖，其之所以发布禁止私人出海贸易的诏令，一方面出于国内军事斗争的需要，乃“国珍余党多入海剽掠故也”[3]，另一方面，倭寇屡屡犯境侵扰亦为不容忽视的重要原因。明人郑晓在《四夷考》中言：“初，方国珍据温、台、处，张士诚据宁、绍、杭、嘉、苏、松、通、泰，诸郡皆在海上。方、张既降灭，诸贼强豪者悉航海，纠岛倭入寇。以故洪武中，倭数掠海上。”[4] 时张瀚也说：“我明洪武初，倭奴数掠海上，寇山东、直隶、浙东、福建沿海郡邑，以伪吴张士诚据宁、绍、杭、苏、松、通、泰，暨方国珍据温、台等处，皆在海上。张、方既灭，诸贼强豪者悉航海，纠岛倭入寇。”[5]《明史》亦云：“明兴，高皇帝即位，方国珍、张士诚相继诛

---

[1]《明太祖实录》卷21，丙午年十一月壬辰，第308页。有学者由此概括明太祖之商政指出：“明太祖起自田间，故重本抑末，然当开国之时，其为政颇利商人，开市之征，由十一减至三十而一，又以民间农工商贾多不读书，遂命儒士编书教之，此实我国实业教科书最初之本，特惜其不传耳！”王孝通：《中国商业史》，上海：上海书店，1984年，第161页。再张明富曾归纳出明太祖规范市场秩序的七项措施，有严格货币管理、统一度量衡、统一价格管理、加强对牙行控制、禁止和雇和买、反对欺行霸市、严惩造假贩假，又从为贫困商人解决资金、修建贮存货物的塌房、保护在外病故商人财产安全、赋予商人建言之权、提高商人文化素养等方面说明其扶持商业、鼓励通商的政策。参见张明富：《抑商与通商：明太祖朱元璋的商业政策》，《东北师大学报（哲学社会科学版）》2001年第1期。

[2]《明太祖实录》卷70，洪武四年十二月丙戌，第1300页。

[3]［清］谷应泰：《明史纪事本末》卷55《沿海倭乱》，北京：中华书局，1977年，第840页。

[4]［明］郑晓：《吾学编》卷67《皇明四夷考上·日本》，《续修四库全书》第425册，上海：上海古籍出版社，2002年，第179页。

[5]［明］张瀚：《松窗梦语》卷3《东倭纪》，第57页。

服。诸豪亡命，往往纠岛人入寇山东滨海州县。”[1]

而不少文献又指出，最终促使明太祖下定禁海决心的，是丞相胡惟庸谋逆通倭计划的败露：

故丞相胡惟庸通日本，盖《祖训》所谓日本“虽朝实诈，暗通奸臣胡惟庸，谋为不轨，故绝之”也。[2]

十三年丞相胡惟庸谋叛，令伏精兵贡艘中，计以表里挟上，即不遂，掠库物乘风而遁。会事露，悉诛其卒，而发僧使于陕西、四川各寺中。着训示后世，绝不与通。[3]

十三年春正月，胡惟庸谋叛，约日本，令伏兵贡艘中。会事觉，悉诛其卒，而发僧使于陕西、四川各寺中，示后世不与通。[4]

先是，胡惟庸谋逆，欲藉日本为助。乃厚结宁波卫指挥林贤，佯奏贤罪，谪居日本，令交通其君臣。寻奏复贤职，遣使召之，密致书其王，借兵助己。贤还，其王遣僧如瑶率兵卒四百余人，诈称入贡，且献巨烛，藏火药、刀剑其中。既至，而惟庸已败，计不行。[5]

明太祖因而“怒日本特甚，决意绝之，专以防海为务”[6]，甚至后世常有“国朝明禁，寸板不许下海”[7]，或“国初立法，寸版片帆，不许下海”[8]的夸张说辞。

胡惟庸约敌谋叛的形迹实存捕风捉影之疑，明中后期人王士骐即言：

---

[1] [清] 张廷玉等：《明史》卷322《列传第二百十·外国三·日本》，第8341页。

[2] [明] 郑晓：《吾学编》卷67《皇明四夷考上·日本》，《续修四库全书》第425册，第178~179页。按明太祖《皇明祖训》虽把日本列为不征之国，但在其后注明：“虽朝实诈，暗通奸臣胡惟庸，谋为不轨，故绝之。”[明] 朱元璋：《皇明祖训》，《四库全书存目丛书》史部第264册，济南：齐鲁书社，1996年，第168页。

[3] [明] 陈子龙等：《明经世文编》卷332《王弇州文集一（王世贞）·倭志》，北京：中华书局，1962年，第3554~3555页。

[4] [清] 谷应泰：《明史纪事本末》卷55《沿海倭乱》，第840页。

[5] [清] 张廷玉等：《明史》卷322《列传第二百十·外国三·日本》，第8344页。

[6] [清] 张廷玉等：《明史》卷322《列传第二百十·外国三·日本》，第8344页。

[7] [明] 陈子龙等：《明经世文编》卷267《胡少保海防论（胡宗宪）·广福人通番当禁论》，第2823页。

[8] [明] 陈子龙等：《明经世文编》卷283《王司马奏疏（王忬）·条处海防事宜仰祈速赐施行疏》，第2997页。

是年正月，诛丞相胡惟庸。廷臣讯辞，第云使林贤下海招倭军，约期来会而已。不至如野史所载，亦不见有绝倭之诏。本年日本两贡无表文，又其将军奉丞相书辞意倨慢，故诏谕之中云“前年浮辞生衅，今年人来匪诚”，不及通胡惟庸事，何耶？近年勘严世蕃，亦云“交通倭虏，潜谋叛逆”，国史谓“寻端杀之，非正法也”。胡惟庸之通倭，恐亦类此。[1]

同样，明末人黄景昉虽承认胡惟庸“专恣罪多端”，然对狱词所云“与倭通，俾以精兵匿贡舶为变，因总武库兵入海”之语，其也表示“迂谩甚”。[2] 不过即便如此，自洪武初年起，日倭不断入寇沿海地方，严重危害明朝的国家安全和社会民生却是不争的事实。[3]《明史》称：

是时，倭寇出没海岛中，乘间辄傅岸剽掠，沿海居民患苦之。帝数遣使赍诏书谕日本国王，又数绝日本贡使，然竟不得倭人要领。[4]

倭性黠，时载方物、戎器，出没海滨，得间则张其戎器而肆侵掠，不得则陈其方物而称朝贡，东南海滨患之。[5]

而诸文献对胡惟庸通敌一事的反复申说，亦反映出明廷一直对日本怀有警惕之心。

这样，在难以与日本建立正常邦交关系的情况下，明太祖禁止民间私自通番泛海的做法确是时势使然。海禁旨在防倭御扰，护国卫民，应时拒变，并非执意要自我孤绝于外及遏制商贸活动，甚至演成闭关锁国的长期

---

〔1〕［明］王士骐：《皇明驭倭录》卷1，《续修四库全书》第428册，上海：上海古籍出版社，2002年，第289页。

〔2〕［明］黄景昉：《国史唯疑》卷1《洪武·建文》，陈士楷、熊德基点校，上海：上海古籍出版社，2002年，第8页。关于胡惟庸案的考证及当时中日交涉情状，可参见吴晗：《胡惟庸党案考》，北京市历史学会主编：《吴晗史学论著选集》第1卷，北京：人民出版社，1984年。

〔3〕赵轶峰根据《明太祖实录》等文献，统计了洪武时期倭寇侵扰次数，并指出：“在充分考虑洪武时期倭寇所造成的国家安全威胁及积极外交遭受挫折的背景下，可以看到洪武时期的所谓‘海禁’是从属于其防御倭寇军事举措的政令，并非立意封闭国家海岸线，也不是为了禁绝对外贸易。洪武时期明朝对外贸易仍以多种方式在多个方向发生。”赵轶峰：《重谈洪武时期的倭患》，《古代文明》2013年第3期，第95页。

〔4〕［清］张廷玉等：《明史》卷130《列传第十八·张赫》，第3832页。

〔5〕［清］张廷玉等：《明史》卷322《列传第二百十·外国三·日本》，第8347页。

政策。《明太祖实录》中的一段记载对其这层用意做了较恰当说明："两浙运司言：'商人赴温州各场支盐者，必经涉海洋，然着令军民不得乘船出海，故所司一概禁之，商人给盐不便。'上曰：'海滨之人多连结岛夷为盗，故禁出海，若商人支盐何禁耶？'乃命兵部移文谕之。"[1] 且明人自己也讲得很清楚："国初禁海之例，始因倭夷违谕而来，继恨林贤巨烛之变，故欲闭绝之，非以通商之不便也。"[2] 另日本文献《善邻国宝记》里亦提到明太祖开国伊始尝遣僧使向日本国王传达己意："中国更主，建号大明，改元洪武……大国之民，数寇我疆土，王宜禁之，商贾不通，王宜通之。与之循唐宋故事，修好如初……使商贾交通，民安其生，兵不加境。"[3] 尽管使者转述的不一定是原话，但从日方得到的信息看，仍显示了在海疆勘定前提下明太祖希望与日本开展外交及商贸往来之意。

退一步讲，明太祖对于日本等偏远小国本就抱着抚绥远人、各自相安的态度。《皇明祖训》直言："四方诸夷，皆限山隔海，僻在一隅，得其地不足以供给，得其民不足以使令。若其自不揣量，来挠我边，则彼为不祥。彼既不为中国患，而我兴兵轻伐，亦不祥也。"[4] 通观当时国内外局势，明太祖把防御外患的注意力还是重点放到了西北地区。下令禁海的三个月前，他就明确表达了这种用心："海外蛮夷之国，有为患于中国者，不可不讨，不为中国患者，不可辄自兴兵。古人有言，地广非久安之计，民劳乃易乱之源……诸蛮夷小国，阻山越海，僻在一隅，彼不为中国患者，朕决不伐之。惟西北胡戎，世为中国患，不可不谨备之耳。"[5] 其时北部边境蒙元势力的军事威胁持续未消，故从明朝方面讲，因倭寇侵扰而拒绝同日本交往，以确保东部海域太平无事，实属必要。

正由于此，明太祖在位期间，曾多次宣达私通外番禁令。如洪武十四年（1381），"禁濒海民私通海外诸国"[6]。三年后，"命信国公汤和巡视

---

〔1〕《明太祖实录》卷219，洪武二十五年七月己酉，第3218页。

〔2〕［明］王圻：《续文献通考》卷31《市籴考·市舶互市》，北京：现代出版社，1986年，第456页。

〔3〕［日］释周凤：《善邻国宝记》卷上，应安六年癸丑（大明洪武六年），王德毅主编：《丛书集成续编》第217册，台北：新文丰出版公司，1989年，第294页。

〔4〕［明］朱元璋：《皇明祖训》，《四库全书存目丛书》史部第264册，第167页。

〔5〕《明太祖实录》卷68，洪武四年九月辛未，第1277～1278页。

〔6〕《明太祖实录》卷139，洪武十四年十月己巳，第2197页。

浙江、福建沿海城池，禁民入海捕鱼，以防倭故也"[1]。洪武二十三年(1390)，因两广、浙江、福建等地军民私自与外邦交易金银、铜钱、缎匹、兵器等违禁物品，"诏户部申严交通外番之禁"[2]。过了四年，沿海走私盗贩仍频，再禁民间使用番香、番货："敢有私下诸番互市者，必置之重法。凡番香、番货皆不许贩鬻，其见有者，限以三月销尽。"[3] 至洪武三十年(1397)，他又一次申明，"人民无得擅出海与外国互市"[4]。同时《大明律》亦明文规定："凡将马牛、军需、铁货、铜钱、段匹、细绢、丝绵私出外境货卖及下海者，杖一百……物货船车并入官……若将人口、军器出境及下海者绞，因而走泄事情者斩。"[5] 明太祖以"海道可通外邦"[6]"海外诸夷多诈"[7] 等因，三令五申严禁私人出海行贾，防其串通诱引寇贼为患，并多次派遣将领巡海筑城，练兵备倭，可见当时国防形势的迫切严峻及明初国家对社会控制力的普遍增强。

尽管如是，明廷始终也没有彻底断绝与域外番国的贸易往来，"海外诸国入贡，许附载方物与中国贸易"[8]。明太祖置立市舶提举司，管理各国朝贡市易之事，辨勘合真伪，禁通番走私。"洪武初，设于太仓黄渡，寻罢。复设于宁波、泉州、广州。宁波通日本，泉州通琉球，广州通占城、暹罗、西洋诸国。"[9] 一时之间，"海外诸番与中国往来，使臣不绝，商贾便之"[10]。即使厉行海禁，罢除市舶，亦只是针对内外勾结下海盗活动的猖獗。故而明政府当时不但继续与诸番国保持着官方主导下的"不通商而止通贡"的关系交往，且后世还可根据海防形势变化对市舶或复或革进行策略调整：

《祖训》曰："日本限山隔海，得其地不足以供给，得其民不足以

---

[1] 《明太祖实录》卷159，洪武十七年正月壬戌，第2460页。
[2] 《明太祖实录》卷205，洪武二十三年十月乙酉，第3067页。
[3] 《明太祖实录》卷231，洪武二十七年正月甲寅，第3374页。
[4] 《明太祖实录》卷252，洪武三十年四月乙酉，第3640页。
[5] [明]刘惟谦等：《大明律》卷15《兵律三·关津》，《续修四库全书》第862册，第523页。
[6] 《明太祖实录》卷70，洪武四年十二月乙未，第1307页。
[7] 《明太祖实录》卷231，洪武二十七年正月甲寅，第3373页。
[8] [清]张廷玉等：《明史》卷81《志第五十七·食货五》，第1980页。
[9] [清]张廷玉等：《明史》卷81《志第五十七·食货五》，第1980页。
[10] 《明太祖实录》卷254，洪武三十年八月丙午，第3671页。

使令，不许兴兵致伐。”然夷中百货，皆中国不可缺者，夷必欲售，中国必欲得之，以故《祖训》虽严，而三市舶司如故。市舶初设太仓黄渡，寻改设于福建、浙江、广东，七年罢，未几复设。盖东北夷有马市，西夷有茶市，江南海夷有市舶。有市舶以通华夷之情，迁有无之利，减戍守之费。又以禁海贾，抑奸商，使利权在上。自罢市舶，而利孔在下，奸豪外交内讧，海上无宁日矣。[1]

这段后人对禁海与通番政策利害得失的分析，要在国家主持局面，收归利权，可谓切中肯綮。就中亦能反观明太祖处理此类事务的出发点仍首在维护明王朝的政局稳定，从而对内形成有效控制，对外维护宗主地位，其海外贸易管理显然要服从国家整体的国防安全战略。

二、永乐到万历中期的商业管理和商税征收

（一）永乐至宣德时期

明成祖在国家政治、经济方针上基本承继了太祖遗意，为杜防私人出海，他于即位诏中就宣明：“缘海军民人等，近年以来，往往私自下番交通外国，今后不许，所司一遵洪武事例禁治。”[2] 永乐二年（1404）又下令把民间“原有海船者悉改为平头船”[3]，仍禁民下海。对待外番入贡，明成祖则以“远人来归者悉抚绥之……自今诸番国人愿入中国者听”[4] 的姿态，照依明太祖怀柔远人、免征关税的做法。他尝对礼部官员说：“太祖高皇帝时，诸番国遣使来朝，一皆遇之以诚，其以土物来市易者，悉听其便。或有不知避忌而误干宪条，皆宽宥之，以怀远人。今四海一家，正当广示无外，诸国有输诚来贡者听。”[5] 《明太宗实录》并录有一事：“西洋剌泥国回回哈只马哈没奇剌泥等来朝贡方物，因附载胡椒与民互市，有司请征其税。上曰：‘商税者，国家以抑逐末之民，岂以为利？今夷人慕义远来，

---

〔1〕［明］王圻：《续文献通考》卷31《市籴考·市舶互市》，第456页。

〔2〕《明太宗实录》卷10上，洪武三十五年七月壬午，台北：“中央研究院”历史语言研究所，1962年，第149页。

〔3〕《明太宗实录》卷27，永乐二年正月辛酉，第498页。

〔4〕《明太宗实录》卷24，永乐元年十月辛亥，第435页。

〔5〕《明太宗实录》卷12上，洪武三十五年九月丁亥，第205页。

乃欲侵其利，所得几何，而亏辱大体万万矣。’不听。”[1] 其还恢复了洪武时期一度撤销的市舶司，“设官如洪武初制”[2]，又“设交阯云屯市舶提举司，接西南诸国朝贡者”[3]。

明成祖对于商人、商业仍持有“本末”成见，征收商税在他看来只是国家防止人民荒废生产、过分逐利的一种手段。不过他实际同样认可商人的庶民身份，要求“农力于稼穑，毋后赋税；工专于技艺，毋作淫巧；商勤于生理，毋为游荡”[4]。故其依然本着轻徭薄赋、节省民力的理念继续推行减免商税政策：

> 永乐元年奏准，凡军民之家，嫁娶丧祭、时节追送礼物，染练自织布帛，及买已税之物，或船只车辆运自己物货，并农用之器，各处小民挑担蔬菜，各处溪河小民货卖杂鱼，民间家园池塘采用杂果，非兴贩者，及民间常用竹木蒲草器物，并常用杂物，铜锡器物，日用食物，俱免税。[5]

此条例所列各项至为具体，小本经营的商贩当能从中得到一些实惠。再永乐二年（1404），山东临清会通税课局言：“比岁市镇经兵，民皆流移，兼连年蝗旱，商旅不至，所征课钞不及，请减旧额。”他批示：“兵旱之余，尚可征税耶？其悉免之，候丰岁百姓复业，商旅通行，然后征之。”[6] 永乐七年（1409），明成祖复命“京城官店塌房，照南京三山门外塌房例，税银一分，宣课分司收，免牙塌房钱二分，看守人收用”[7]。此举既方便了客商贮货，也完善了政府管理。三年后他重申减税之命，令各官“体察闸办课程，凡有以该税钞数倍增收，及将琐碎之物一概勒税者，治以重罪”[8]。又永乐二十一年（1423），巡按山东监察御史陈济曰：“淮安、济宁、东昌、临清、德州、直沽，商贩往来之所聚，今建都北京，而四方百

[1] 《明太宗实录》卷24，永乐元年十月甲戌，第447～448页。
[2] ［清］张廷玉等：《明史》卷75《志第五十一·职官四》，第1848页。
[3] ［清］张廷玉等：《明史》卷81《志第五十七·食货五》，第1980～1981页。
[4] 《明太宗实录》卷92，永乐七年五月壬申，第1199页。
[5] ［明］申时行等：《明会典》卷35《户部二十二·课程四·商税》，第257页。
[6] 《明太宗实录》卷31，永乐二年五月丙辰，第560页。
[7] ［明］申时行等：《明会典》卷35《户部二十二·课程四·商税》，第255页。
[8] ［明］申时行等：《明会典》卷35《户部二十二·课程四·商税》，第257页。

货，倍于往时。其商税宜遣人监闸一年，以为定额，庶无侵欺之弊。"[1]建议亦获允准。

随着社会经济的恢复发展，洪、宣以后，不仅商税额较前有所提高，且还增置了征收船料钞的钞关。《明会典》载：

> 国初止有商税，未尝有船钞，至宣德间始设钞关……宣德四年，令南京至北京沿河漷县、临清州、济宁州、徐州、淮安府、扬州府、上新河客商辏集去处，设立钞关，差御史及户部官照钞法例监收船料钞。如隐匿及倚势不纳钞者，船没入官，犯人治罪。惟装载自己米粮、薪刍及纳官物者，免其纳钞。[2]

这些钞关几经兴革，到万历时形成了河西务、临清、九江、浒墅、淮安、扬州、杭州（北新）七所，"若临清、杭州兼榷商税，其所榷，本色钱钞则归内库以备赏赐，折色银两则归太仓以备边储"[3]。"舟船受雇装载者，计所载料多寡、路近远纳钞……量舟大小修广而差其额，谓之船料，不税其货。惟临清、北新则兼收货税，各差御史及户部主事监收。"[4]

市肆门摊等商税的增加及船料钞的征缴，与彼时钞法渐壅有关："洪熙元年增市肆门摊课钞。宣德四年，以钞法不通，由商居货不税，由是于京省商贾凑集地、市镇店肆门摊税课，增旧凡五倍。两京蔬果园不论官私种而鬻者，塌房、库房、店舍居商货者，骡驴车受雇装载者，悉令纳钞。"[5]本来，洪武中造大明宝钞，规定"每钞一贯，准铜钱一千，银一两"，并"禁民间不得以金银物货交易，违者治其罪……若有以金银易钞者听"，同时命"商税课程，钱钞兼收，钱什三钞什七，一伯文以下则止用铜钱"。[6]《大明律》亦云："凡印造宝钞，与洪武大中通宝及历代铜钱相兼行使，其民间买卖诸物，及茶盐商税诸色课程，并听收受，违者杖一百。"[7] 但宝钞的发行缺乏准备金，且散放无度，回敛无法，加之税吏恣奸作梗，以致

---

[1] 《明太宗实录》卷255，永乐二十一年正月庚寅，第2365页。
[2] [明] 申时行等：《明会典》卷35《户部二十二·课程四·钞关》，第245页。
[3] [明] 申时行等：《明会典》卷35《户部二十二·课程四·钞关》，第245页。
[4] [清] 张廷玉等：《明史》卷81《志第五十七·食货五》，第1976页。
[5] [清] 张廷玉等：《明史》卷81《志第五十七·食货五》，第1976页。
[6] 《明太祖实录》卷98，洪武八年三月辛酉，第1669～1670页。
[7] [明] 刘惟谦等：《大明律》卷7《户律四·仓库》，《续修四库全书》第862册，第465页。

物重钞轻，钞法日坏。其时民间贸易，凡钞昏烂率多高物值“以折抑之，比于新钞加至倍”，诸税务河泊所又“每收商税课程，吏胥为奸利，皆收新钞，及至输库，辄易以昏烂”。[1] 而从洪武末到宣德初，明廷也屡次申明交易用金银之禁，甚至个别时期竟“令军民商贾所有铜钱，有司收归官，依数换钞，不许行使”[2]，连铜钱也一并停用。但在纸钞不断贬值的情形下，政府仅靠行政命令以强制行用纸钞或划价兑换，结果当然收效不显。

为平稳有序回收宝钞，明太祖尝榜谕各处商税衙门及河泊所：“每遇收办课程，不许勒要料钞，但有字贯可辨真伪者，不问破烂、油污、水迹、纸补，即与收受解京。若官吏巡拦刁蹬不收，及因而以不堪辨验真伪钞解京者，俱罪之。”[3] 永乐后收缴益发急迫，明成祖议行户口食盐法，定“大口令月食盐一斤，纳钞一贯，小口月食盐半斤，纳钞五百文”[4]。又采取多种措施，如“设北京宝钞提举司，税粮课程赃罚俱折收钞，其直视洪武初减十之九。后又令盐官纳旧钞支盐，发南京抽分场积薪、龙江提举司竹木鬻之军民，收其钞。应天岁办芦柴，征钞十之八”[5]。明仁宗于监国时就已令犯笞杖者输钞，即位后复以民间不行纸钞，交易唯用金银布帛一事询之户部尚书夏原吉，其对曰：“钞多则轻，少则重，朝廷敛散适中，则自无币弊。今民间钞不通，盖缘朝廷散出太多，宜为法敛之。请于市肆各色门摊内量度轻重，加其课钞，亦宜少出，民艰得钞，则自然重矣。”明仁宗暂且接受这一计划，并命“所增门摊课程，俟钞法通即复旧额，毋为常例。其以金银布帛交易者，亦暂行禁止”。[6] 到宣德初，钞法依旧未见明显改观，宝钞信用不足，民卒轻之。明廷仍令“各处赃罚俱折收钞，不分新旧昏软悉收，不愿纳钞者，听纳本色……客商以金银交易及藏匿货物、高增价值者，皆罚钞”[7]。而明宣宗对此入钞赎罪的办法同样表示，“此亦

---

[1] 《明太祖实录》卷211，洪武二十四年八月辛未，第3137页。
[2] ［明］申时行等：《明会典》卷31《户部十八·库藏二·钞法》，第224页。
[3] ［明］申时行等：《明会典》卷31《户部十八·库藏二·钞法》，第224页。
[4] 《明太宗实录》卷33，永乐二年八月庚寅，第590页。
[5] ［清］张廷玉等：《明史》卷81《志第五十七·食货五》，第1963页。
[6] 《明仁宗实录》卷6下，洪熙元年正月庚寅，台北：“中央研究院”历史语言研究所，1962年，第219页。
[7] ［明］申时行等：《明会典》卷31《户部十八·库藏二·钞法》，第224页。

一时权宜耳，俟钞法稍通别议”[1]。

正是在这样的历史背景下，才有了宣德四年（1429）明廷设置钞关且增收商税之举。该次加征范围遍及全国两京及南直隶、浙江、福建、湖广、江西、广东、河南、山东、广西、山西、四川等地共三十三处府州县，增额始议达十倍，终“上以太重，令增五倍，俟钞法通，悉复旧”[2]。此番前后所定禁令及各应纳钞条款甚详，仅简言之，以见其概：

> 凡以金银交易及匿货增直者罚钞，府县卫所仓粮积至十年以上者，盐粮悉收钞，秋粮亦折钞三分，门摊课钞增五倍，塌房、店舍月纳钞五百贯，果园、骡车并令纳钞。户部言民间交易，惟用金银，钞滞不行。乃益严其禁，交易用银一钱者，罚钞千贯，赃吏受银一两者，追钞万贯，更追免罪钞如之。[3]

与此同时，政府也加强了对偷逃商税及违例课征的惩治力度。同年令：

> 两京及各处买卖之家，门摊课钞按月于都税宣课司、税课司局交纳，酒醋课程于该县交纳，给与由帖执照，每月一次点视查考。如违期不纳及隐瞒不报者，依律治罪，仍罚钞一千贯。[4]
>
> 今后课钞过期不纳者，令顺天府兵马司催督。私匿货物者取勘，各追罚钞一千贯。[5]

宣德八年（1433），“行在户部奏征收税课有定法，今中外收税衙门多法外生事，邀阻行旅，搜捡囊箧，倍需税钱，上命刑部揭榜禁革”[6]，又“禁京城商税之弊，时有言在京权豪贵戚及无藉之徒停积商货隐匿官税者，上命行在刑部揭榜禁约，违者罪之”[7]。

从以上对明代宝钞发行监管的论述可知，洪、宣以来明政府增加商税并设立钞关确有缘于疏通钞法的现实需要。这时不光门摊店房等与商业相

[1]《明宣宗实录》卷22，宣德元年十月乙亥，台北:“中央研究院”历史语言研究所，1962年，第583页。

[2]《明宣宗实录》卷50，宣德四年正月乙丑，第1204页。

[3][清]张廷玉等:《明史》卷81《志第五十七·食货五》，第1964页。详目参见《明宣宗实录》卷55，宣德四年六月壬寅，第1324~1326页。

[4][明]申时行等:《明会典》卷31《户部十八·库藏二·钞法》，第224页。

[5]《明宣宗实录》卷56，宣德四年七月乙卯，第1333~1334页。

[6]《明宣宗实录》卷99，宣德八年二月壬寅，第2226页。

[7]《明宣宗实录》卷99，宣德八年二月丁未，第2229页。

关之课钞见涨，其他如盐粮、赃罚等项，俱规定折钞输纳，涉及对象也不仅限于商人群体。事实上，国家提高商税只是加紧回笼纸币的诸种手段之一，且仁宗、宣宗也多次讲明增税并非朝廷本意，原乃一时权宜。然而此间虽未表现出对商人的刻意剥削和压制，但朝中君臣所主张的“商贩之徒，阻滞钞法”[1]及“钞法不通，皆由客商积货不税与市肆鬻卖者沮挠所致”[2]的见解却难说高明。统治者没能抓住问题要害，不免有避实就虚、摆脱干系之嫌，商人不得不由此承担政府因钞法失控而转嫁来的部分损失。

不过另一事实是，随着钞法整治略显成效，自宣德六年（1431）起，明宣宗又频频下旨豁减税钞额度：

> 六年，令各处地亩、菜园钞皆减半……八年，令在京在外见收车船等项，一应课钞。除旧额与先次减免者不动，但系新增之数，皆以三分为率，减一分。九年奏准，凡两京各库所收钞，不分软烂破损、油污水迹，但有一贯二字可辨真伪者，俱不拣退……各处见收税课，及船车、门摊、地亩、果木等项一应钞，除正额，但为钞法加增之数，以十分为率，减四分……各处抄没官房及没官牛只，每年例（倒）塌及倒死者，所纳房钞及牛租，即与除豁。[3]

再如其蠲免临清等地塌店课钞：

> 先是以御史耿定言“临清等处官民之家，多有塌坊、店舍居停商货，宜依在京例收钞”。至是侍郎曹弘奏：“比有司令里老开报塌房，一时畏惧，凡街市人户俱作停货店舍，每月各纳钞五百贯，而实无货停蓄。民贫无钞，有鬻子女、产业输官者，乞减省。”上览奏，谓行在户部曰：“欲钞通，故权令店肆纳钞。有司不知恤民，其弊如此，即勘实蠲除之。”[4]

至于船料钞，始为受雇载货船只“自南京至淮安、淮安至徐州、徐州至济宁、济宁至临清、临清至通州，俱每百料，纳钞一百贯”[5]，两京间直抵则须每百料纳钞五百贯，后亦“船料百贯者减至六十贯”[6]。此一系列恤

---

〔1〕《明宣宗实录》卷 39，宣德三年三月丙戌，第 962 页。
〔2〕《明宣宗实录》卷 50，宣德四年正月乙丑，第 1203 页。
〔3〕［明］申时行等：《明会典》卷 31《户部十八·库藏二·钞法》，第 224 ~ 225 页。
〔4〕《明宣宗实录》卷 76，宣德六年二月辛酉，第 1777 ~ 1778 页。
〔5〕［明］申时行等：《明会典》卷 31《户部十八·库藏二·钞法》，第 224 页。
〔6〕［清］张廷玉等：《明史》卷 81《志第五十七·食货五》，第 1976 页。

民免税举措虽非专从保障商人利益着眼，但惠泽所及，毕竟在客观上也减轻了他们的一些负担。

（二）正统至正德时期

正统年间，前朝宽减税务的政策仍然得以持续，各项税额照宣德时已有较大缩减，且明廷还将菜园、小车等钞予以免除。《明英宗实录》载：

> 初宣德门（间）以钞法不通，命税菜地，至是人以艰苦状闻。上曰："先帝因此辈阻滞钞法，故征其税，今钞法既通，宜悉蠲之。后有怙终阻法者，必罪不贷。"[1]

> 顺天府府尹姜涛奏："先因钞法阻滞，京城各门出入大小装载物货车辆，俱纳钞贯。后虽减免，驴骡车犹纳钞八十一贯，牛车二十贯，小车四贯。今钞法流通，乞免小车纳钞。"从之。[2]

《明会典》又记：

> 正统四年，令各处有客商数少、税课亏欠、累民包纳者，所在有司、按察司及巡按御史踏勘，从实征收。[3]

> 四年，令塌房及车辆钞皆减半征收，其自己房屋与人寄筐柜者，免纳钞。六年，令两京果树、菜园、小车免纳钞，塌房每间月纳钞一百贯五百文，驴骡车每辆四十一贯，牛车每辆一十一贯。七年，定在京都税、宣课二司收钞例，每季段子铺纳钞一百二十贯，油、磨、糖、机、粉、茶食、木植、剪裁、绣作等铺三十六贯，余量货物取息，及工艺受直多寡取之。十二年，令驴骡车每辆纳钞二十贯，牛车每辆纳钞八贯。[4]

除课程门摊等外，在收取船钞方面，《明史》云："正统初，诏凡课程门摊，俱遵洪武旧额，不得藉口钞法妄增。未几，以兵部侍郎于谦奏，革直省税课司局，领其税于有司；罢济宁、徐州及南京上新河船料钞，移漷县钞关于河西务；船料当输六十贯者减为二十贯。商民称便。"[5] 但时过不久，

---

〔1〕《明英宗实录》卷45，正统三年八月戊午，台北："中央研究院"历史语言研究所，1962年，第868页。

〔2〕《明英宗实录》卷47，正统三年十月丁巳，第910页。

〔3〕［明］申时行等：《明会典》卷35《户部二十二·课程四·商税》，第255页。

〔4〕［明］申时行等：《明会典》卷31《户部十八·库藏二·钞法》，第225页。

〔5〕［清］张廷玉等：《明史》卷81《志第五十七·食货五》，第1976～1977页。

"九年，王佐掌户部，置彰义门官房，收商税课钞，复设直省税课司官，征榷渐繁"[1]，"十一年，令各处税课，照永乐七年额例收办，其见办课钞比旧增多者，以见办之数为额"[2]。

到景泰元年（1450），"船料减至十五贯"[3]。翌年，有太医院医士张铎言："京师万方会同，日用百物不免资于商旅。朝廷设立官店，轻收税课，买卖有所负欠，常令御史督责，盖所以招徕之也。近者理财之官不知大体，唯务刻剥……恐日久商旅畏避税重，不肯来京，致使百物腾贵。"事下，户部回复："臣等初以京师多故，奏令加税，所取不许过三十之一。令郎中徐敬、顺天府治中刘实重定时估，致有过重，臣等未及酌量，即命行之。今铎奏如此，宜治敬、实等罪。"[4] 同年再定收税则例，景泰帝要求顺天府及大兴、宛平二县官，"俱集各行依时估计物货价直，照旧折收钞贯……巡视塌房御史，务禁管店小脚，不得揽纳客商课程，以不堪钞抵数送官，及邀截客货，骗害商人"[5]。此则例详尽开示了各商品货物所应缴纳之税钞额，且附后规定："其余估计未尽物货，俱照价值相等则例收纳。其进塌房钞并抽分布匹，及按月该纳房钞，俱为除免。"[6] 其后景泰三年（1452）"令辽阳税课司税课减半"[7]，并继续下调载货车辆税价，"驴骡车每辆纳钞八贯，牛车每辆纳钞四贯，单牛车每辆纳钞二贯，驮煤等项骡驴，每头各纳钞一贯"[8]。明年"令张家湾宣课司课钞减半"[9]，下一年"令两京户部、都察院委官，各将地方自置塌房、库房、店房、菜园、果株并大小铺行，但系发卖取利者，通行取勘，该收钞贯，不分软烂，径送内府天财

[1] ［清］张廷玉等：《明史》卷81《志第五十七・食货五》，第1976页。

[2] ［明］申时行等：《明会典》卷35《户部二十二・课程四・商税》，第255页。

[3] ［清］张廷玉等：《明史》卷81《志第五十七・食货五》，第1976页。

[4] 《明英宗实录》卷209《废帝郕戾王附录第二十七》，景泰二年十月丙子，第4493～4494页。

[5] ［明］申时行等：《明会典》卷35《户部二十二・课程四・商税》，第255页。

[6] ［明］申时行等：《明会典》卷35《户部二十二・课程四・商税》，第256页。另，《续文献通考》载此则例始定于永乐六年（1408）。参见［明］王圻：《续文献通考》卷29《征榷考・杂征中・课钞》，第421～422页。

[7] ［明］申时行等：《明会典》卷35《户部二十二・课程四・商税》，第256页。

[8] ［明］申时行等：《明会典》卷31《户部十八・库藏二・钞法》，第225页。

[9] ［明］申时行等：《明会典》卷35《户部二十二・课程四・商税》，第256页。

库交纳"[1]。天顺元年（1457），明英宗复因承天门失火下诏裁撤税课衙门："各处税课司局、河泊所等衙门该办课程，悉照永乐年间旧额征收。其所收课钞不及万贯者，俱各革罢，就令所在有司带管官吏起送赴部。"[2]

以上可见，明政府的商税政策其实很大程度上是同钞法的实施联系在一起的，税额时增时减，与钞法长期疏通不清有关。然正如明太祖所称，"钞法之行，本以便民交易"[3]，而后历任君主也大体继承此立法便民初意，故商税课额虽数经变动调整，且于宣德初年有大幅提高，但之后朝廷为苏民困，又屡颁明令予以宽免。即如前述船料钞，"宣德四年，令每船一百料，收钞一百贯。八年，令收钞六十贯。正统四年，令纳钞四十贯。十二年，令纳钞二十贯。景泰元年，令纳钞十五贯[4]"。其间钞法运行稍获好转，钞值有所回升，这或许亦是影响税率下调的一个原因。[5] 即便如此，明代纸钞自发行以来就不断遭遇贬值确是事实，因而单从明初以降商税征钞来看，应该不能视之为商人的一项沉重负累。

早在景泰四年（1453），明廷已宣布过"钱钞听民相兼行使"[6]，天顺中始弛钱禁。至成化元年（1465），明宪宗"诏通钱法，凡征商税课程，钱钞中半兼收，每钞一贯折钱四文，无拘新旧年代远近悉验收，以便民用"[7]，正式下令商税兼收铜钱。此后规定愈加细致，且时有变化：

> 成化三年，令内外课程俱钱钞中半兼收，如该纳一贯者，止纳钞

---

[1] [明] 申时行等：《明会典》卷31《户部十八·库藏二·钞法》，第225页。
[2] 《明英宗实录》卷280，天顺元年七月癸酉，第6002页。
[3] 《明太祖实录》卷211，洪武二十四年八月辛未，第3137页。
[4] [明] 申时行等：《明会典》卷35《户部二十二·课程四·钞关》，第245～246页。
[5] 正统时户部即请："先因两京库钞支用不敷，奏将去年河南等布政司、直隶常州等府夏税小麦除存留备用及运纳各仓外，每一石折收钞一百贯，起解京库。即今钞法流通，往来（年）银一钱卖钞至一百贯，今止卖四五十贯。已将今年各处夏税小麦该折征钞贯者，每一石征八十贯，庶不累及民难。"《明英宗实录》卷137，正统十一年正月辛巳，第2722～2723页。
[6] [明] 申时行等：《明会典》卷31《户部十八·库藏二·钞法》，第225页。然而同年又令"民间将铜钱折钞，阻坏钞法者，依律究治"。[明] 申时行等：《明会典》卷31《户部十八·库藏二·钱法》，第225页。
[7] 《明宪宗实录》卷19，成化元年七月丁巳，台北："中央研究院"历史语言研究所，1962年，第385页。

一贯，不在兼收之例。商税、课程、船料等项钞，一体兼收铜钱，该起运或支给者，相兼拨付。每一贯收钱四文，除破碎并锡钱，其余不拘新旧，尽数验收。[1]

六年，令每钞一贯，折收铜钱二文。又令商税课照旧收钞。十五年，令各处户口食盐、门摊等项钞贯，须钱钞相兼收受，买办物件、赏赐节钱等项，亦要钱钞相兼支放。[2]

商税钱钞兼征的方式较为灵活，既符合当时社会商品交易的实情，也满足了政府对宝钞供给的需求。如成化三年（1467），明宪宗“命苏杭二府丈量客船收钞，每船一百科，收钞一十五贯，钱钞中半兼收，以光禄寺缺钞供应故也”[3]。成化十六年（1480），其准户部奏：“内库乏钞，欲令九门并都税宣课司、河西务、临清、淮安等处商税，及天下户口盐钞，俱征本色一年，以备赏赐支用。”[4] 成化二十一年（1485），又“令京城都税司及河西务，以今年分税课钱钞中半兼收，以内帑钞不足支给故也”[5]。

不仅如此，根据现实需要钞关有时也会改折粮食赈灾。成化三年（1467），从巡抚右副都御史罗篪言，“命湖广金沙洲、江西湖口所收船料钞俱改收米，以济饥民”[6]，明年其又奏，“湖广荐罹水旱，民饥粮少，请令江西九江府所收船钞改纳米，运往被灾地方赈济”[7]。成化八年（1472），明宪宗再令临清钞关“所收船料钞解京库者”，依近例“每钞五贯折收米麦三升，以备本县赈济”。[8] 成化十八年（1482），复令“河西务自本年九月为始，往来船只过关，照依时价折收杂粮，以候明年支给赈济”[9]。同年淮扬地区遭灾，明宪宗准议“以钞关船料钞并税课司局商税课钞，于今年夏季暂将钞一贯改收米一升，量起车船装运缺粮州县赈

---

[1] ［明］申时行等：《明会典》卷31《户部十八·库藏二·钱法》，第225页。
[2] ［明］申时行等：《明会典》卷35《户部二十二·课程四·商税》，第256页。
[3] 《明宪宗实录》卷43，成化三年六月庚子，第876页。
[4] 《明宪宗实录》卷202，成化十六年四月己未，第3542页。
[5] 《明宪宗实录》卷261，成化二十一年正月己亥，第4425页。
[6] 《明宪宗实录》卷49，成化三年十二月癸巳，第993页。
[7] 《明宪宗实录》卷51，成化四年二月丁巳，第1049页。
[8] 《明宪宗实录》卷111，成化八年十二月庚午，第2157页。
[9] ［明］申时行等：《明会典》卷35《户部二十二·课程四·钞关》，第246页。

济"[1]。其后他仍以备荒之名，命"淮扬两处船料及各府商税课钞每贯收米一升"[2]，又诏山东部分税课司局，"商税课钞每一贯折收米一升，以备赈济"[3]。

再有，明英宗即位之初朝廷也已放宽银禁，时"收赋有米麦折银之令，遂减诸纳钞者，而以米银钱当钞，弛用银之禁"，而钞益壅不行，"朝野率皆用银，其小者乃用钱，惟折官俸用钞"。[4] 成化以来，"钞法久不行，新钞一贯，时估不过十钱，旧钞仅一二钱，甚至积之市肆，过者不顾"[5]，"是时钞一贯不能直钱一文，而计钞征之民，则每贯征银二分五厘，民以大困"[6]。政府不顾市场价值规律，执行如此不合情理的银钞兑换比价，给民众生产交换自然带来诸多不良影响。当时就有人指出这种危害：

> 国初钞法，或征商税，或收户口，或赎罪折杖，与铜钱兼行。近来各处有司废格不用，一切征银……亏官损民为甚。[7]
>
> 各处钞关及宣课司专收银两，或兼收钱钞，只此一事间，有利者皆归官府，无用者皆及下人。[8]

朝廷通过攫取钞银差价敛财不菲，而商民利益却无疑由此蒙受巨大损失。

弘治伊始，商税始改折银："弘治元年，京城税课司，顺天、山东、河南户口食盐，俱收钞，各钞关俱钱钞兼收。其后乃皆改折用银。"[9] 具体而言：

> 河西务、临清等八处钞关，淮安、扬州、临清、苏、杭、刘家隔、正阳镇各税课司局，与天下户口食盐，俱折收银两。每钞一贯，折收银三厘，每钱七文，折收银一分，解京库。其存留者，折支官军俸粮，每银一两，折钞七百贯。又令客商贩到诸货，若系张家湾发卖者，省

---

〔1〕《明宪宗实录》卷225，成化十八年三月庚午，第3858页。
〔2〕《明宪宗实录》卷236，成化十九年正月丁巳，第4020页。
〔3〕《明宪宗实录》卷262，成化二十一年二月己巳，第4440~4441页。
〔4〕［清］张廷玉等:《明史》卷81《志第五十七·食货五》，第1964页。
〔5〕《明宪宗实录》卷27，成化二年三月辛亥，第533页。
〔6〕［清］张廷玉等:《明史》卷81《志第五十七·食货五》，第1964页。
〔7〕《明孝宗实录》卷6，成化二十三年十一月庚子，台北:"中央研究院"历史语言研究所，1962年，第103页。
〔8〕《明孝宗实录》卷20，弘治元年十一月壬申，第474页。
〔9〕［清］张廷玉等:《明史》卷81《志第五十七·食货五》，第1964页。

令赴局投税。若系京城发卖者，以十分为率，张家湾起条三分，崇文门收税七分，如张家湾不曾起条，崇文门全收。[1]

弘治六年（1493），再申此折算比率，明年议准："今后九江府钞厂免收铜钱，只折收银两。又令河西务收钞委官及各处钞关，凡经过官民粮米剥船，俱免纳钱钞。"[2] 如此不仅银钞折收比率显著下降，且对于监税官搜刮聚敛的行为，明孝宗亦明令予以禁止。《明孝宗实录》云：

监察御史陈瑶言："崇文门旧设宣课分司以收商税，近者户部奏差御史、主事往监其事，率以掊克为能，遂致商旅不通，物价腾踊，有伤国体。乞取回原委官员，止循旧例收税，间有奸弊，宜令巡城御史督察。"上曰："御史言是，但此分司曩被校尉及无籍者挟制搅扰，因命御史、主事监收。今后止许秤盘客货，其余行李车辆，毋得搜检阻遏。"[3]

正德元年（1506），明廷下禁止重复征税之命，"令芦沟桥、张家湾二司，今后客货，就于彼处发卖者，照例征税，经过者，止令在京宣课司报税，毋得似前重征"[4]。正德二年（1507）明政府复因钱钞亏乏一度恢复了此前钱钞兼收做法："旧制，各处榷收钱钞入内供应者，俱收本色钞贯，成化间钱钞中半兼收，弘治间折收银两输承运库。至是司钥库太监庞瑮奏，钱钞缺乏，支放不给，宜如旧制，仍收钱钞。户部覆议可，如所请。"[5] 当时税制更动较繁，《明会典》云：

正德二年议准，九江等七处钞关船料商税，三年、四年俱收本色钱钞，送司钥库交收。五年以后，俱折收银两，进内承运库应用。八年，令临清、河西务自本年起，淮安、苏、杭自九年起，各船料及商税课程，俱各收本色钱钞。十五年，令九江钞关船料钱钞折银，通进内承运库，岁以为常。十六年，令河西务、临清州、淮安府、扬州府、苏州府、杭州府各钞关，自明年为始，照旧收受本色。[6]

---

〔1〕［明］申时行等：《明会典》卷35《户部二十二·课程四·商税》，第256页。
〔2〕［明］申时行等：《明会典》卷35《户部二十二·课程四·钞关》，第246页。
〔3〕《明孝宗实录》卷21，弘治元年十二月丙辰，第497～498页。
〔4〕［明］申时行等：《明会典》卷35《户部二十二·课程四·商税》，第256页。
〔5〕《明武宗实录》卷26，正德二年五月甲子，台北："中央研究院"历史语言研究所，1962年，第695页。
〔6〕［明］申时行等：《明会典》卷35《户部二十二·课程四·钞关》，第246页。

此后直到嘉靖四年（1525），“令宣课分司收税，钞一贯折银三厘，钱七文折银一分”，当时情况乃是“钞久不行，钱亦大壅，益专用银矣”。[1] 又嘉靖八年（1529），直隶巡按御史魏有本言及“各钞关税课钱钞兼收，但民间钞法不行，而钱价低昂，所在各异，以致收纳之际，官民咸称不便，乞自今俱许折银”[2]。同年明政府重又题准“各钞关钱钞，照弘治六年例折银，按季解部转送”，嘉靖二十七年（1548）再“令各钞关钱钞，以后本折递年轮流征解”。[3]

这样，自成化初年开始的商税折色征缴，屡经反复，至嘉靖年间遂成定制。《明史》即称：“凡诸课程，始收钞，间折收米，已而收钱钞半，后乃折收银，而折色、本色递年轮收，本色归内库，折色归太仓。”[4] 在此时期，白银的使用呈稳步增长态势，铜钱配合白银继续发挥价值功用，纸钞则逐渐淡出流通领域。其间政府虽不乏对社会成员有经济强制和剥削行为，但与之同时，统治层又一再注意采取必要措施，力求确保商民正当权益。就拿强化对税收官员的监察督管来说，历朝皇帝即频降谕旨，要求他们遵守规章，公平执法，并严禁豪强奸吏欺行霸市，盘剥商人。《明会典》载：

> 景泰五年，令正阳门等宣课司……该抽货物各官亲自斟酌抽取，不许容留亲戚诈称家人在店搅扰……成化十五年，令京城九门监收钱钞内官及各处抽分厂，不许将不该抽货物违例抽分……弘治元年，令顺天府委官二员，分给印信簿籍，于草桥、芦沟桥宣课司监收商税……遇有收税官攒巡栏，串同本处豪强无籍，迎接客商在家，不令亲自投税，多勒银物，少纳钱钞者，就便拿问……六年，令差官于江西、浙江、苏州、扬州、淮安、临清税课司局，照旧定则收税，按月稽考，不许再委隔别衙门官员侵管，重复扰民……十三年奏准，在京在外税课司局、批验茶引所，但一应税纳钱钞去处，省令客商人等自纳。若权豪无籍之徒，结党把持，拦截生事，及将烂钞低钱搪塞，搅扰商税者，问罪，枷号三个月发落。正德七年，令正阳门等七门门官，凡日

---

〔1〕［清］张廷玉等：《明史》卷81《志第五十七·食货五》，第1965页。

〔2〕《明世宗实录》卷105，嘉靖八年九月丙申，台北：“中央研究院”历史语言研究所，1962年，第2476页。

〔3〕［明］申时行等：《明会典》卷35《户部二十二·课程四·钞关》，第246页。

〔4〕［清］张廷玉等：《明史》卷81《志第五十七·食货五》，第1980页。

收大小车辆、驴骡驼驮钱钞，眼同户部官吏监生，照依则例收受……不许纵容门军、家人、伴当出城罗织客商，阻截车辆，索取小门、茶果、起筹等项铜钱。十六年诏，凡桥梁、道路、关津有利处所，私自添设抽分害民者，巡按御史及按察司分巡官通行查革。[1]

尽管诏令彰彰，不过在现实中，势要权豪私设店卡拦截商货、欺勒客商滋扰生事的现象却屡见不鲜，又屡禁不止。如《明英宗实录》载：

驸马都尉焦敬令其司副李昶于文明门五里建广鲸店，集市井无赖，假牙行名诈税商贩者，钱积数十千。又于武清县马驹桥遮截磁器鱼枣数车，留店不遣。又令阍者马进于张家湾、溧阳、闸河诸通商贩处，诈收米八九十石，钞以千计。事觉，下刑部，昶等俱引伏。尚书魏源上其罪，请执敬治之。上曰："姑赦敬、昶等征其赃，人杖八十，释之。"[2]

景泰时，因天象垂戒示警，户部计议宽恤七事，其中也有"无赖官舍军民人等，诈称皇亲及内官家人，势如狼虎，前去河西务，至是（直）沽等处，阑接客商货物，强用车辆搬运入店，稍有不从，辄便殴詈，以致客商失陷财物，宜行禁约"[3]。彼时南京锦衣卫军余华敏又上书言内官虐政害民十事，内亦称其"奏求塌房，邀接商旅，倚势赊买，恃强不偿，行贾坐敝，莫敢谁何"[4]。后南京山西道监察御史李叔义复奏："上新河并水西门近年多被势要之家侵占官地，私立塌房。凡遇客商往来，各令家人伴当邀接强勒物货到家，任其货卖，稍有不从，辄加凌辱。乞敕南京都察院禁约，庶抑豪势以便客旅。"[5] 如此，则上述禁令的反复强调，一方面表现了明代国家对于整饬税收秩序的重视，另一方面也可看出，明中期以后，政府虽仍在不断努力改善纳税环境，但随着财政紧张和吏治败坏，所得实效确为有限。

---

〔1〕［明］申时行等：《明会典》卷35《户部二十二·课程四·商税》，第257页。

〔2〕《明英宗实录》卷25，正统元年十二月甲申，第506页。

〔3〕《明英宗实录》卷201《废帝郕戾王附录第十九》，景泰二年二月丁酉，第4313页。

〔4〕［清］张廷玉等：《明史》卷164《列传第五十二·华敏》，第4450页。

〔5〕《明英宗实录》卷240《废帝郕戾王附录第五十八》，景泰五年四月己酉，第5238页。

（三）嘉靖至万历中期

嘉靖年间，明世宗整肃吏治，严明纪纲，力图扭转武宗时期朝政废弛的局面。在商税征收上他继续加强完善对税课衙门的管理，如：

七年奏准，各钞关主事，将户部原发稽考簿三扇，一扇发府州县委官，与钞关检钞人役，将收过钱钞，眼同登载。二扇主事收执，候委官呈报到日，查见实数，即于簿内亲注明白。钱钞照常发府州县收贮，季终解部类进。差满将前簿三扇，二存留备照，一解部查考……九年议准，各处钞关巡按御史，按季选委属内佐贰官一员，每日赴厂，听钞关主事，督同公平秤收，倾煎银两，以候类解……其积年作弊人役，通行查革……二十五年议准，管理钞关差官满回日，本部严加考察。在任果无赃私、推避、违限等项，方许回司管事，如或不职，指实参论降黜。又题准，钞关事宜，许差出主事从宜兴革。各府佐贰并知县等官，有偃蹇阻挠者，本部委官会同抚按纠举。[1]

九年题准，各钞关丈量船只，止照旧例以成尺为限，此外零数，不许逐寸科取。仍置立号簿，与户部原发稽考簿，互相稽查。[2]

嘉靖十年，令正阳门宣课司、德胜门分司、安定门税课司、顺天府都税司，各照崇文门分司事例，置立通知文簿，开写钱钞出入数目，季终送户部、顺天府查考。余剩钱钞银两，按季解府，转解户部。[3]

此外，嘉靖四年（1525）明世宗从镇守太监“沿边关堡墩台无修理费”之请，于“山海关往来商旅，量取其税，贮以待用”。当时户部即议谏止：“设关本以诘奸，例不征税。且先年诏旨，凡道路关津无名抽取，业已厘革，不当循私违制，妄开利门。”[4] 行之数年，乃以主事邬阅言“广宁八里铺前屯卫既有榷场，不宜再榷”乃罢，“其后复山海关税，罢八里铺店钱”。[5] 再当时又尝规定：“自嘉靖八年十月初一日为始，照例每钞一贯，折银三厘，每钱七文，折银一分，倾泻成锭，转发各该附近府州县官

[1] ［明］申时行等：《明会典》卷35《户部二十二·课程四·钞关》，第245页。

[2] ［明］申时行等：《明会典》卷35《户部二十二·课程四·钞关》，第246页。

[3] ［明］申时行等：《明会典》卷35《户部二十二·课程四·商税》，第256页。

[4] 《明世宗实录》卷47，嘉靖四年正月庚午，第1200页。

[5] ［清］张廷玉等：《明史》卷81《志第五十七·食货五》，第1977页。

库收贮，按季差委经收人役依限解部。”[1] 然六年后税收钱钞折银比率变为“每钞一千贯，折银四钱，每钱二千文，折银二两八钱六分”[2]，与前时相比，铜钱价值稳定，纸钞继续贬值。直到嘉靖四十一年（1562）再度题准，“崇文门宣课分司商税，照旧折收银两……每钞一贯，折银三厘，每钱七文，折银一分”[3]。此番钞银兑价波动，也可能对商人缴税造成一些不利影响。

明世宗晚年，依然不放松对税务部门的监管力度。《明会典》曰：

> 三十九年，令各省直抚按通行所司，令各该税课司将一应税契银两，务查实数。每季终，备开税过房屋、田地各若干，收过银两数目，备造文册，依期类解各该司府查明，差官解部济边……四十二年奏准淮安门摊课税税则，专委府佐贰一员，督同税课司官收领，除应准动支、扣留若干，听管仓主事注销，按季报部，其余尽数解部济边。[4]
>
> 四十一年奏准，荆州、芜湖、九江、两浙、浒墅、扬州、淮安、临清、河西务各关主事，岁额定数外，务将余饶悉入公帑。巡按仍给号簿一册，与佐贰官日赴各厂，听主事督同收受，逐月缴报。如登记有遗，或所委府佐通同干没，该部指实参究，仍令各该巡按御史查访论劾。[5]

且彼时还新设一项过堨（坝）税：“四十五年题准，税淮安府过堨米麦杂粮，每石征银一厘，抵补本府所属税银，民壮带征军饷。”[6] 就此前后所定规制言，可谓周致详尽，这也体现出明廷对商税等收入依赖程度的进一步加深。

隆庆至万历前期的商业管理和商税征收同样遵循了前朝章程，并有所细化，同时开始向钞关官员发授关防敕书：

> 隆庆元年议准，扬州、浒墅二钞关，凡船只从上江来者，查无九

---

[1] ［明］孙旬：《皇明疏钞》卷38《财用一·钞关禁革事宜疏（梁材）》，《续修四库全书》第464册，上海：上海古籍出版社，2002年，第203页。

[2] ［明］申时行等：《明会典》卷35《户部二十二·课程四·商税》，第256页。

[3] ［明］申时行等：《明会典》卷35《户部二十二·课程四·商税》，第256页。

[4] ［明］申时行等：《明会典》卷35《户部二十二·课程四·商税》，第256～257页。

[5] ［明］申时行等：《明会典》卷35《户部二十二·课程四·钞关》，第246页。

[6] ［明］申时行等：《明会典》卷35《户部二十二·课程四·商税》，第257页。

江船税票，责令补纳船料，另行登簿，按季附解……万历七年题准，各钞关解纳本色钱钞，以后照例算银，按季总委附近州县官员，给文定限解部。行崇文门及九门盐法委官处，公同收买钱钞，送广惠库交纳，不得仍差库役人等领买，以致兴贩迟延。[1]

隆庆二年，令北新、淮安、扬州、浒墅、九江、临清、河西务各钞关主事，各铸给关防，撰给敕书。今后所属司局等官，该关差满，备开贤否送部，移咨吏部，以备考察。其各关收税同知、通判等官，务要亲身到关验放船货，眼同抽分，登记簿籍，封收银两，不得专委首领等官。有抗违者，悉听该关呈部参治。万历二年，给北新、淮安、扬州三钞关监税员外、主事等官不坐名敕书三道，差满更替之日，同原降关防传流收掌。七年题准，七钞关收商税银两，除稽考文簿照旧填报外，仍立税票，将纳过钱钞银两照簿填给船商，径投所在官司收候。每季解银，备造一册，并原收税票，送部磨对。[2]

再隆庆三年（1569），吏科给事中郑大经上言重榷务，意在审慎用官，禁防揽权，详明课额，按时考核。其云：

各钞关商税岁入不赀，而独委柄于一主事，利权所在，易以不肖之心乘之……自后当选清望及有才名者以往，其征榷事务，仍敕各该府（抚）按于府同知、通判、推官选委一员佐之。凡遇商舡到官（关），令赴部官报数，部官如例定拟税银，填革（单）给委官称收，仍同委官藉（籍）记所收之数，送府既（寄）库。该府按季解京，岁终各皆以藉（籍）上，备本部参阅。

疏入，明穆宗更令详议，户部覆奏："钞关钱粮，主事既不经收，必得府官管理，乃能济事。但各钞关去府城远近不一，如九江、扬州、杭州北新钞关去府近者，宜责令知府收解。其许（浒）墅、临清、河西务、淮安等关去府稍远，商舡往还不便，则委佐一（贰）官就经收，推避者听管关主事呈部参问。"[3] 如此则钞关主事与地方官府权责明确，又能互相监督制约，利于减少贪墨舞弊现象的发生。至万历十一年（1583），根据发卖商货是否

---

〔1〕［明］申时行等：《明会典》卷35《户部二十二·课程四·钞关》，第246页。
〔2〕［明］申时行等：《明会典》卷35《户部二十二·课程四·钞关》，第245页。
〔3〕《明穆宗实录》卷33，隆庆三年六月乙酉，台北："中央研究院"历史语言研究所，1962年，第861～862页。

进京，明廷在钞关抽税细则上又做区分：

行河西务管关主事，凡商货系进京者，本关给与红单，赴崇文门宣课司，并纳正、条、船三税。其不系进京发往四外卖者，本关止收正税，将条、船二税俱与除免。议准，一应商货，如在临清发卖者，照旧全税。在四外各地方发卖者，临清先税六分，至卖处补税四分。其赴河西务、崇文门卸卖者，临清先税二分，然后印发红单，明注某处发卖，给商执至河西务、崇文门，补税八分，共足十分之数。仍刻示关前，示谕各商遵守。[1]

且嘉靖中叶以来，边事日棘，军费激增，政府亦积极从税课项目中寻求开源之策，商税多用于济边充饷：

（嘉靖）二十四年议准，福德、宝源等七店，每货一船，征银五两，行令顺天府督同批验茶引所官吏及厢长人等，照数征收，按季解部，转发太仓银库收贮，以备籴买粮草支用……三十年议准，海、盖、辽阳、广宁等州卫税课银两，每年分定额数……俱解广宁左库，辏放月粮，户部仍于该镇年例银两，照数减除。三十二年题准，居庸关南口委官抽税商货，除在京宣课司税过有票放行外，其从东西别路径趋宣大，未经抽税之物，照例抽分银两，送隆庆卫贮库，解送昌平管粮官支销……隆庆元年奏准，应天府江东等宣课司局额办课钞，每贯折银六毫，解部贮库。候内府库钞贯放尽，即将前银折放赏军，给发铺行颜料等项支用……（四年）题准，税淮安府过坝脚头、斛夫银，每年约九千二百余两，听给漕运官军月粮并河道衙门支用。五年题准，税淮安府过坝牙银之半，以备漕运官军月粮等用。万历二年题准，将顺、永、保、河四府商税，除应留本处支用外，其应解余税银两，每年定限上下半年二次解部济边，不许别项擅用。[2]

商税作用既已越发突出，为保护商人利益，保证财政税收，这一时期明廷也下达了不少有关约束税吏及裁蠲税务的谕示：

嘉靖元年，令广东、江西抚按衙门，委南雄、南安二府知府，督同各税课司官吏综理商税。各布政司给与印信簿籍一扇，将日逐税过

〔1〕［明］申时行等：《明会典》卷35《户部二十二·课程四·商税》，第257页。
〔2〕［明］申时行等：《明会典》卷35《户部二十二·课程四·商税》，第256～257页。

商人货物姓名，逐一附记，按季解赴布政司，呈报抚按衙门查考。商税自南而北，自北而南，各不许违例重征。守巡官亦要不时查访奸弊，其委官侵欺那移，坐以监守自盗。八年，令辽东抚按官将太监、总兵原店四所，收取房钱，以为抚赏夷人之用，一应私税痛加裁革。九年，裁革山海关并广宁等处抽分。十二年，令陕西委官于潼关、大庆关验税商货，以补王府拖欠禄米，并赈济边储等用。其卫官止许护守关防，不许干预收税。[1]

嘉靖十年令宣课司，今后小民发卖瓜果蔬菜，毋得抽税。万历十一年，因议革淮安过堈斛抽、脚抽等税，题准，通行两京十三省各抚按官，严查所属，除额设有印税课衙门外，凡私设一应无名课税，尽数查革。又题准，陕西汉中府革税，咸阳县皮布税，及泾、咸、静、平等一十七州县并云阳、永乐二镇店私立税银，尽行裁革。十二年题准，湖广郧、襄、承、卫四府，新化、嘉鱼、六溪口盐税、纸价，汉川县、刘家隔、黄冈县、阳逻巡司与德安、贵阳等一十九州县杂税、牙税、河税，并孝感、应城等一十四县茶税，尽数裁革。[2]

然诏旨屡下，积弊难除，正如《明史》所言："自隆庆以来，凡桥梁、道路、关津私擅抽税，罔利病民，虽累诏察革，不能去也。"[3]

又万历十年（1582），明神宗因元子诞生，诏告天下黜革私设额外税课："天下司府州县税课抽分衙门，旧有定额，近年各路关津货物经由处所，擅立牙行抽税，罔利病民。诏书到日，抚按司道官查系额外私设者，尽行裁革，违者两京科道官访实参奏。"[4] 第二年，南京河南道御史方万山条陈四事，后三事俱针对当时商课弊病：

一、临清钞关，旧额二三万，今加至八万。货入运河，临清抽六分，至河西务者抽补四分，至京者崇文门亦然。今崇文门仍取十分，虽有临清之票勿问，宜如旧例。一、淮安牙行、脚夫等税，与穷民较纤毫之利，琐屑已甚，宜速蠲裁。一、省直私设税课，无处无之，宜

---

[1] ［明］申时行等：《明会典》卷35《户部二十二·课程四·商税》，第257页。

[2] ［明］申时行等：《明会典》卷35《户部二十二·课程四·商税》，第257页。

[3] ［清］张廷玉等：《明史》卷81《志第五十七·食货五》，第1978页。

[4] 《明神宗实录》卷128，万历十年九月辛酉，台北："中央研究院"历史语言研究所，1962年，第2378页。

严行查革。[1]

数月后户科都给事中萧彦复言商税苛繁："河西务至张家湾，百里之内，辖者三官，一货之来，榷者数税。夫船料旧也，条船非旧也，出店进店重税，皆非旧也。淮安四税，下及脚抽，仪真既非旧制，亦无重获，均可罢也。"[2] 这些建议户部大体亦表赞同，但时隔一年明廷却再次决定：

> 十二年题准，行保定抚按，将原裁各关商税照旧开复，每年四季选委佐贰官从公抽收，贮阜平、倒马、井陉三库，专备修筑台墙之费。议准，湖广黄、荆、岳等府，设有印信司局照旧外，其长、常二府并兴、蕲等七十七州县杂税，辰、靖二府州盐、木、油税，常德府茶、炭税，俱仍旧抽收。每年扣银解部，余存备禄粮等用。武昌、大冶、随州等六州县税银支费，照今减定数目征解。至于省城船料、盐税，听备兵饷、给赏等费，如有不敷，仍于该省船料、盐税辏用。余剩银两，听备俸禄及修造漕船等用。[3]

从这些情况看，随着国家财力日渐不支，政府号称恤民减税的诏令还是难能落到实处。尤其在万历中期以后，神宗本人益发索求无度，《明史》对当时朝廷加税聚敛情形的概括可谓言简意赅，一针见血："迨两宫三殿灾，营建费不赀，始开矿增税。而天津店租，广州珠榷，两淮余盐，京口供用，浙江市舶，成都盐茶，重庆名木，湖口、长江船税，荆州店税，宝坻鱼苇及门摊商税、油布杂税，中官遍天下，非领税即领矿，驱胁官吏，务朘削焉。"[4]

除了户部所辖之税课司局和钞关，在工部设置的抽分厂榷税竹木方面，《明史》载：

> 成化七年增置芜湖、荆州、杭州三处工部官。初抽分竹木，止取钞，其后易以银，至是渐益至数万两。寻遣御史榷税。孝宗初……又从给事中王敞言，取回芜湖、荆州、杭州抽分御史，以府州佐贰官监收其税。十三年复遣御史……（正德）十二年，御史胡文静请革新设诸抽分厂。未一年，太监郑玺请复设于顺德、广平……世宗初，抽分

[1] 《明神宗实录》卷136，万历十一年四月癸丑，第2529页。

[2] 《明神宗实录》卷139，万历十一年七月戊子，第2589页。

[3] ［明］申时行等：《明会典》卷35《户部二十二·课程四·商税》，第257页。

[4] ［清］张廷玉等：《明史》卷81《志第五十七·食货五》，第1978页。

> 中官及江西、福建、广东税课司局多所裁革，又革真定诸府抽印木植中官。[1]

至于京城九门之税，弘治末年虽已大减，但“自正德七年以后，钞增四倍，钱增三十万”[2]，到嘉靖初才又复归原额。而明末京师九门征税景象，从史玄《旧京遗事》中可见一斑：

> 京师九门，皆有税课，而统于崇文一司。原额岁九万余两，今加至十万余两，例加也。各门课钱，俱有小内使经管收纳。凡男子囊袱骑驴，例须有课，轮车则计囊袱多少以为算榷。至于菜茄入城，乡民亦须于鬓边插钱二文，以凭经税小内使径行摘之，彼此不须相问，甚可噱也。鸡豚必察，不知何年经始厉阶，今遂为司农正赋耳。[3]

三、明中后期皇权滥用对商人的侵剥及朝臣的恤商建言

（一）广派税使

万历中期，朝廷屡次用兵，费帑无算，国储空虚：“二十年，宁夏用兵，费帑金二百余万。其冬，朝鲜用兵，首尾八年，费帑金七百余万。二十七年，播州用兵，又费帑金二三百万。三大征踵接，国用大匮。”[4] 又万历二十四年（1596）宫内失火，“火发坤宁宫，延及乾清宫，一时俱烬”[5]。翌年，“三殿灾……火起归极门，延至皇极等殿，文昭、武成二阁周围廊房，一时俱烬”[6]。两宫三殿相继遭灾，实所罕见，营建乏资，明神宗即以“济助大工，不忍加派小民，采征天地自然之利”[7] 为由，向全国各地派遣宦官充当矿监税使。《明史》记：“通都大邑皆有税监，两淮则有盐监，广东则有珠监，或专遣，或兼摄。大珰小监纵横绎骚，吸髓饮血，以供进

---

[1] ［清］张廷玉等：《明史》卷81《志第五十七·食货五》，第1977页。
[2] ［清］张廷玉等：《明史》卷81《志第五十七·食货五》，第1977页。
[3] ［明］史玄：《旧京遗事》，北京：北京古籍出版社，1986年，第21页。
[4] ［清］张廷玉等：《明史》卷305《列传第一百九十三·宦官二·陈增》，第7805页。
[5]《明神宗实录》卷295，万历二十四年三月乙亥，第5482页。
[6]《明神宗实录》卷311，万历二十五年六月戊寅，第5810～5811页。
[7]《明神宗实录》卷416，万历三十三年十二月壬寅，第7814页。

奉。大率入公帑者不及什一，而天下萧然，生灵涂炭矣。”[1] 同书还载：

榷税之使，自二十六年千户赵承勋奏请始。其后高寀于京口，暨禄于仪真，刘成于浙，李凤于广州，陈奉于荆州，马堂于临清，陈增于东昌，孙隆于苏、杭，鲁坤于河南，孙朝于山西，丘乘云于四川，梁永于陕西，李道于湖口，王忠于密云，张晔于卢沟桥，沈永寿于广西，或征市舶，或征店税，或专领税务，或兼领开采。奸民纳贿于中官，辄给指挥千户札，用为爪牙。水陆行数十里，即树旗建厂。视商贾懦者肆为攘夺，没其全资。负戴行李，亦被搜索。又立土商名目，穷乡僻坞，米盐鸡豕，皆令输税。所至数激民变，帝率庇不问。诸所进税，或称遗税，或称节省银，或称罚赎，或称额外赢余。又假买办、孝顺之名，金珠宝玩、貂皮名马，杂然进奉，帝以为能。甚至税监刘成因灾荒请暂宽商税，中旨仍征课四万，其嗜利如此。[2]

榷使所到之地，随处设厂，肆意搜刮，商民大骇，委货亡匿，“虽平昔富庶繁丽之乡，皆成凋敝”[3]。《天下郡国利病书》又云：“顾商旅出途者日寡，势不能取盈，乃令坐贾包税。又辄以事株逮诸富人，动称匿税，必尽没其家资乃已。诸奸徒附从为羽翼者，骤起家巨万，输内帑什一而已。”[4] 时直隶巡按刘曰梧也言：

包采之议，诸臣盖为不（得）已权宜之计，不知包何从出，势不得不取之民，与不加派之明旨背矣。又重征叠税，明旨叮咛告戒。以臣所属，上有湖口，中有芜湖，下有仪扬，旧设有部臣，新设有税监，亦云密矣……长江顺流扬帆，日可三四百里，今三四百里间五六委官拦江把截，是一是（日）经五六税也，谓非重征叠税可乎？应天诸府，徽州夙号殷富，自程守训横行诈骗，公私何啻百万？此外各监互出诸棍云从，投匦告密，敲骨吸髓，民间之皮毛穿、脂膏竭矣。[5]

关于程守训其人，刘曰梧称：

---

[1] ［清］张廷玉等：《明史》卷305《列传第一百九十三·宦官二·陈增》，第7806页。

[2] ［清］张廷玉等：《明史》卷81《志第五十七·食货五》，第1978～1979页。

[3] ［明］谢肇淛：《五杂组》卷4《地部二》，北京：中华书局，1959年，第108页。

[4] ［清］顾炎武：《天下郡国利病书·扬州府备录·扬州府志·赋役书》，黄珅等校点，上海：上海古籍出版社，2012年，第1213页。

[5] 《明神宗实录》卷359，万历二十九年五月甲寅，第6713～6714页。

武英殿带衔中书程守训奉密旨访各处富商，搜求天下异宝……及至则旋（旌）盖车马，填塞街衢，首有朱红金字钦命牌二面，继有二牌，一书“凡告富商巨室违法致富者随此牌进”，一书“凡告官民人等怀藏环（珍）宝者随此牌进”，四介胄士骑执之……另踞一船逻卒数百辈，爪牙甚设，每日放告……凡稍殷实者，即罗而织之。其初逮也，不遽讯也，铁索锁项，三木曳身，令过都历市，遍使观者股栗。而后就讯舟次，设水牢于舟中，昼夜浸之，绝其食饮……非法刑阱，备极惨毒，其人求死不得，无奈倾家鬻产，跪献乞命。〔1〕

《万历野获编》亦曰：

程守训者，徽人也，首建矿税之议。自京师从增以出，增唯所提掇，认为侄婿。又不屑与诸参随为伍，自纳银助大工，特授中书舍人，直武英殿。自是愈益骄恣，署其衔曰“钦差总理山东直隶矿税事务，兼查工饷”，以示不复服属内监。旋于徽州起大第，建牌坊，揭黄旗于黄竿曰“帝心简在”，又扁其堂为“咸有一德”。是时山东益都知县吴宗尧，疏劾陈增贪横，当撤回。守训乃讦宗尧多赃巨万，潜寄徽商吴朝俸家，上如所奏严追。宗尧徽人，与朝俸同宗也，自是徽商皆指为宗尧寄脏之家，必重赂始释。〔2〕

一时奸邪宵小，荼毒商民，气焰熏天。

矿监税使的横征暴敛直接影响到国家正常的财政税收，据当时户部尚书赵世卿报告，到万历二十九年（1601），关税已由额定的41.75万两降至26万余两，亏减甚为严重：

在河西务关，则称税使征敛，以致商少，如先年布店计一百六十余名，今止存三十余家矣。在临清关，则称往年伙商三十八人，皆为沿途税使盘验抽罚，资本尽折，独存两人矣。又称临清向来段店三十二座，今闭门二十一家，布店七十三座，今闭门四十五家，杂货店六十五座，今闭门四十一家，辽左布商绝无一至矣。在淮安关，则称南河一带剥来货物，多为仪真、徐州税监差人挟捉，各商畏缩不来矣。

在奏疏中，其肯定了商人通货裕财的社会作用，同情他们的遭遇，恳请明

〔1〕《明神宗实录》卷347，万历二十八年五月癸卯，第6468－6469页。

〔2〕［明］沈德符：《万历野获编》卷6《内监·陈增之死》，北京：中华书局，1959年，第175页。

神宗罢黜税使：

> 《周官》九职，六曰商贾，阜通货财，孟子以行旅出途，列之王政。国家置立钞关，仿古讥市征商之法，下不病商，上藉裕国，内供赏赉，外济边疆，法至善也……大都人情熙熙攘攘兢利而来，各商不惜霜风跋涉之劳，不惮湖海波涛之险，以兢尺寸之利……无乃税使之害，尤甚于跋涉风涛者，则“苛政猛于虎”之说也……是若辈未见其利，先见其害，不惟病民，抑且病国。[1]

在赵世卿看来，商人与国家一体共利，商业活动也是维持社会体系正常运转的必需一环，竭泽而渔必将病民损国。又御史叶永盛、应朝卿论税使征榷：

> 迩者矿店繁兴，兴榷议继起，中使狼戾，棍党横行……自古设榷止于江湖要津，并未连及各府州县，并无土商土著名色……今不论内外，尽归统属，则举留都各府县之河埠，细及米盐鸡豖，粗及柴炭蔬果之类，无物不税，无处不税，无人不税。将县无宁村，村无宁家，内外骚动，贫富并扰，流毒播虐，宁有纪极……况上取一，下取二，官取一，群奸又取二。利则归下，怨则归上，名则朝廷蒙其垢，实则群小享其益。[2]

> 近年矿税之始行也，皇上不过曰“取天地自然之利，与商牙经纪之余，以充国用”耳。宁知利端一开，政理日乱，亏损圣德，流毒民间……夫税者，税商也，非税贫民也。但商贾有利则趋，无利则止……富商不至，所余者大半些须小贩，逐分毫之赢，糊旦夕之口者耳。以贸食之贫民当日增之重税，力能堪乎？[3]

这些言论均深刻揭示出当政者滥征横取的种种弊端，力争减免商税，苏解民困。

当此之时，朝中大臣都已明确指出矿税征派之害，每每陈言请罢以恤

---

〔1〕［明］陈子龙等：《明经世文编》卷411《赵司农奏议（赵世卿）·关税亏减疏》，第4457～4458页。

〔2〕［清］嵇璜、曹仁虎等：《钦定续文献通考》卷18《征榷考·征商》，《景印文渊阁四库全书》第626册，台北：台湾商务印书馆，1986年，第406～407页。

〔3〕［清］陈梦雷：《古今图书集成·食货典》卷231《杂说部艺文三·请罢采榷矿税疏（应朝卿）》，台北：鼎文书局，1977年，第2228页。

商安民。再以《明神宗实录》为例：

户部言："今天下各处饥馑，都门米价腾踊，所赖逐末之民转籴他处，是必设法招徕，宽其厉禁，人胥乐趋，民方缓死。今税榷中使，项背相望，密如罗网，严如汤火……伏乞敕谕榷官，悉蠲米麦豆谷诸税。"上令："免诸肩负者，其商贾兴贩，酌量征收。仍晓示各处墟市地方，毋亏国课，亦毋累商民。"[1]

户部尚书陈蕖题："迩自言利小人奏收商税，一到地方，狼吞虎噬，截索等于御夺，搜括甚于抄封。商旅裹足，民心思乱，臣等实切隐忧……神棍刘大伦视于（牙）税之说，诳诱通湾少监张烨，忽于京城内外经纪勒取牙税一万五千两，责宛、大二县征解……伏乞亟停牙税，刘大伦等凿空始祸，置之重典，以谢万姓。"奉旨："京城辇毂之下，百姓尤为烦苦。征收牙税，原非朕意，即准豁免，俾小民安生乐业。"[2]

次辅沈鲤言："自矿税兴而中使遍天下，中使出而四方无籍之徒随为牙爪耳目者，或分布乡村城市，或把持关津渡口，或武断于商贾凑泊所在。树黄旗，揭圣旨，都舆从，张气焰，吮人之血，吸人之髓，孤人之子，寡人之妻……总天下之财十计之，皇上得十之二，内监得十之三，群小得十之五。利分入于众手，怨总归于一人，民安得不穷，心安得不离？民心离散，其势必反。"[3]

山东巡抚黄克缵言："往者民苦税监，非税监之为害，乃其牙爪羽翼之流毒惨也……往者陈增六万之数，以威劫取盈，如无商贾而税之集场，集场不足而税之负担，负担不足而税之酒腐饭店，下至草履木杓，一切鄙微无不税及，民力何堪……至于河道税额一万两，原于东昌、张秋、济宁抽取……层关叠征，不亦甚乎？此项合尽行蠲革。"[4]

直隶巡按汤兆京言："通州为畿东首冲，水陆要会，重征叠税，几至数十……河西务税于外矣，又有通湾之查税，崇文门税于内矣，又有巡拦之拿害，城中复有税课局……此税可罢，局可撤，官可裁。凋

[1]《明神宗实录》卷339，万历二十七年九月戊辰，第6300~6301页。
[2]《明神宗实录》卷346，万历二十八年四月甲午，第6459页。
[3]《明神宗实录》卷398，万历三十二年七月戊午，第7477~7478页。
[4]《明神宗实录》卷418，万历三十四年二月丙午，第7890~7891页。

疲之民，亦少受毫厘之赐。”[1]

江西巡按韩浚一本疏称：“天下之税皆当罢，而江西之税尤当罢，天下之税使皆当撤，而湖口之李道尤当撤……各郡邑无不叠税重征，兼以昨岁重罹水灾，关梁市镇，一望凄然。至于湖口一税，滨临大江，他税尚属有司转解，此独税监征取。而穷凶极狡之李道，招集亡命，横行江上，凡遇商人报税，本监批加加罚，动以千计……乞将江西加派岁额税银并赐停免，将李道撤回。”[2]

矿税之兴，名为征商，实则虐民，群臣所议，情实意痛，甚者至有官逼民反、祸起萧墙之虑。此后复有户科给事中官应震言“货利不可偏徇”：“二十年来，采山榷酤，商困于市，旅愁于途，犹幸有农民在陇亩，朝廷之正赋是供。乃顷则宦珰军骑，遍历穷乡，既苦每亩三分之纳，复为分外加五之收，而农之困乃更在商贾上。”[3] 又大学士吴道南、方从哲道：“自榷税之政行，而貂珰盈于远迩，网罗遍于闾阎。始犹取之商旅，既则取之市廛矣；始犹算及舟车，既则算及间架矣；始犹征之货物，既则征之地亩、征之人丁矣。穷天际地，搜括靡遗，繇公逮私，那移殆遍……上下交征，官民并困。”[4] 直隶巡按姚镛也称：“扬州为自南入北之门户，徐州为自北入南之津梁，商贾辐辏，夙号殷阜。自利珰四出榷税以来，非借事重罚以倾其囊，则逞威严刑以毙其命，流亡辗转，负贩稀踪，流毒灾民，莫此为甚。乞念根本重地，亟赐停免。”[5] 以上实录原文按时间顺序排列，可知自明神宗派遣矿监税使伊始，直到万历末年，朝臣有关停罢榷征、轸念商民的谏言从未终止，足见他们对国事民生的忧切之深。

增税加派致使天下骚动，贫富同嗟，官民交困，引发朝中官员一致反对，劝止奏疏纷纷进呈。这类文献在《明经世文编》中同样多有收录，如曾任礼部尚书的冯琦曰：

近来天下赋税之额，比二十年以前十增其四，天下殷实之户，比二十年以前十减其五。东征西讨，萧然苦兵，自矿使出而百姓之苦更

[1]《明神宗实录》卷503，万历四十年十二月丁酉，第9551~9552页。
[2]《明神宗实录》卷520，万历四十二年五月庚申，第9802~9803页。
[3]《明神宗实录》卷528，万历四十三年正月庚午，第9927页。
[4]《明神宗实录》卷553，万历四十五年正月辛未，第10437~10438页。
[5]《明神宗实录》卷579，万历四十七年二月丙辰，第10954~10955页。

甚于兵，税使出而百姓之苦更甚于矿……皇上悯念小民，不忍加派，德意甚盛。第奉差诸使，各图其私，跟随奸徒，动以千百。皇上欲通商而彼专欲困商，皇上欲爱民而彼专欲害民……至于富民，更被倾害，诬以漏报国税，诬以盗卖矿砂，诬以私贩官盐，诬以偷藏禁木……需求不遂，立见倾家，无地可容，有天难诉，利归群小，怨归朝廷……今日犹是承平，民心汹汹不定，一有风尘之警，谁心为可保者？[1]

都给事中王德完亦言：

国家征商有要地，抽税有专责，近来各省直添设税务中官，若鱼鳞然，网益密矣。以川省言……自市井场镇、丝布米盐、食店酒沽，下及菜佣草履，无不有税……太监丘乘云住坐会省，各处遣税官犹一人，而税官又旁招无籍各数十人，布为牙爪……皇上之税十之二三，而税官之取则十之八九，夺远商之皂镪，济群小之狼贪，皇上亦何利焉……一舟而经三十余关，一货而抽三十余次，商人不惟靳其息利，且折其母钱，咸疾首而不乐江湖，吞声而不通货贿……臣惧商旅不来，而泽鱼必竭。[2]

即便是边镇地区也难逃榷税之害，总督宣大军务梅国祯讲：

自隆庆五年北虏款贡以来，始立市场……间有商税，即以充在市文武将吏一切廪饩、军丁犒赏之费……至万历十九年，该阅科给事中钟羽正清查市本……在市商人，固已喋喋诉其不支矣。今刘思忠复请特遣课使抽税以佐大工，夫供御之课，既欲加添，市本之课，别无补凑，必且重抽于市商矣，商不支必且加派于各城堡之居民矣……今一货一人，税而又税，朘膏咋髓，一羊十皮。熙熙而来者，无所牟其利，抑且有其害，是重困商也……商人者非他，即皇上中原供赋税徭役之赤子也……宣镇极边，百物不产……布帛菽粟，无一不仰给于四方，商不至则用乏，物价腾踊，何所资籍……臣等庄诵明旨，不许扰害地方，圣意非不谆切。第无知弁类逐逐耽耽，显以借口大工，阴以满志溪壑……伏望我皇上轸军国之大计，慎宗社之远图……可收回成命，

---

〔1〕［明］陈子龙等：《明经世文编》卷440《冯北海文集一（冯琦）·为灾异叠见时事可虞恳乞圣明谨大戒悯人穷以保万事治安疏》，第4814～4815页。

〔2〕［明］陈子龙等：《明经世文编》卷444《王都谏奏疏（王德完）·四川异常困苦乞赐特恩以救倒悬疏》，第4877～4878页。

姑免管榷，庶夷情相安，而塞下敉宁矣。[1]

梅国祯能够意识到维护边境与内地间的商贸往来对于巩固国防、促进民生的益处，商人与其他庶民一样，都为国家社会做出了贡献，理应一并怜恤。他又在《再请罢榷税疏》里说：

国家榷税通商，原有定制……系边方府分，则径留济边公用，免行解部……今若将此税银解助大工，前项公用，皆系必不可缺之数，将分派极边之穷民乎……镇城军余人等不下数万，率皆荷戈防胡，不习耕桑之业，诸日用蔬菜、布匹、器具，悉仰给内地……故穷边军士，藉此存活，以捍卫边圉。今抽税之令一下，商贾闻风惊遁，不敢赴边，而贫军衣食何从置办？无乃断绝其生理，驱而之逃，以空行伍，弃边疆以资敌乎……地方受困，人心动摇，皇上不许害扰明旨，竟至悖违……岂独一镇封疆之利害，其所关于宗社之安危，尚忍言哉！[2]

众臣站在朝廷通商裕国以利民的立场，将批判矛头指向污使恶吏，而对神宗本人则有所回护。然无论理由如何堂皇，皇帝不顾公论，绕开政府部门，派遣内监径自征榷的行为到底是一种皇权滥用。面对卿僚的苦口相劝，明神宗尽管常留中不报，置之不理，但也并非全然无动于衷。如大学士沈一贯曾题："我朝军国钱粮，丝毫皆出于江南，今江南疲敝之极，而又荒歉频仍，小民嗷嗷思乱，甚可寒心。况仪真与京口一江之隔，不过一二里地，岂有可以两税之理？徒令内官与外官政务棼杂，棍徒奸党肆恶横征，商旅不行，农民重困，南京根本之地与国家财赋之区，因此动摇。"明神宗批示："朕以连年征讨，库藏匮竭，且殿工典礼方殷，若非设处财用，安忍加派小民？所奏两处地方不远，量免京口一差，京口闸已免差遣，仪真县等处照前旨行。"请求虽只部分获准，沈一贯仍疏谢称："今国计告讪，皇上不忍加派于小民而欲取足于商税，诚不得已之心也。但财计惟用兵为不可料算，今东氛净息，以后殿工典礼，惟在圣心何如。圣心若加体悉，而容所司次第斟酌，不致浮浪，数年之内，就绪何难，似不必过为预

---

〔1〕［明］陈子龙等：《明经世文编》卷452《梅客生奏疏（梅国祯）·请罢榷税疏》，第4968～4970页。

〔2〕［明］陈子龙等：《明经世文编》卷452《梅客生奏疏（梅国祯）·再请罢榷税疏》，第4972～4974页。

忧也。”[1]

到万历三十三年（1605）底，终于诏罢采矿，并以税务归有司：

凡有矿洞，悉令各该地方官封闭培筑，不许私自擅开……其各省直税课，俱着本处有司照旧征解。税监一半并土产解进内库，以济进赐供应之用，一半解送该部，以助各项工费之资，有余以济京边之用……不许私设关津，指称委官，容令地方棍徒肆行攘夺，致民生不安，商旅不行，反亏国家正课。[2]

不过明神宗虽屡次辩解自己本意不在加派百姓，然所谓取足商税，权宜助工，属实伤民无穷，终万历之世，矿监税使的苛扰也未得到彻底解决。有关万历之后商税征收概况，《明史》载：

至四十二年，李太后遗命减天下税额三之一，免近京畸零小税。光宗立，始尽蠲天下额外税，撤回税监，其派入地亩、行户、人丁、间架者，概免之。天启五年，户部尚书李起元请复榷水陆冲要，依万历二十七八年例，量征什一。允行之。崇祯初，关税每两增一钱，通八关增五万两。三年复增二钱，惟临清仅半，而崇文门、河西务俱如旧……九年复议增税课款项。十三年增关税二十万两，而商民益困矣。[3]

崇祯末户部尚书倪元璐还尝奏崇文门税积弊：“每失报一纱一裙，通罚全单而又倍之……以一货失报而重罚数千件已报不漏之税，以一人犯令而遍罚数十家同单无罪之人，奸贪如此，百姓安得不穷，天下安得不乱……见南中关署有书刊碑，漏货一件，通没一船货物之半入官。盖天下之为关者，皆崇文门矣。”[4] 是时战乱频仍，天灾人祸不断，即使接连提高税率，重加罚赎，以致商民困顿，但依然于救国无补。

前文提到，矿税暴行使不少臣僚常有商民嗟怨激变之虑。时人袁宏道在回复任职荆关抽分友人的信中，描述了家乡遭受横敛终致商市破败的惨痛景象：“荆商之困极矣。弟犹记少年过沙市时，嚣虚如沸，诸大商巨贾，

---

〔1〕《明神宗实录》卷330，万历二十七年正月戊戌，第6098～6099页。

〔2〕《明神宗实录》卷416，万历三十三年十二月壬寅，第7814页。

〔3〕［清］张廷玉等：《明史》卷81《志第五十七·食货五》，第1979～1980页。

〔4〕［清］嵇璜、曹仁虎等：《钦定续文献通考》卷18《征榷考·征商》，《景印文渊阁四库全书》第626册，第410页。

鲜衣怒马，往来平康间，金钱如丘，绨锦如苇。不数年中，居民耗损，市肆寂寥……而当事者时欲取羡于额外，屡盈屡溢，若之何不病且亟也？”他寄望友人能够善为调处，并由此表达了对楚人喜乱、商贾生心的忧惧：“今兄灼见弊源，大破旧习，不耗国，不厉民，此正荆民更生之时，而中官之虎而翼者至矣……楚人悍而喜乱，今又激之，噫！此天下大可忧事也。所望调停其中，使饥虎不至于暴横，而商贾不至生心者，唯在吾兄及当事诸大老耳。”[1] 此函作于万历二十七年（1599），该年明神宗命内官陈奉征荆州店税：“奉兼领数使，恣行威虐。每托巡历，鞭笞官吏，剽劫行旅。商民恨刺骨，伺奉自武昌抵荆州，聚数千人噪于涂，竞掷瓦石击之。”[2] 事实被不幸言中，两年后，武昌民变，驱逐陈奉。《明史纪事本末》称：“奉列兵杀二人，匿楚府中。命甲骑三百余，射死数人，伤二十余人。奉逾月不敢出，众执奉左右六人，投之江。奉自焚公署门。”[3]

其实在此前后，全国曾发生多起针对矿监税使的民变，有些地方商人亦参与其中。如万历二十七年（1599）的临清民变，事情经过《涌幢小品》记叙较详：

> 王朝佐，清源人，负贩为生。万历己亥，中常侍马堂榷清源，横甚，诸亡命无赖，从者数百人。白昼手锒铛通衢，睨良家子富有力者，籍其业之半。佣夫里妇，负斗粟尺布往贸易者，直搤而夺之……于是中家以上大率破，远近萧然罢市矣。朝佐，佣者也，不胜愤。凌晨，仗马箠挝中使门，请见。州民欢呼，荷担随以万数……毙其党三十七人，检视之，皆郡国诸偷……下朝佐御史治，时欲尽录诸胁从者。朝佐曰：“死，吾分耳，吾实为首，奈何株及他姓？”……朝佐无子，有母及妻，郡大夫厚恤之。清源诸大贾，心德朝佐，岁时馈遗不绝，而中使焰顿戢。故州民益思朝佐不置，立祠祀之。[4]

另一代表性事件为万历二十九年（1601）的苏州民变，时人陈继儒所撰

---

[1] ［明］袁宏道：《袁宏道集笺校》卷22《瓶花斋集之十·答沈伯函》，钱伯城笺校，上海：上海古籍出版社，1981年，第768页。

[2] ［清］张廷玉等：《明史》卷305《列传第一百九十三·宦官二·陈奉》，第7806页。

[3] ［清］谷应泰：《明史纪事本末》卷65《矿税之弊》，第1016页。

[4] ［明］朱国祯：《涌幢小品》卷9《王葛仗义》，北京：中华书局，1959年，第204～205页。

《吴葛将军墓碑》云：

> 万历辛丑，内监孙隆私设税官于江南津渡处。凡米盐、果薪、鸡豚之属，无不有税。参随黄建节者，憸夫也。隆昵而任之，乃与市侩汤莘、徐成等谋分垄断焉。吴人罢市，行路皆哭。义士葛成攘臂而起……适成等至，遂共击建节，毙之。时六月之六日也。成乃誓于众曰：今日之事，为朝廷除民害也。若因以为利，则天下其孰能说之。有听吾约束者从，否则去。众皆许诺……于是义声大震，从者益广。当事闻之惊，谋御之以兵……成因请于太守曰：始事者成也。杀人之罪，成愿以身当之，幸毋及众也。遂请就狱……四方商贾之慕义者，醵百金遗之，坚却不受……归而尸祝之，祠于江淮之间，称为将军而不名，至于今因之。[1]

时巡抚应天右佥都御史曹时聘关于此事亦上疏言：

> 吴民生齿最烦，恒产绝少，家杼轴而户纂组，机户出资，织工出力，相依为命久矣……然榷网之设，密如秋荼，原奏参随、本地光棍以榷征为奇货，吴中之转贩日稀，织户之机张日减……参随黄建节交通本地棍徒汤莘、徐成等十二家，乘委查税，擅自加增，又妄议每机一张税银三钱，人情汹汹，讹言四起。于是机户皆杜门罢织，而织工皆自分饿死，一呼飨应……其愤激之情，亦可原矣……臣所睹记染坊罢而染工散者数千人，机户罢而织工散者又数千人，此皆自食其力之良民也，一旦驱之死亡者也，臣窃悼之。[2]

从中可见，明中后期江南地区织造业从业人众，商业化程度已达较高水平，而普通民众并非执意要对抗朝廷，他们只因生计无着，激于义愤才铤而走险。同时地方官绅对深受税使迫害的商民也均抱有真切同情，甚至感其侠节，多方出力援救。

（二）强佥商役

派遣矿监税使之外，役使铺行办纳物料亦是专制皇权榨夺社会财富的一种表现，商人于其中受害尤深。铺户采办始于贡赋不足，《明史》言：

---

〔1〕［明］陈继儒：《吴葛将军墓碑》，苏州博物馆等编：《明清苏州工商业碑刻集》第255条，南京：江苏人民出版社，1981年，第383～384页。

〔2〕《明神宗实录》卷361，万历二十九年七月丁未，第6741～6743页。

“天下常贡不足于用，乃责买于京师铺户。价值不时给，市井负累……先是上贡之物，任土作贡，曰岁办。不给，则官出钱以市，曰采办。其后本折兼收，采办愈繁。于是召商置买，物价多亏，商贾匿迹。”[1] 该书又云：“供应有行户，皆佥有力之家充之，名曰大户。究之，所佥非富民，中人之产辄为之倾。”[2]

早在永乐时期，明成祖即诏谕户部：“那军家每年街市开张铺面，做买卖，官府要些物件，他怎么不肯买办？你部里行文书，着应天府知道，今后若有买办，但是开铺面之家，不分军民人家，一体着他买办。敢有违了的，拿来不饶。”[3] 可知铺行本非单因商贾之户而设，万历时顺天府尹张国彦也说：“农工商贾，止有此数，日中为市之辈，未必非耕田凿井之家；荷戈负耒之夫，未必非行商坐贾之类。”[4] 同地为官的宛平知县沈榜则具体解释道：

> 铺行之起，不知所始。盖铺居之民，各行不同，因以名之。国初悉城内外居民，因其里巷多少，编为排甲，而以其所业所货注之籍。遇各衙门有大典礼，则按籍给值役使，而互易之，其名曰行户。或一排之中，一行之物，总以一人答应，岁终践更，其名曰当行，然实未有征银之例。后因各行不便，乃议征行银。其法计生理丰约，征银在官。每遇有事，官中召商径自买办。本意为行户、当行赔赔不赀，故征其银，不复用其力，取其物，即古免役钱、今徭编银差之例。行之既久，上下间隔。官府不时之需，取办仓卒而求之不至，且行银不敷，多至误事。当事者或以贾祸，不得已复稍稍诿之行户，渐至不论事大小，俱概及之。于是行户始群然告匮云。[5]

同时人顾起元也说：

> 铺行之役，不论军民，但买物则当行。大者如科举之供应与接王选妃之大礼，而各衙门所须之物，如光禄之供办，国学之祭祀，户部

[1] ［清］张廷玉等：《明史》卷82《志第五十八·食货六》，第1991页。
[2] ［清］张廷玉等：《明史》卷78《志第五十四·食货二》，第1906页。
[3] ［明］陈子龙等：《明经世文编》卷191《汪青湖集（汪应轸）·恤民隐均偏累以安根本重地疏》，第1979页。
[4] ［明］沈榜：《宛署杂记》卷13《铺行》，北京：北京古籍出版社，1980年，第106页。
[5] ［明］沈榜：《宛署杂记》卷13《铺行》，第103页。

之草料，无不供役焉。初令各行自以物输于官，而官给其直，未遽为厉也。第一入衙门，则胥徒便视为奇货，措抑需索，无所不有，又或价不时给，或给不偿本，既有亏折之苦，又有奔迸之劳，于是人始以市物于官为厉，而其党递相扳告当行者纷纷矣。两县思以应上司之急，乃籍其人于官以备呼唤，于是有审行之举，每行列名以次轮流承应，而其害终不可弭。[1]

关于编审征银，“铺行清审，十年一次，自成祖皇帝以来，则已然矣”，但当时“惟排甲卖物，当行而已，未有征银之例”，其后行户不堪赔纳，“乃议九则征银”。[2]“弘治年间，科道等官又因通州铺行赴京买办路远，不便商贾离肆以供输纳……编为三等九则，出办银两，奏缴准行。”[3]嘉靖末户部再议：“将在京宛、大二县铺商分为三等九则，上上、上中二则免其征银，听有司轮次佥差，领价供办。其余七则令其照户出银，上下户七钱，以下每则各递减一钱，以代力差。”[4] 后上等两户亦改征银，“原编九则铺行，皆征银入官，官为招商市物，不得以买办独责之上上、上中二则”[5]，“上上则征银九钱；上中则征银八钱”[6]，其余不变。旧制顺天府每十年一重新编审，“征银贮县，专一预备宫府及各衙门支用”[7]。万历七年（1579），审编科道题请：“商贾去来无常，资本消长不一，更定伍年清审一次。银则犹照旧数征收……逃亡随时补足。”[8] 三年后，复“题将铺行下三则免征，上六则改令五城兵马司征银解府，供办岁用”[9]。不过虽云征银召商，但因筹措不易，官府很快重又迫使行户照前买办：“官司召商买办，此盖征其银，不复用其力，法之变而通者也。若今之买物，仍责铺

[1] ［明］顾起元：《客座赘语》卷2《铺行》，谭棣华、陈稼禾点校，北京：中华书局，1987年，第66～67页。
[2] ［明］沈榜：《宛署杂记》卷13《铺行》，第104页。
[3] ［明］陈子龙等：《明经世文编》卷191《汪青湖集（汪应轸）·恤民隐均偏累以安根本重地疏》，第1980页。
[4] 《明世宗实录》卷556，嘉靖四十五年三月辛酉，第8952页。
[5] 《明世宗实录》卷557，嘉靖四十五年四月庚辰，第8958页。
[6] ［明］沈榜：《宛署杂记》卷13《铺行》，第103页。
[7] ［明］沈榜：《宛署杂记》卷13《铺行》，第103页。
[8] ［明］沈榜：《宛署杂记》卷13《铺行》，第104页。
[9] ［明］沈榜：《宛署杂记》卷13《铺行》，第108页。

户领价，则其赔铺之苦，犹夫故也，征银又何名哉?”[1] 可见尽管具体佥派办法时有调整，然铺户承值应役，已是众怨所集。

铺行供役，渐为商民之累。至于召商买办，嘉靖中明廷已要求“各处岁解物料，除土产听纳本色，其余折银解京，以便召买”[2]。再据万历朝工科给事中何士晋讲:“国家经费，一切物料，其初俱用本色，取自外省。后因揽纳滋弊，始令折银解部，该部给价，召商临时买办。是商人起于召募，原非京民之正差，则借其力以代外解之劳足矣。”[3] 工部署部事右侍郎刘元霖也说:“国家营造专隶将作，而一切物料本色皆取自外省，以其采办易而额有成规，上供不误而民亦不扰也。后因外解有远涉之难，积猾有揽纳之弊，始令各输折色，本部召商陆续买办以应上供，是铺商之名所由起也。”[4] 时给事中杨文焕亦曰:“畿民报商，原非祖制。嘉靖间山东参政常道奏准，征银解部，召商上纳，乃一时救弊之权，而不知其害至此也。”[5] 可见，铺商之役起于召募，是对应着物料采办改折而出现的，然行之既久，流弊日深。[6]

由历史追溯看，强使铺户供办物料起先以光禄寺为苛重。成化年间刑科给事中白昂即以灾异上疏:

---

[1] [明] 沈榜:《宛署杂记》卷 13《铺行》，第 104 页。

[2] 《明世宗实录》卷 152，嘉靖十二年七月己巳，第 3463 页。

[3] [明] 何士晋:《工部厂库须知》卷 2《厂库议约》，《续修四库全书》第 878 册，上海：上海古籍出版社，2002 年，第 419 页。

[4] [明] 何士晋:《工部厂库须知》卷 2《厂库议约》，《续修四库全书》第 878 册，第 424 页。

[5] 《明神宗实录》卷 209，万历十七年三月癸酉，第 3925 ~ 3926 页。

[6] 唐文基认为，“明代的买办，有铺户当行买办、招商买办和佥商买办”。唐文基:《明代的铺户及其买办制度》，《历史研究》1983 年第 5 期，第 143 页。赵毅进一步指出铺商是“承担国家物料买办之役的大而有力的铺户和行商”，并把明代商役分为三个时期:“洪武至宣德时期，主要是当行买办。正统至正德时期，主要是召商买办。嘉靖至明末，主要是佥商买办。”赵毅：《铺户、商役与明代城市经济》，《东北师大学报（哲学社会科学版）》1985 年第 4 期，第 35、37 页。高寿仙表示自嘉靖年间开始，随着物料折银的普遍展开，内府及各衙门所需物料大多由“铺户买办”扩大到“召商买办”，但“召商”很快就变成“佥商”，成了强迫性的商役，这体现了权力经济制约下的市场交易的徭役化。参见高寿仙：《市场交易的徭役化：明代北京的“铺户买办”与“召商买办”》，《史学月刊》2011 年第 3 期。

> 光禄寺下顺天府铺行买办诸物，不即关与物价。市廛小人，富少贫多，或典卖家资，或出息假贷，竭尽艰苦，方得完足。又经月久未得价值，资本既失，无所经营，多至失所。乞裁省冗费，俾百司度支，量入为出。[1]

又兵科左给事中陈钺等奏：

> 近光禄寺遣人于街方市物，不复计直，概以势取。虽称赴官领钞，未必皆得，纵有得者，钞皆破烂而不可用。负贩者不幸遇之，辄号呼痛哭，如劫掠然……伏望陛下念京师根本之地，悯生民负贩之难，自今上供之数，务从节约，严饬供应之人，不许侵渔。及令光禄寺每季内府预支银钱收贮在寺，遇有市买，差各署公正官支领，率人依时估值，两平交易。如仍前强夺，许巡城御史访察治罪。[2]

顺天府尹邢简亦言：

> 内府各监局并各部、光禄寺颜料纸札等件，岁以万计，俱坐宛平、大兴二县并通州各项铺户预先买纳，然后估价领钞。铺户之贫者不免称贷应用，比及关领，利归富家，民受侵损。[3]

弘治时御史李鸾同样具疏光禄寺之弊："光禄寺买应用品物，旧例皆预支官钱，各行头及吏役等因而侵欺。后乃预令各行赊取报纳，然后领价，各行头复乘此为奸。又有游手之徒，号为报头，假供应为名……恣其所取，官得其一而私倍之。及进纳后，动辄经年方得给价……况所给钱物，多被行头侵克抵换。"他同样提请"今后光禄寺买办，各照时估，本寺差官领之，给与印信票帖，同该县委官率行头到市平买，随即给价……有称报头等名目在市街抑勒赊买者，即执治其罪"。[4] 礼科都给事中林元甫、户科给事中李禄等也讲："顺天府大、宛二县户口日减，差役日繁，乞量为减免。其光禄寺各监局供应，皆先令铺行买完，然后给价，月久费多，所得十无二三。宜委官依时估平买，庶民不受害。"[5]"近来各寺观斋醮所费甚大，光禄寺令铺户预先出息办纳，延至数月，不得关支钱钞，以致负债贫

[1]《明宪宗实录》卷53，成化四年四月乙卯，第1082页。
[2]《明宪宗实录》卷56，成化四年七月丙戌，第1156页。
[3]《明宪宗实录》卷151，成化十二年三月甲寅，第2760页。
[4]《明孝宗实录》卷57，弘治四年十一月庚寅，第1103～1104页。
[5]《明孝宗实录》卷75，弘治六年五月癸酉，第1420页。

苦，乞为罢免。"[1]

本来，明廷明文规定："凡内府各监局、太常、光禄等寺，遇该买办上用并祭祀等项物料，即与给价，其或迟留减抑，并听科道官论究。府部院卿寺等衙门，遇有公用物料，照时价两平收买，不许用强减价，及强令雇人挑担。其各官私家所用货物，各令人入市平价，不许扰累。"[2] 且洪武年间令光禄寺买办，"比与民间交易，价钱每多一分"[3]，"宫禁中市物，视时估率加十钱，其损上益下如此"[4]。但嘉靖中期后宫廷用度繁增，于是"一应供办，悉取盈铺行，十不给一值"[5]。有的富商大贾"以权贵为之囊橐"，"即有一二置籍，往往诈称穷困，旋入旋出，无数年在官者"，而"入官应役者，皆庸贩贱夫，漂流弱户，有司利其无援，辄百方牟夺之"，致使"贫富失均，法议阻格"，甚失"情法适中，公私均便"之初意。[6] 即如给事中罗崇奎所称：

> 今日诸商所以重困者，其币（弊）有四：夫物有贵贱，价有低昂，今当事之臣，贱则乐于减，贵则远嫌而不敢增，一也。诸商殚力经营，计早得公家之利，而收纳不时，一遭风雨，遂不可用，二也。既收之后，经管官更代不常，不即给直，或遂以沉阁，三也。幸给直矣，而官司折阅于上，番校龁龁于下，名虽平估，然所得不能半之，四也。[7]

时人何瑭、何良俊亦言佥差繁重：

> 国初法令严明，编佥有数，故民力未至甚劳。近年以来，则常役之外，杂派夫役纷纷而出……国初于公用物料，犹令税粮折纳，或官钱收买，故民财未至甚费。近年以来，则额征之外，杂派物料又纷纷

---

[1]《明孝宗实录》卷143，弘治十一年十一月癸巳，第2470页。

[2]［明］申时行等:《明会典》卷42《户部二十九·南京户部·铺行》，第305~306页。

[3]［明］申时行等:《明会典》卷217《光禄寺》，第1081页。

[4]［清］张廷玉等:《明史》卷82《志第五十八·食货六》，第1992页。

[5]《明世宗实录》卷189，嘉靖十五年七月壬戌，第3984页。

[6]《明世宗实录》卷336，嘉靖二十七年五月癸巳，第6148页。

[7]《明世宗实录》卷336，嘉靖二十七年五月癸巳，第6148~6149页。

而出。[1]

> 各衙门官虽无事权者，亦皆出票令皂隶买物，其价但半给……南京皂隶，俱是积年，其票上标出至本卫交纳，其头次来纳者言其不好，责十板发出。此皂隶持票沿门需索，其家计算，若往交纳，差人要钱，至衙门中，门上皂隶要钱，书办要钱，稍有不到，又受责罚，不如买免为幸，遂出二三银钱与之。一家得银，复至一家。[2]

至此铺行之役已成为京师商民的沉重负担。

朝廷尽管有旨抚存，但收效颇微。如明世宗就尝下诏恤京师铺商：

> 会佑（估）衙门不许抑减时值，经收衙门不许需索分例，其未发商价，以太仓银次第给补……时帑藏匮竭，户工部所欠各项商价，不啻五六十万两。坊市民一充商役，即万金之产，无不立破……久之，上户渐稀，则佥及中户，已复及中下户，由是里閈萧条……边储急，太仓常患，无以应之。虽有诏存恤，而商困如故。[3]

北京如此，南京亦然。其时给事中张永明本于“民惟邦本，本固邦宁”，国家建官养士“欲以阜民利而植其生”之意，上疏议处南京铺行。奏称：

> 南京城坊生理萧条，居民穷悴，令苦于多门，力疲于重役，财竭于暴取……家无货物之储，官有铺行之役，是明知其有害于民而故为之，所以摧富民而为贫耳……南京内府各监局物料，皆上元、江宁二县铺户出办……各行铺户，亦知职分当然，自愿出办。但先纳料而后领价，已为成规，及已纳料而久不得领价，滋成积弊……无名之派，不已之征，无价之物料，兼有前项诸费，民又何以堪之！

他因而提出“专职掌、定额取、省繁役、慎估计、详稽察、饬官常”六项建议，以图纾解京城民困。[4]

召商买办作为缓纾民劳的一项措施，名为自愿应募，“或在商人，或在

---

〔1〕［明］陈子龙等：《明经世文编》卷144《何柏斋先生文集（何瑭）·民财空虚之弊议》，第1439页。

〔2〕［明］何良俊：《四友斋丛说》卷12《史八》，北京：中华书局，1959年，第98～99页。

〔3〕《明世宗实录》卷457，嘉靖三十七年三月乙亥，第7737页。

〔4〕［明］张永明：《张庄僖文集》卷2《议处铺行疏》，《景印文渊阁四库全书》第1277册，台北：台湾商务印书馆，1986年，第330～335页。

铺行，但须彼此情愿"[1]，且物料本该"先尽各司见贮者，支放已尽，方听召商买办"[2]，然此后却逐渐变为任意强制佥派。万历以降，岁用繁增，佥商之风愈演愈烈，"京师困累，莫重商人，十库物料，需索至数百金，家即荡破"[3]。京民"一闻佥报铺商，如牛羊鸡犬赴屠，其觳觫之状，悲鸣之声，直欲使天光尽黯"[4]。更有中官横求铺垫，铺商滋累日甚："中官进纳索赂，名铺垫钱，费不訾，所支不足相抵，民不堪命，相率避匿。乃佥京师富户为商。令下，被佥者如赴死，重贿营免。官司密钩，若缉奸盗。"[5]"诸商惟工部柴炭最苦，一经挂名，破家殒命，皆铺垫之为苦……然昔之铺垫，犹为横索，今日铺垫，且为有名，昔之铺垫，取之京师，今日铺垫，取足天下"[6]，"铺垫之外复有铺垫，磕头之外更有磕头，少未满其欲，则异刑怪罚，备加其商，是以逼其破家即立破，逼其舍命即立舍"[7]。又"独有惜薪一司，官冗役横，蜂聚豺贪，各商每厂支钱，仅足铺垫，一切柴炭，皆竭膏脂，百尔敲剥，如蹈汤火"[8]，"万历中，岁计柴价银三十万两，中官得自征比诸商，酷刑悉索，而人以惜薪司为陷阱云"[9]。

铺商困累已极，只得举家逃难，且如万历十七年（1589）工部议曰："查本部各役，万历十三年原佥四十余名，曾未三年，有削发为僧弃家远遁者。只因先年裁减旧价，矫枉过直……乞敕下司礼监，着以为例，其旧商消乏者除退，殷实者留用……本部旧会估簿，悉心讲求，重加更正，不得仍旧减削，以重赔告。"[10] 其后有官员称佥报铺商具五难之状：

---

〔1〕［明］沈榜：《宛署杂记》卷13《铺行》，第104页。

〔2〕《明世宗实录》卷135，嘉靖十一年二月丙申，第3197页。

〔3〕《明神宗实录》卷173，万历十四年四月戊辰，第3166页。

〔4〕《明神宗实录》卷451，万历三十六年十月丙子，第8535页。

〔5〕［清］张廷玉等：《明史》卷82《志第五十八·食货六》，第1992页。

〔6〕［明］王元翰：《凝翠集》疏草《再陈厂库未尽事宜疏》，王德毅主编：《丛书集成续编》第147册，台北：新文丰出版公司，1989年，第136页。

〔7〕［明］王元翰：《凝翠集》疏草《豪珰倚势踞厂横噬剥商疏》，王德毅主编：《丛书集成续编》第147册，第143页。

〔8〕［明］陈子龙等：《明经世文编》卷469《汪给谏文集（汪若霖）·歇商不宜妄追职官无辜就毙疏》，第5145页。

〔9〕［清］张廷玉等：《明史》卷82《志第五十八·食货六》，第1995页。

〔10〕《明神宗实录》卷207，万历十七年正月甲寅，第3864～3866页。

> 往年诸役，多者三十余名，少亦不下二十名；今自三十一年佥派后，脱逃相继，甚至薙发断颈，市子割女，惟遗张清、吴应期等五六人。以三十余人之事，责付五六人，则独力之难。往年库藏赢余，尚可先给后办；今工作日烦，压欠日久，诸役不得先期如数预支，事后如数关领，则接济之难。往年千金正供钱粮，不过数十余金铺垫；今千二百金薪炭，铺垫用至千金。数稍不敷，非刑异罚，都人一挂商籍，其家立罄，则赔累之难。往年兴作减损，犹可那缓；今帑藏如埽，百作凑逼，而大工都城又处处见告矣。此之征逐未完，彼之追呼踵至，则分应之难。往年京师多殷实之家，尤可私贷；今户穷家尽，资魁者厚摧其息，诸役干之，不得不燋烂，则称借之难。[1]

如此一来，在上"横生枝节，巧立名色"，在下"京师富厚之家多以钱买职衔，备脱此役"，只剩"穷者以无力舍命"，则"将来朝廷重大钱粮，无人措办，其误国事，信非小也"。[2]

彼时大学士朱赓亦言：

> 近来闾井萧索，十室九空。昨岁佥报商人，不过十余名，犹满路哀告，有自缢投河者。今一则曰"行五城佥报若干"，一则曰"行顺天府佥报若干"，总之不下百余家。旨意一出，富者各投势要，百方避匿，止余中下人家力不能营求者抵数代死。辇毂之下，扰嚷号啼，变且莫测，此尤其不可者也。[3]

即使这般，惜薪司仍欲添派，"柴炭商人原佥三十名，节经逃亡事故，见在者止八名，上纳不前，乞敕添佥协办"[4]。又如给事中曹于汴、御史邓澄奏云：

> 自京库钱粮匮乏，给不以时，各商称贷完公。而各仓场管事内官铺垫等费，搥骨竭髓，以致人人破家，逃死相继……茕茕赤子，富者贫，贫者死，视仓场如牛羊之赴屠肆，股战魂销，此岂盛世所宜有哉……盖费多则商困，商困则办纳不前，积贮不裕，非民之利，亦非国

---

〔1〕［明］王元翰：《凝翠集》疏草《圣泽诞被困商偶遗疏》，王德毅主编：《丛书集成续编》第147册，第125页。

〔2〕［明］王元翰：《凝翠集》疏草《公同佥商纷纷营免可骇疏》，王德毅主编：《丛书集成续编》第147册，第128页。

〔3〕《明神宗实录》卷415，万历三十三年十一月丁亥，第7798~7799页。

〔4〕《明神宗实录》卷416，万历三十三年十二月甲寅，第7835页。

家之利也。[1]

> 佥商诸臣，责令旧商开报人户，密付五城，薄夜拘之，如缉巨盗。其各被佥报之家，恸哭就死……唯发明旨，特严见面之费，革铺垫之例。如仍前荼毒，许臣等以三尺从事，诸商其庶有瘳乎？[2]

时宛平知县刘曰淑也进谏："富户不可以商累，商人不可以税困。今京师之下，一遇佥商，遂罄资本，煤灰炭草诸税，取之不遗毫发。诚使佥商厚估先发，则富者何为揭资而徒（徙）？芦沟税务力行蠲罢，则宛民何为而重困？"[3]

再有万历时户部尚书张学颜疏称商人供纳之艰：

> 自商人召买言之，京师万众殷实虽多，但各衙门品官例得免商，至同族亲识亦皆影射，惟取一二贫瘠者逼认为商。恐其侵银，必俟完纳方给原价，中间运送铺垫之费，皆在正价之外……应役一二年，而身家不保者十之六七。然民间输纳，犹系正供，不时召商，原非定例……伏乞皇上遵先帝加意节省之言，悯内外民商输纳之苦，敕各监局将御用器物应创作者量为停罢，应更新者悉从省约。[4]

曾任山西巡抚的吕坤也不无痛惜地说道："民间交易，尽有好物，而当行人役，答应衙门，另买一等低货，谓之应行。商贾之奸，固为可恨，然致之者谁邪？索高货给短值，迟岁月与低银，甚者全然不与……刁难伺候，种种伤心，故宁贱以与民，不贵以与官，诚苦之也。"[5] 从朝廷到地方，这一弊政受到愈来愈多的批评。

其实明神宗自己也承认："畿辅天下根本，尤宜守（首）先优恤。近年佥报铺商，各衙门公私弊贿不少，内府铺垫使费日增，刑逼威伤，致令逃死相继，京师空虚，深可忧惧。"他既而敕谕该部及科道等官"务肃清弊源，奠安根本，使铺商各安，闾阎无扰，有踵弊不悛者便参劾处治"。[6]

---

[1] 《明神宗实录》卷440，万历三十五年十一月庚子，第8336~8337页。
[2] 《明神宗实录》卷440，万历三十五年十一月庚子，第8337~8338页。
[3] 《明神宗实录》卷460，万历三十七年七月壬辰，第8685页。
[4] ［明］陈子龙等：《明经世文编》卷363《张心斋奏议（张学颜）·覆太监王效等题坐派召买颜料疏》，第3915~3916页。
[5] ［明］吕坤：《实政录》卷3《民务·有司杂禁》，王国轩、王秀梅整理：《吕坤全集》，北京：中华书局，2008年，第1008页。
[6] 《明神宗实录》卷418，万历三十四年二月丁巳，第7911~7912页。

又“以佥商之扰不下于派办，故慎重者久之”，且言：“内供商役偏累五六，疲民殊为可悯，宜酌定人数会同来说。其该优免人家不得仇诬报派，如核虚实、杜嘱托、减垫费、禁需索等项，俱要从公执议，加意体恤，务使人心乐从，称朕爱养畿民之意。”[1] 然话虽如此，京城铺商处境并未得到根本好转，威逼索迫之下，甚至发生了惜薪司内监杖杀燕山右卫指挥佥事的恶性事件。

《明神宗实录》载：“总理惜薪司内监杨致中，杖杀燕山右卫指挥佥事郑光耀。时义勇前卫指挥王来聘佥充铺商，致中需求不已，来聘不胜其苦，弃印逃去，致中拘之不出，乃捕其妇弟郑光耀严刑考掠，光耀立死。于是礼科右给事中汪若霖疏劾致中十罪，请革去总理职衔，付法司鞫问。”[2] 汪若霖的奏疏在《明经世文编》中有收录，中云：

> 工部商人三十余名，至今逃亡消磨，仅余六人。此六人者，皆残喘游魂，苟活旦夕……祖宗建官命署，皆有深意，司曰惜薪，将尺柴寸炭，尚须爱啬，谓民力之艰难耳。岂谓因以困民，而又枉杀之……国家设有工部柴炭一司，专以催攒各商，而内外诸厂，特其纳受传送之官。不知起自何时，中使乃得追比商人，而刑罚之酷，铺垫之多，则自杨致中总理始……夫既役其力而又竭其生，是横征也，上方与之而下先夺之，此乱象也……臣等窃计，以欲为内供常给，莫如恤商，欲恤商，莫如去刑汰费，归之画一。[3]

在此案前后，工科右给事中王元翰也指出：

> 臣有厂库之役，时见群商罗跪号泣，察其受累而困惫，为铺垫多也，铺垫之过多，为惜薪司内官多也。内官中威取刑逼，如杨致中者尤为罪魁……是以京师数万金之家，一挂四司铺户，无不荡产罄资，因而投河经渎，言之酸鼻刺心，孰非铺垫之流毒哉？愿痛加裁抑，使官有定数，额无求多，庶凋疲之命少延，根本之地可固。[4]
>
> 年来办纳钱粮，苦于铺垫，致诸商赔累，髓空命尽。每经一番佥

[1] 《明神宗实录》卷439，万历三十五年十月乙酉，第8324页。

[2] 《明神宗实录》卷428，万历三十四年十二月乙未，第8061页。

[3] ［明］陈子龙等：《明经世文编》卷469《汪给谏文集（汪若霖）·歇商不宜妄追职官无辜就毙疏》，第5145～5146页。疏中称郑光耀为郑光擢。

[4] 《明神宗实录》卷419，万历三十四年三月壬辰，第7937页。

报，都民震惊，恐挂名于中，立就死地……近日始作俑流毒，皆惜薪司杨致中为戎首……若再纠之不报，臣恐辇毂之民，终无见天日之期，人人自危，根本摇动。[1]

兵部尚书萧大亨亦讲："卫官为天子爪牙，无佥商应役之制，而世职皆勋臣苗裔，非阉宦可杀之人，致中贪暴弥天，宜严正法纪。"[2] 另工科署事左给事中孟成己奏：

臣先年巡视厂库，会同工部佥报铺商三十名，今甫三年，仅存五名，余二十五名非贫死则流徙，然犹止倾中人之家，殒齐民之命。前见巡视科臣汪若霖疏参太监杨致中，因歇商王来聘之故，致死指挥郑光擢，则毙及无辜世官之命矣……今三四年来，员役太冗，诛求无度，尽夺其关领之数，尚不足铺垫之用。而柴炭之买运，悉商人破家赔偿，奈之何不逃且死也……故商人以惜薪司视为陷阱。[3]

朝臣言之切切，但并未引起明神宗足够重视，疏章俱为留中不报。

佥商应役，损国虐民，而明代确有不少士大夫屡屡陈词恤商，力图有所振刷革新。如嘉靖时户部尚书梁材在《议勘光禄寺钱粮疏》中本着召商交易必使"官民两便""苦乐适均"的宗旨，请求当朝"慎时估以示召商平价之公"，做到"上不损官，而俾价值之相应；下不损民，而致商贾之心服"。疏中提到，"先年立法，较烙斗秤，委官逐月时估，两平交易，铺商乐从，供应无匮"，近年却"事熟人玩，法久弊生"，"每一会估，辄如聚讼"。其言："迩来京师物价，间多腾贵，科道时估，常欲撙节，不敢骤加，惟恐上亏官价，下招物议。况又有等无籍小人，捏词投报，缉事衙门，多端生事，吓诈贿赂。遂致行户利或得一二，而资本已亏其八九。于今人人告退，日逐驱迫，若差遣然。"要扭转此风，亟待各官"查照旧规，专任其职"，其续云："每月朔望，各集经纪较勘斗秤，如法印烙行使。及将各项买办供应物料，备访市价，不拘异同，开送科道。并该寺堂上官，以待估计之日，会同参伍，酌中两平定拟……如有奸弊，并革退铺户，及无籍之徒讹言吓诈者，俱听科道官径自拿送法司，从重问拟。"如此，"庶官

[1] [明] 王元翰：《凝翠集》疏草《恶珰抗旨毒商疏》，王德毅主编：《丛书集成续编》第147册，第132～133页。

[2] 《明神宗实录》卷428，万历三十四年十二月乙未，第8062页。

[3] 《明神宗实录》卷429，万历三十五年正月壬申，第8091～8092页。

价无亏，弊端可革，铺商乐从，而供应不致缺乏矣”。另外他还表示“均苦乐以议钱钞通行之便”，指出“户部召商买纳数内之钱也，每季虽照例题领，率多未发，是以该寺钱放不敷”，致各行铺户“每遇领钱，辄随涕泣，盖缘支领愆期，而钱复杂恶，旧债未偿，而新债又继也”。总之，“召商买纳，不无搀杂之弊，及至该寺关领，又或不能接济应取，财力徒劳，民无实惠”，故“须与银钞兼给，庶通融损益，而苦乐少均矣”。[1]梁材的建言，务在参酌旧制，体恤民艰，依规办事。同时稍早还有户科给事中汪应轸认为，京师乃根本重地，不宜独累致困：“京师之民皆四方所集，素无农业可务，专以懋迁为生。今平居抑勒，独施于畿内，而缓急调用，又先于天下，非所以柔远能迩、宅中图大也……和买本非善政，和买而不给直，不善之不善也，独累京师，以戕根本，尤其不善者也。”故而他主张“尽将铺户革去，一应用度，问诸有司，此王道也”，“如果铺户可革，速行蠲免，如不可革，必须照例给价，务在两平”。[2]

隆庆时大学士高拱对商民疾苦也深有体察，其于奏疏议及，因佥商之累，“有素称数万之家而至于卖子女者，有房屋盈街拆毁一空者，有潜身于此旋复逃躲于彼者，有散之四方转徙沟壑者，有丧家无归号哭于道者，有剃发为僧者，有计无所出自缢投井而死者，而富室不复有矣”。此中缘故实乃“商人使用甚大”，“小民家无余资，所上钱粮，多是揭贷势豪之物……及至领银之时，又不能便得，但系管衙门一应胥役人等，必须打点周匝，才得领出……所以派及一家即倾一家，其未派及者各为展转避逃之计，人心汹汹不得以宁居也”。于是他查照前代利官便民之法，提出整治意见：

> 先朝公用钱粮，俱是招商买办，有所上纳，即与价直，是以国用既不匮乏，而商又得利……愿陛下特敕各该衙门，备查先朝官民如何两便，其法安在，题请而行。其商人上纳钱粮，便当给与价直，即使银两不敷，亦须那移处给，不得迟延，更须痛厘夙弊，不得仍有使用打点之费……庶乎商人无苦，而京邑之民，可有宁居之望也。[3]

---

[1] ［明］陈子龙等：《明经世文编》卷102《梁端肃公奏议一（梁材）·议勘光禄寺钱粮疏》，第909～912页。

[2] ［明］陈子龙等：《明经世文编》卷191《汪青湖集（汪应轸）·恤民隐均偏累以安根本重地疏》，第1978～1979页。

[3] ［明］陈子龙等：《明经世文编》卷301《高文襄公文集一（高拱）·议处商人钱法以苏京邑民困疏》，第3167～3168页。

高拱所陈与前朝梁材等人大体相似，其得到工部答复："贫商困累，惟多给预支银可以拯之。乞将年例钱粮办纳之数，以难易定其多寡，以迟速定其先后。"[1]

万历中期以后群臣关于宽缓铺役的建议依然不少，如时任南京吏部侍郎署户部事李廷机以铺行告困条议轸恤四款，为"带办之法宜行，可免之役宜蠲，价银之给宜速，需索之弊宜禁"，其后两条讲：

> 铺行所苦固多，而太常、光禄二寺尤甚……府县不以时解，即解矣，而不以时给。守候终岁，竟不得价，民何以堪？宜严行府县如期征解，该衙门或用铺行，登时给值，如民间贸易之例……臣每询铺行，皆言官给不亏，无奈衙门吏书与内府群役之使费，日增月益，不餍不休……乞天语叮咛永革，庶宽一分民受一分之赐。[2]

再工科给事中胡忻奏：

> 往昔铺商食鲜策肥，衣锦居华，于今富者贫，贫者逃且死矣。所以恤之有五：一、该司各厂内官众至三四百人，人人攘臂攫夺，其何能支？今请定有额员，少一人即免一人之害。一、该司横索铺垫，非所底止，甚至竭一厂钱粮不足充一厂铺垫者，请限有额数，省一分即享一分之利。一、各衙门年例柴炭须从改折。一、各处物料责解本色，毋复烦商买办。一、请将京城内外铺面及贩金玉珠宝之家，不论粮（权）要势豪，资本二三百两以上至千万两，列为三门九则，纳银有差。召募熟练事情惯应商役十数人，使之应役，则京师之人世世可无佥报之忧。[3]

又工科给事中何士晋酌为调剂之法，"议铺垫以堤其滥，议贴役以宽其力，议交纳以恤其苦，议改折以分其责，议会看以核其冒，议预支以综其要，议冗滥以涤其源"[4]，并"条陈节省四议……更言铺商之困，亟宜苏放"[5]。他于疏中言：

> 铺商之困也，则自铺垫始，而铺垫之滥也，则自近年始……今竟

[1]《明穆宗实录》卷46，隆庆四年六月庚申，第1166页。
[2]《明神宗实录》卷342，万历二十七年十二月戊寅，第6338~6339页。
[3]《明神宗实录》卷417，万历三十四年正月甲戌，第7869~7870页。
[4]《明神宗实录》卷451，万历三十六年十月丙子，第8535页。
[5]《明神宗实录》卷453，万历三十六年十二月丁丑，第8562页。

有罄官价以当私费，其上纳钱粮，另行称贷者矣。甚至有罄官价不足以当私费，既称贷以买物料，又称贷以缓箠楚者矣。嗟嗟三四疲商，即敲筋及骨，剜肉及心，宁能堪此？是佥报一说，虽欲不举行，不可得也……商人千苦万苦，苦于内监之苛求，臣等千难万难，难于皇上之尽免。是佥报一说，虽欲不暂停，又不可得也。无已，其讲于调剂之法乎？[1]

工部右侍郎刘元霖也请求“痛革夙弊，一振新规”：“商之困也，自铺垫始，铺垫非法也，是各监渔嚼之私意也……裁革垫费及清内外员役，固厘革之大端，最宜首及者也。”[2] 他还说到，往时“钱粮止有正供，额外并无铺垫，铺商易于办纳，监司便于验收，工作无误，铺商无苦”，现今“铺垫之费过于正供，承办之苦甚如汤火……铺垫一入，则验收从宽，铺垫若无，则多方勒措，咀膏吮血，不尽不止”，以致“一闻佥报，百姓鹿骇，削发投河，千计营免”。而鉴于“国家经费承办，不可以无商”，其提出如下救时处措办法：“裁垫费者，清弊源也，议贴役者，免亏累也。设正副以免惊扰，贮府库以杜口实，交纳公则惜薪柴炭之役可苏，年例折则小修等项之差不扰。会有者内库外库照数支用，则钱粮不致冒滥，预支者四司名工立籍互查，则钱粮何由混请？”[3]

对于商民疾苦，最高统治者当然也有所察觉，并将其作为一项突出社会问题试图加以整饬。晚明诸帝诏书中就屡屡提及铺商佥派之弊，如明光宗即位诏中有一条：“工部铺商夫匠等役，有做过工程纳过物料，已经实收到部，后又减欠者，原与预支花费殊科，查果逃亡产绝者，准与豁免。”[4] 明熹宗之即位诏亦载：“省直织造绸段羊绒，地方出产有限，机户困于杼轴，商贩穷于展转，营利几何？乃有指称行户名色，攫取无限，仍纵衙役乘机需索……相应严行禁止，违者听抚按官参处……两京商人，有三年一

[1] [明] 何士晋：《工部厂库须知》卷2《厂库议约》，《续修四库全书》第878册，第419~420页。

[2] [明] 何士晋：《工部厂库须知》卷2《厂库议约》，《续修四库全书》第878册，第432~433页。

[3] [明] 何士晋：《工部厂库须知》卷2《厂库议约》，《续修四库全书》第878册，第424、426页。

[4] 《明光宗实录》卷3，泰昌元年八月丙午，台北：“中央研究院”历史语言研究所，1962年，第63~64页。

编者，有五年一编者，一经应役，破家析产，每遇佥报，如蹈汤火。今原系三年者准减一年，以二年更换，五年者准减二年，以三年更换。"[1] 此后熹宗再以皇子诞生诏布天下，"柴炭铺商独称苦累，一经佥派，破家荡产，已题准四年一编，今准减一年，以三年更换"[2]，且又因"惜薪司外解钱粮，逋欠不至，苦累柴炭铺商……定限四季截解，季终严查，永着为令"[3]。

崇祯帝即位诏内也涉及惠恤商人的条款，其中除重复天启时的文告外，尚有："在京商人车户等役，各该衙门并经管官员，务要从公审实，的系殷实民户，方许着役，不得循情，卖富差贫……应支钱粮，并应给工食，务要次第及时查照给与，不得压欠日久，以致赔累……承办三殿大工铺商、车户、夫匠等役，劳苦最多，以后各衙门不许再行佥派，误报者即与除名。"[4] 他于崇祯二年（1629）一样以元子降世下诏："畿辅为天下根本，古徙富民以实京师，近因佥报铺商，抑勒赔累，以致逃亡相继。今后一切召买各项钱粮，务要确查时估，速给预支见价，加意优恤，毋得亏累压欠……柴炭铺商系重大苦差，若再役陵工，重困难支，不得更派……工部商匠、车灰、窑夫等役，拖欠银两，果有年远，人亡产尽，追比已久，无从补偿者，自天启元年以前，应与赦免。"[5]

但其时政局愈坏，国是日非。天启年间，"商累益重，有输物于官终不得一钱者"[6]。此一境况确如礼科左给事中周希令所说："京师之最贻害地方者，无如佥商一事……坊官不肖，复卖富而差贫，商人见报，如入死地。臣每入署，多方研审，重役者豁，仇报者罪……果系穷乏，即与释放。不敢妄放一名，亦不忍妄佥一名，诚知此京城一大苦业也。"[7] 科道官朱钦

〔1〕《明熹宗实录》卷1，泰昌元年九月庚辰，台北："中央研究院"历史语言研究所，1962年，第30、32页。

〔2〕《明熹宗实录》卷40，天启三年闰十月壬寅，第2086页。

〔3〕《明熹宗实录》卷83，天启七年四月戊申，第4029页。

〔4〕［明］孔贞运：《皇明诏制》卷10，《续修四库全书》第458册，上海：上海古籍出版社，2002年，第425、429页。

〔5〕［明］孔贞运：《皇明诏制》卷10，《续修四库全书》第458册，第436、438～439页。

〔6〕［清］张廷玉等：《明史》卷82《志第五十八·食货六》，第1992页。

〔7〕《明熹宗实录》卷6，天启元年二月辛未，第320页。

相、郭兴言亦曰："今铺垫逐岁增加，太仓支给复经年延累。充斯役者，虽数千金业产，立见荡尽……坊官衙役，卖富役贫，挟仇诬报，致弃家逃窜……其情景不忍见闻。"[1]"京师从来有上纳之钱粮，便有铺垫之尝例，敲骨剥髓，牢不可破……贫役重累，膏尽血竭。"[2]

崇祯帝的诏旨意在国势渐去之下收拾人心，而社会实效仍为有限。据当时户部尚书毕自严所论："京民召商之苦，至今日极矣。一苦于赔累之多，再苦于压欠之久，椎肌剥髓，抢地呼天，虽士民之家不得免。"他表示召商、佥商"固不可行"，提出"官买之法"，即将原有经纪牙行立为官牙，"照佥商例……随买随给价银"。[3] 再《野史无文》言及彼时情状：

> 京师旧有佥商之例，凡供库香蜡、惜薪司柴炭、御马仓草豆、兵部柴炭、光禄寺猪果、大通桥粮车，皆报富户采办，办完给价，限满别佥。力不能者，即日受鞭箠，负缧绁，身死产绝而后止。故每逢佥报，人皆破产求免……是时京民翟守谦、金鲲等，叩阙陈奏。上览奏，愕然曰："此无故殃民，朕不忍也。"下其奏，命招商采办。部议招商则必先给值，而国用不敷，又恐为奸民所诳，乃旧便。上曰："即佥商，亦给值，特给有先后，岂后给则敷，先给则不敷邪……"于是永除其例，民困大苏。[4]

可见，这种政策变化说到底还是想恢复此前官方募商采买、公平给价的旧制。尽管崇祯帝最后宣告"自五年秋月为始，着通行官买"[5]，但国家财税左支右绌，早已捉襟见肘，而颓疲凋敝之经济民生，于兹临事弥缝补苴间，终难再见起色。

（三）苛征官木

在一些工事营建上，国家通常也需要借用商人之力输纳物材。正德年

[1]《明熹宗实录》卷14，天启元年九月乙丑，第728～729页。

[2]《明熹宗实录》卷35，天启三年六月丁丑，第1817～1818页。

[3][明]毕自严：《度支奏议·广西司》卷2《题覆尽革佥商改为召买折价疏》，《续修四库全书》第488册，上海：上海古籍出版社，2002年，第588～589页。

[4][清]郑达：《野史无文》卷3《烈皇帝遗事上》，北京：中华书局，1960年，第9页。

[5][明]毕自严：《度支奏议·广西司》卷3《覆佥商困民改议官买疏》，《续修四库全书》第488册，第674页。

间即有官员提出:“南京修造工料，岁以万计，皆于上元、江宁铺商赊办。宿负未偿，续派复继，乞罢其不急者，以苏商困。”[1] 商人在此派办过程中亦难免遭受侵削，又如万历时工科右给事中王元翰言：

朝廷以浩费而穷，事功不当古人之半，百姓以剥肤而困，膏血不佐公家之需……臣三十四年三月内会徐、范二主事修杨璋桥梁，其实木料不过万金，而众口啧啧，谓费用之多必逾四万，臣已讶其过当直。延至八月秒始接对同，阅其数则五万三千三百余两矣，比旧闻又增一万三千。夫以万金工本，而铺垫与别费多至四万余金，不大可骇乎？[2]

于时朝廷工作迭兴，甚至有“工部铺商王梁等六人，以大工烦兴铺垫受累，各赴午门声冤”[3]。而其中为患至深者，当属官木的征办。

本来，向过往木商抽取木料原为国家一项正常的税收制度，“客商兴贩竹木，设抽分之例，各有分数，以资工用，亦以防过取”[4]，“在南京者，曰龙江、大胜港；在北京者，曰通州、白河、卢沟、通积、广积”[5]。只是后来事体日琐，费用益多，派求民间无度，以致复增设场分。《西园闻见录》载：

成化七年，荆州左卫运粮千户汪礼奏称:“见得三卫浅船，俱军三民七办料打造，积年累害……湖广、云、贵出杉楠等木，商贩数多，要得十分抽一，给与造船，免致军民受害。”该部堂访察舆情，会议得:“清江、卫河二提举司打造粮船、光禄寺供应器皿、京城内外盖造房屋等项，合用一应物料，逐年分派在外司府州县民间出办。前起未输，后起复至，负累之难，莫此为甚。一遇灾伤，派去物料，到者十无一二，以致耽误供应。合无于湖广荆州府、浙江杭州府、直隶太平各设抽分，将客商兴贩竹木牌筏，每十取一，拣选堪中者起解本色，不堪者变卖银两，成造粮船应用。余剩之数，方才解部……”[6]

---

[1] 《明武宗实录》卷76，正德六年六月丁酉，第1672~1673页。
[2] 《明神宗实录》卷432，万历三十五年四月乙未，第8156~8158页。
[3] 《明神宗实录》卷432，万历三十五年四月戊午，第8182页。
[4] [明] 申时行等:《明会典》卷204《工部二十四·抽分》，第1023页。
[5] [清] 张廷玉等:《明史》卷81《志第五十七·食货五》，第1974页。
[6] [明] 张萱:《西园闻见录》卷92《工部六·钞关》，《续修四库全书》第1170册，上海：上海古籍出版社，2002年，第158页。

为满足用木所需，朝廷继而采取商人预领经费买纳的方式。明世宗就尝诏云:“湖广、川、贵采运庙建大木，官商预领银两。”[1]万历时工科都给事中张养蒙也说:“召派之始，买运有价，赏夷有格，雇夫有值……商民领银在手，采买自由，有责办于一年之内者，有责办于二三年之内者。虽一时估给，未必尽足所费，而目前之利，人犹乐趋之也。”[2]不过官木由商人领价收买，弊端亦多。如嘉靖时工部主事朱家相言:

> 督造运船合用楠木，先年俱系商人预领官银，前去仪真等处收买，往往乘机作弊，买来之木多细小空朽，不堪成造。兼以过期不到，致使官旗久候，迟误造作，有妨粮运……为此出给告示……如有贩到楠木，不拘多寡，尽数拽运抵淮，赴本职告报。照依见定价银，每船壹只给木价银六十两，并不短少分厘，耽延时日……如有已到山客将木隐匿江港处所，不行告报，意图抬价私卖者，许彼处牙脚人等赴部首告，以凭拿问。[3]

万历时南京工部尚书杨成于奏疏中也提到，“司礼、御用、内官三监各板枋竹木，原行龙江、芜湖二厂抽解，因板木数多，未能合式，不得不召商贾办”，然“本部奸弊，莫甚于召买板木……各商盖因先年议价过多，是以奸商钻刺，棍徒诈骗，本部召买之举，适为奸宄媒利之端”。他指出，“召辨则有夤缘钻刺之弊，阄认则有买窝顶名之弊，印烙则有那移更换之弊，减价则有结党阻挠之弊，临发则有火光诈骗之弊”，因而提议会官查验，随时价增减，“务使上不亏官，下不病商”。如奸商仍踵前弊，诈骗害人，“悉听本部拿送法司，照例从重究遣，庶委官免跋涉之劳，商人省供亿之费，而奸徒无扰害之端矣”。[4]

又据《两宫鼎建记》载，万历年间负责重建乾清、坤宁两宫的营缮司郎中贺盛瑞曾训示木商道:

> 一、不许指称皇木，希免各关之税。盖买木，官给平价，即是交

---

〔1〕《明世宗实录》卷301，嘉靖二十四年七月壬戌，第5719页。

〔2〕[明]陈子龙等:《明经世文编》卷427《张毅敏集（张养蒙）·为川民采木乞酌收余材以宽比累事》，第4661页。

〔3〕[明]席书等:《漕船志》卷7《兴革·招商收买物料》，荀德麟、张英聘点校，北京:方志出版社，2006年，第135页。

〔4〕[明]陈子龙等:《明经世文编》卷361《杨庄简公奏疏（杨成）·厘正起运板木疏》，第3896~3897页。

易，自应行抽分各主事，木到照常抽分。一、不许指称皇木，磕撞官民船只，如违，照常赔补。一、不许指称皇木，骚扰州县，派夫拽筏。一、不许指称皇木，搀越过闸。一、木到张家湾，部官同科道逐根丈明，具题给价，见今不给预支。[1]

内中情由，乃徽商王天俊等“钻刺请托，蚁聚蜂屯”，其遂“深鉴前弊，极力杜绝”：

俊等极力钻求，内倚东厂，外倚政府……而买木之特旨下矣。于时奸商人人意得气扬，谓为必得之物，可要挟而取之……公乃呼徽商数十人跪于庭，谓之曰：“尔自谓能难我耶……今买木既奉特旨，我何敢违？然须有五事明载札付中，今明告尔，勿谓我作暗事也……”于是各商失色，佥曰：“必如此，则札付直一幅空纸，领之何用？”[2]

可见，当时主管官员力求把官木召买运销纳入常规化政府督理、商人经营的模式中操作，并以此约束商人奉公守法，达成一定程度的官商共利合作。然现实中确有不少奸商攀附势宦，希求特权，假皇木之名行逃带之私，耗民损国不止。如该书所记：

徽州府木商王天俊等千人，广挟金钱，依托势要，钻求札付。买木十六万根，勿论夹带私木，不知几千万根。即此十六万根木，逃税三万二千余根，亏国库五六万两。[3]

王资贩桧树千余株，不报税，且出飞语。公亲至其地验之……此辈皆负大力，故急处之以绝其谋。[4]

木商吴云卿、骆金源各渎奏买鹰杉等木十六万根，约该价银三十万两……若非该司之固执，则十数万帑金归之乌有矣。[5]

另清代也有官员论及官商领银办木，“一经入手，任意花销，且于采木地方动以皇商为名，索取人夫，种种扰害，以致里民惊逃，银归乌有，究竟并无一木得济实用”[6]。积弊相沿，不难推测，明清两代情形应相去不远。

---

[1] ［明］贺仲轼：《两宫鼎建记》卷上，北京：中华书局，1985 年，第 4 页。

[2] ［明］贺仲轼：《两宫鼎建记》卷上，第 4 页。

[3] ［明］贺仲轼：《两宫鼎建记》卷上，第 4 页。

[4] ［明］贺仲轼：《两宫鼎建记》卷下，第 22 页。

[5] ［明］贺仲轼：《两宫鼎建记》卷下《辨京察疏》，第 24 页。

[6] ［清］常明、杨芳灿等：（嘉庆）《四川通志》卷 71《食货志十・木政・张德地疏略》，成都：巴蜀书社，1984 年，第 2366 页。

再一方面，商人在采办木料时也经常遭遇艰难险阻及非法盘剥，致使资本告罄，衣食无着。宣德时，“横海等卫千户文庄等领旗军以公用为名，斩伐袁州府分宜县民纳税山木，及夺商人已买之木……肆其凶威，掠民家财，震惊乡村，搅扰商旅，所得木三万余根又皆卖财入己”〔1〕，朝廷予以究治。景泰时亦有四川宜宾县民奏称木料重复抽分之苦：“臣等采木于万山之中，辛勤万余里，始至北京。自南京已抽分五分之一，淮安抽分三十分之一，至张家湾又抽分五分之一，并僦载费用通计之，不满原本。”〔2〕明世宗则曾诏告湖广、川、贵逋值获罪之木商，“除侵欺严追外，其有阻险出迟，致拟重罪追偿者，工部通行三省抚按官，坐委守巡逐一体验丈量，果系堪用木植，足抵原领官银，责令运至水次，准与记收，申部行文类总，解京备用，仍与分豁原罪”〔3〕。

又万历时工科都给事中王德完言：“涪、夔间有附近亡赖，假托上商，诡故影射，欺官商在远，私移斧记，改饰伪号，而串同守户，别立契券。瞷有各处漂流巨材，辄图奸骗，捏词诨謸，官商多被挟诬。讼端闪烁，难可立断，迁延时日，徼幸计得。官商横遭局骗，因之误事，贻害无穷。”〔4〕万历末年，时工部召商买木亏少，系原任淮抚尚书李三才盖房强买盗用，兵科给事中吴亮嗣即奏：“头运解到之木，既未入厂，又未还价，商人极诉，系是李仆诱买。然事已十余年，诸商或死或逃，诚难质对。惟是浙江二运之木商人，具告原木五万余株，泊在河下，以洪水漂流，止捞得三万余株，还顿河滨，尽被宦仆李七等强买票取以去，其二万余株漂散无影。”〔5〕天启年间明熹宗还尝两次以皇子降生颁诏，且文字一致：“浙、直木商旧欠，监追年久，正身物故，家产罄尽，累及亲属代赔者，许各该抚按官勘明，

〔1〕《明宣宗实录》卷68，宣德五年七月壬子，第1598页。

〔2〕《明英宗实录》卷258《废帝郕戾王附录第七十六》，景泰六年九月丙申，第5549～5550页。

〔3〕《明世宗实录》卷301，嘉靖二十四年七月壬戌，第5719页。

〔4〕［清］常明、杨芳灿等：（嘉庆）《四川通志》卷71《食货志十·木政·王德完疏略》，第2364页。

〔5〕《明神宗实录》卷528，万历四十三年正月癸酉，第9932～9933页。

具奏除豁。"〔1〕

另如嘉靖时四川当地方志称：

本府商人拖运杉楠板枋，进入建昌穷谷之中，舍命破家，苦劳万状。及刷砍成材，放下沿江挂阁，被夷猓截杀。水手将官枋斧削山号，锯成常材，以图变卖，商人苦之。〔2〕

山在蜀西南徼外，故邛筰诸夷不格化，木商至，多予金帛布缯，谓之"山本钱"。需酒肉犒劳不时至，稍不如意，则以苇缠缚人于道，悬索偿值，若贩贾焉。官不为取，其人非死转鬻他夷，无可逃者。〔3〕

此后《广志绎》及《涌幢小品》同样载：

万人嵌者，舟过之辄碎溺，商人携板过此，则刻姓号木上，放于下流取之，若陷入嵌则不得出矣……不入嵌者，亦多为夹岸夷贼所句留，仍放姓号于下流，邀财帛入取之。〔4〕

凡楠木，最巨者，商人采之，凿字号，结筏而下。既至芜湖，每年清江主事必来选择，买供运舟之用。南部又来争，商人甚以为苦。剔巨者沉江干，俟其去，没水取之，常失去一二。〔5〕

自以上材料可见，木商受到的苛索滥征虽非全部直接来自宫廷，但采木之劳费确使他们的生计变得举步维艰。

而"采木之役，自成祖缮治北京宫殿始"，此后历朝时已时复，正德以来渐繁，万历中三殿工兴，其费更倍，"虚縻干没，公私交困"。〔6〕若说明廷在木料采购上尚显有商业色彩的话，那么征发商民实地伐运则完全成

---

〔1〕《明熹宗实录》卷40、64，天启三年闰十月壬寅、天启五年十月庚子，第2086、3043页。崇祯帝即位诏中关于编佥商役、更换铺商、豁免木商欠银的条目，与此处及前引熹宗即位诏文字相近。参见［明］孔贞运：《皇明诏制》卷10，《续修四库全书》第458册，第425、429页。

〔2〕［明］余承勋：（嘉靖）《马湖府志》卷6《良牧列传·禁官枋议》，《天一阁藏明代方志选刊》第66册，上海：上海古籍书店，1982年，原卷第4页。

〔3〕［明］束载等：（嘉靖）《洪雅县志》卷5《艺文志·赠束明府奖劝序（毛起）》，《天一阁藏明代方志选刊》第66册，上海：上海古籍书店，1982年，原卷第7页。

〔4〕［明］王士性：《广志绎》卷5《西南诸省》，吕景琳点校，北京：中华书局，1981年，第107页。

〔5〕［明］朱国祯：《涌幢小品》卷4《神木》，第79页。

〔6〕［清］张廷玉等：《明史》卷82《志第五十八·食货六》，第1995～1996页。

为他们的一项苦役了。如嘉靖时工部侍郎龚辉云：

据叙州等府木商周洪川等诉称："先次采木，唇齿之下，今次采木，俱在深山旷野、悬崖绝涧、人迹罕到之处……抓架天桥，劳苦万端，方得一本出水。先次取木八千，因是接济迁延，故使累年未结。今次取木尤多，二年不能一济，何以得完？"本省原议买木，减用价银……但四川僻处一隅，非若他省商贩辏集，今名虽召商，实皆土民，给领官银，入山拖运……吊崖悬桥，艰难万倍。比至溪涧，必待夏秋，洪水泛涨，方抵大江。使夏秋无水，虽竭力殚财，穷年历岁，必不可得。[1]

万历时吕坤也议及采木之苦：

丈八之围，非百年之物，或孤生万仞崖边，或丛长千重岭外……寒暑渴饥，瘟疫瘴疠，而死者无论矣。乃一木初卧，千夫难移，隔涧作桥，越山引牵，每日一祭神明，每行不过数步。傥遭艰险之处，跌伤压死，常百十人。蜀民语曰："入山一千，出山五百。"苦可知矣……经年累月，曳倒溪边，待秋水以漂冲，多转折而底滞……每木一根，官价虽云千两，比来都下，民费不止万金。臣见川、贵、湖广之民，谈及采木，莫不哽咽。[2]

相比之下，时人王德完的语辞益加激切：

川中有大苦，一曰大木之苦。采木初檄有云，招商采买大木，无与小民……客商无多，则以土商代领，大户有禁，则以义民殊称，其实皆民也……木夫就道，子妇啼号，畏死贪生，如赴汤火……沟壑委填，道途暴露，尸流水塞，积骨成山。其偷生而回者，又皆黄疸臃肿之夫，略似人形，半登鬼录……既以剥民脂膏，又以戕民寿命，遐迩痛哭，扼腕抚心。[3]

况所采官木之不合程式者均要求退回赔价，其害更深。张养蒙即曰：

操斧入山，巨材实少，围圆丈尺，合式为难……原额估银，十充

---

[1] ［明］张萱：《西园闻见录》卷92《工部六·工作》，《续修四库全书》第1170册，第149页。

[2] ［明］吕坤：《去伪斋集》卷1《忧危疏》，《吕坤全集》，第11页。

[3] ［明］陈子龙等：《明经世文编》卷444《王都谏奏疏（王德完）·四川异常困苦乞赐特恩以救倒悬疏》，第4876~4877页。

一二，其间无名之赔贩，万状之艰辛，有恻然不忍闻者……夫木非他物等也，商民供应，他物一不中程，责办者贱鬻，轻领者重赔，犹云得自便也。惟兹皇木禁用极严，既不收之于官，又不敢售之于市。以为有木也，则尺寸之材何曾属己？以为有银也，则分毫之费尽令还官。始之以监追，继之以捶楚，于是有倾资者矣，有破产者矣，有鬻妻子者矣。[1]

如此看来，召商采买官木亦如官府派向民间的科徭差役，与佥商一样，都不同程度体现出专制皇权对于社会民众的超经济强制和掠夺。

小 结

综上，从明初统治者对待商业、商人的政策态度看，虽然传统的“崇本抑末”观念在太祖的言行中时有表露，但这某种意义上是处于当时战乱后社会生产和秩序亟待恢复整顿的实际环境下，其强调农业为立国首要根基，故而理政治民必先着意增加社会财富且强化对民间基层普遍控制的结果。为保证和提高农业生产，政府要求各阶层民众禁于游惰，安于生业，并以此调节农商两业关系，防止商侵农利的做法即在情理之中。在明太祖眼里，经商务生原是基于社会分工的一项正当职业，商人阶层亦是社会组成中不可或缺的一部分，而他们既然同为国家掌握的编户齐民，就该与其他纳粮当差的庶民一样，在朝廷的统一管理下以自己的方式履行应尽的赋役义务。同时，明太祖能够肯定商业对于国计民生的促进作用，并顾及商人的切身诉求，本着利官富民、公平交易原则，确定较低商业税率及课额，健全商品流动、市场买卖制度法规，完善政府榷税管理，其体恤商人疾苦、保障商人权益、规范商人行为的诸多处置方式也为此后明代商贸活动的有序展开奠定了良好基础。关于明太祖“禁海”之举，实由其立足于国家和民生安全，在既不能与日本建立正常外交关系，又无法杜绝倭寇接连侵扰的背景下所出台的一种应对措施。封闭海岸线以阻断对外贸易，不是政府

---

〔1〕［明］陈子龙等：《明经世文编》卷 427《张毅敏集（张养蒙）·为川民采木乞酌收余材以宽比累事》，第 4661 页。

的现实出发点，更非长远国策。[1] 明太祖商业政策的制定和实施自有其对于国家政治的通盘计虑，政府的稳定有效、社会的长治久安以及百姓的丰衣足食一直是他操持国是的重中之重。这不仅是通商的前提，也是兴商的目的。如此，从重视农业根本和国防安全的视角理解，不能简单以“抑商”或“轻商”来概括明太祖的商业策略，应要联系当时的历史条件做综合衡量。

太祖之后，明朝历代君主大致都秉承了国初的商业政策基调，视减免税负、惠恤商人为便民利民举措之一，从而把商和民看作一体，通同考量施政。除明初一段时间国家对社会的强力控制，且当时及以后倭寇猖獗期间政府出于防卫需要阻止私人出海通番外，明廷在通常情况下并没有特别针对商人附加过多的限制与禁锢。有明一代的商业管理，总体规章设计于太祖初创时期已堪称完备，后世又渐有增益改进，稽考审核亦见严密周详。而与宝钞发行失败及商品经济发展相关，具体到商税榷征的机构、则例、额度和方式上，永乐以后则常因时权变，因地制宜，一再更张调整。宣德伊始设立钞关，且随着国家对商税需求的提升，商税征缴不仅发挥了增加财政收入的功用，还成为明廷尽力疏通钞法、回敛纸币的一个手段，内中官宦势豪对商人的盘剥侵害也因吏治腐败的加深而日显突出。值得注意的是，宝钞行用后，明代榷商大体经历了以收钞为主到钱钞兼半再到广泛收银的变化过程，这同当时社会正在发生的货币白银化及其影响下的国家财

---

〔1〕 赵轶峰即认为，“明朝初年的‘海禁’是针对倭寇侵扰而行的国防政策，不是对外总体国策”。他还进一步指出：“明代官、私皆有很大对外贸易量。明朝通过朝贡关系保持与周边国家往来，主要体现出当时中国非孤立立国的方式……综合而言，明代中国不是停滞的社会，也不是封闭的社会，应归纳为有限开放的社会。这种有限开放性是当时中国帝制农商社会基本特质在对外关系方面合乎逻辑的体现。”赵轶峰：《论明代中国的有限开放性》，《四川大学学报（哲学社会科学版）》2014 年第 4 期，第 18 页。

政体制由实物中心向货币中心转化的历史趋势恰相吻合。[1] 此间受钞、钱、银比价变动的波及，商人不可避免承担了政府转嫁的部分经济损失，不过考虑到商税税率整体偏低及纸钞不断贬值等因素，明中前期的商课负担并不算十分沉重。总体来看，明代帝制体系较大程度容纳了商品货币经济，能够与商业繁荣契合并行。[2]

伴随愈演愈烈的明末财政危机，为缓解军费开支和宫廷花销的繁重压力，商税收入和商役佥派越发成为皇权任意搜刮掠夺人民财富的利薮。万历中期以降，专制皇权对商人压榨侵剥的现象日益严重。明神宗借口济助殿工，向全国派遣矿监税使科敛商税，这一行径遭到举朝上下一致反对。尽管神宗自己辩称设处财用，事非得已，初意乃"不忍加派小民"，不过在大小臣工看来，商业实具贸迁有无、通财鬻货的价值功能，商与民亦互系同体，彼此均构成维系社会稳定发展的必要力量。他们从国家全局利益着眼，纷纷劝谏罢停苛虐弊政，苏解商民困乏。而兴盛于明中叶的召商买办，至此也几乎彻底沦为强迫性的佥商应役。本来，召商买办的产生，无疑反映了当时商品货币关系在全社会的持续扩展。由其中展示的商人领价采购官木等供用物料的运作方式也可看到，官府参与商业，本表现出欲对商人善加管控利用，并在经济上适应市场规律、讲求官商合作的一面，但明廷依靠政治权力强制差商服役，则说明其对待商人依然显露出不等价交换的超经济徭役化倾向。然从众多官员大量议处裁撤税使、改革铺行的建言及崇祯年间永除商役的诏令中又能够了解，广派税使、强佥商役、苛征

[1] 赵轶峰研究指出：明代货币制度演变可分四个时期，洪武七年（1374）以前是铜钱时期，洪武八年（1375）至宣德十年（1435）是纸钞时期，正统元年（1436）至嘉靖初是银钱钞三币兼用时期，其后是货币白银化完成的银两制时期。参见赵轶峰：《试论明代货币制度的演变及其历史影响》，《东北师大学报（哲学社会科学版）》1985 年第 4 期。而关于明末财政危机的起因、性质、表现及明代财政体制由初期的基于自然经济基础的实物财政向中叶以后与商品经济较高发展相适应的货币财政的转变，参见赵轶峰：《试论明末财政危机的历史根源及其时代特征》，《中国史研究》1986 年第 4 期。

[2] 赵轶峰即主张："明清时期商业总体趋于发达，构成社会经济生活的基本内容和社会体制的重要基础，其合法性、正当性、必要性皆为社会体制与文化所承认……帝制体系与商业繁荣间的基本契合，提供了明清商业一定程度发展的条件，扩展了国家财政收入来源，也强化了帝制体制的经济基础。"赵轶峰：《明清商业与帝制体系关系论纲》，《古代文明》2016 年第 4 期，第 61 页。

官木等扰害剥削商人的行为，很大程度上是出自皇权滥用，并不体现明代国家的基本商业政策。士大夫群体仰忧国运，俯慰生黎，他们守持传统仁以爱民、德以施政的治国理念，以切实行动对皇权滥用起到一定的制约作用。

第二章　明代士大夫对商税征收的认识

一、对关市征商的基本看法

（一）阐释关市缘起及其社会职能

商税在明代主要指国家对商品交易、运输征收的营业税与通过税，《淮关志》载："旧例凡淮地所造一应货物并各处来淮发卖之物皆有税，名曰商税，率三十分赋其一，收钞有差。"[1] 前文论及，明太祖不屑与民争利，屡谕减省商税，存恤商民。他曾因地方主簿"额外恢办"商税而训斥道："地之所产有常数，官之所取有常制，商税自有定额，何俟恢办？若额外恢办，得无剥削于民？主簿之职，在佐理县政，抚安百姓，岂以办课为能？若止以办课为能，其他不见可称，是失职矣。"[2] 洪武十三年（1380），其又命户部臣曰："曩者奸臣聚敛，深为民害，税及天下纤悉之物，朕甚耻焉。自今如军民嫁娶丧祭之物，舟车丝布之类，皆勿税。"[3] 明太祖提出理财之要在于生财阜民，而非病民利官，深符藏富于民的治世理念。明成祖亦云："商税者，国家抑逐末之民，岂以为利？"[4] 尽管两位皇帝不时重申"厚本抑末"之意，但在他们眼中，商人本为四民之一，身份地位未见得就比庶民低下，而征收商税只不过是政府遏止民众不事农产、竞相趋末的一种手段，绝非刻意用来损下益上，括财邀利。

相较于最高统治者，其实明代士大夫对此认识更为清晰。关于关市征商起源，弘治时大学士丘濬即讲：

---

〔1〕［清］顾炎武：《天下郡国利病书·淮徐备录·淮关志》，第1176页。

〔2〕《明太祖实录》卷106，洪武九年六月庚戌，第1777页。

〔3〕《明太祖实录》卷132，洪武十三年六月戊寅，第2096页。

〔4〕［清］张廷玉等：《明史》卷81《志第五十七·食货五》，第1980页。

> 关以征其货之出入，市以征其货之所在……古者于众途所会之地，则立关以限其出入，于庶民所聚之地，则立市以通其有无，所以兼济之而足其用度。凡若此者，无非以利民而已，后世则专用之以利国，非古人意矣……古人立为关市之本义，其意恶人逐末而专利，故立法以抑之，非有所利之也。[1]

丘濬引孟子、张载、朱熹等人之言，认为古时设关立市最初非欲供给国用，本在诘查奸徒，裁抑垄断，防止专利，其缘而征商，亦为周乏惠民，即“以其所有易其所无者，有司者治之”，然若对商人“重商税以致困辱，则过矣”。[2]

嘉靖初何瑭也曾谈及往昔之取民法度：

> 财者天下之大计也，国脉民命皆系于此，故君子尽心焉。太古之时，上之用度甚节，故取于民之法甚简；中古用度渐繁，故取于民之法渐密……然方其盛时，山泽之利与民共之，商贾之征复时时有所纵舍，民犹未甚病也。降及后世，山泽之利悉归于官，农商之税十止取一。而其从事商贾者，今既税其货，又算其舟车缗钱，可谓取之尽锱铢矣，民之病可胜言哉？议者多谓商贾诸税可罢，宋儒范仲淹独谓“上之用度既不可减，与其取于农，不若取于商，犹不失厚本抑末之意”。固非谓此法之为尽善也，盖有所不得已焉耳。[3]

在他看来，后世利权归官，加之国用浩繁，法网琐密，农商俱受病累，而课商抑末尽管可缓解农劳，却势非得已，难称善策。又同时人刘颖于《罢征边关商税以通货财疏》中云：“古帝王之治天下，所以抑末，固非利其利也。关讥不征，所以御暴，诚不忍病民也。”[4] 其表示设关征商虽有抑末之意，但实旨仍在于缉奸锄暴，控驭边防，以为通货资生而非病民攫利。这一观点在同朝邬阅的奏疏里同样得到印证：“山海一关，内抒都邑，外控

---

〔1〕［明］丘濬：《大学衍义补》卷30《制国用·征榷之课》，《景印文渊阁四库全书》第712册，台北：台湾商务印书馆，1986年，第384~386页。

〔2〕［明］丘濬：《大学衍义补》卷30《制国用·征榷之课》，《景印文渊阁四库全书》第712册，第386页。

〔3〕［明］张萱：《西园闻见录》卷40《户部九·关税》，《续修四库全书》第1169册，第142页。

〔4〕［明］孙旬：《皇明疏钞》卷42《征榷·罢征边关商税以通货财疏（刘颖）》，《续修四库全书》第464册，第284页。

诸夷，实为临边要害重地。故祖宗朝特兹设立，盖以讥察非常，盘诘奸细，初无抽分之设，岂其智不及此哉？盖诸夷出入，实窃观瞻，传笑远人，良非细事，故重为国体计耳。”〔1〕

再有嘉、万时人王世贞也这般解释古代置关榷商的起因，并对商人与国家间的利害关系做出分析：

关征非古也，其七雄之贪心乎？讥而不征，古之道也。七雄之世，关梁咫尺而外皆敌垒，而贾客阑入其间，势不得不严其讥。既讥而得其贿物之状，而欲心生，以国家之日寻于干戈也。农入且不给，何为乎独商之恤？至汉而用益侈，农益以不给，而商益以富，于是益峻征之。而商之入几与农埒，若关征其一也。高皇帝以恭俭享天下，稍衷其平，故于关不能无征，而能无苛征。二百年间，贾客长年安其出，以为固然。而司征者顾不能画一，其法大较宽则利商而病国，刻则利国而病商，而稍以己与之，则国与商俱病，而私橐巍然矣。〔2〕

他指出，关市征商肇始于战国乱世，其时各国因战争需要，不得不加强稽查，获商资而满贪欲补军用。至汉代君主骄奢，农入不敷，益从商税中取足。本朝太祖则恭行节俭，折中持平，未为苛敛，天下得以相安。然税商要在张弛有度，筹划有法，若官司以利己私心变坏成规，失于偏颇，终会造成国与商俱病的后果。

既然商人纳课应征已在所不免，即有士大夫从均平天下赋税的角度来评议关市的设立。嘉靖初期主事高凌汉论云：

钞关何为而设？征商税也。古之圣王均天下之才，以顺天下之功，谓士税其才，农税其收，工税其艺。引而伸之，天施地生，理圣人之既竭心思，均所谓税也。其能弛于商乎？有贱丈夫者计利之心炽，驾轻舟以网四方之利，又非但登龙断网一市之利而已。是以朝廷既设税课司局以司市厘（廛），又设钞关以征行商……〔3〕

---

〔1〕［明］张萱：《西园闻见录》卷40《户部九·关税》，《续修四库全书》第1169册，第143页。

〔2〕［明］王世贞：《弇州续稿》卷65《陈户部浔阳榷税去思记》，《景印文渊阁四库全书》第1282册，台北：台湾商务印书馆，1986年，第855页。

〔3〕［清］佚名：《北新关志丛钞·钞关政录序（高凌汉）》，王其煌、顾志兴标点，孙忠焕主编：《杭州运河文献集成》第1册，杭州：杭州出版社，2009年，第20～21页。

他再次强调国家建关置市的初衷原在抑制奸商擅利垄断，但同时不忘于下文提醒司征官员明辨义利，宽严相适。万历初曾任吏部尚书的张瀚则总结了古来历代榷商政策，写道：

> 古者圣王重本抑末，贵农贱商，故赋倍于农。自汉武用弘羊计，置均输官，笼天下之货，贵卖贱买，商贾无所牟其利，而物价悉平，名曰平准。又令贾人不得衣丝乘车，仕宦为吏，重赋税以困辱之。自后作业剧而财匮……复弛商贾之律，令佐国家之急。而贾人愈富，国用愈不足。乃用卜式，下缗钱令，用张汤、杜周腹诽法，以税民深者为明吏，自是商贾中人之家大率破产入官，不事畜藏，而贾人亦大困矣。唐初制租庸调外无征，法网疏阔。自置常平官，私积货物，贵出贱收。复以宦者为宫市使，命白望数百，抑贾人物，名为市之，实夺之也。宋惩唐弊，置杂买务……若府库有备，令弗复市。至于和市，令出官钱以鬻于民而已。迨安石秉政，行青苗、均输法，春散秋敛，专以富国为心。富商巨贾，皆疑畏骇愕，目视不敢动，而贸易之意穷矣。[1]

张瀚在虑及"重本抑末"之外，同样能意识到通商易货对于国计民生的必要性，他提出"取盈于官，不若藏富于民"[2]，往代商政因时起废，既有辱掠商贾之嫌，又难脱"本轻而末重，末重而不能支之患"，唯明兴之后，"关市之禁视前代尤详"，且"征商之法，纤悉具备"。[3] 这样一来，不仅不致本末倒置，还可避免前朝虐商弊政，为商业活动留下一定拓展空间。

天启朝官至南京礼部尚书的李维桢，持论亦与前述几位相似：

> 征商之法，其略见于《周官》而义详于《孟子》……《孟子》曰："古之为市者，以其所有，易其所无，有司者治之耳。有贱丈夫焉，求垄断而登之，以左右望而罔市利，皆以为贱，故从而征之。"又曰："市廛而不征，法而不廛，关市而不征。"古人关市征敛之本意，以抑夫逐末专利者，且无偏仰给百姓之赋，岂虞夫后人与商贾争尺寸锱铢，

〔1〕［明］张瀚：《松窗梦语》卷4《商贾纪》，第80~81页。
〔2〕［明］张瀚：《松窗梦语》卷4《三农纪》，第73页。
〔3〕［明］张瀚：《松窗梦语》卷4《商贾纪》，第81页。

为民病耶？[1]

此外，晚明人朱健也称：

古之为关也，以御暴而非专于敛财……市者，所以通商贾而阜货财……无非欲以利吾民而已……其后礼教陵迟，风俗靡敝，士庶人弃本而事末，奸富者众，商贾牟利……斯则以其逐末专利而抑之，近于酷矣。[2]

以上观点，大致认同历史上关市之始本为锄奸御暴，戒备非常，非用以括取财源，与民夺利，而后世国需渐增，农赋不足，征商乃不得已为之。出于对重视农业和苏息农力的观照，"抑末"之说虽被士大夫反复提起，然其目的实欲打击垄断奸贪，与阻遏商贸往来并不等同。故他们在商税政策上大都倾向于主张阜货通财，杜绝专利，同时也要求政府保障民众生计，反对随意科派，索扰无度。言论中不但包含调节农商本末关系以均平赋役的考虑，又表达了商民同视一体惠泽之心。

明代既有士大夫秉执关市"讥而不征"的传统之见，认为"天地之膏散在山海，非得商贾为之疏达，则万物无以食其利"[3]，因而面对惠商裕课交相为病的弊状，他们时或发出世道不古之慨：

为关不古断断如矣。无论三代之世，气庞风厚，政閟民淳，不税不征，邈乎弗睹。即逮我祖宗统车书，列圣鸿猷蔚起，而通商惠工之泽犹涤汤……何也？国无繁费而民有美藏……今日之为关不宁，惟是古弗若，而今更难矣。[4]

谈关政于晚近，倍难言矣。要以淡泊一念，加意节啬，即搜括中寓宽大之仁，庶几不负此关，以不负此初心，则有先辈典型在是

---

[1] ［明］李维桢：《大泌山房集》卷55《刘佥宪祠记》，《四库全书存目丛书》集部第151册，济南：齐鲁书社，1997年，第679页。

[2] ［明］朱健：《古今治平略》卷11《杂征篇上·历代关市之征》，《续修四库全书》第756册，上海：上海古籍出版社，2002年，第384～387页。

[3] ［清］佚名：《北新关志丛钞·北关榷使韩公德政碑记（吴南灏）》，孙忠焕主编：《杭州运河文献集成》第1册，第52页。

[4] ［清］佚名：《北新关志丛钞·北新关志叙（喻思恂）》，孙忠焕主编：《杭州运河文献集成》第1册，第7页。

碑也。[1]

而国富首赖于民富，民富仰仗于统治者节用宽仁，在能满足正常税课的情况下，征商并不被士大夫们视为国政之必需。

万历朝学者焦竑在劝勉友人勿事过取的书信中就说：

闻丈莅事半年，所入已大溢额外。倘满岁，于常额倍而又蓰，不止也……况自今又以丈所入为正课，有不检者，于正课之外复营私橐，则贻害商民无已时也。此非丈本心，顾势有必至，谓非作俑于丈，不可矣。往者刍论，自是更愿一意弛以便民。盖国初原无钞关，后之增设，不得已而济匮，非其正也。往杨止庵公在浒墅，半岁以后，正课既盈，恣商往来，不复榷税，一时颂声满于吴中，此仆所亲见也。[2]

他表示设关征商旨在济匮助乏，所得既已溢国家额课，与其刻意营求，不若弛商便民。同时人萧良榦、伍袁萃也都力主榷商靡遗原非王政所宜，国家切不可因之害民：

今天下税粮，正供之外，刍粟杂泛之征纷纭百出，其取于民者至悉矣。而又舡有钞，商有税，市有辨，盐铁有课，有入粟之例，有罚赎之献，凡所谓衰世苟且之法尽用。虽使桑孔复生，为主上谋，无以胜此。[3]

征商前代亦有之，然实衰世苟且之政，圣王之世无闻焉。顷自小人言利之术中，而榷竖遍天下矣，皆扁其驻扎处曰"皇店"。噫！皇字岂可加于店字上耶？堂堂天朝，乃效市井商贾开店列肆耶？书之史册，贻笑千古矣。[4]

明末清初思想家顾炎武亦言及钞关职在通钞，钞停即罢，不必待之取盈："钞关之设，本藉以收钞而通钞法也，钞既停则关宜罢矣，乃犹以为利

---

〔1〕［清］佚名：《北新关志丛钞·重建杭州北新关钞关题名碑记（王建忠）》，孙忠焕主编：《杭州运河文献集成》第1册，第18～19页。

〔2〕［明］焦竑：《澹园集》卷13《答李户部》，李剑雄点校，北京：中华书局，1999年，第108页。

〔3〕［明］萧良榦：《拙斋十议·税粮议》，北京：中华书局，1985年，第4页。

〔4〕［明］伍袁萃：《漫录评正》多集卷2，《北京图书馆古籍珍本丛刊》第70册，北京：书目文献出版社，1998年，第640页。

国之一孔，而因仍不革，岂非戴盈之所谓‘以待来年’者乎？”[1] 其《天下郡国利病书》里还记有明中叶后士大夫关于征商则例历史变迁的见解：

荆之琦曰：则例之名，起于《周官》经治之成，汉家决事之比。而以定商税，则自宋艺祖之榜务门始，我明《会典》亦具载焉。是皆虑赇吏旁侵，防奸驵诡免，不得已而立之平，俾无骫于绳之内耳。然则缘物定，例与时迁，用日加诎，则例日加繁，而例外之例，复有比例焉。今日之比，后日之例，更以一时权宜，执为数岁常额，而商立槁矣……今国步多艰，大农仰屋，廷议且资饷各关，何敢遽议裁损？要于则例之中，常存宽恤之意，通于情与法之间，度本末而立之衷，是亦催科中抚字也。[2]

文中指出收取商税虽有助国用经费，但立意却在清简廉平，故当政者对待商民应征中寓抚，常存恩惠之情。高凌汉、王廷干同样说到国初商税轻省，然时过境迁，因需起例，后世难免以例坏法，诛求繁苛，反成社稷生民之患：

北新关在正德以前……法简税少，不伤民之心，亦不尽官之法。解不必如旧额，收不必有羡余，铨部亦不以此考殿最。自后冒廉名，希最迁，求倍旧额以解，着为定例，有增无损，作俑者可尤也。[3]

法本无弊，而例实败之。法者，公天下而为之者也；例者，因人而立以坏天下之公者也。昔日之患，在用例破法；比年之患，在因例立法……今观则例中色目太多，取民已甚，似亦因例立法者。欲概有所蠲，则恐妨经费，如更请畸零折估，尽捐以予民，是亦宽分受赐之心，于国计民生未必无少补也。[4]

这些意见从国家民众之公共利益出发，可以说代表了明代大多数士大夫对征商的看法。

当然，也有部分士大夫对于榷商之用依然较多关注其崇本抑末、尽利

[1] ［清］顾炎武：《日知录集释》卷11《钞》，［清］黄汝成集释，上海：上海古籍出版社，1985年，第919页。

[2] ［清］顾炎武：《天下郡国利病书·浙江备录上·北新关志》，第2425～2426页。

[3] ［清］顾炎武：《天下郡国利病书·浙江备录上·北新关志》，第2424页。

[4] ［清］顾炎武：《天下郡国利病书·浙江备录上·北新关志》，第2424～2425页。

归农的一面，即“算商佐费……抑末且不欲增赋田亩，为农人病”[1]。如嘉靖时漕抚马卿奏云:“我国家钞关之设，非直征税出入，以足国用，实欲抑彼逐末，而归之农。正古先哲王念民之依，贵五谷而贱金玉之意，诚良法也。故市廛之征，王法不废……亦可以济公用而宽民力……征商之余利，与浚民之脂膏，利害相去远矣。”[2] 然此中寓意仍在于通过征商宽减农民劳苦，防止因汲末求利而荒废基础性农业生产，并未完全否认商税具有借资国用以满足财政之需的合理意义。其后又有江万仞、许令典曰：

> 先王之世，欲驱天下之民尽力于农。逐末之商，必抑以取之，而仁爱之意，何尝不行于其中哉……商之入国赋也，敛丝忽于什伯，科毫厘于千万，较之什一之征，又相越也。王人者，岂欲尽弛之？采禄祭祀、宾客军旅、城郭宫室，中华之所不可废。以其不可废而取于民，故以仁爱之心行之……是以法之立也，始于抑末。比其行也，轻乎农赋，王天下者之意可识也。[3]
>
> 古之为关也，讥；今之为关也，征……以通商非以病商，以抑末正以固本，故少府佐乏，而黔黎不扰，所以来矣。[4]

事实上，他们与前文提到的其他士大夫一样，均坚持征榷商税初意本为佐乏固本，进而惠农通商，安定民生。这样看来，即便抑末之法不废，王者仁爱之心亦已涵蕴其间。

（二）提倡商民一体同视

大体而言，明代士大夫虽有抑商利农的成见，不过他们大都还是能够领会到“祖宗设关通商，足国裕民之初意”[5]，或提出“朝命设榷关于

[1] [清] 佚名:《北新关志丛钞·榷司户部尚书郎王公去思碑记（李之藻）》，孙忠焕主编:《杭州运河文献集成》第1册，第42页。

[2] [明] 陈子龙等:《明经世文编》卷169《漕抚奏议一（马卿）·查复钞关预处供给高墙疏》，第1725～1727页。

[3] [清] 佚名:《北新关志丛钞·续建北新关题名记（江万仞）》，孙忠焕主编:《杭州运河文献集成》第1册，第12页。

[4] [清] 佚名:《北新关志丛钞·司农大夫罗青朱公榷政碑记（许令典）》，孙忠焕主编:《杭州运河文献集成》第1册，第45页。原文句读有误，已更正。

[5] [明] 陈子龙等:《明经世文编》卷78《青溪漫稿二（倪岳）·会议》，第693页。

此，量采逐末者之赢，以佐度支供军国之万一，职綦琐而事綦重”[1]，或表示钞关所征，“非舟与货之税为病……病者，严于取耳”[2]。且这些士大夫在承认商税有资国佐军之用的同时，更注重把商人作为庶民之一加以等视同恤，不赞成向其索取无度，以致困商病民终而损国。

如弘治十一年（1498），南京吏部尚书倪岳等以清宁宫灾言二十八事，内中“遵复旧制”和“裁抑侵克”条分别说：

> 客商船只辐辏之处，祖宗旧制，各设有钞关，收受商税……行之百年，虽不能无弊，然课钞亦未见其亏损，客商船只，亦未见其留难……近年以来，改委户部官员出理课钞，其间贤否不齐，往往以增课为能事，以严刻为风力，筹算至骨，不遗锱铢。常法之外，又行巧立名色，肆意诛求……客商船只，号哭水次，见者兴怜。夫增课为国，虽称聚敛，犹是有名，其科罚劝借者……率皆借名入己，无可查盘……以致近年客商，惧怕征求，多致卖船弃业。
>
> 天下商贾辐集之处，各设税课司衙门，立法抽税，具有成法……取之至轻，用之至节，远近辐辏，上下便益。近年工部奏准，于浙江杭州府、湖广荆州府、直隶芜湖县设置抽分衙门……不惟地方接连重复抽税，而其人贤否不齐，宽严异法，但知增课以逞己能，不恤侵克以为民病。甚者器皿货物，不该抽分之物，一概任意劝借留难。所得财物，无可稽考，因而侵渔入己，难保必无。

他明确指出，“抑末固为政之理，而通商亦富国之术”，只有“公私两便，商民不亏”，才可“庶几人心快悦，怨声消弭而天意可回矣”。[3] 倪岳回顾了明初以来征商由简到苛的历程，痛心于客商遭到的惨酷盘剥，其不仅对商人与平民一视同仁，且能充分体察兴商鬻货以利国蓄的积极作用，并未把“抑末”与“通商”全然对立起来。

同时人巡抚河南右副都御史徐恪亦尝议“严禁约以惠商民”，言及“生财本自有道，取民在于有制，人君不患财用之不足，而患用财之不节，

---

[1] ［清］佚名：《北新关志丛钞·北新关行署碑记（朱葵）》，孙忠焕主编：《杭州运河文献集成》第1册，第19页。

[2] ［清］佚名：《北新关志丛钞·存心堂记（盛端明）》，孙忠焕主编：《杭州运河文献集成》第1册，第23页。

[3] ［明］陈子龙等：《明经世文编》卷78《青溪漫稿二（倪岳）·会议》，第692～693页。

取民之无制也”。他也举抽分之例说明:“荆州有抽分厂，芜湖又有抽分厂，各该委官，每以增赋为贤……商人崎岖万里，深入险阻……乘冒风涛不测之险，以求锱铢之利。曾未得食其力，而簰行数千里之间，已二次抽之，仰事俯育，将何倚赖？怨声载路，朝廷何由知之?”徐恪指陈，国初“内建宫闱，外展城郭”，劳费万计，取材尚轻,“今两京规模创建已定……乃于龙江上流增置二厂，杭州下流增置一厂，所易价银，虽数倍于昔时，亦未必尽为经国之用，徒竭商之财力”。在奏疏里，他一样表达了商人包含于庶民之内故应一体均恤的观念，“或者以为，朝廷工作，不取之于商，则未免取之于民，与其取之于民，不若取之于商，然商亦民也”，并请求“通将荆州等处增置抽分各厂……量为革罢，撙节财力，不苟兴工……仍将九江、鲁山等处私立抽分之弊，严加禁革”，如此则“事体归一，财用有节，举天下商民皆蒙惠矣”。[1]

同理，丘濬也主张堂堂朝廷本该大公无私，无论贫民富民，俱不可与之争利:“懋迁有无，曲为贫民之地，初未尝有一毫征利富国之意焉。后世则征商贾之利，利民庶之有矣，岂古人立法之初意哉……虽曰摧抑商贾居货待价之谋，然贫吾民也，富亦吾民也，彼之所有，孰非吾之所有哉?”[2]其由此提议君主要轻徭简赋，顺乎民情，万不能夺富济贫，贻害天下:“天生众民，有贫有富。为天下主者，惟省力役，薄税敛，平物价，使富者安其富，贫者不至于贫，各安其分，止其所得矣。乃欲夺富与贫，以为天下，乌有是理哉？夺富之所有以与贫人，且犹不可，况夺之而归之于公上哉?”[3] 他在讲到竹木抽分时又说:

> 我朝于凡天下关津去处，设抽分竹木局抽分……近年于太平之芜湖、荆州之沙市、浙江之杭州，径遣工部属官亲临其地，抽分变卖，取其价直银两解京，以供工部缮造之费，免以科征于民，是诚良策。然商贩无常，难为定数，后来者务逾前人之数以儌（徼）能名，岁增一岁，无有纪极。窃恐后来之难继，商贾折阅，兴贩者不至，而官与

---

[1] [明] 陈子龙等:《明经世文编》卷81《徐司空奏议（徐恪）·修政弭灾疏》，第719~720页。

[2] [明] 丘濬:《大学衍义补》卷25《制国用·市籴之令》，《景印文渊阁四库全书》第712册，第352页。

[3] [明] 丘濬:《大学衍义补》卷25《制国用·市籴之令》，《景印文渊阁四库全书》第712册，第344~345页。

民两失其利。乞量为中制，因地定额，多者不以为优，不及数者不以为劣，庶几可以久行。[1]

与上述看法相近，当时内阁大学士李东阳亦从课税角度详论过官府与经商民众的关系，极称国家取财之道切关商民日用生计，两者本应相济共利，万不能为益上足供而损下虐民：

朝廷之制财用，商贾之税分领于户工二部，户主财谷，工主材木……盖国所以理民，而亦有取给于民者。低昂盈缩，交送于铢两寸尺之间，不在于此，则在于彼，欲两全之，而卒不可得。今材木之产有限，而工役之费无穷……下上之际，不惟不相济，而又若有相病者，何怪乎其难也？夫在《易》之卦："损下益上谓之损，损上益下谓之益。"《语》有之："百姓足，君孰与不足；百姓不足，君孰与足？"于此二者，酌而处之。

他由是倡议"税事为简且易"，"宁少羡余之利，而不可使商贾有失业之憾；宁负稽缓之咎，而不可使朝廷受厚敛之名"，并强调"天下之税皆出于民，商者，四民之一耳"，自当平等看待。如此则司税者"皆知国用之不可阙而不敢亏，知民力之不可穷而不敢竭"，推而广之，"天下之政皆然，其于治也，不难矣"。[2] 再正德年间王守仁曾于南赣禁约榷商官吏道：

商人比诸农夫固为逐末，然其终岁弃离家室，辛苦道途，以营什一之利，良亦可悯！但因南赣军资无所措备，未免加赋于民，不得已而为此，本亦宽恤贫民之意。奈何奉行官吏，不能防禁奸弊，以致牙行桥子之属，骚扰客商，求以宽民，反以困商，商独非吾民乎……今后商税，遵照奏行事例抽收，不许多取毫厘……桥子人等止许关口把守开放，不得擅登商船，假以查盘为名，侵凌骚扰，违者许赴军门口告，照依军法拿问。[3]

还有一篇载于光绪《石门县志》的褒颂万历初期浙江崇德县知县蔡贵易安辑商民业绩的碑记，作者徽州人胡宥当时亦是一位名不甚扬的河南地

---

[1] ［明］丘濬：《大学衍义补》卷30《制国用·征榷之课》，《景印文渊阁四库全书》第712册，第394～395页。

[2] ［明］李东阳：《怀麓堂集》卷29《送傅工部曰会督税荆州序》，《景印文渊阁四库全书》第1250册，台北：台湾商务印书馆，1986年，第306～307页。

[3] ［明］王守仁：《王阳明全集》卷16《别录八·禁约榷商官吏》，吴光等编校，上海：上海古籍出版社，1992年，第566～567页。

方县官，他在称赞崇邑蔡侯恤商政绩的同时，也明白表达了自己的商业思想。[1] 他说道：

> 四民固最次商，此在古民鲜而用简则然，世日降而民日众，风日开而用日繁，必有无相通，而民用有所资，匪商能坐致乎……今之商海内者，予新都为最盛……吴越近犹户庭间，而崇为嘉禾要邑，新都之商于崇者，无异桑梓。蔡侯来令崇，其视商无分于民，而未尝夺利以益民……崇自倭寇内犯，用兵几二十年矣，于民常赋之外有所增，而于商亦或不能无所扰，兵渐息而侯悉罢之。故邻邑之商悦，而藏于侯之市者道不绝。[2]

胡宥指出，徽州受地理条件所限，民多以商代耕，有无相通，亦为资生之一助，而崇邑县令能够视商民无别，不夺商利，允从民情，因此商民胥悦。同卷另有一则《蔡侯去思碑记》也提及蔡贵易惠商便民的言论："市廛之民，便供应而不给其直，则病贾；畎亩之民，便供赋而不恤其私，则病农。"在蔡知县的治理下，"贾始安于市，而民始苏于乡"，农商各得其所，以至其卸职后当地商民共立亭构祠祀之。[3]

又万历十一年（1583），户科都给事中萧彦疏陈商税繁征复扰之弊：

> 商税仿古关市之意，以佐国用，胡可已也？顾法愈详，税愈重，视国初异矣。他姑无论，即如河西务大小货船，船户有船料矣，商人又有船银，进店有商税矣，出店又有正税。张家湾发买货物，河西务有四外正条船矣，到湾又有商税。百里之内，辖者三官，一货之来，榷者数税，所利几何而可堪此……商困则物腾贵，而民困矣，独奈何不一苏之为商民计也？

他一样认同商税收入对于国计民生的现实助益，废去既已不能，而困商又同于困民，当妥善筹议取用有节之法。正如其所说："议者以为权宜之术，不可已矣，然不可渐减耶？而日用米谷进出店二税，如河西布匹、通州油

---

〔1〕有关碑刻内容及相关人物的介绍参见陈学文：《晚明经济思想史上的一大发展——〈崇邑蔡侯去思亭记〉的评释》，《天中学刊》2010年第1期。

〔2〕［清］余丽元：（光绪）《石门县志》卷6《官师志·名宦·崇邑蔡侯去思亭记（胡宥）》，《中国方志丛书·华中地方》第185号，台北：成文出版社有限公司，1975年，第750页。

〔3〕［清］余丽元：（光绪）《石门县志》卷6《官师志·名宦·蔡侯去思碑记（郭子直）》，《中国方志丛书·华中地方》第185号，第747页。

篓类者，又不可苏耶？至于仪真之税，既非祖制，亦无重获……为数几何，不可议罢耶？诸如此类，难以枚举，此商税所当议也。"[1]

天启朝高攀龙所上之《罢商税揭》，也认为加征之患，由商及民，为祸非浅："今日定乱，以人心为本。举朝方惴惴忧加派之失人心，而商税之失人心倍蓰于加派。加派之害以岁计，商税之害以日计。商税非困商也，困民也。商以贵买决不贱卖，民间物物皆贵，皆由商算税钱……夺民之财，非生财之道也。"[2] 时人倪元璐亦称"商困必中于居农，百货涌贵，民食兼两，虽稔不饱"[3]。当时公私交困，农末皆病，在他们看来，"病商即病农，且榷高则价腾"[4]，商业与民生息息相关，商民与国家又命运同系，科商无度必然导致民贫国困。持类此商民同体观点的还有明末的吴太冲，他指出榷政当"裕国课、佐缓急、惜商力"，而于恤民尤急，所谓"国家不能无不足之时，始加赋于地，浸加于商。加之不已，视故额且再倍。忧国者，谓加商犹愈加吾民也。夫竭其土之所入，而又难其力……仅称抑末亦过矣……商民以加为苦，而逋猾以加为利，朝廷以加为权宜……官之加者一，民之出者倍"。故加民加商俱非善政，官府应力去弊害，不能以抑末为遁词，只有"厘剔不苟"，才可使"商贾出入者始颂朝廷不得已之心，无朘削之怨"。[5] 以上言论，均认可商税抽分对于增益国课的重要意义。且这些士大夫还反复申明，商人实为社会民众之一员，须与其他庶民一样平等对待，执政者当体民情、惜财用，避免滥征竭取，以收国家和商众同利互惠之效。

（三）批评病商弊政

商民一体平等理念既获认同，那么朝廷之病商苛政自该受到批评。士

---

〔1〕［明］陈子龙等：《明经世文编》卷 407《萧司农奏疏（萧彦）·敬陈末议以备采择以裨治安疏》，第 4424～4425 页。

〔2〕［明］高攀龙：《高子遗书》卷 7《罢商税揭》，《景印文渊阁四库全书》第 1292 册，台北：台湾商务印书馆，1986 年，第 461 页。

〔3〕［明］倪元璐：《倪文贞集》卷 5《江西丁卯乡试策问》，《景印文渊阁四库全书》第 1297 册，台北：台湾商务印书馆，1986 年，第 56 页。

〔4〕［明］杨时乔：《两浙南关榷事书·建书》，《续修四库全书》第 834 册，上海：上海古籍出版社，2002 年，第 310 页。

〔5〕［清］佚名：《北新关志丛钞·武林司榷地官尚书郎吴公德政碑记（吴太冲）》，孙忠焕主编：《杭州运河文献集成》第 1 册，第 48～49 页。

大夫指陈时弊、倡言宽惠的相关内容前文已有所涉及，再如中书庶吉士解缙尝向明太祖上陈封事，提出商税不应定额或重复征收："地有盛衰，物有赢数，而商税之征，率皆定额。是使其或盈也，奸黠得以侵欺；其歉也，良善困于补纳。夏税一也，而茶椒有粮，果丝有税，既税于所产之地，又税于所过之津，何其夺民之利，至于如此之密……臣愚所谓愿除天下之征商者此也。"[1]"税有定额，民必受害"，故他建议"宜令各处税课，随时多少，从实征收"。[2] 又正统时镇守陕西兴安侯徐亨等奏："比者户部议，欲依永乐间例增各处市廛商贾课钞，其税课司局衙门已革罢者又复增设。臣等切惟陕西屡岁用兵，饥馑相仍，荷朝廷蠲租税，停科征，发仓廪，济饥困，民始苏息。今欲增税，则视昔为加四倍，民何能堪？且司局复设，徒为扰民。"[3] 不久之后，复有南京山东道监察御史闻人韺请停征钞："宣宗时因钞法不通，命停塌商货之家、舟车稛载之物皆征其钞。今闻中外钞不分软烂，但有字可验者一概行使，钞法可谓通矣。停征之命未下，且如大舡大商，万取其一，固为无伤，而鬻蔬载薪小车小舡，媒利几何，复征其钞？请暂停止。"[4]

事实上，明中叶以来，不少士大夫都明确指出榷关机构重叠、任意勒取之弊。正统、景泰时大臣孙原贞说：

> 商贾虽为国课所资，而多方并取，又不可不为之禁……巡拦生事，或循私纵放者有之，或容情随数纳钞者有之，或因而被盗者有之，或于小路拦税者有之，又或致无赖之徒诈称索勒者亦有之。其在芦沟桥亦然，今复至大明等衙门宣课司上纳课程，是则两征其税，不亦重为困乎？乞定拟行，凡兴贩商货贸易者，即于所在抽税，其经过进京者，不得拦阻，止于大明等衙门宣课司查验，应税者税之，则亦庶乎柔远之端也。[5]

---

[1] [明] 陈子龙等：《明经世文编》卷11《解学士文集（解缙）·大庖西封事》，第76～77页。

[2] [明] 陈子龙等：《明经世文编》卷11《解学士文集（解缙）·献太平十策》，第80页。

[3] 《明英宗实录》卷150，正统十二年二月乙巳，第2943页。

[4] 《明英宗实录》卷151，正统十二年三月乙酉，第2969页。

[5] [明] 张萱：《西园闻见录》卷40《户部九·关税》，《续修四库全书》第1169册，第142页。

他认为商课虽资国用，但不可肆意苛敛，攫取过度。成化九年（1473）巡抚浙江右副都御史刘敷等奏："杭州北新关岁有水面课钞八十三万五千九百余贯，近户部委官，复令木商纳钞，遂增原数三分之一。缘所贩之木，城南税课司既已抽分，而北新关又为纳钞，合与停罢。"[1]

再成化末南京河南道御史邹霦等陈言："旧制，抽分惟于两京近地，自工部郎中蔡志请添设荆州、芜湖、杭州三处，虽利国而实病民。川、贵、湖广竹木下至荆州抽之，至芜湖又抽之，至南京又抽之……商旅何以堪之？宜暂止抽分，不然亦宜裁减，定为则例，且令巡按御史察其奸利。"[2] 弘治十三年（1500），南京吏部尚书秦民悦等以星变上疏，内中云："芜湖至南京三百余里，而客货两经抽分，宜罢芜湖抽分，及裁减龙江瓦屑坝内官冗员。自浒墅至淮安五百余里，而船户三经纳料，亦宜罢其一。临清、金沙洲等关，批钞宜以舟料，不以货征，则国课不亏而民力苏矣。"[3] 至嘉靖初，大臣霍韬借改元之机力图振刷积弊，进谏轻税厚商：

> 天下课税之弊，臣不尽知，姑自广东推之。南雄有抽分厂旧也，清远例外增置焉；梧州有抽分厂旧也，肇庆例外增置焉……清远、肇庆两厂，税及竹木，税及鱼盐，税及草束，税及荷担之柴薪。细民磨髓剥骨，一钱之利，不逃税焉……南雄许税盐税椒木，例也。迩年杂货有税，牛羊有税，税及鱼苗，税及猪畜，税及鸡犬，各有牙人以司其事，不知税入归之谁也……商人以其过重不堪也，图为苟免之计……今为之计，孰若轻其税而严其禁……所税者轻而所入者众，是所取虽寡而所获反多矣。且投余利以惠商人，不驱厚赙以归贪猾。[4]

时御史刘颖的奏疏也提到朝廷违制重复征商的问题，"祖宗立法，商货征税，悉有定规，税其一，不税其二，征于彼，不征于此"，适值太监李能奏请"于山海关抽取往来客商门单使用，以备城堡墩台修筑之费"，他极力谏止，并指出此举有四不可：

> 夫民弃父母，离妻子，涉山海之远，冒关塞之险……所经过税务，

---

〔1〕《明宪宗实录》卷119，成化九年八月庚申，第2284～2285页。

〔2〕《明宪宗实录》卷263，成化二十一年三月己丑，第4456页。

〔3〕《明孝宗实录》卷164，弘治十三年七月甲戌，第2991页。

〔4〕［明］陈子龙等：《明经世文编》卷185《霍文敏公文集一（霍韬）·嘉靖改元建言第三札》，第1892～1893页。

郡县验税抽分，输于官者屡矣。今复抽取门单，使用几何，而不重病之也？此其不可者一也。沿边关塞，地方寒苦，物产稀少，民用不赀，未免仰给商客。今若又使客商告病，则财货将不通矣。财货不通，民用又安所取给哉？此其不可者二也。又况祖宗设立边关，正以讥察非常，盘诘奸细……其备虑亦已周矣。固不在于剥削小民锥刀之利，以为国家敛怨生祸之胎也。此其不可者三也。矧财者民之命，民之有货财，犹其有脂膏骨血也。今使剥民之脂膏，吮民之骨血，以戕贼其命，则怨心横生而祸不可测……岂不为国家盛治之累乎？此其不可者四也。〔1〕

主事邬阅亦针对此事上言：

细民兴贩，获息几何？堂堂天朝，夫岂少此而忍夺之……自关税一兴，则商贾减，商贾减，则货物少而价涌贵，亦其势也。然则兹税之设，不独商贾重困，而边人且受害矣……自山海至前屯，不过六七十里之远，商税凡三抽焉。节节而刈之，寸寸而取之，人情其何以堪？〔2〕

诸臣力主宽待远商，唯恐戕民生祸，在他们的坚持下，明世宗终收回成命。后来隆庆时右佥都御史庞尚鹏又因辽东加抽关税而旧事重提：

山海关控扼胡虏，钳制逋逃，凡有附带违禁货物者悉捕治之，此关法也……先年抽税之例，始于太监李能，后主事邬阅守关，业已奏革。近缘蓟辽二镇以抚夷之费，遂仍旧额抽盘……商人冒不测之险，而行货绝域……若所至关隘，复苦索之，彼揆度于盈缩之间，或得失利害，不能相酬，即通都大邑，无往非求售之地，何必屑屑于辽东耶……乞自今惟查引验货，一如祖宗成法，悉免其抽税，即农末获相济之利，而行旅皆愿出其涂矣。〔3〕

以其之见，免抽税以通货便民，溥恩泽使农商互济，在边地尤当如此。

嘉靖六年（1527），又有镇守浙江太监邓文以进贡为名，乞量收脚价，

---

〔1〕［明］张萱：《西园闻见录》卷40《户部九·关税》，《续修四库全书》第1169册，第143～144页。

〔2〕［明］张萱：《西园闻见录》卷40《户部九·关税》，《续修四库全书》第1169册，第143页。

〔3〕［明］陈子龙等：《明经世文编》卷358《庞中丞摘稿二（庞尚鹏）·清理辽东屯田疏》，第3865页。

充献新器具之费。户部即予驳斥："课取有例，隐匿有禁，为法已密矣。比来岁俭民穷，商贩利薄，国课往往告乏，若欲另抽脚价，是为额外之征……顾肯为一茶果之微、器具之备，恣小人渔猎之计，贻商民无穷之害哉？"世宗亦同意部议："各处进贡悉从节省，邓文不照近规，妄自援请，意在侵取商税，不允。"[1] 三年后，南京兵部尚书王廷相再请严禁繁复抽分及革除科敛官宦：

南京城外长江两岸湾泊客船处所……邀截经关往来买卖货物船只，谓之盘诘。其实照货取讨过关等钱，虽粜卖粮米例不该税者，亦皆逼取……龙江大胜二关抽分竹木处所，内守备只差内臣八人，除工部抽分外，重复抽分银两，为内守备茶果之用。盘诘者以强取之，抽分者以公取之，茶果者以私取之。一关之间，客商纳银三次，岂不苦乎……在古先王之政，关市讥而不征，方今圣明之世，通商利物，乃所宜然……伏望皇上敕下该部，再行查议……以除民害，则地方幸甚！[2]

至此，滥设关卡重复榷征已成为导致民生凋疲的一个重要原因，当时张瀚、萧良榦皆痛斥法密商困的现状：

商贾之税课，虽国用所资，而多方并取，亦所当禁。盖以各处商人所过关津，或勒令卸车泊舟、搜检囊匣者有之，或高估价值、多索钞贯者有之。所至关津既已税矣，而市易之处又复税之……巡拦之需索，吏胥之干没，不胜其扰；复两税之，贾人安得不重困乎？[3]

钞关之差，自嘉隆以来，法亦愈密，任亦愈重……前禁网疏阔之时，其患常在墨；今法度严密之后，其患常在苛。墨与苛均足以病差，而苛为甚……苛则课入所由多，才名所由起，人竞趋焉。或嫌于人之不及而欲取盈，或病于己之不白而欲自见，其不至于病商而耗国者几希。[4]

可见差官逞能钓誉，必将损商耗国。而高凌汉则进一步点明榷关主事

---

[1] 《明世宗实录》卷75，嘉靖六年四月乙亥，第1685～1686页。

[2] ［明］王廷相：《浚川奏议集》卷3《请革内外守备弊政疏》，王孝鱼点校：《王廷相集》，北京：中华书局，1989年，第1247～1248页。

[3] ［明］张瀚：《松窗梦语》卷4《商贾纪》，第86页。

[4] ［明］萧良榦：《拙斋十议·河西钞关议》，第23～24页。

与巡按委任之佐贰官“相疑相防，则一船不敢擅放，一钞不敢轻恕”，至“主事欲宽，嫌有司之议，其后委官故刻”，甚有贪鄙之人多收少解，亏国病商：“彼衣冠而盗者，伤民之心，尽官之法，取之倍于旧额，而解部止如旧额。囊橐而归，甘心不齿于士类……遂使论者不咎人之美恶，而谓钞关之浼人。钞关焉能浼人，人自浼钞关耳！”〔1〕时人汪道昆亦谈及彼时司税官员沽求廉名，屡行攀比派加：“使者践更而入，岁会登耗以为差，后至者务登其赢，猥自以为洁其身而有利于国。要以岁征有度，恶能囊括而取盈？如将迭相胜而递相加，非厉商不可以逞。”〔2〕再万历四十四年（1616），漳州府推官萧基“蒿目商困，条上恤商厘弊”诸事，斥榷饷差官乃“瘠商之蟊贼”，衙役乃“残商之蜂虿”，长此以往，终将“商绝民困，饷亏计穷”。〔3〕又如明末王文南在《榷税关记》中虽也提到“抽分之设，盖昉《周礼》委人掌敛野之赋……举其货，罚其人，税节传以达之天下，盖以抑末也”，但通观全篇，可知他实主张抽分既为“国用因之”，就更该注意裁汰冗吏，简政惠商：“部使殿最，视课数盈缩，以致务网日密……隆庆部使金学曾曰：‘抽分例考诸《会典》，所取百分一二，而制与例多阔略不备，盖尝留有余不尽之意以惠商，王道之所以为大也。其后岁月渐远，山残木凋，非复昔日之例……今可一概重税之乎？’斯言诚可味也。”〔4〕

万历朝派遣矿监税使，大力括敛民财，“采矿则民见掠于野，榷关则商见夺于市”〔5〕，对国家正常税收秩序造成严重扰坏。户部尚书赵世卿就关税亏减上言：“国家置立钞关，仿古讥市征商之法，下不病商，上藉裕国，内供赏赉，外济边疆，法至善也……天地生财，止有此数，多之于此，必损之于彼。皇上得无以连年税使之供进有余乎？不知其所朘削者，即此各

---

〔1〕［清］佚名：《北新关志丛钞·钞关政录序（高凌汉）》，孙忠焕主编：《杭州运河文献集成》第1册，第21页。

〔2〕［明］汪道昆：《太函集》卷64《水部吴使君榷政碑》，《续修四库全书》第1347册，上海：上海古籍出版社，2002年，第511页。

〔3〕［明］张燮：《东西洋考》卷7《饷税考》，谢方点校，北京：中华书局，1981年，第135~136页。

〔4〕［清］倪文蔚等：（光绪）《荆州府志》卷10《建置志三·税局》，《中国方志丛书·华中地方》第118号，台北：成文出版社有限公司，1970年，第119页。

〔5〕《明神宗实录》卷318，万历二十六年正月壬寅，第5925页。

关不足之数也。"〔1〕奏疏不仅肯定了商税足国安边的效用，还充满着对商人不幸遭遇的怜悯之情。他再三劝说明神宗罢黜税使，蠲减商税，这也代表了当时朝野上下的共同呼声。万历末年，有税监张烨请征恩诏已蠲诸税，右佥都御史王纪劾其罔利虐商：

长芦过路落地生熟盐等税，困累商民，各该巡盐御史具奏及本部题覆过者，俱准蠲免……烨乃故抗诏书，强附三分减一之额税，希图复征……七处行盐地方，长芦运司已有带征盐税四千余两矣。烨乃另立名色，强逼商人赴监投验水程……当此民穷财尽之秋，又必不得之数也，何如蠲之尚可以通商贾、苏民困乎……今天下自貂珰抽税以来，算鸡豚，竞刀锥，甚至与菜佣乞儿争蝇头之微利，剜肉吸髓，令天下嚣然丧其乐生之心。

他因而恳请将"若近京重叠小税，若长芦运司过路等税，若部覆积欠之税，一概尽为蠲免"。〔2〕其在《请豁重叠小税疏》里又讲：

二贤祠之税……原系征收南来短载船税。及查各船俱自临清起脚……征银已完，方得开放北行。至故城县二贤祠，路经止一百余里，若再征税，苦累不堪……又据献县申称，本县原无单桥之税，于万历三十四年始有……及为税珰所苦，或不愿行商者有之，不愿出途者有之……税繁则商困，商困则来者稀，必欲取盈其额，纵严刑督责，只驱之掉臂而去耳……当此之时，若应并者不并，应豁者不豁，朝廷浩荡之德意谓何？〔3〕

曾任温州知府的蒋光彦则于《重建杭州北新钞关题名记》中理析本朝往代榷商之制，表达了对近来中官强派加增的不满：

正成以后，始创是关……是时税法初定，课额未增，当事者虽不能如洪永间诸臣，弛禁于无为……然犹可按额取盈，足国用而止。今迹其行事，不过详于立法而核于验放……而今则异是矣。国朝岁额不过二三万，今增至四万六千有奇，商人苦税重也。近者中贵人出，复

〔1〕［明］陈子龙等：《明经世文编》卷411《赵司农奏议（赵世卿）·关税亏减疏》，第4458页。

〔2〕［明］陈子龙等：《明经世文编》卷473《畿南奏议（王纪）·纠劾税珰抗诏罔利疏》，第5198～5199页。

〔3〕［明］陈子龙等：《明经世文编》卷473《畿南奏议（王纪）·请豁重叠小税疏》，第5199～5200页。

增二万一千多矣……故昔之虞在网疏，而往来之路通；今之虞在网密，而交易之路塞。[1]

征商繁简有别，疏密有异，宽严有法，要在朝廷参衡利害，审慎以处。另如时人李维桢描述瓜洲镇情形曰："四方民赘聚无万数，家鲜恒产，十九商贾，仰机利而食，自榷税中使出而商困……顷者盐政抚敝，巧法不可胜原，商乃重困。"[2] 他在《刘佥宪祠记》里又说："自顷阉人四出榷税……天下骚然，尚须有司救正，而有司上下相蒙，莫之谁何。间罢阉归有司，而民之苦之甚于阉。"在此背景下，李维桢赞赏刘贻哲莅任后能够拨乱反正，发政施仁，汰革冗税，剔除牙侩。文尾评论道："《易》有之，利者义之和也。利于己，不利于物，则悖义不和。不以己害物，故曰利物足以和义。"[3] 在李维桢看来，刘贻哲明于义利之辨，正人心，得民和，其恤商轻税的举措，亦被赋予了兼和义利、利物济民的积极内涵。

此外，万历中山东巡抚黄克缵亦严正指明税使去后税务归并有司仍存在包纳重征等弊。他痛心于农商俱困，力谏蠲免：

计州县大小，令其包纳，彼偏僻州县，原无往来商贾，不过令各市镇一切负贩买卖者，俱认额税。至于酒饭豆腐、草履木勺至微之物，莫不派入册中，以足其额……今宜于六郡额税，量减三千四百两……贫民亦得均沾，不但减诸商贾之税而已。[4]

税虽归有司，而成数固在……临清税银，钞关取一分，而有司又取一分，是一物二税也，孰能甘心输纳而毫无后言哉？为有司者查之稍严，则群然侧目曰："是税监之后，又一税监也。"[5]

各处钞关，既抽税以济边，今归有司者，复照钞关重抽，是重困

---

[1] ［清］佚名：《北新关志丛钞·重建杭州北新钞关题名记（蒋光彦）》，孙忠焕主编：《杭州运河文献集成》第1册，第15～16页。

[2] ［明］李维桢：《大泌山房集》卷54下《重修大观楼记》，《四库全书存目丛书》集部第151册，第666页。

[3] ［明］李维桢：《大泌山房集》卷55《刘佥宪祠记》，《四库全书存目丛书》集部第151册，第679～680页。

[4] ［明］黄克缵：《数马集》卷4《遵明旨议税额减过临清六郡商税疏》，《四库禁毁书丛刊》集部第180册，北京：北京出版社，2000年，第53页。

[5] ［明］黄克缵：《数马集》卷4《乞停止有司征税疏》，《四库禁毁书丛刊》集部第180册，第60页。

商民也。各处州县既有地土人丁正赋，今州县包纳者，复加头会箕敛，是重困农民也。天下有商民、农民皆困，可以为国能久而不乱者乎？[1]

同样，之后另一山东巡抚王在晋也请罢临清及六郡包税，其道："行商屏迹而征坐贾，坐贾日稀而征行户。彼行户者，藉行商以为转运者也，辟之泽竭无鱼，而取偿于网罟，其为不得之数可知。矧钞关既抽一倍，有司又抽一倍，有十羊九牧之繁、一兔二皮之苦。利微则商自散，商散而利益穷。"[2]

再崇祯四年（1631）南京户部尚书郑三俊奏请革罢芜关新税及工部额外之征：

崇祯三年，户部议增关税……一时商旅以货与舡并征，户与工交赋，人情殊大不堪。夫一货不两税……及成熟诸器，已为货矣，不应户征之，工又征之。乃今一货而户工两征，又征船料，是一商之船凡三税矣。昔日珰税之害，正为其苛征横敛，必欲一税三征，较之珰税，有何分别？

崇祯帝批复："关税已经酌定，不必请罢。其一舡三税，允属病商，前部覆已奉明旨，令即遵行。"[3] 五年后右佥都御史张国维又疏言蠲除江南杂税：

江南畿辅之区，舟车之会，非若遐陬僻壤可以私征廛市者……商贾往来，西郡设芜湖关，东郡设浒墅关，百货俱有额钞。若私税开则官税损，亦司榷者所不容也。此中赋重民贫，力已竭于正供……况欲加盈额外乎？从来加税之害，更甚于加赋……往往输至公家什一，归之中饱者什九。且无论日后重征累民，但议开之令一下，而闾阎已遍地骚然矣。[4]

可知当时派增税课不仅在穷僻地方难以实现，就连素称富庶的江南也无法

---

[1] ［明］黄克缵：《数马集》卷4《请乞乘时停免税务疏》，《四库禁毁书丛刊》集部第180册，第63页。

[2] ［明］王在晋：《三朝辽事实录》卷1，万历四十七年九月，《续修四库全书》第437册，上海：上海古籍出版社，2002年，第59~60页。

[3] 《崇祯长编》卷53，崇祯四年闰十一月丙寅，《明实录》附录，台北："中央研究院"历史语言研究所，1962年，第3127~3129页。

[4] ［明］张国维：《张忠敏公遗集》卷2《请免杂税疏》，《四库未收书辑刊》6辑第29册，北京：北京出版社，2000年，第645页。

承受。

由以上群臣进言能够见到，商民平等同恤、商税资用裕国的观念在士大夫间已获得广泛共识，然重征滥取等病商苛政屡受批评，又屡禁不止，至明中后期渐成社会痼疾，亟待剔刷整饬。最高统治者对此当也不乏清醒认知，如崇祯十四年（1641）保举榷差，崇祯帝谕曰：

> 边患方殷，军储告急，司农仰屋无措，官胥侵没公行，而酿弊最深，侵克最甚者，无如榷关。各关旧有额税，近以辽剿等饷少有增加，拟取盈于羡余，非苛求于商旅。乃蝼官奸胥，滥科充橐，假公润私，朝廷当加课之虚名，司关享侵牟之厚利。商贩因而裹足，储会益复空虚，蠹国病商，深可痛恨。[1]

只是随着国势日衰，财源日蹙，朝廷益发无力顾及。而向商人暴征横敛的苦果，最后还是会落到普通百姓身上。时人从中已看得十分清楚，明末张应俞即一语道破：

> 朝廷往听言利之臣，命太监四出抽分。名为征商抑末，以重农本，实则商税重，而转卖之处必贵，则买之价增，而买者受其害。商不通，而出物之处必贱，则卖之价减，而卖者受其害。利虽仅取及商，而四民皆阴耗其财，以供朝廷之暗取，尤甚于明加田税也。且征榷之利，朝廷得一，太监得十，税官得百，巡卒得千，是民费千百金，以奉朝廷之一金。益上者少，而损下者无涯矣。[2]

二、加强榷政监管及施惠商民的言行

（一）强化监管

既然商税之征有益国用，且繁收复敛的做法实不可取，那么加强制度管理、选派得力榷官就显得尤为重要。明初已有士大夫提出宽恤商民、慎委职任的主张，如练子宁在《送白税入京序》中写道：

---

[1] ［清］孙承泽：《天府广记》卷13《户部·钞关》，北京：北京古籍出版社，1982年，第164页。

[2] ［明］张应俞：《杜骗新书》卷3《十九类拐带骗·太监烹人服精髓》，上海：上海古籍出版社，1994年，第301页。

临江当东南水陆之冲，而淦又居上游……故关市之税，常重他县。苟司税者，不得其人，则商贾之经邑者，指日牵引，潜伏远去，期不鬻于是而后止……故必得廉介端慎之士，疏通练达之材，权其轻重，制其盈缩，然后商贾之货，溢于市廛……洪武十年，平阳白氏，初来莅是职于淦。敏而廉，介而通，商贾之出于是者，皆颂其贤，而缗钱之入，民无过病者焉。於戏！其余所谓得其人者矣。[1]

弘治时御史刘芳等也尝以灾异言事，力求整肃纲纪，严惩奸贪渎职之吏：

近差户工二部官收解各处抽分竹木并舡料钱钞，以革所司委官之弊。然或意在避嫌，加倍征税，或将在官钱钞隐漏侵克，乃藏其所收簿籍，致使无从查考。乞查先次差回官，果系贪墨，即赐罢黜。今后但有部官抽税处所，听抚巡官置印信文簿，委官于上下流，相隔一二十里，将日逐经过簰筏舡只并抽分竹木、料钞、银钱数目，填写在簿，按月缴报。抚巡官类报都察院转送该部，候委官回日，查对考核。[2]

又嘉靖初御史杨彝疏陈榷关弊政，请立号纸簿籍："商税之入关也无穷，而关税之入京也有限，公私多寡，漫无可考。请令部臣岁置循环二籍付各关主事，外发号纸数百，给各该巡按御史，委官视单数填入号纸，主事视号纸填入簿籍，季终送御史查算缴部，庶侵渔之端可杜也。"户部覆议："各关本无课额，轻之则课少而生议，重之则取盈而致怨。今本部已置三藉(籍)，令主事日登其课，岁满一解部，一存本关，而自执其一，法既密矣。今第行各关自委附近府州县佐一人，公同验收，互相觉察，则奸无所容而事可久行。"[3]

彼时朝廷着意消除榷政纰缪，正表现在完善这种簿籍稽考之制。据户部尚书梁材《钞关禁革事宜疏》称，该部奉有圣旨："监收船料等项，虽称具数造册奏缴，但所收多寡，未免有侵欺之弊，以致上亏国税，下害小民，无凭查考。你部里还议处停当，开立禁革条件，奏来定夺，通行各钞关遵守，以除宿弊。"户部就此回复：

本部置立印信空白稽考文簿三扇，发去钞关，委官主事收掌。令

[1] [明] 陈子龙等：《明经世文编》卷10《金川玉屑集（练子宁）· 送白税入京序》，第72页。

[2] 《明孝宗实录》卷161，弘治十三年四月癸丑，第2908页。

[3] 《明世宗实录》卷89，嘉靖七年六月壬寅，第2006页。

> 其逐日填写船料商税数目，差满之日，将一扇存留本关备照，一扇委官收执，一扇差人解部查考……如有不饬廉隅、不惜名检者，是谓衣冠之盗，听本部从实参行，吏部不待考察，即时罢黜，以示惩戒。至于皂隶、门子、书算等项，听各该有司审编，照常送役，不许自行收取更换，致生物议。仍要严加访察，如有积年充当及各项作弊情由，径自拿送各府州县，问罪发落。

且户部还曾奉圣旨："各钞关收受商税船料，虽稽考严密，而宿弊实不能尽除，差去官员亦多苛刻取盈，往来多怨。今后务差老成廉静的去，严加关防觉察，若再有贪鄙不惜行检的，你部里便参行吏部，不待考察，就行黜罢。"梁材以为"设关榷税，上以裕国课，下以通商民，诚非细务"，乃复"谨将禁革事宜，开立条件上陈"，其中多涉及考察官吏是否违制征商：

> 一、出纳官银……合行各该巡按御史于所属府州县内，选委廉能佐贰官一员，每季一换，每日赴厂，听钞关主事督同公平称收，当即封记完固，送本处府州县收库……候一季已满，照数对查明白，差官类解本部，转送内府交纳……一、各关船只往来，岁无定数，而纳料轻重，旧有定规……合行各该主事，今后装钉号簿，每样二扇，并收料文票，俱发彼处官司编号，用印钤记，送厂收掌。一扇委官收执，遇有船户纳料，就将船梁丈尺并料银分两，明开票内，仍照票数目，填写在簿挂号，对同无差，将票给付船户收照。每日分别船梁阔狭、料银多寡，类算总数，令收银委官于本部发去稽考簿内，逐一登记明白，年终通将号簿，发彼处官司收贮。每遇起解料银之时，主事照稽考簿，委官照挂号簿，各开船梁丈尺、料银分两总数，申呈本部。彼处官司内将原填号簿一扇印封，就付解银委官，一同赍送到部，逐一查对磨算无差，方与类进。如有不明，听本部指实，参究治罪。一、船料则例，原以装载货物多寡为率，后从简便，乃验船梁阔狭，定收料重轻……合行各该主事，今后丈量船只，务要躬亲验看，不得信凭下人瞒官增减，诓索财物。其所收船料，各照彼中原定旧例，止以成尺为限，此外若有零数，悉捐以与民，不许逐寸科取，致生事端。一、各钞关止取船料，惟山东临清、杭州北新关兼收商税……合行各该主事出给告示，晓谕商人，每船车到关，不许投托铺户，径自开写货物，从实报官。主事督同委官验看明白，照例折收银两，出给票贴……仍于印信簿内逐一填写挂号，以备清查……一、各钞关书手、门库、皂

隶等项人役，往时多用积惯市民，为害百端……务要严加禁约，以肃衙门，一应积年作弊人役，通行查革，不许容留……商税巡拦、地方总甲如有生事害人者，悉听主事钤束，拿送所在官司问罪。一、各钞关有等无籍之徒，专一招接船户，索骗银两为生……今给告示张挂晓谕，今后商人雇写船只，止许交与工食水脚。所纳料银，本商备办足色银两，径自到厂，照数报纳，不许船户干预，违者各治以罪。[1]

梁材的这份题奏详细规范了钞关征税的各项事宜，旨在查革宿弊、选派廉能、约束吏役、公平监收。其针对出纳官银、船料计量及商税征缴过程中出现的各种问题而提出的防控解决之法，亦可谓严明周密，显示出政府既重视商课监管又兼及惠商恤民之意。

与强化考核同时，明廷一并加大了对贪墨违纪官员的惩治力度。如嘉靖末户工二部覆给事中赵格言各处关厂主事及委官干没之弊，得旨："榷务累经申饬，给有稽考文簿，所司玩视成风，往往入多报少，委用府佐徒相比为奸，致亏国课。自今各差主事有仍前纵肆者，尔部中及在外巡按御史得通劾之，毋事姑息。"[2]还有大臣提议取缔侵商害民冗员，隆庆时工科给事中吴时来即称：

真定府滹沱河原有额设抽分税课司，先年止是本府委通判，督同该司官十分取一，每年终内官监差官印烙，随即回京。至正德年，奏差内臣一员，公同通判管理。太监祖臣听信拨置，妄抽害民，折银入己，违法多端，已经该部奏请题革。至嘉靖十一年，又复差官抽印。又该抚按见差去内臣骚扰生事害人，奏请改委本府同知，公同抽印。由此则差官印烙，未有不贻害地方者。

他指出按此情形，罢去差官专委地方既"有益于国用"，"有益于边防"，又"无害地方"，"于政体无伤"。[3]

时吏科都给事中郑大经亦建白任官得人以纠办奸私，裁抑浮额：

我国家通商裕国，凡财货舟楫会通之所，置关榷税。部臣专敕往

---

[1]［明］孙旬：《皇明疏钞》卷38《财用一·钞关禁革事宜疏（梁材）》，《续修四库全书》第464册，第202～205页。

[2]《明世宗实录》卷534，嘉靖四十三年五月丁未，第8678页。

[3]［明］张萱：《西园闻见录》卷40《户部九·关税》，《续修四库全书》第1169册，第144页。

督之，盖取商贾之纤微，以资国用，重本抑末之意，亦行乎其间。年来当事之臣，固有洁己澄源、通商利国者，而操柄行私、蔑法干纪者，亦往往有之……当国用匮乏之时，顾以自然之利，不充公家之费，而以资墨夫之贪，良可痛恨……故必择部臣清望有声者，不必拘于主事，不必限于一司。回部之日，听堂官考察……各府委官轮差推官一员，每季更易，循序递差，不许推诿。在部臣止据所报定税，商人执票，赴委官上纳税银……敢有仍前干没者，听巡按纠治，以惩不恪。[1]

后又有万历时即将解职浙江巡抚上任户部侍郎的温纯奏言“复关政”，同样认为“国家设立关税，所以通商裕课”，部臣“奉有专敕督理，诚欲其兴利去蠹，惠商佐国”。疏曰：

今后两关商税，布政司每季仍委府通判一员监收，凡遇一应船货到关，照则估计，具单票送部臣验发。本官仍委县佐或务局等官一员，听本官监督秤收银两，寄贮府库……部官毫无干预，每五日将收过货物银两一报本府，一报布政司，一报臣。抚按衙门遇季终将收过税银若干，解过若干，内正税若干，余税若干，分别管收除在，置立循环文簿，送臣等稽查。

他再次明确了部主事与地方官的榷务职掌，期待“关政一新，而国课自裕”。[2] 而群臣的这些建议及朝廷据此颁布的整顿措施，确实能够对商税征收的合理有效运行起到一定的积极作用。

（二）惠恤商民

事实上，明代许多官员在处理有关榷税事务时，对商人常常表现出宽大存恤之行。《西园闻见录》载：

嘉靖二年三月，徽州潘君希平以主事被命至，或以为虑，君夔然曰：“财者天下之大计也，使人人皆被嫌不理，将委之谁哉？亦处之有道而已……己惟典其籍而均稽焉。”是岁薄征而税入视往岁加倍，闻者

---

[1] ［明］张萱：《西园闻见录》卷40《户部九·关税》，《续修四库全书》第1169册，第144～145页。

[2] ［明］温纯：《温恭毅集》卷4《俯竭愚衷敬陈末议以求少裨治理疏》，《景印文渊阁四库全书》第1288册，台北：台湾商务印书馆，1986年，第471～472页。

> 佥谓君持廉革弊，故能致此，同声贤之。君闻之，愀然不乐曰："此非予之意也，岁入之赢缩，在商船之多寡。近岁北方道梗，商贾皆萃于浙，故税入最赢。若不察其然，遂以是岁为率，而必取盈焉，则贻害于后日多矣。"乃具疏其故，陈于当道。[1]

榷官经手财货，职在计赢逐利，然以诗书为业的传统士大夫"于财谷经理之细，非惟其所不习，且不屑焉"[2]，再关务繁杂，"嫌谤易生，而市魁牙蠹因之盘踞窟穴其间，以为商民病，则剧之不治而膻归焉"[3]，正是"财犹腻也，近则污人，故士之廉洁自好者，多以厥任为嫌"[4]。由此莅任者"若驱之赴水火……如衣冠之坐涂炭"，或"尽法以求倍旧额"，或"尽解以求免物议"。[5]潘希平却不避嫌疑，处之有道，其薄征寡敛，岁入反倍，又计虑长远，不以盈余为定额，当是明代税官中德才兼具的代表。

如此言行并非个例，同书还载：

> 李堂……成化丁未进士，历官工部侍郎，初授工部屯田司主事……选差监税竹木于芜湖。先是，中贵宋昂赍缘内批，借取御木张甚，沮遏商人。公至，务从宽减，虽亏课重，得罪弗计。刮剔宿弊，照上年解额存留，羡余籍记，以充后解。[6]
>
> 弘治间，浙江守臣请给竹木银钞税为织造费。时周公经为户书，言："关征非旧，且浙地大水，民困征役，乞暂停织造。"从之。每委官监税，必谕以爱节民力，如课入多者，则与下考。[7]

---

[1] [明] 张萱：《西园闻见录》卷40《户部九·关税》，《续修四库全书》第1169册，第142~143页。

[2] [明] 李东阳：《怀麓堂集》卷29《送傅工部曰会督税荆州序》，《景印文渊阁四库全书》第1250册，第307页。

[3] [清] 佚名：《北新关志丛钞·司农荆公关政录序（杨廷槐）》，孙忠焕主编：《杭州运河文献集成》第1册，第56页。

[4] [明] 张萱：《西园闻见录》卷40《户部九·关税》，《续修四库全书》第1169册，第142页。

[5] [清] 佚名：《北新关志丛钞·钞关政录序（高凌汉）》，孙忠焕主编：《杭州运河文献集成》第1册，第22页。

[6] [明] 张萱：《西园闻见录》卷92《工部六·钞关》，《续修四库全书》第1170册，第158页。

[7] [明] 张萱：《西园闻见录》卷92《工部六·钞关》，《续修四库全书》第1170册，第158页。

此事流传后世亦有回响，万历时曾任大学士的李廷机向主政榷关的友人言：

榷关故事，后榷之数常浮于前榷。不佞尝与诸公谈，以为君子不尽利以遗民，若日益岁增，国家万年无疆，更何底止？愚意欲易渐加为渐损……而廉者自廉，能者自能，于国计无毫发损，而所益于国脉国体者不知其几千万也。及阅《名臣录》，成化中有大司农周文端公经者，委官监税课，入多者与下考，则不佞所论，先辈已有先得我心者矣。[1]

遗利商民即为护持国体，古人之间，可谓心有戚戚。再如：

何遵，字孟循……正德甲戌进士，为工部主事……尝榷木荆南。故事多昵，奸胥踵弊承讹，岁增羡以自润……孟循更置一切，而复以廉率之，无何，出羡千金。左右劝以献绩，怒斥之曰："来者将何继耶？"乃令下商自百金下，减算三之一，风水败资者勿算。[2]

韩参议邦靖，尝以工曹抽分浙江。先是，抽分部使者往往避嫌，乃重取于商，为羡余以自白。公乃下令曰："非巨木若竹木成器者不税。"税课旧领府幕官，乃奏议寄布政司……及代入奏，乃课额不足，部尚书及工科给事中皆以法劾，公亦自劾求罢。[3]

冯岳……嘉靖丙戌进士，授工部都水司主事，差管器皿厂，裁革常例殆尽。己丑监税芜湖，创制木匣十数，商至即税，不停时刻。令商自投匣中，登记于籍，封贮县库，数逾常额，尽行倾解。[4]

郑溥……嘉靖壬辰进士。尝为南京户部主事，维扬置分司，榷舟有大小二关，旧皆征之。君往司榷，谓某吏曰："征利而为是纤细发密，虽取赢，胡足贵？"通其小关，恣舟行，莫谁何之，榷计以足。[5]

---

〔1〕［明］陈子龙等：《明经世文编》卷460《李文节公文集（李廷机）·报北新关吴主政》，第5040~5041页。

〔2〕［明］张萱：《西园闻见录》卷92《工部六·钞关》，《续修四库全书》第1170册，第158页。

〔3〕［明］张萱：《西园闻见录》卷92《工部六·钞关》，《续修四库全书》第1170册，第158页。

〔4〕［明］张萱：《西园闻见录》卷92《工部六·钞关》，《续修四库全书》第1170册，第158页。

〔5〕［明］张萱：《西园闻见录》卷40《户部九·关税》，《续修四库全书》第1169册，第145页。

> 唐大中丞时英尝为户部主事，委榷税九江，俸薪自给，襟度萧然。取前人雅语揭庭柱曰：“宽一分民受一分之赐，蚤一刻舟行一刻之程。”以此自勖，常目存之……其年考课，以公为户曹最。[1]

这些榷税官员均以爱养商民、惜用财力为念，“虽当榷政之顷，而有宽恕之意，则下固不亏于民，上亦可足乎国”[2]。他们以身作则，廉正奉公，剔厘旧弊，废黜陋规，既不苛征溢敛，又不取赢为常，而种种便商举措却常使课额增羡有余，官府与商众两相得利。

同样的例子尚有很多，如正德时监税正阳钞关的周文盛，其墓志称：“关者利府也，当是任者多自败，公独无所染，商人称便焉。有江西豪商汪强专关利，往往局负诸商，商人苦之……公既监关，民吴淮者讼强负其帖舡金，强初傲然不服，公以计出其所负金以示之，强语塞，严刑以徇，关人畏服。”[3] 其时工部主事邵经邦“榷荆州税，甫三月，税额满”，也即“启关任商舟往来”。[4] 嘉靖时南京户部主事谢昆监钞北新关，其墓志载：“北新利薮也，以洁入者鲜不以污处……既至，益励初志，锱铢弗染，商舶一税取足常课，杂费破格除之。吏曰：‘除之己必敛怨。’先生曰：‘吾宁怨归于己，毋宁害归于商。’由是清操闻于两浙。”[5] 时人徐九思亦尝“出榷荆州商税，举旧额裁三之一，诸听榷者蝟集，倍溢于故”，且其曰：“吾裁而得溢，毋使后人增而取溢也。”[6] 再嘉靖中曾任南京工部主事的张瀚以感化商人的亲身经历为证，讲明恤商带来的惠感实效：“余筮仕为南京工部郎，兼摄龙江上、下关榷务时，与侍御方克用同事。余语之曰：‘古者关市讥而不征，征商非圣朝所宜急。顾缓急在人，讵谓今无善政哉！’方韪

---

〔1〕［明］张萱：《西园闻见录》卷 40《户部九·关税》，《续修四库全书》第 1169 册，第 145 页。

〔2〕［明］吕楠：《泾野先生文集》卷 10《双寿荣封诗序》，《四库全书存目丛书》集部第 61 册，济南：齐鲁书社，1997 年，第 25 页。

〔3〕［明］韩邦奇：《苑洛集》卷 4《岢岚州判官周公墓志铭》，《景印文渊阁四库全书》第 1269 册，台北：台湾商务印书馆，1986 年，第 383 页。

〔4〕［清］张廷玉等：《明史》卷 206《列传第九十四·邵经邦》，第 5451 页。

〔5〕［明］林希元：《同安林次崖先生文集》卷 13《职方司员外郎次峰谢先生墓志铭》，《四库全书存目丛书》集部第 75 册，济南：齐鲁书社，1997 年，第 677 页。

〔6〕［明］王世贞：《弇州续稿》卷 111《广东高州府知府致仕进阶中宪大夫东山徐公墓志铭》，《景印文渊阁四库全书》第 1283 册，第 572 页。

余言，相与弛商之什二。自后商贾乐赴，舟楫骈至辐辏，国课较昔反增十之五。”[1]

复如嘉、万时人洪朝选入仕初授南京户部主事，传曰：“出榷北新关，洗涤宿弊，惟通商惠民是急。度一岁国课几何，抽货算缗，取盈额而止。既满不复税，津梁不闭，任舶上下，商人便之，诵声四达，卓绝前后。”[2]当时理芜湖税之许宗镒及榷于浒墅关的杨佩训，亦“却私馈，清兑钞，通融于商税国课之间，无失岁额，而止额满……商人欢声载道”[3]，“酟每岁课有几，大率征商船有几，量定为额，税半额，蠲其伍，稍及额，蠲其八，及已盈额，悉予之……但昕夕放泊上下而已”[4]。蔡国炳在清江督造漕船时也着意节用省费，轻役薄赋：“先是，船稍敝漏，尽弃不复用，而更以新。一船之费，动数千缗……公度其税之所入，与费之所出，酌为定式，船不敝不更新，非大坏极敝不再造……每一舰成，省将作之半，积三年，所省金千万余，公攀而贮之郡帑……工商皆便之，至今遵以为法。”[5] 而方良曙榷木荆州，“有司方急殿材，诸贾率匿上游，避勿榷，关吏请算舟充额”，他正色道：“吾受命榷木，不闻榷舟，即不中程，讵敢阑及非额？”诸贾乃“闻风争就榷，额既溢，乃罢两月告缗”。[6]

事实上，明人文集中称扬嘉、万时期官员爱民恤商、去弊减税政绩的记载屡屡得见。即如《大泌山房集》所述：饶州与徽州接壤，贾人居多半，以往地方官因循重本抑末之说，遇事判罚，往往失中。刘之沂则“酌情揆理按法，务适其宜”，使“贾与民相睦，市不贰价，关不苛讥，物不腾踊，远迩归之”。[7] 再《宋工部祠记》云，“比年宫殿灾，需木为亟……

---

[1] ［明］张瀚：《松窗梦语》卷4《商贾纪》，第86～87页。

[2] ［明］李光缙：《景璧集》卷12《刑部侍郎洪静庵先生传》，曾祥波点校，福州：福建人民出版社，2012年，第558页。

[3] ［明］李光缙：《景璧集》卷13《参知定斋许先生传》，第582页。

[4] ［明］李光缙：《景璧集》卷15《大中大夫布政司左参政仰恂杨公暨配封恭人淑勤黄氏行状》，第729页。

[5] ［明］李光缙：《景璧集》卷16《明进士中宪大夫四川按察司副使前广东左参政吏部稽勋司郎中拱朋蔡公暨配封安人李氏墓志铭》，第769页。

[6] ［明］汪道昆：《太函集》卷54《明故应天府府尹方公墓志铭》，《续修四库全书》第1347册，第405页。

[7] ［明］李维桢：《大泌山房集》卷55《刘宪副祠记》，《四库全书存目丛书》集部第151册，第677页。

取办东南诸商”，然“工不遽举，木至潞河，数年不予直，诸商坐困”。木商欲“转鬻民间，而巨室倚势摧直”，人祸接连，又遇天灾不断，“会淫雨水溢，木荡析流亡”，终致逋累，“司空台省以闻，捕诸商于南城门候狱”。时值宋良翰榷木杭州，持“恤民隐”“重国体”之旨，执法一切从宽，他有感于商人“为国树万世丕基，而驱迫以苛令严刑，殒其身，覆其家，丧失其父母妻子”，因而“蠲其官税，助其运夫，汰其私费，酬其平贾”。宋良翰不仅慎刑罚，从旧价，体商情，减逋赋，还严厉批评近年“巨珰侵牟，大臣窃据”，动辄对商民箠楚相加、剥肤吮髓的苛政，认为“民为邦本，财为民心，伤其心则伤其本……故不难以一人之身，任数千百人之怨，而不欲以数千百人之命，博一身一时任事之名也”。祠记写道，“宋公之论出，而忠臣义士敛衽起敬，击节称善”，各木商也“如期如额完所逋”。[1]宋良翰此番举措，的确获得了收民心、增国赋的效验。

又《张工部榷政记》载：“古时山木皆领于官，民不得私……今制山林听民自取，而第于所汇以司空郎司榷事……芜湖近陪京，则以陪京司空郎任之，亦以近陪京故，巧繁拜请，法尼不行，较诸关为难治。蜀张公之莅芜湖也，无匝月，贾人颂声载路，浃岁，颂者如一日。”张工部尝言，“征商以裨国用，而榷者乃囊橐其中，封己养高，恣所美好，置侈长物，或取货于市，直十不顾一，义之所不敢出也……吾第无使阑出入，无失故额而已”，具体来讲：

> 木蔽江而下，风涛之不时，绋维之不力，且以诲盗。吾因其早暮寒暑谨察之，无稽故也……若居停主人诋欺相高，诡态横出，抄忽之差，鼓舌伧伫，侵牟商百方。吾亟屏之，无令内窥也。署以内，府史胥徒，窃嚬笑而高下手，舞文犯科，商敢怒不敢言。吾汰其冗者，无令以商为奇货，刑其不法者，谨将之无铍滑也……商父老子弟有丧资而假贷亡所，凶年饥岁嫁于外者，有疾病夭札者，有棺敛不具暴骨者，有以市籍自占数而不得复，即为诸生若资用乏者，赈之疗之，掩埋之衣食之，而为行束脩，使力学无他虞焉。

这样一来，自然取得良好治绩。文中最后评论说，“上以国用不足，取给于矿税……专属阉寺，天下骚然，靡有孑遗”，而张公所为，正能唤起“在

---

[1]　［明］李维桢：《大泌山房集》卷55《宋工部祠记》，《四库全书存目丛书》集部第151册，第682～683页。

事诸臣皆砥砺名号，务为清白，积诚以感动上回心乡道……膏泽下民”，实收“以义为利，不以利为利之明效”。[1]

该文集内还有多处提及地方官员的恤商美政，如歙县知县张公“为石堤石桥，而不虞水，歙贾遍四方，以此累富”，又“恶贱丈夫之垄断抑直，市货十不偿一”，其乃“一无所受，亦一无所取，即上官有征索，封还其檄，追胥不及肆廛，而商以安”。[2] 吴大夫为盐官廉平声著，“下不病商，上不病国”，“以如水之心，应如市之门”，故“贾人从之如归市”。[3] 何宽为河南参政时，“督储京师，故事输金者稽故不即纳，以给商，复侵牟十一”，他却“朝以入则朝以出，夕以入则夕以出，管钥封识宛然，商欢呼声彻广内”。[4] 来俨然“官职方所，领山海关事……行旅如归，而中贵人榷关税者，严惮君，约束其下人，凿齿窫窳之徒，稍稍戢”[5]。傅霖尝知寿州，召集当地名宿高年询问所宜厘改，众曰“病在枝官”，于是他“罢寿春驿、正阳镇巡检所，省共张榷会金数千，游徼列卒不得为奸利”，终而“宾旅安于次，商贾歌于途”。[6] 这些官员不管官居何职，无不显示了秉公执政、体恤下情、惠商爱民的至意，他们在完成国家税课的同时，也一致受到商民的衷心爱戴。

再以《苍霞草》及《苍霞续草》为例，如卢一诚任南京户部郎中时，“僚某榷城门税，适方增税额，惧不中程，议倍征”，其曰:“征商有定法，胡可变也？毋漏毋渔，额当自足。”[7] 工部主事罗尚宾尝督造清江漕船兼

---

〔1〕［明］李维桢:《大泌山房集》卷59《张工部榷政记》,《四库全书存目丛书》集部第152册，第5~6页。

〔2〕［明］李维桢:《大泌山房集》卷59《张歙县政略记》,《四库全书存目丛书》集部第152册，第11页。

〔3〕［明］李维桢:《大泌山房集》卷59《吴大夫却金记》,《四库全书存目丛书》集部第152册，第12~13页。

〔4〕［明］李维桢:《大泌山房集》卷63《何太宰家传》，《四库全书存目丛书》集部第152册，第78页。

〔5〕［明］李维桢:《大泌山房集》卷65《来职方家传》，《四库全书存目丛书》集部第152册，第120页。

〔6〕［明］李维桢:《大泌山房集》卷67《傅少参家传》，《四库全书存目丛书》集部第152册，第165页。

〔7〕［明］叶向高:《苍霞草》卷17《明中顺大夫潮州府知府卢公墓志铭》，《四库禁毁书丛刊》集部第124册，北京：北京出版社，2000年，第459页。

司榷事，墓志云：

先生首革巡栏老人，船税五尺，货税五分，而下悉蠲之。所当抽分，听商自报，吏不得夤缘其间。督抚虑有漏税，议尽拘商……力持不可，事乃寝。往税木者，以意多寡，至一木而税二三缗。先生以绳围之，围尺寸若干，输钱若干，较前税省十之七。钉铁过淮，故事率三而留一，甚且课其输金。先生罢输金，又大减所留额，商人便之，至勒石为絜令。[1]

又如曾榷税浒墅等关的陈莲湖、瞿汝稷、陈元凯：

尝一榷浒墅关，舆诵大起。往榷关者密网峻防，如凝脂束湿，取利无遗孔……大夫为关，讥防甚疏，宽然有不尽之意。人谓："如此不虞损课乎？"大夫曰："课尚赢，何虞损也？"往来冠盖过关下者，饩牵供具，莫或不腆，而所入大农金钱，较常额反溢万余缗。[2]

榷关故有材木可备兴作，往在事者置不用，而与商为市，所糜无算。公请罢商，用榷木，司空是之。尝与陈御史某共榷龙江关，有羡缗，故事充主者交际。公请于御史，以归部，御史盛称公……擢长芦运使，税珰欲加商税，公力争乃止。[3]

迁南户部主事，榷广陵关，疏节阔目，不为苛细，所蠲豁甚多……或谓："如此不虞课耶？"君曰："课自不乏，必严为讥防，徒以润橐耳，吾不为也。"往司榷者多方诛求，课入犹殿，君锱铢无所取，即常例亦尽却，而反溢额至二千金。[4]

他若邓原岳"监崇文门税，税溢而未尝滥括商一钱，且多所蠲贯"[5]。杨时乔清正练达，务使榷务从简便商："会推择榷武林关，遂以公往……公

[1] [明]叶向高：《苍霞草》卷17《明故孝廉工部虞衡司主事罗钟石先生暨配刘孺人合葬墓志铭》，《四库禁毁书丛刊》集部第124册，第462页。

[2] [明]叶向高：《苍霞续草》卷6《悦山陈封君七十序》，《四库禁毁书丛刊》集部第125册，北京：北京出版社，2000年，第16页。

[3] [明]叶向高：《苍霞续草》卷9《长芦转运使加太仆寺少卿致仕瞿公墓志铭》，《四库禁毁书丛刊》集部第125册，第79～80页。

[4] [明]叶向高：《苍霞续草》卷12《明绍兴府知府景云陈公偕配詹安人合葬墓志铭》，《四库禁毁书丛刊》集部第125册，第153页。

[5] [明]叶向高：《苍霞续草》卷10《中顺大夫湖广按察司副使翠屏邓公墓志铭》，《四库禁毁书丛刊》集部第125册，第103页。

谓正本清源，事在使者，乃着为絜令。商贾持片纸入榷司署，所应入税若干，输之郡帑，郡输之司农，使者自片纸外，一无所与。商课益办，归者络绎如市。"[1] 耿定力任职成都时亦尝悯恤商民采木苦情，力求惜财厚生："蜀最苦采木，公议动大众毋啬其资，任长吏毋縶其足，豫采探，分夷险，布恩信，明赏罚，使商夷乐趋，操纵在手，乃可集事，当事悉从之。又念收木留难，豫请冬曹颁式于商人，及木至皆中程，吏不得要索，所省无算。"[2] 复有反对税监残商害民的曹时聘、徐维岳：

矿税方兴，中贵人凿山无所得，则议令民包赔，公争之力。徽人程守训者，以无赖子附丽陈珰，纵横肆暴，至反噬御史。公疏劾之，且声欲捕治，守训畏公，稍稍戢。姑苏机户以加税殴死珰役，波及乡绅家，公具疏言状，力请罢税，并宽诸乱民。上采公言，多所纵舍，一郡遂安……珰暨禄议增江南税金三千，公裁其二，珰不能夺也。[3]

悉罢诸和买，官自为市，镌其事于石，宿弊尽祛。税珰暴横，公请有司代征，复多所节缩，商乐于出途，税额反溢。[4]

面对商民困苦情状，这些士大夫为制止朝廷繁征苛扰付出了不懈努力。

《东西洋考》里也记载了万历时福建督饷职官的一些事例：吕继梗"娴于经济，声华烨然"，创计饷十法，"诸不便国、不便商者，一切报罢"，于是"船得从实报，报得从实验，验得从实纳"，税饷不责自输，更较曩额加溢，商人私语："吕侯十法，吾商人生命也。"[5] 邵圭"甫视事，详询商民便苦"，尽得利害，"诸蠹病商者悉屏绝，永勿令蹂躏"，其督饷"自足额而外，多从宽政，商人德之，立碑颂美"。[6] 王起宗"接诸商务，节省简便"，他"心切惠商，而拘束左右甚严，检防宿蠹甚周，是以诸商议

---

〔1〕［明］叶向高：《苍霞续草》卷12《通议大夫吏部左侍郎赠吏部尚书谥端洁止庵杨公墓志铭》，《四库禁毁书丛刊》集部第125册，第138页。

〔2〕［明］叶向高：《苍霞续草》卷9《明正议大夫资治尹南京兵部右侍郎赠南京户部尚书叔台耿公墓志铭》，《四库禁毁书丛刊》集部第125册，第82页。

〔3〕［明］叶向高：《苍霞续草》卷9《工部侍郎嗣山曹公墓志铭》，《四库禁毁书丛刊》集部第125册，第70~71页。

〔4〕［明］叶向高：《苍霞续草》卷12《嘉议大夫南京通政使文江徐公墓志铭》，《四库禁毁书丛刊》集部第125册，第149页。

〔5〕［明］张燮：《东西洋考》卷7《饷税考》，第149页。

〔6〕［明］张燮：《东西洋考》卷7《饷税考》，第150页。

伐贞珉，以纪不磨”。[1]

明代士大夫“上有以振县官之急，而下不牟商贾百姓之利”[2]，他们不仅把这种公私兼顾下省征减税的举措看作惠商美政而津津乐道，甚或官民一道立祠树碑以示纪念。如《水部吴使君榷政碑》记，万历时吴之龙榷浙，集告缗者庭下，宣言曰：“自昔先王重本抑末，而后山泽始有征，乃今农什七而商什三，莫非齐民也。比年有事将作，率仰给水衡，藉第令惟正之供，将不堪命……天地自然之利，太上固当与有众共之，岁赢则赢，岁诎则诎。今日之事，岁为政，吾主其平而已。”于是“近者集，远者归”，他又誓于众人：“不尽利以遗民，古之道也。公等第以簿正上之，吾第以簿正听之，毋矫诬，毋苛细，毋竞尺寸，毋尽锱铢，愿相忘于江湖，恶用煦沫为也？”其遂“屏驵侩，息侦夫，寝竿牍，塞径窦，五方称平者如出一口”，而岁额有常，商旅“亹亹诵德无穷”。[3] 再《督课黄明府政绩碑》载其督课真州，始至即言于众：“商以利来，吾所以来，务在通商而已。又因而为厉，商何罪耶？”他乃“裒章程，审经制，综物曲，协时宜，平利权，屏文罔，毋伤国体，毋撄人心”，终而“群贾欢然归之，不待其辞之毕也”。[4] 又万历中榷税荆关的工部主事赵国琦，其去思碑云：

> 既受事，恻然念商民当巨珰虐焰之后，杼轴萧然，乃斟酌于法与例之间，谓法本宽，例主严，昔用例破法，今因例立法。用例破法，其法犹存；因例立法，例即成法……乃颁为定制行之，大要在诎例以伸法，以苏息商困为主。其于商民也，若慈母之于婴儿，无不可以情求。凡一切密于例而可以情通者，皆力行之以便诋。受事数月，荆关大治。[5]

时督理扬州榷政游贤的去思碑亦道：

> 万历癸卯春，部使者当代，大司农念无如游公贤……迨莅维扬，

[1]〔明〕张燮：《东西洋考》卷7《饷税考》，第152页。

[2]〔明〕李光缙：《景璧集》卷1《贺御史崔公六载满最叙》，第6页。

[3]〔明〕汪道昆：《太函集》卷64《水部吴使君榷政碑》，《续修四库全书》第1347册，第511页。

[4]〔明〕汪道昆：《太函集》卷64《督课黄明府政绩碑》，《续修四库全书》第1347册，第512页。

[5]〔明〕袁中道：《珂雪斋集》卷18《榷荆关工部主事赵公去思碑记》，钱伯城点校，上海：上海古籍出版社，1989年，第741页。

壹意以宽商惠民为计，力言于巡抚，尽改中人苛税，归之有司。已而宽减其科条，爬梳其敝垢，苟可便人，盖不汲汲于取盈然者。即额之当榷者时时纵舍之……帑无匿财，奸无骫法，固非中材顾望弛而不张者所能办也……其施在一隅，其仁足以示四方。其事虽行于一时，而其法足以传后。[1]

这类悯念商民疾苦的事例在方志史料中亦多有体现，以康熙《徽州府志》为例：如正德时工部主事方谦，“出督芜湖关，关口水迅射风利，木不得泊，而逻者以为走关也，官不察辄以法治，商苦之”，其“为区画措置，至今便之”。[2] 汪大受，“嘉靖己丑进士，选庶吉士，改工部主事，榷税杭关，开贴沙河以便商，商人祠之”[3]。李应裕，“万历丙子乡荐，由罗源令升平乐府抚彝同知……尝三税贺桥，一意宽恤，商为设生祠祀之”[4]。胡玠，“万历壬辰进士，知建安县……邑赋烦重，奸吏肆渔猎，令民投椟，尽得奸状，裁省冗费，通商惠民，去之日，民肖像祝之”[5]。鲁点，“万历中谪知休宁县，轻赋省刑，请托几绝，官市平价，贾人特碑焉，邑人立永慕祠”[6]。而其中最具代表之事见于该志所录嘉靖年间《新安徐公惠贾之碑》，碑文提到徽人经商大多为生活所迫，且获利无多，仅足赡家糊口，而当时情形是：“新安诸邑，歙为附郭，相沿官市，止于郭居之廛，不下其直，故役不告劳。顷者邑有黩货之吏，频于诛求，郭民始援乡廛，以舒己急，而岩镇之贾重困矣。”由此引出城乡商人赋役不均的问题，推官徐州审理此讼，正本清源，认为纷争起于“官邪”，乃置循环文簿，“凡官有所市，令

---

[1] [明] 焦竑：《澹园集》卷21《督理扬州榷政户部尚书郎游公去思碑记》，第258～259页。

[2] [清] 丁廷楗等：(康熙)《徽州府志》卷13《人物志二·风节传》，《中国方志丛书·华中地方》第237号，台北：成文出版社有限公司，1975年，第1765页。

[3] [清] 丁廷楗等：(康熙)《徽州府志》卷12《人物志一·经济传》，《中国方志丛书·华中地方》第237号，第1678页。

[4] [清] 丁廷楗等：(康熙)《徽州府志》卷14《人物志三·宦业传》，《中国方志丛书·华中地方》第237号，第1884页。

[5] [清] 丁廷楗等：(康熙)《徽州府志》卷14《人物志三·宦业传》，《中国方志丛书·华中地方》第237号，第1886页。

[6] [清] 丁廷楗等：(康熙)《徽州府志》卷5《秩官志下·名宦传》，《中国方志丛书·华中地方》第237号，第800页。

贾自得书之”，以备稽考。其出令说：“乡贾之役，非旧也，违其家则夺其业，远其妻孥则废其馈，矧不习官府胥缘为蠹者乎？调停之法，乡之贾役于官者，岁不过一月为宜。”文告一出，两贾咸服。后徐州又尽裁商役，“令下之日，镇贾欢呼，若释重负，若解倒悬，谋所以永公惠者，乃走江都请载其事于石”。碑记最后写道：“《周礼》设司市之官，以商贾阜货而行布，又以刑罚禁暴而去盗……无者使有，利者使阜，害者使亡，靡者使微，皆所以蕃民之财而裕其生也。今司市之职总于亲民之牧，顾务肥于其家而构贾之怨，是我为暴而道之尔，先王惠贾之意不亦隐乎？”[1] 恤商惠民之意，溢于言表。

《北新关志丛钞》里亦存有明后期榷税该关的不少廉官能吏之事迹，他们上忧国事，下恤民隐，拳拳以通商裕国为念，力争做到官民两利。如黄一腾“念民之困困于商，商之困困于官”，乃“先于商民约，掣验必躬必新，猾胥必汰必革……为之疏导其脉络，调剂其盈虚”，故“商愿出途，民歌被野……额课既充，商民两利”。[2] 碑记还称其勤恤宽仁：

> 武林北关，扼东南水陆之吭，抽取财货什一之赢，通商裕国……迩来，矿税繁兴，貂珰辈出。额内之课，业难议减，而额外之派，复且不赀……黄使君之榷是关也，下车未旬，洞弊瞩蠹，惕然兴怀，即陈便宜八条……甫及十月，不加赋而课额已盈，即移文报部，欲罢本年抽取……我东南民力之疲，仅仅借商以裕之。而商人削肌及髓，复借使君以苏之。[3]

又孟楠“莅南部，以次督榷务于北新关，兢兢以通商裕国为念，不以脂腻琐屑而避远厌薄，以自为高洁”，故左右“皆洞然知公之实心在通商之情，不为群下所壅蔽”，至其“得代回部，诸士众商俎豆公于特祠”。[4] 再何士林之去思碑载：“下车一持之以廉平，宁额以外之不浮，即额以内稍以宽

[1] ［清］丁廷楗等：（康熙）《徽州府志》卷8《恤政志·新安徐公惠贾之碑（赵鹤）》，《中国方志丛书·华中地方》第237号，第1217~1218页。

[2] ［清］佚名：《北新关志丛钞·武林司榷地官尚书郎黄公生祠记（张鸣鹗）》，孙忠焕主编：《杭州运河文献集成》第1册，第32页。

[3] ［清］佚名：《北新关志丛钞·杭州北新关榷部凤衢黄公去思碑（陈禹谟）》，孙忠焕主编：《杭州运河文献集成》第1册，第36~37页。

[4] ［清］佚名：《北新关志丛钞·黎阳孟公清惠祠记（朱之蕃）》，孙忠焕主编：《杭州运河文献集成》第1册，第33页。

假……总之于意所欲达，情所欲暨，必快而止，而课之盈诎，姑未问也……至是，则蚁聚去（云）集，奔命关下……额乃称足。公固以宽得之，不（以）政病商，亦不以商病国矣。"[1] 复如王应乾疏网阔目，不争锥刀，"抚字与催科两衡"，其法"不问利而问弊，不清商而清关，得其本矣"。[2] 韩文镜"厘剔奸弊，尽绝包揽"，于"关隘刻木张谕，有胥役虎冠狼食、吮商之血者，法无赦"，其洗革旧规，毋致多罚，廉足惠商，能足制奸，可谓"廉与能合者也"。[3] 以上事实大都说明，征税官员若有意尽法取盈，"则商旅闻风走匿，课无能增于旧，而苛刻之谤兴"，若留心宽恤商力，反使"行旅愿出于其途"，而"国课亦充"。[4]

除宽商惠民外，一些官员还把盈余商税用来修堤筑路，改善当地基础设施，在满足国家需求的同时，也造福了一方百姓。如《浒墅关修堤记》载：

> 户部郎澶渊董君，以万历丙申来领榷务，既厘剔弊蠹，修举经呈，遐迩慕怀，至者襁属。逾年而税之溢于旧额者，三千金而羡。关吏请如故事，治橐中装，君叱之去曰："奈何污我？"而议所以捐之，则以语兵备宪使曹君。曹君曰："请捐之堤工为民利，可乎？"即输金府藏以待庀役……向微董君出其余税，捐以予堤，则病涉苦潦颦蹙咨嗟之民，庸有极乎？

文中又道："董君之司榷也，度舟算缗，如式而止，皆躬自衡较，一不以假吏胥。税金镕销解运，综理精密，无敢有恫愒为奸利者。民间小艇，缘关往来，一无所呵禁。盖以其精明强察，烛奸杜欺，以其宽平和惠怀远附近，其赢得过当，乃大胜于竞锱铢、析秋毫者。"以此观之，董君之举"上佐国家之急，而下以拯一方之艰危，跻之周行，贻以永利"，则取之于民用之

---

[1] ［清］佚名：《北新关志丛钞·户部郎斗瞻何公督理北新钞关去思碑（姚文蔚）》，孙忠焕主编：《杭州运河文献集成》第1册，第35页。

[2] ［清］佚名：《北新关志丛钞·户部郎弘台王公督理北新关去思碑（沈漼）》，孙忠焕主编：《杭州运河文献集成》第1册，第38~39页。

[3] ［清］佚名：《北新关志丛钞·北关榷使韩公德政碑记（吴南灏）》，孙忠焕主编：《杭州运河文献集成》第1册，第52~53页。

[4] ［清］佚名：《北新关志丛钞·北新关志旧序（许天赠）》，孙忠焕主编：《杭州运河文献集成》第1册，第63~64页。

于民之意已隐含其中。[1]

再万历末荆之琦掌北新关，“通商惠民，缓征弛禁，商贾云集，国课日增，乃有奇羡”，他慨然道：“此谁非民之膏血……将以赈民。”乃鸠工除道，“上不烦官帑，下不费民财”，“里人名其街为荆公街，与苏堤相朽”。[2]其在关宽严相济，务取廉平，又钤束贪吏，约法商民：“额以外必严绝之，额以内能曲体之。惟骫于法而丛于奸者，罚无赦！”[3]商贾闻之，交口称誉，欣悦于道。颂序亦记：“仁心为质，而擘画剂量，动中肯綮。申之以教令，动之以忠诚……商贾货贝听自供自输，时与减免于额内，不困之以留难。盖宽之恤之，无竭泽察渊之政。诚明并用，蠹蚀无所容，而行旅大集，课额已登期年之间。”[4]时人杨廷槐也赞其不嫌关务琐屑招怨，尽除病商陋弊：“免畸零之课，而后减额内之征，而后以其余为平治道途、缮葺亭宇之费。公行之若宽然有余，而民不称厉，商愿出途，盖期月而关政廓如也。”该序文并感于《周易》“损上益下，民悦无疆”之说，叹曰：“今之商贾缗钱，皆所谓损下益上者，然不有下损而上未必益者乎！则下益而上未必损，亦岂无之！”[5]

当然，明代官员勉力剔除榷政弊陋，并不意味他们就此而纵容包庇不法商人。如正德年间王守仁曾于禁约官吏榷商外，尚云：“客商人等亦要从实开报，不得听信哄诱，隐匿规避，因小失大，事发照例问罪，客货入官。”[6]再万历末李应升言及榷关奉行宽商之政，亟需解决越关亏额与冗役多害的问题：“为防奸计，势不免多设巡阑等役，而多人则多弊，故宁使有越关，不使有冗役……每差一役，踌躇再四，辄复中止。即议设巡阑，仅用其半，盖宁使商人稍有脱漏……以不撤而撤之心行之也。”李应升多方

---

〔1〕［明］陈子龙等：《明经世文编》卷381《申文定公集二（申时行）·浒墅关修堤记》，第4135～4136页。

〔2〕［清］佚名：《北新关志丛钞·北关修筑荆街碑记（陆玄锡）》，孙忠焕主编：《杭州运河文献集成》第1册，第26页。

〔3〕［清］佚名：《北新关志丛钞·武林北关新榷部璞岩荆公生祠记（温体仁）》，孙忠焕主编：《杭州运河文献集成》第1册，第28～29页。

〔4〕［清］佚名：《北新关志丛钞·司农荆公关政颂序（翁汝进）》，孙忠焕主编：《杭州运河文献集成》第1册，第59页。

〔5〕［清］佚名：《北新关志丛钞·司农荆公关政录序（杨廷槐）》，孙忠焕主编：《杭州运河文献集成》第1册，第56页。

〔6〕［明］王守仁：《王阳明全集》卷16《别录八·禁约榷商官吏》，第567页。

为商人简化税则，减轻负担，确可称“惠商之泽无穷”。然他尽管一再陈说“为商为国，至意无穷”，但同时又声明自己“祗奉宪法，矢慎矢公，尺式虽宽，不敢违功令以取罪，锱铢必较，亦不敢损正额以媚商”。[1] 同样，前文所引王世贞《陈户部浔阳榷税去思记》中的陈鸣华，下车伊始，“不问利而问弊，弊之所急，则先荡除之”。贾客长年来谒，他谆谆命之：“毋匿舟寻尺，以希减税。夫求减而得全没，非若利也。若无所匿，而吏胥故聊萧之，吾必以罪归吏胥。”[2] 王世贞还在另一位布政司参议的传中写道：“公尝为郡征商，即为商约，毋得故低昂其价，要以商不困而官用足，遂着为平法。”[3] 可见，经商维艰同为民生困苦之一已然进入了士大夫们的视野，受到其高度关切。因而他们征商榷税力主宽严相适，廉正奉公，既保障商人群体的合法权益，又保证国家财税的充足稳定，由此实现官商共利，恰是这些政府管理者所追求的理想目标。

三、对商税价值功用、征缴方式及农商关系的思考

由上文考察的明代士大夫的商税观念可知，在很多人看来，政府收缴商税意在限制打击奸人垄断专利，而非徒为搜刮民财，榨取民资，因此无论于商于民，他们基本一致主张予以薄征厚恤，且愈是在嘉、万以后病商苛政肆虐的时代，其施惠商民的言行会愈多涌现。至于这些士大夫时或表达出征商“抑末”的看法，也只是他们出于对贪贾攫利剥民的愤慨和忧虑，并非无视商税济公足用、资佐国需的正当价值。嘉、万时官至兵部左侍郎的汪道昆曾曰：“大司空制国用，岁遣其属之良者主告缗，征入水衡，以待邦之大事。”[4] 其时大学士许国亦言“榷务意固在通商以布德”：“榷者国之利，商者榷之本，欲课之足，要在通商，欲商之通，要在蠲课，盖

[1] [明] 李应升：《落落斋遗集》卷8《上巡道朱寰同》，《四库禁毁书丛刊》集部第50册，北京：北京出版社，2000年，第270~272页。
[2] [明] 王世贞：《弇州续稿》卷65《陈户部浔阳榷税去思记》，《景印文渊阁四库全书》第1282册，第855页。
[3] [明] 王世贞：《弇州四部稿》卷81《广东布政司右参议益斋赵公传》，《景印文渊阁四库全书》第1280册，台北：台湾商务印书馆，1986年，第350页。
[4] [明] 汪道昆：《太函集》卷64《水部吴使君榷政碑》，《续修四库全书》第1347册，第511页。

反而相成。其宽也，名曰予之，商强属而至矣，课乃更以盈。其急也，名曰取之，商裹足而逝矣，课乃更以诎……予以为取，故见德，宽以为急，故亡怨，得民不亦宜乎？”[1] 与明初最高统治者仅把榷商看成抑止逐末之民的手段相比，士大夫们对商税财政功用的理解已有进一步提升。本来，“关市之征，用以供王之膳服而已，非若后世以之供凡国用也”[2]，而明代士大夫却在此基础上阐发出借助通商鬻货以“足国裕民”“富国利物”等观念，把“讥而不征”转化为“以佐国用”。更有人将“财利”“民心”“邦本”三者贯穿起来，认为商人亦“为国树万世丕基”，伤民财即为失民心蠹邦本，或者视商税为社会公产，并以之为全民谋福利。凡此种种，其实都显示出明代士大夫对传统商税征收认识的新思考。

正是因为明代士大夫能够意识到商税对于扩大财源以增进国家和地方收益的重要作用，故而他们在征缴方式及其与农赋的关系上更为讲求实际，试图有所改善。如嘉靖《增城县志》于“商税”条后，编纂者即评论说：

> 增城旧有商税，而今亡者，盖逐末之商少，故省之，诚是也。然余尝私念，以为赋商亦先王之法，盖今日商贩比前益多，则赋以抑之，固不为过。但赋其货不若赋其人。赋其货，彼将厚直以售，而取偿于民。大凡民之日用，必取给于商，官既赋货，则商亦罔利无疑矣。余欲赋其人者，正以示抑商之意。将商第为三等，令各占籍，上商岁出赋若干，中商出赋若干，下商出赋若干。其等俱以资之丰歉、居货之多寡为差，凡上中下等不得相侵利，非占商籍不许坐市廛。夫然则商税或可以助一邑之需，而袖手市门以登陇断者亦可以少沮矣。[3]

这里尽管仍在重申征商意欲阻抑人民汲汲逐末而妨碍生业的观点，但同时也强调商税具有供应民生日用并助益当地财政需求的合理价值，文中提议按商人资产丰歉、居货多寡分等收税，也透露出据此协调商人内部及农商两业关系的含意。

再如嘉靖初年，时任广东按察司提学佥事的林希元应诏敷陈治道，其

---

[1] ［明］许国：《许文穆公集》卷1《部大夫邹公视榷清原期满还朝序》，《四库禁毁书丛刊》集部第40册，北京：北京出版社，2000年，第350～351页。

[2] ［明］丘濬：《大学衍义补》卷30《制国用·征榷之课》，《景印文渊阁四库全书》第712册，第385页。

[3] ［明］文章等：（嘉靖）《增城县志》卷9《政事志·民赋类·商税》，《天一阁藏明代方志选刊续编》第65册，上海：上海书店，1990年，第293～294页。

中“财用”项写道：

> 边储告乏，臣谓屯田之政可修，宽商输粟之令不宜缓，各处输边之粮宜督责也。商店之税，虽久不行，然今贫民力穑而服官政，富商大贾坐牟大利而分文不输官，若税之以宽民力，独不可乎……榷酤虽唐之弊政，然今富人避赋役而不殖产，并力于市坊以牟利于四方者皆是，若榷之以稍代农征，亦抑末趋本之意也。[1]

可见，向富商收取店税，防控其过分夺利伤民，不仅能够替代农赋补足国用，且还是政府进行经济调控的一种有效方式，而借由商人之力输粮济边亦为以商资国的表现。同理，万历时河南巡抚沈季文也曾提出税收应根据社会实情均平负担：

> 征税之法，当税富民，不当税贫民；当有官税，不当有私税；当征有税之税，不当征无税之税。商贾之中有开设典当者，但取子母，无赋役之烦，舟车之榷，江湖之险，此宜重税，反以厚赂而得轻。至于小民担负之微，市饼卖浆，豨毛牛骨，终日经营，不过铢两，反以输纳而得重，此甚非平也……盖取之富商者，不过割其羡余；征之微末者，则如朘其膏脂。[2]

这些主张在反映社会现状的同时，也是对古代注重均平思想的一种因应时需的诠释。

明末清初思想家王夫之同样承认各阶层各职业民众皆有向国家交纳赋税的责任和义务，“人各效其所能，物各取其所有，事各资于所备，圣人复起，不能易此理也”[3]。但他认为在实际操作中要适当加强政策导向作用，因地制宜公平征缴，于农于商俱不可重困偏累：

> 周制，兵车之赋出于商贾，盖车乘、马牛，本商之所取利，而皮革、金钱、丝麻、竹木、翎毛、布絮之类，皆贾之所操，是军器皮作火器各局之费，应责之于商贾也无疑……今四海一家，官山府海，何产不丰！凡诸军国所需……或就民而税，或官自畜植，又不必尽责之于商贾。乃国计尽弛，悉授之末业之黠民，而徒督责之于田亩之征，

---

〔1〕［明］林希元：《同安林次崖先生文集》卷2《王政附言疏》，《四库全书存目丛书》集部第75册，第480页。

〔2〕《明神宗实录》卷434，万历三十五年六月丁酉，第8200～8201页。

〔3〕［清］王夫之：《噩梦》，王伯祥校点，北京：古籍出版社，1956年，第11页。

不给则令死于桁杨，死于逃窜，不亦憯乎！[1]

王夫之其实一直倡导国家在赋税政策上应向以农民为主体的弱势群体倾斜，不该纵容商人攫重利以害民。由此“厚本重农”意见出发，他对一条鞭法做了批评：

自一条鞭之法行，而革税课河泊所官之税务，尽没其从出之原，概责之地亩，抑本崇末，民日偷而国日贫矣……议法于廷者，皆不耕而食，居近市而多求于市贾，利商贾以自利，习闻商贾之言而不知稼穑之艰难者也。孰能通四民之有余、不足、劳逸、强懦而酌其平乎！杂派分责之商税，则田亩之科征可减，而国用自处于优，国民两赖之善术也。[2]

在其看来，杂派不征于田赋而分责于商税则可，而把商税分摊于地亩则不可。这种观点在当时具有一定代表性，即如嘉靖《浦江志略》所讲：“有商贾之利，则当征之；无商贾之利，则当免之……国家税课之设，主于抑商贾以厚农民，今以农民之租代纳商贾之利，似非立法之初意。”[3]

同时，王夫之也能注意到商税收入对于减轻农民负担和拓宽国家财源的积极意义，然前提条件是官府权量好各方利弊，有针对性地予以妥善疏导监管。其言：

海之有盐，山之有茶，农人不得而有也，贫民不得而擅其利也……富民大贾操利柄以制耕夫之仰给，而军国之盈虚杳不与之相与；则逐末者日益富，力田者日益贫，匪独不均，抑国计民生之交蹙矣。故古者漆林之税，二十而五，车乘牛马，税之于商，先王之以敦本裕民，而持轻重之衡以低昂淳黠者，道莫隆焉。则斯二者多取之，以宽农田之税，仁之术，义之正也……商贾贸贩之不可缺也，民非是无以通有无而赡生理，虽过徼民利，而民亦待命焉。[4]

通商鬻货有赡养民生之助益，但富商大贾若专擅利权，又难免生损国伤民之嫌，因此征商王道所不废，要在善识轻重低昂而制之有法。

---

〔1〕［清］王夫之：《噩梦》，第11页。

〔2〕［清］王夫之：《噩梦》，第38页。

〔3〕［明］毛凤韶：（嘉靖）《浦江志略》卷5《财赋志·课程》，《四库全书存目丛书》史部第186册，济南：齐鲁书社，1996年，第704页。

〔4〕［清］王夫之：《宋论》卷2《太宗》，舒士彦点校，北京：中华书局，1964年，第47页。

如果执政者处措得宜，把商业纳入助益国计民生的合理管控轨道上来，那么农商兼济共利亦非不能。此协调并进之意明中前期儒学家胡居仁早有阐发，目的在于平衡农商结构，维持国家财税富足与社会长治久安：

> 天下之衣食，尽出于农工商，不过相资而已。故程子举先王之法，合当八九分人为农，一二分人为工商。今以数计之，工商居半，又有待哺之兵，及僧道尼巫师祝富盛之家，皆不耕而食……耕者少，食者多，天下如何不饥困？宜自百官士人之外，止将一分人作工商，以通器用货财有无，其余尽驱之于农。既尽生财之道，又免坐食之费，四海必将殷富矣。[1]

嘉靖年间张居正又就此发表过一段精彩论辩：

> 古之为国者，使商通有无，农力本穑。商不得通有无以利农，则农病；农不得力本穑以资商，则商病。故商农之势，常若权衡然，至于病，乃无以济也。异日者富民豪侈，莫肯事农，农夫藜藿不饱，而大贾持其赢余役使贫民。执政者患之，于是计其贮积稍取奇羡，以佐公家之急……亦不必取盈焉，要在摧抑浮淫，驱之南亩……欲物力不屈，则莫若省征发以厚农而资商；欲民用不困，则莫若轻关市以厚商而利农。[2]

以其之见，农商各具职任，势本相补互用，官府榷税的初衷不在筹措眼前一时之需，而主要是为了扼制豪强势力的过快增长，长远来看，厚农资商、培植国本才是社稷长治久安的保证。

与之相近，同时人汪道昆在一篇称颂榷官善政的碑记中阐释了农商“交相重”的理念：

> 先王重本抑末，故薄农税而重征商，余则以为不然，直壹视而平施之耳。日中为市，肇自神农，盖与耒耜并兴，交相重矣。耕者什一，文王不以农故而毕蠲，乃若讥而不征，曾不失为单厚，及夫垄断作俑，则以其贱丈夫也者而征之。然而关市之征，不逾什一，要之各得其所，

〔1〕［明］胡居仁：《居业录》卷5《古今第五》，北京：中华书局，1985年，第65页。

〔2〕［明］张居正：《张太岳集》卷8《赠水部周汉浦榷竣还朝序》，上海：上海古籍出版社，1984年，第99页。

商何负于农……盖厉商则厉农，商利而农亦利矣。[1]

在他眼中，农商关联紧密，共利并兴，若能操持有方，各取优长，双方势必一同成为国家税收的有力来源。张居正和汪道昆虽都顾虑到商贾持赢役贫或垄断作俑的危害，但他们体察农商关系时并未单纯停留在重农抑商、崇本祛末等把二者对立起来的一般话语模式内，而是从商业发展的现实出发，力求于本末间做出适度调整并对之一视平施，使彼此均与当时社会既有体制达成互惠共荣。

明代士大夫的征商观念在对中国古代榷税思想的继承中也有发展，拿元代来说，马端临《文献通考》里于此问题即有类似议论：

孟子曰："市廛而不征，法而不廛，则天下之商，皆悦而愿藏于其市矣；关讥而不征，则天下之旅，皆悦而愿出于其涂矣。"……如孟子之说，可以见古今关市征敛之本意，盖恶其逐末专利而有以抑之，初非利其货也。[2]

山海天地之藏，而商贾坐筭不赀之利，稍夺之以助县官经费，而不致尽倚办于农田之租赋，亦崇本抑末之意。[3]

古人立五均以均市价，立泉府以收滞货，而时其买卖，皆所以便民也……古人之立法，恶商贾之趋末而欲抑之，后人之立法，妒商贾之获利而欲分之。[4]

两相比较，就崇本业、杜专利的意涵讲，明人持见与之并无二致。而从国家同商人的关系看，尽管明代士大夫中仍存在非利商病国即利国病商"欲两全之而卒不可得"的声音，但由张居正、汪道昆等人的言辞也能体会到当时商人和商业地位日渐提高、作用愈见突出的事实。他们更多表示如此夺商佐费"两失其利"，终将"国商俱病"，因而极力批判统治者只求国富不顾民生的做法，倡言兼合义利以实现官商共赢。

这一思想发展到明末清初，黄宗羲鉴于明亡教训，从经世致用层面提出"工商皆本"的见解：

---

[1]　[明] 汪道昆：《太函集》卷65《虞部陈使君榷政碑》，《续修四库全书》第1347册，第524～525页。

[2]　[元] 马端临：《文献通考》卷14《征榷考一·征商》，北京：中华书局，1986年，第143页。

[3]　[元] 马端临：《文献通考》卷19《征榷考六·杂征敛》，第190～191页。

[4]　[元] 马端临：《文献通考》卷20《市籴考一·均输市易和买》，第194页。

> 今夫通都之市肆，十室而九，有为佛而货者，有为巫而货者，有为倡优而货者，有为奇技淫巧而货者，皆不切于民用；一概痛绝之，亦庶乎救弊之一端也。此古圣王崇本抑末之道。世儒不察，以工商为末，妄议抑之；夫工固圣王之所欲来，商又使其愿出于途者，盖皆本也。[1]

他认为所谓崇本抑末，原为汰除不合于民生日用者，而工商有益国计，俱该视为本业。

时人王源也目睹亡明之覆辙，作《平书》以裨善政。此书经清初学者李塨订正，内中包含着一些政府应如何对待和处理有关商人、商业、商税事务的建议。书中强调，榷关横敛无度，阻断商路，理当裁撤，改由所在有司分坐、行两类商人给票征税：

> 今之所恃以征商者，榷关耳。税日增而无所底，百数十倍于旧而犹不足，官吏如狼虎，搜及丝忽之物而无所遗，商旅之困惫已极，其为暴不几杀越人于货哉？宜尽撤之，以苏天下而通其往来。其征之也，分行商坐商。坐商也，县同给以印票，书其姓名、里籍、年貌与所业，注其本若干，但计其一分之息而取其一，即注于票中，钤以印而还之。如本增减则另给，改业亦另给。行商也，亦给以票如坐商，但不计其息，惟本十贯则纳百钱。任所之，验其票于彼，县同注日月而退。鬻所贩，司市评之，鬻已，乃计息而纳其什之一，亦注之票，钤以印而还之。仅足本者，则免其税，预计其不足本者，则官如其本买之。使商无所亏其本者，便商也，贵则减价以卖，又便民也，而官又收其利也。[2]

此番规划，除依据商人资本收税外，还照顾到他们的经营收益状况，免除其额外负担，使征榷方式益趋合理。同时统一规范全国市场，不约限商人活动地域，并以国家财力接济商困，平准物价，更有助于取得官、民、商三方互利并荣的效果。

该书又提议把商人按资产分为九等，各示尊卑，本不足者弛其税，完

---

[1] [清] 黄宗羲：《明夷待访录·财计三》，北京：中华书局，1981 年，第 40 ~ 41 页。

[2] [清] 李塨：《平书订》卷 11《财用第七下》，北京：中华书局，1985 年，第 81 页。

额者授予冠带:“此虚衔也，又无禄，名器不滥，国帑不糜，去卖官鬻爵者不万万哉……商贾不得齿于士大夫，所从来远矣。使其可附于搢绅也，入资为郎，且求之不得，又肯故瞒其税，而不得出身以为荣哉?”[1] 且还指出不能因商为末业便轻贱视之:“重本抑末之说固然，然本宜重，末亦不可轻，假令天下有农而无商，尚可以为国乎?”[2] 取足商税，上供天子，下赡黎民，亦可称富国裕民有道。但正如李塨所评，商人即便有贸迁流通之功，却难拒骄亢谋利之念，自不该荣登重位:“商实不可重，何者？天下之趋利如鹜（骛）矣，苟有利焉，虽轻之而亦趋也，岂忧商贾之少而无乎?夫商有利亦有害，懋迁有无以流通天下，此利也。为商之人，心多巧枉，聚商之处，俗必淫靡，此害也。”[3] 总括本书阐达的商税改革意见，大致仍是希望将商税收入更有效纳入国家财政统筹管理，并在体制上合法给予商人一定的政治和社会地位。其主张商人依资产分等治之，旨在平抑社会财富，既反对税则过高使中小商人受损，又要求政府加强对大商人的监管力度，警惕他们嗜利聚敛，败坏世风。

复就明代国家与商业相关的税收看，其在财政总收入中所占比例并不算高。如正德时曾任户部尚书的王鏊言正统以前之岁入状况：

> 天下岁征税粮凡三千六百三十二万一千余石，内三百二十万九千石，折银八十一万四千余两。户口商税，除折米外，并船料钞折银可得四十三万九千余两。两淮盐场盐课银，岁不下数万千两。各处税粮折征，共一百三万余两。云南闸办三万余两，各钞关船料四万余两，马草折征二十三万余两，盐课折征二十余万两。每年入数共二百四十三万两。[4]

从中可知，明中前期商税与船料钞数额在国家财政结构内虽居有一席之位，但不明显占优。到万历初，据《明会典》载，七处钞关本折年份共征银23.4万两、钱5701万文、钞2917万贯。[5] 其中钱、钞若以嘉靖四十一年

---

〔1〕［清］李塨:《平书订》卷11《财用第七下》，第82页。

〔2〕［清］李塨:《平书订》卷11《财用第七下》，第83页。

〔3〕［清］李塨:《平书订》卷11《财用第七下》，第85页。

〔4〕［明］王鏊:《震泽长语》卷上《食货》，北京：中华书局，1985年，第20页。

〔5〕参见［明］申时行等:《明会典》卷35《户部二十二·课程四·钞关》，第245页。

（1562）题准的“每钞一贯，折银三厘，每钱七文，折银一分”[1] 的比率折算，则三项总计征银约 40.3 万两。[2]另《明会典》记有万历六年（1578）全国商税课额，经统计得银 112 995.210 9 两、钱 24 738 007 文、钞 33 507 393.715 贯，按上述比率折合共约银 24.89 万两。[3]《钦定续文献通考》也列有同年天下总入商税额数，计银 112 585.4 两、钱 25 040 450 文、钞 64 091 977.954 贯，折银共约 34.06 万两，因其加入了部分地区的酒醋、鱼课、茶课等项，所以钞额要比《明会典》记载为多。[4]

再者，从《明史·食货志》所载万历初中央政府各项岁入之数也可考量商税在国家财政中的比重：

> 河西务等七钞关，钞二千九百二十八万余贯，钱五千九百七十七万余文……京城九门钞六十六万五千余贯，钱二百四十三万余文……南北直隶、浙江、江西、山东、河南派剩麦米折银二十五万七千余两……马草折银三十五万三千余两……各马房仓麦豆草折银二十余万两

---

[1] ［明］申时行等：《明会典》卷 35《户部二十二·课程四·商税》，第 256 页。

[2] 此处《明会典》将钞关本折收入一并列入，而当时钞关乃是分本折年份递年轮流征解，故按会典所得总数值应较每年实际税额为高。据陈支平统计，钞关税收“万历初年，本色年分钱钞折银约为 30.3 万两，折色年分征银约26.7 万两”。陈支平、林枫：《明代万历前期的商业税制与税额》，朱诚如、王天有主编：《明清论丛》第 1 辑，北京：紫禁城出版社，1999 年，第 397 页。

[3] 参见［明］申时行等：《明会典》卷 35《户部二十二·课程四·商税》，第 254～255 页。原额还包括通州张家湾宣课司征收曲 15.28 万斤，陕西税课小麦 2493.4 石，云南税课米麦 944.8885 石、海𧴩 5769 索 20 手，在此忽略不计。再福建商税课钞原文记为 267 336 锭 5 贯 509 文，据《明会典》载嘉靖中“令照新式铸洪武至正德纪元九号钱，每号一百万锭，每锭五千文”，而明初规定钞钱单位标准比价“每钞一贯，准钱千文”，是一锭当合五贯。［明］申时行等：《明会典》卷 194《工部十四·铸钱》，第 982 页；［清］张廷玉等：《明史》卷 81《志第五十七·食货五》，第 1962 页。另王世贞《弇山堂别集》载洪武时赏赐勋臣也“按钞一锭为五贯”，又将《万历会计录》杂课项相关数据与《明会典》对照，可确证明钞每锭计以五贯。［明］王世贞：《弇山堂别集》卷 14《皇明异典述九·勋臣归乡赏赐》，魏连科点校，北京：中华书局，1985 年，第 256 页；［明］张学颜等：《万历会计录》卷 43《杂课》，《续修四库全书》第 833 册，上海：上海古籍出版社，2002 年。

[4] 参见［清］嵇璜、曹仁虎等：《钦定续文献通考》卷 18《征榷考·征商》，《景印文渊阁四库全书》第 626 册，第 402～404 页。原额包括云南税课海𧴩 5498 索 20 手，同样忽略不计。

……蓟、密、永、昌、易、辽东六镇，民运改解银八十五万三千余两。各盐运提举余盐、盐课、盐税银一百万三千余两……崇文门商税、牙税一万九千余两，钱一万八千余贯。张家湾商税二千余两，钱二千八百余贯。诸钞关折银二十二万三千余两。泰山香税二万余两……商税、鱼课、富户、历日、民壮、弓兵并屯折、改折月粮银十四万四千余两。北直隶、山东、河南解各边镇麦、米、豆、草、盐钞折银八十四万二千余两。[1]

其中，各钞关及京城九门钱钞入于内库，折合后约银17.87万两，崇文门、张家湾商税及诸钞关折银、泰山香税入于太仓，折合后约银29.37万两，共约银47.24万两。根据以上数据综合衡量，可知万历初期各钞关和税课司局等所征商税总额应该比明中前期有所提高，但与当时其他税目相较，商税在国家总收入中所占份额确非十分突出。而考虑到彼时海禁已开，商贾远贩东西二洋，势头方兴未艾，“公私并赖，其殆天子之南库”[2]，市舶税入当能作为商业总收益的一项补充。又据赵世卿《关税亏减疏》，崇文门加七钞关“原额每年本折约共该银三十三万五千五百余两，又于万历二十五年摊增银八万二千两”[3]，则这时税银达到41.75万两。天启年间，各关税额增至约48.09万两。[4] 崇祯时国家财政越发入不敷出，商税一涨再涨，“十三年增关税二十万两，而商民益困矣”[5]。

这样看来，尽管明代商税收入随时代演进呈增长趋势，并逐渐成为政府可以凭依的得力税源之一，但总体而言，其始终未能在国家财政中占据

---

〔1〕［清］张廷玉等：《明史》卷82《志第五十八·食货六》，第2006～2007页。

〔2〕［明］张燮：《东西洋考·序（周起元）》，第17页。

〔3〕［明］陈子龙等：《明经世文编》卷411《赵司农奏议（赵世卿）·关税亏减疏》，第4458页。

〔4〕参见［清］孙承泽：《天府广记》卷13《钞关》，第164页。其中临清与河西务二关照原额有所减少，崇文门原书多算一千两，今改正。

〔5〕［清］张廷玉等：《明史》卷81《志第五十七·食货五》，第1980页。

足够重要的地位。[1] 嘉、万时人萧良榦即言及“一钞关所入，曾不足以当一下邑之赋”[2]。明末首辅叶向高也直陈商税所入杯水车薪，因国困缺饷而向商人派征实非万全之策：“征商一着，似亦可行，而议者惩于往事，莫肯任责。即毅然行之，而各处税关所入，不过数十万，今欲加征，亦不过倍原额，而止视加派之四五百万，远不相当。”[3] 其实，明代士大夫虽屡屡重申强化商税管理，但对于社会经济境况，他们中很多人仍保持着“天地生财，止有此数”的一般看法，关注的往往是节流汰费而非广开利源。诚如前引张居正所论：“古之理财者，汰浮溢而不骛厚入，节漏费而不开利源，不幸而至于匮乏，犹当计度久远，以植国本，厚元元。”[4] 万历时山东巡抚黄克缵又曰：“生财之道，在杜其耗之之端，不在广其取之之途。苟经理有方，尾闾无泄，虽不征税，亦自足用。”[5] 可见，尽管明代士大夫本着“通商裕国”的精神对发展商业以扩充财税表现出一定的积极态度，但其自身在国家施政层面注意采取市场调控机制增进税收并逐步适应与接受商业化的榷税管理模式尚须做更大调整，不过他们基于“厚农资商”“农商交重”“工商皆本”及“商民两利”的思考所主张的种种惠民恤商政策，在反映传统儒家治国理念外，又为农商经济活动的深入展开提供了有利空间，并从某种意义上揭示出二者可同既有国家体制共生并荣的广阔前景。

---

[1] 陈支平曾考察过明万历前期的商业税制，并估算出当时商税总额约为 344 万两，而两税岁入可达 22 217 358 两，其虽把盐、茶及市舶税均归在商税收入内，但相比于农业两税，商业税收仅及后者的 15%，仍显过低。他由此表示：“明代商业税制已基本上实现了对不同商业领域、不同商品流通环节的全方位监管，但是，商业税定额偏低，远远落后于当时的商业发展水平，特别是从分地区的商税来考察，商税的征收与各地区商业发展的水平脱节比较严重，从而影响了商业税收在国家财政中应有作用的发挥。”陈支平、林枫：《明代万历前期的商业税制与税额》，朱诚如、王天有主编：《明清论丛》第 1 辑，第 405 ~406、409 ~410 页。

[2] ［明］萧良榦：《拙斋十议·河西钞关议》，第 23 页。

[3] ［明］叶向高：《后纶扉尺牍》卷 5《答李懋明》，福建省文史研究馆编：《苍霞草全集》第 10 册，扬州：江苏广陵古籍刻印社，1994 年，第 234 页。

[4] ［明］张居正：《张太岳集》卷 8《赠水部周汉浦榷竣还朝序》，第 99 页。

[5] ［明］黄克缵：《数马集》卷 4《乞停止有司征税疏》，《四库禁毁书丛刊》集部第 180 册，第 61 页。

小　结

综合来看明代士大夫对商税征收的认识与表现，关于关市建置缘起，他们大都重申其稽奸除暴、控遏垄断的古意，在可以满足政府正常开支情况下，榷商并不被视为国务之必需。然从崇本抑末、杜绝专利的角度说，征商有助于缓解农劳，减轻农负，故而明代士大夫看待商税问题时，又多有适当调节农商关系以均平赋役的考虑。同时，他们也能体会到商税借以资国济民的价值功用，且把商人作为社会普通一员与其他庶民一样平等同视，指出商业与民生息息相关，商民又和国家命运同系，科商无度必然导致民乏国匮。因此设关立市旨在互通有无余缺，裨益国计民生，非为专事盘剥，渔利罔民，更谈不上阻断抑制商贸往来。为保障商人日常生计，保证国家财政需求，明代士大夫在商税政策上几乎一致主张常怀仁惠之心，寄抚于征，无论对商对民均一体宽恤，且愈是在嘉、万以后病商苛政肆虐的时代，其施惠商民的言行会愈多涌现。他们批评机构冗迭、重复勒索等榷政弊害，提倡爱养民力，惜财节用，既不取赢做常数，亦不横敛求倍额，并建议强化监管，慎选官吏，严核详考，重惩贪渎，蠲裁浮费，以期达到官府与商民双赢共利之效。

明代士大夫的征商观念对中国古代榷税思想于继承中有所发扬，其未把“抑末”与“通商”完全对立起来，在注意防范民众因汲于逐末而损害生产的同时，亦不否认通商鬻货所具有的供应地方用度及增益国家财富的合理意义。他们鉴于商品经济在全社会广泛蔓延的事实，将“讥而不征”的传统观点转化为“足国裕民”“富国利物”“惠商佐国”等顺应时需的解释，力图改善商税缴纳方式，避免“国商俱病”，并以社会全民的公义公利为准则，重新统合农业与商业、国家与商人间的关系。这些士大夫反对通过高税收压制商人，强调工商业对于国民经济的重要性，阐发了诸如“农末相济”“厚农资商”“农商交重”“工商皆本”等折射时代新质特征的理念，以促进商人、商业于当时国家社会体系内发挥更有益的作用。

总体而言，相对于商品经济规模，明代商业税率偏低，商税收入虽呈增长趋势，且越到后期份额愈显突出，但始终未在国家财政中占据重心位置。而且不少士大夫也持守着“天地生财，止有此数”的缘于农本经验的一般看法，经济上多关注节流而非开源。这样，明代士大夫尽管本着“通商裕国”的精神对推动商业发展以扩充税源表现了一定的积极态度，然其在国家经济管理层面要适应与接受商品市场化的榷税模式尚须做更大调整。即便如此，从他们有关恤商惠民的言论及对国家、商人、农民三方关系的思考中，已能反映出在既有帝制框架下农商二者仍有充分的活动空间，且彼此均可同国家体制达成共生并荣的广阔前景。

第三章 明代商人的法权地位

一、法律规范下的商人权利地位

（一）服饰规定与路引制度中的“抑商”含义

洪武十四年（1381），明太祖下令：“农民之家许穿绸纱绢布，商贾之家止许穿绢布，如农民之家但有一人为商贾者，亦不许穿绸纱。”[1] 单从该条衣着禁令看，似乎表明当时商人的社会地位较农民为低，但若进一步审视，却能发现一些以往易被忽略的现实因素与变动迹象。从历史上看，依据身份地位不同限定官民服制原出于统治层运用国家权力控驭社会成员、维护等级秩序的需要。先秦文献《管子·立政》篇即云：“度爵而制服，量禄而用财……虽有贤身贵体，毋其爵不敢服其服；虽有富家多资，毋其禄不敢用其财……散民不敢服杂采，百工商贾不得服长鬈貂，刑余戮民不敢服絻，不敢畜连乘车。”[2] 而以国家法令形式规定商贾不准衣丝乘车则可上溯至汉初，《史记·平准书》记：“天下已平，高祖乃令贾人不得衣丝乘车，重租税以困辱之。孝惠、高后时，为天下初定，复弛商贾之律，然市井之子孙亦不得仕宦为吏。”[3]《汉书》又曰：“（八年）春三月，行如雒阳……爵非公乘以上毋得冠刘氏冠。贾人毋得衣锦绣绮縠絺纻罽、操兵、乘骑马。”[4]《大学衍义补》中亦载：“汉高祖时……令贾人不得衣丝乘车，

---

〔1〕［明］申时行等：《明会典》卷61《礼部十九·冠服二·士庶巾服》，第394页。

〔2〕黎翔凤：《管子校注》卷1《立政第四·服制》，梁运华整理，北京：中华书局，2004年，第76页。

〔3〕［汉］司马迁：《史记》卷30《平准书第八》，北京：中华书局，1959年，第1418页。

〔4〕［汉］班固：《汉书》卷1下《高帝纪第一下》，北京：中华书局，1962年，第65页。

重租税以困辱之。叶梦得曰：‘高祖禁贾人毋得衣锦绣绮縠绮（绨）纻罽、操兵、乘骑马，其后又禁毋得为吏，与名田。凡民一等，商贾独倍其贱之至矣。敦本抑末，亦后世所不能行也。’”[1] 就身份等级说，商贾本属庶民一类，然其贸迁流转而尚奢好靡，于农业生产不利，故统治者多有摧压之举。宋人叶梦得虽感慨后世常不能尽遵高祖遗意秉行敦本抑末之法，不过丘濬于此附加按语，以为对商贾倡俭可行，重困不必：“汉初去古未远，其行抑商之政，犹有古意……商贾之服用，不许其过侈可也……重商税以致困辱，则过矣。”[2]

明末清初王夫之的《读通鉴论》也尝论道：

> 国无贵人，民不足以兴；国无富人，民不足以殖。任子贵于国，而国愈偷；贾人富于国，而国愈贫。任子不能使之弗贵，而制其贵之擅；贾人不能使之弗富，而夺其富之骄。高帝初定天下，禁贾人衣锦绮、操兵、乘马，可谓知政本矣……贾人之富也，贫人以自富者也。牟利易则用财也轻，志小而不知裁，智昏而不恤其安，欺贫懦以矜夸，而国安得不贫、民安得而不靡？高帝生长民间而习其利害，重挫之而民气苏。[3]

他还指出，商贾遭到朝廷困辱始自战国，那时诸侯割据，战争频繁，各国所需之器用财货皆依靠商贾越关度险罗致供给，这样一来：

> 人主大臣且屈意下之，以遂其所欲得，而贾人遂以无忌惮于天下。故穷耳目之玩、遂旦暮之求者，莫若奖借贾人之利；而贫寒之士，亦资之以沾濡。贾人日以尊荣，而其罔利以削人之衣食，阳与而阴取者，天下之利，天子之权，倒柄授之，而天下奚恃以不贫……弗困弗辱，而愚民荣之，师师相效，乃至家无斗筲，而衣丝食粲，极于道殣而不悔。故生民者农，而戕民者贾……人主移于贾而国本凋，士大夫移于贾而廉耻丧。[4]

---

[1] ［明］丘濬：《大学衍义补》卷30《制国用·征榷之课》，《景印文渊阁四库全书》第712册，第386页。

[2] ［明］丘濬：《大学衍义补》卷30《制国用·征榷之课》，《景印文渊阁四库全书》第712册，第386页。

[3] ［清］王夫之：《读通鉴论》卷2《汉高帝》，舒士彦点校，北京：中华书局，1975年，第19页。

[4] ［清］王夫之：《读通鉴论》卷3《景帝》，第48页。

汉高祖建汉伊始，民生凋敝，百废待兴，此时富商大贾却豪纵骄侈，罔民祸国，可见商贾虽有“殖”“资”之助，但相应对其加以挫抑亦是事出有因。[1] 不过汉代后来政策放宽，商人势力迅速发展，至汉文帝时俨然已形成“今法律贱商人，商人已富贵矣；尊农夫，农夫已贫贱矣”[2] 的局面。

明朝开国时的社会环境与汉初相似，明太祖效仿汉制禁止商贾穿绸衣纱，确有培植农本、崇俭务实以扭转元末趋利风气的现实考虑。其时除这项规定外，还“令农夫戴斗笠、蒲笠，出入市井不禁，不亲农业者不许”[3]，又“先为官民一概穿靴，不分贵贱，所以朝廷命礼部出榜晓谕军民、商贾、技艺、官下、家人、火者，并不许传靴，止许穿皮扎𩌦，违者处以极刑”[4]。明中叶人何孟春因之解释，“农拙业也，不如商贾……国家于此，亦寓重本抑末之意”[5]。大体而论，此中所含“重本抑末”之意，更大程度乃是明太祖着眼于当时社会的经济恢复和秩序稳定，要求四民各安其业，毋事华靡，他重在打击和加强监管的对象实为不务生理的奸猾游惰之徒，未尝专意针对商人阶层。由明太祖看来，商贾作为一种职业本非低贱，汉初君主过分抑商的做法并不可取。他曾向侍从发问：“昔汉制：商贾、技艺毋得衣锦绣、乘马。朕审之久矣，未识汉君之本意如何？《中庸》曰：‘来百工也。’又，古者日中而市。是皆不可无也。况商贾之士，皆人民也，而乃贱之。汉君之制意，朕所不知也。”[6] 可见明太祖不仅肯定了商人的社会职能，还将他们与其他庶民一视同仁，原无特地贬损的意图。况且，明初衣饰禁令的实际执行效果也大可令人怀疑。《明会典》在该条例之后续道：“正德元年，禁商贩、吏典、仆役、倡优、下贱皆不许服用貂裘，僧道、隶卒、下贱之人，俱不许服用纻丝、纱罗、绫绵。”[7] 这一方

---

[1] 这又确如王孝通于《中国商业史》里所说：“然汉之贱商，虽亦沿战国诸子重农抑商之说，实则贾人自取之辱，不能专归咎于汉初诸帝也。”王孝通：《中国商业史》，第51页。

[2] ［汉］班固：《汉书》卷24上《食货志第四上》，第1133页。

[3] ［清］张廷玉等：《明史》卷67《志第四十三·舆服三》，第1649页。

[4] ［明］顾起元：《客座赘语》卷10《国初榜文》，第347页。

[5] ［明］何孟春：《余冬序录摘抄内外篇》卷1，北京：中华书局，1985年，第3页。

[6] ［明］朱元璋：《明太祖集》卷10《敕问文学之士》，胡士萼点校，合肥：黄山书社，1991年，第206页。

[7] ［明］申时行等：《明会典》卷61《礼部十九·冠服二·士庶巾服》，第394页。

面表示从国家典章对士庶着装的限制来说，一般商贩的社会地位的确不高，仅与仆役倡优并列，另一方面也反映了彼时世间奢僭之习渐涨的实情，以致官府不得不再度对各阶层人群的服料标准做出调整规约。内里能够见到的变化是，至正德年间，只有僧道隶卒等下贱之人才不许穿用丝纱，而普通商人已不受此限了。正像何孟春曰："今之商贾，姑以衣服言之，其止用绸纱而已乎？"[1]

有关明中后期民众服饰的奢靡之变，时松江人范濂于《云间据目抄》中做了详细描绘。其言："风俗自淳而趋于薄也，犹江河之走下而不可返也，自古慨之矣。吾松素称奢淫黠傲之俗，已无还淳挽朴之机，兼以嘉隆以来，豪门贵室，导奢导淫，博带儒冠，长奸长傲，日有奇闻叠出，岁多新事百端。"如瓦楞鬃帽，"在嘉靖初年，惟生员始戴，至二十年外，则富民用之，然亦仅见一二，价甚腾贵……万历以来，不论贫富，皆用鬃，价亦甚贱"。再如布袍，"乃儒家常服，迩年鄙为寒酸，贫者必用绸绢色衣，谓之薄华丽，而恶少且从典肆中觅旧段旧服，翻改新制，与豪华公子列坐，亦一奇也"。[2] 面对如此乱象，范濂自有人心浇漓之感，同时这也显现出当时一般百姓无论财富与身份如何，其服饰差别趋于缩小的社会现实。

除了服饰规定，一些学者还注意到明初的路引制度对商人出外经商也造成了不利影响。[3] 他们依据商人外出必须持引的律例，强调其自由出行因而受限。但若进一步考察，则又可看到颁布路引条令其实与明太祖强化整个社会管理并惩治游食之民的基本态度是一致的。他敕令"凡军民以籍为定"[4]，"一切臣民，朝出暮入，务必从容验丁"[5]，"若军民出百里之

---

〔1〕［明］何孟春：《余冬序录摘抄内外篇》卷1，第3页。

〔2〕［明］范濂：《云间据目抄》卷2《记风俗》，王德毅主编：《丛书集成三编》第83册，台北：新文丰出版公司，1997年，第393页。

〔3〕如韩大成在论述"明代资本主义萌芽发展缓慢的原因"时言及"明王朝的抑商政策"，其中第一条即"路引制度"，并指出"告讨路引是出外经营工商业者碰到的第一道难关"。韩大成：《明代社会经济初探》，第323页。

〔4〕［明］杨慈等：《大明令·兵令·擅自勾军》，怀效锋点校：《大明律》附录，北京：法律出版社，1999年，第257页。

〔5〕［明］朱元璋：《御制大诰续编·辨验丁引第四》，《续修四库全书》第862册，第270页。

外，不给引者，军以逃军论，民以私度关津论”[1]，并再三申谕，“凡民邻里，互相知丁，互知务业，具在里甲，县州府务必周知，市村绝不许有逸夫”[2]，“凡出入作息，乡邻必互知之，其有不事生业而游惰者，及舍匿他境游民者，皆迁之远方”[3]。由于商人不直接创造物质财富，且流动范围广泛，故在外出方面就会遇到更加严格的约束。“商本有巨微，货有重轻，所趋远迩水陆，明于引间，归期难限，其业邻里务必周知”[4]，“今后无物引老者，虽引未老，无物可鬻，终日支吾者，坊厢村店拿捉赴官，治以游食”[5]。《明会典》也称：“（洪武）十九年，令各处民凡成丁者，务各守本业，出入邻里，必欲互知。其有游民及称商贾，虽有引，若钱不盈万文，钞不及十贯，俱送所在官司，迁发化外。”[6] 而商人贩运居停，牙行埠头亦须按时登记上报。由是可见，与其把限商出行视作一种经济政策，倒不如将之理解成太祖为构建理想秩序而实施的综合性社会管控之一环更为恰当。这样，就明代国家对各经济成分的侧重程度讲，路引发放确实对商人活动起到某些抑制作用，然若从社会人群层级结构间的关系考量，则该制度本身并未表现出在社会体系内商人地位要低于其他庶民的含义。且从后来商业发展实际情形看，“舍本逐末，唱棹转毂，以游帝王之所都……贾人几遍天下”[7]，“钱神所聚，无胫而至，穷荒成市，沙碛如春，大商缘以忘年，小贩因之度日”[8]，明中叶后商人外出经营无疑较明初获得了更大自由。

进言之，无论路引制度还是服饰规限，都体现为明廷于当时历史条件下加大了对包括商人在内的社会各阶层的控制，这也是其维护稳定、保证

[1] ［明］刘惟谦等：《大明律》卷15《兵律三·关津》，《续修四库全书》第862册，第521页。

[2] ［明］朱元璋：《御制大诰续编·互知丁业第三》，《续修四库全书》第862册，第269～270页。

[3] 《明太祖实录》卷177，洪武十九年四月壬寅，第2687～2688页。

[4] ［明］朱元璋：《御制大诰续编·互知丁业第三》，《续修四库全书》第862册，第270页。

[5] ［明］朱元璋：《御制大诰续编·验商引物第五》，《续修四库全书》第862册，第270页。

[6] ［明］申时行等：《明会典》卷19《户部六·户口一·户口总数》，第129页。

[7] ［明］张瀚：《松窗梦语》卷4《商贾纪》，第83页。

[8] ［明］王士性：《广志绎》卷5《西南诸省》，第107页。

生产的举措之一。事实上行商持引的律令在前代即已出现，《元史·刑法志》载："诸关厢店户，居停客旅，非所知识，必问其所奉官府文引，但有可疑者，不得容止，违者罪之……诸经商，及因事出外，必从有司会问邻保，出给文引，违者究治。"〔1〕明初继续推行此禁，虽某种程度上直接继承了元代强化人身依附关系的社会制度，但着眼点仍在于完足税课，防微杜渐，以确保国家对社会的有效治理。弘治时大学士丘濬即称："我朝每府立税课司，州县各立为局，设官以征商税。凡商贾欲赍货贿于四方者，必先赴所司起关券，是即《周礼》节传之遗制也。盖节以验其物，传以书其数也。"〔2〕又嘉靖时刑部郎中雷梦麟表示："官给印信文簿……客商有所察而无越关之弊，物货有所稽而无匿税之弊。"〔3〕如此看来，明初服饰规定与路引制度尽管对商业发展构成了一定的消极影响，但商人常态的商业活动依然可以得到政府许可，并未遭致刻意遏制。自此事实出发考察明代商人在国家体制中的法权地位，能够见到其虽居四民之末，但他们不仅属于政府掌握的编户齐民，且享有国家承认的与其他庶民基本平等的法律权利，同时亦必须履行自己应尽的赋役义务。

（二）法律典章对商业行为的规范及商人权益的保护

商业活动的有序进行有赖于国家提供良好的市场环境和完善的法律保障，为加强市肆管理，明初政府制定了诸多有关规范商品交易和商业行为的法令。有些典章律例前述章节已有交代，在此仅摘举其要。《明会典》称：

> 洪武元年，令兵马司并管市司，二日一次较勘街市斛斗秤尺，并依时估定其物价……二年，令凡斛斗秤尺，司农司照依中书省原降铁斗、铁升较定则样制造……转发行省，依样制造，较勘相同，发下所属府州……其牙行市铺之家，须要赴官印烙。乡村人民所用斛斗秤尺，

---

〔1〕［明］宋濂：《元史》卷105《志第五十三·刑法四·禁令》，北京：中华书局，1976年，第2687页。

〔2〕［明］丘濬：《大学衍义补》卷30《制国用·征榷之课》，《景印文渊阁四库全书》第712册，第385页。

〔3〕［明］雷梦麟：《读律琐言》卷10《户律·市廛》，怀效锋、李俊点校，北京：法律出版社，2000年，第200~201页。

与官降相同，许令行使。[1]

当时一并要求，内外诸司遇所缺之物必照时值两平收买，不得以和雇和买减驳价值，扰害民众。[2] 再《大明律・户律》中“市司评物价”“匿税”“舶商匿货”“私造斛斗秤尺”“器用布绢不如法”等条，则明确规定市司公平估价及商人应如实报税，不许私造擅改量具，贩卖劣质商品。[3]

到成化时，明廷又重申禁止私造斛斗秤尺等条例：

> 京城内外，居住军民人等，开张铺店、买卖之家，不遵法度，往往私家置造大小斛斗秤尺，在市把恃行使，要得欺瞒（多财）人财肥己……自此以后，各要遵守法度，依式置造平等斛斗秤尺，许赴顺天府较勘相同，官为印烙火印，方许在街行使。敢有不遵故违，仍前恃顽在街行使者，令各兵马司并地方火甲，就便连斛斗秤尺捉拿到官，送法司依律问罪，仍例纳豆赎罪。[4]
>
> 京城内外各行买卖，并各坊厢居住官员人等之家，行使不平斛斗秤尺，及卖米、麦、煤渣、猪肉之类，插和沙土，灌水求利。既该宛、大二县勘实，应合禁约……敢有奸顽豪横之徒不遵榜例，私造斛斗秤尺，不行赴府勘较印烙，及将官降勘较印烙过斛斗秤尺私自增减等，卖米、麦、煤渣、猪肉等项，插土灌水，多求利息者，听巡捕等衙门委官人等，缉访得实，拿送法司，依律问罪。[5]

这些律令的颁布，既打击了不法经营者的违禁行径，又有助于保护商民的正当权益不受侵损。

从传统政治的立法精神上讲，明代君臣虽说很难能够以积极主动的姿态去推进商品经济的开展和市场规模的扩充，但他们大都从轸念民瘼的立

---

〔1〕［明］申时行等：《明会典》卷37《户部二十四・课程六・权量》，第270页。

〔2〕参见［明］申时行等：《明会典》卷37《户部二十四・课程六・时估》，第270页。

〔3〕参见［明］刘惟谦等：《大明律》卷8《户律五・课程》、卷10《户律七・市廛》，《续修四库全书》第862册，第480～481、484～485页。

〔4〕［明］戴金：《皇明条法事类纂》卷20《户部类・私造斛斗秤尺・禁约私造斛斗秤尺例》，刘海年、杨一凡主编：《中国珍稀法律典籍集成》乙编第4册，北京：科学出版社，1994年，第913页。

〔5〕［明］戴金：《皇明条法事类纂》卷20《户部类・私造斛斗秤尺・禁约私造斛斗秤尺并卖米麦煤渣猪肉等项插土灌水例》，刘海年、杨一凡主编：《中国珍稀法律典籍集成》乙编第4册，第915～916页。

场出发，勉力把惠民恤商的措施落到实处。前文已谈及明太祖对商与民同等看待，并剔除种种剥商虐民弊政的嘉言善行。姑重复举出两例，以概其余：

南雄商人以货入京，至长淮关，吏留而税之，既阅月而货不售。商人讼于官，刑部议，吏罪当纪过。上曰："商人远涉江湖，将以求利，各有所向，执而留之，非人情矣。且纳课于官，彼此一耳，迟留月日，而使其货不售，吏之罪也。"命杖其吏，追其俸以偿商人。[1]

山西汾州平遥县主簿成乐官满来朝，本州上其考曰"能恢办商税"，吏部以闻。上曰："地之所产有常数，官之所取有常制，商税自有定额，何俟恢办？若额外恢办，得无剥削于民？主簿之职在佐理县政，抚安百姓，岂以办课为能？若止以办课为能，其他不见可称，是失职矣。州之考非是，尔吏部其移文讯之。"[2]

明实录中还载有景泰时根据民情实际修正论罪所依律条的记述：

南京大理寺卿薛瑄奏："南京细民斫造薪炭竹帚、锄柄檐杈，例当抽分。有匿不报者，法司辄科以舶商匿番货罪，尽没入官。夫番货，海外珍贵竹木诸物，腹里所出粗贱，况所斫造俱贫民，以济饥寒，又非泛海富商比。但宜论以匿税律，入半于官。"诏从之。[3]

其实就《大明律》等法律典制看，内中并没有显现出专欲贬抑商人或阻遏他们经济活动的用意，相反，有些规条的贯彻还旨在保障这一群体的合法权利，这可从明代法律文本所见惩办不良牙行和权豪势要对商人苛扰勒索的事例中获得证明。

明初，"客商人等贩卖物货，多被官私牙行等高抬低估，刁蹬留难"[4]，为此明太祖曾一度取缔牙行，违者严惩不贷。《大明律》也对私充牙行者做出"杖六十，所得牙钱入官"的处罚，并严禁把持行市，贱买贵卖。[5]

---

〔1〕《明太祖实录》卷98，洪武八年三月己巳，第1673页。

〔2〕《明太祖实录》卷106，洪武九年六月庚戌，第1776~1777页。

〔3〕《明英宗实录》卷224《废帝郕戾王附录第四十二》，景泰三年十二月乙卯，第4880~4881页。

〔4〕［明］朱元璋：《御制大诰三编·私牙骗民第二十六》，《续修四库全书》第862册，第338页。

〔5〕参见［明］刘惟谦等：《大明律》卷10《户律七·市廛》，《续修四库全书》第862册，第484页。

明中期以后陆续增入的《问刑条例》又补充：

> 在京在外税课司局批验茶引所，但系纳税去处，皆令客商人等自纳。若权豪无籍之徒，结党把持，拦截生事，搅（搅）扰商税者，徒罪以上，枷号二个月，发附近充军；杖罪以下，照前枷号发落。[1]

> 各处客商辐辏去处，若牙行及无籍之徒，用强邀截客货者，不论有无诓赊货物，问罪，俱枷号一个月。如有诓赊货物，仍监追完足……凡捏称皇店，在于京城内外等处，邀截客商，掯勒财物者，俱拿送法司问罪。就于害人处所，枷号三个月，发极边卫分，永远充军。[2]

《明会典·商税》中亦录有多项禁例，前文已详举，兹不赘述。不仅如此，《皇明条法事类纂》里也收编较多成化、弘治年间发布的有关禁约势豪无籍等辈搅扰商税、邀截客商的条例。如：

> 今张琢、吕岩等户内刁豪数十余丁，专在本处积年把持商人，坑赚财本……且聚众打夺，结成群党，大肆凶恶，阻坏盐法，陷害商人，似此罪恶深重，难照常例发落……查结党主使奏扰及掯霸商人财本，通问如律。[3]

> 本司商税货物累被权豪无籍及诈称行使之人，结成群党，把持拦截，生事扰害……合无本部移文都察院，出榜严加禁约，不许无籍之徒，似前搅扰。如有违犯者，就便拿问明白，枷号三个月，满日依拟发落……庶得奸豪知所警惧，课程不致亏折。[4]

> 守管京城并通州等处，各抽分厂内外官员人等，多有不遵法度，将那不该抽分的货物柴米等项，一概擅自抽分。或使人四处拦当，巧

---

〔1〕［明］舒化等：《问刑条例·户律五·课程·匿税条例》，《大明律》附录，第384页。

〔2〕［明］舒化等：《问刑条例·户律七·市廛·把持行市条例》，《大明律》附录，第387～388页。

〔3〕［明］戴金：《皇明条法事类纂》卷19《户部类·阻坏盐法·阻坏盐法军发边远充军民发口外为民坑陷商人资本追赔边卫充军新近寄居路村恃强不服发边者口外为民例》，刘海年、杨一凡主编：《中国珍稀法律典籍集成》乙编第4册，第838～839页。

〔4〕［明］戴金：《皇明条法事类纂》卷19《户部类·私茶·权豪无籍之徒搅扰商税者枷号三个月满日发落例》，刘海年、杨一凡主编：《中国珍稀法律典籍集成》乙编第4册，第847页。

取财物，阻滞往来，虐害军民，好生不便。恁都察院便出榜禁约……违了的，都重罪不饶。[1]

京城有等无籍之徒，诈称巡拦名色，吓要客商财物……报与地方人等，协同捉拿。若巡拦总甲诈钱，许被害客商赴御史、主事处诉告，量情轻重，发落送问……草桥官厅收税官攒并巡拦，串同本处豪强及无籍之徒，迎接客商在家，不令亲自投税……仍出榜文禁约。[2]

今后一应客商、军民货物粮米等项车辆到京，许其各从民便，随处投歇囤放。倘有势要豪横小人，占立勒要地铺财物，及邀截客商害夺民利者，着落锦衣卫官校并巡城御史、兵马司，即便拿送法司究问。奏请重加惩戒。[3]

同书还载成化时禁革官员及其子侄强买强卖铺户货物的律例：

福建市镇街居，惟赖铺面买卖为活，奈何有司不顾廉耻官员并兄弟子侄……将各铺官买。本买一物，差来之人乘机却买什物，致使铺户含冤不已，亏本而卖……一家买物，动扰百家。况各官亦有别亲戚、子侄，原籍贩来货物，却又倚恃官势，高抬价值，散与铺户领卖，或抵换本处土产物货，多取价利……乞敕都察院，行移巡按、监察御史，备榜于属人烟辏集去处，张挂禁约。如有仍前故买，许被害之家指实赴官陈告，坐以枉法赃罪。[4]

尚有一则万历时期大臣吕坤的奏疏，内容涉及内廷侵夺私人盐店的司法诉讼。其中情由为：

先是万历十二年，潞王借赁成国公朱鼎臣、锦衣卫指挥钱世龙原

---

[1] ［明］戴金：《皇明条法事类纂》卷19《户部类·私茶·禁约京城并通州等处各抽分厂内外官员人等不许受财卖放及擅取不该抽分货物例》，刘海年、杨一凡主编：《中国珍稀法律典籍集成》乙编第4册，第847～848页。

[2] ［明］戴金：《皇明条法事类纂》卷19《户部类·私茶·崇文门抽分禁革奸弊例》，刘海年、杨一凡主编：《中国珍稀法律典籍集成》乙编第4册，第855～856页。

[3] ［明］戴金：《皇明条法事类纂》卷20《户部类·把持行市·禁约势豪邀截客商勒要地铺钱》，刘海年、杨一凡主编：《中国珍稀法律典籍集成》乙编第4册，第907页。

[4] ［明］戴金：《皇明条法事类纂》卷20《户部类·把持行市·禁革官员和买货物及令子侄买卖例》，刘海年、杨一凡主编：《中国珍稀法律典籍集成》乙编第4册，第908页。

开盐店二所。及十七年，潞王之国，复还两家，仍开盐店，至是八年矣。管理皇店内监张烨查复旧租，参皇亲家人李吉等阻挠明旨，私收盐利，奉旨下镇抚司问送刑部拟罪。[1]

尽管当事各方均属权贵官宦，但奏疏就此引申发论，亦可看出明代官员对于此类案件之实事求是、惠恤商民的处理态度：

今天下盐商，不止数万家，天下盐店，不止数万处，若两家招住盐商为有罪，则天下盐店皆可罪乎？天下盐商必露宿野处而后可乎……天下苍生富者十无二三，贫者十常八九……或给帖充斗秤牙行，或纳谷作粜籴经纪，皆投身市井间，日求升合之利，以养妻孥……赖此营生，得不为乱。乃有把持行市之段希尧、张朴，专利肥家，害民病国，借纳千金之声势，独断万户之咽喉。设使奸民效尤，都作此事，则贫民无赖，皆起乱心。[2]

另外，从嘉靖以来的方志笔记史料中，还可找到一些明代士人痛斥奸牙骗害客商及提醒地方官民多加警惕的言论："每岁绵花入市，牙行多聚少年以为羽翼，携灯拦接，乡民莫知所适，抢攘之间，甚至亡失货物。其狡者多用赝银……溷杂贸易，欺侮愚讷。或空腹而往，恸哭而归，无所告诉。"[3] 复如郎瑛、叶权称：

杭有无赖子某，祖起延商货卖，后至无赖，因不事生而贫矣。然尚业其祖父，有客至，则入其财为己有，客索时，则又俟后客之货转卖以偿焉。年复年，客复客，名曰"姨夫钱"，盖以夫死姨复可以嫁人之意耳。后被人诮，则自解以戏曰："我家开行数十年，何常拖欠客人钱？后客移还前客去，客人自少客人钱。"[4]

今天下大马头……最为商货辏集之所，其牙行经纪主人，率赚客钱……孤商拚性命出数千里，远来发卖，主人但以酒食饵之，甚至两家争扯，强要安落。货一入手，无不侵用，以之结交官府，令商无所控诉，致贫困不能归乡里。商中有奸黠者，又为之引诱后至之人，使

---

〔1〕《明神宗实录》卷307，万历二十五年二月甲戌，第5737～5738页。

〔2〕［明］吕坤：《去伪斋集》卷2《辩洪主事参疏公本》，《吕坤全集》，第61页。

〔3〕［清］顾炎武：《天下郡国利病书·苏松备录·嘉定县志·风俗》，第599页。

〔4〕［明］郎瑛：《七修类稿》卷49《奇谑类·姨夫钱》，北京：中华书局，1959年，第719页。

那前趱后，已得脱去，俗谓之做移夫……而不知曾坑几商矣。为民上者，当知此弊。[1]

其后李乐也指出，牙行负骗商人实为地方通弊之大者："牙人以招商为业，商货有厚至一二百金者。初至，牙主人丰其款待，割鹅开宴、招妓演戏以为常。商货散去，商本主人私收用度，如囊中己物，致商累月经年坐守者有之，礼貌渐衰而供给渐薄矣，情状甚惨。"他呼吁地方官长对此能"出示晓谕"，且更断言这等行径乃"天不容，地不载，世间极恶大罪也"。[2]就此可见，明代政府一直注意使商人避免遭到非法盘剥，并尽量妥善处置其与牙行的关系。而官府及士人对杜绝权要豪牙欺商禁令的反复申说，透露出当时经商环境并不理想的同时，也反映了国家立法本意毕竟还是着落在保护商人正当权益上。

（三）科举应试中"商籍"的确立

在科举入仕方面，明代商人也没有受到政府的歧视和压制。明初于洪武三年（1370）开设科举，明文规定："仕宦已入流品，及曾于前元登科仕宦者，不许应试。其余各色人民并流寓各处者，一体应试。有过罢闲吏役、娼优之人，并不得应试。"[3]其中商人自应属"各色人民"，即使他们因经商需要辗转各地，亦该算作"流寓各处者"，并未被排斥在科考之外。下一年中书省奏科举定制，"凡府州县学生员、民间俊秀子弟及学官吏胥习举业者，皆许应试"，而明太祖认为："科举初设，凡文字词理平顺者皆预选列，以示激劝。唯吏胥心术已坏，不许应试。"[4]吏胥不准应考的原因在于被视作"心术已坏"，商人同样非与同列。之后洪武十七年（1384）再次明确："国子学生、府州县学生员之学成者，儒士之未仕者，官之未入流而无钱粮等项粘带者，皆繇有司保举性资敦厚、文行可称者，各具年甲、籍贯、三代、本经，县州申府，府申布政司乡试。其学官及罢闲官吏、倡

---

〔1〕［明］叶权：《贤博编》，凌毅点校，北京：中华书局，1987年，第22页。

〔2〕［明］李乐：《见闻杂记》卷11，上海：上海古籍出版社，1986年，第1021～1022页。

〔3〕［清］彭孙贻：《明史纪事本末补编》卷2《科举开设》，［清］谷应泰：《明史纪事本末》第4册，第1525页。

〔4〕［明］俞汝楫等：《礼部志稿》卷71《科试备考·试条·奏科举定制》，《景印文渊阁四库全书》第598册，台北：台湾商务印书馆，1986年，第198页。

优之家、隶卒之徒与居父母之丧者，并不许应试。"[1] 此次禁考范围有所扩大，但商人仍未受波及。景泰初，礼部官员又重申了这一法令。[2] 且明代学规里还载有"一切军民利病之事，许当该有司、在野贤人、有志壮士、质朴农夫、商贾技艺，皆可言之，诸人毋得阻当，惟生员不许"[3] 的条款，在此商人被归为与农工庶民一类，也可上书言事。即如明中期人葛钦"豪隽有气概，游于商贾中，能自见其奇，尝上书巡抚，言盐法、河渠事，利害甚具"[4]。又嘉靖时商人许谷，"上十三策，先谒守令，言疆事所尤急者三"[5]，同时人商贾胡伯行亦曾"为民情十三策上之邑宰"[6]。

再者，明中期后国家还常以备边赈灾为名，准许生员或平民捐纳财物入学补官。《明史》记正统初"诏富民输米助边，千石以上褒以玺书"[7]，景泰时礼部侍郎邹干又"请令诸生输粟入监读书"，是"纳粟入监自此始"，[8] 并"时有入粟补官令"[9]。同书还称，"例监始于景泰元年，以边事孔棘，令天下纳粟纳马者入监读书，限千人止"，然"迨开纳粟之例，则流品渐淆，且庶民亦得援生员之例以入监，谓之民生，亦谓之俊秀，而

---

[1] ［明］俞汝楫等：《礼部志稿》卷 23《仪制司职掌·贡举·科举·乡试》，《景印文渊阁四库全书》第 597 册，第 431 页。

[2] 景泰三年（1452），礼部祠祭司主事周骙奏："设科取士当遵国法禁例，洪武以来旧制，曾繇科目出身未入流品官、生员发充吏、罢闲官吏、监生生员、倡优隶卒、刑丧过犯之人，不许入试，其生员、军生、儒士及未入流品官、农吏、承差、军余人等，若无钱粮等项粘带者，听从入试。如有不遵，照例论罪，已中式者斥退不录，未中式者终身不许入试。"［明］俞汝楫等：《礼部志稿》卷 71《科试备考·试约·陈入试人禁例》，《景印文渊阁四库全书》第 598 册，第 205 页。

[3] ［明］申时行等：《明会典》卷 78《礼部三十六·学校·儒学》，第 452 页。

[4] ［明］唐顺之：《唐荆川先生集》卷 17《葛母传》，王德毅主编：《丛书集成续编》第 144 册，台北：新文丰出版公司，1989 年，第 417 页。

[5] ［明］汪道昆：《太函集》卷 40《许本善传》，《续修四库全书》第 1347 册，第 261 页。

[6] ［明］吕楠：《泾野先生文集》卷 26《湖山处士胡伯行墓志铭》，《四库全书存目丛书》集部第 61 册，第 323 页。

[7] ［清］张廷玉等：《明史》卷 160《列传第四十八·金濂》，第 4358 页。

[8] ［清］张廷玉等：《明史》卷 152《列传第四十·邹干》，第 4191 页。

[9] ［清］张廷玉等：《明史》卷 162《列传第五十·倪敬》，第 4415 页。

监生益轻”。[1]《万历野获编》同样可证:“景泰以后，胄监始有纳马之例，既改为输粟，初不过青衿援例耳。既而白身亦许加倍输纳，名曰‘俊秀子弟’。于是辟雍遂被铜臭之目，且其人所冀，不过一命为荣，无有留意帖括者。”[2] 又成化初礼部曾言:“近年学校生员，听令纳马纳牛纳草纳米入监，殊非教养本意。且前代虽有纳粟补官之法令，而不用以补士子，为士子者知财利者可以进身，则无所往而不谋利……士心一蠹，则士气士节由此而丧，他日致用，何望其能兴治有补于国家哉!”[3] 当时南京大饥，守臣“欲令官员军民子孙纳粟送监”，礼部尚书姚夔以为滥，“且使天下以货为贤，士风日陋”，宪宗虽却守臣之议，“然其后或遇岁荒，或因边警，或大兴工作，率援往例行之，讫不能止”。[4] 明末辅臣叶向高亦曰:“国初诸生历三舍遂为给事中、御史，次乃郎曹，待之甚重，故其法严而易行。今之太学，资郎所托径耳，教于何施？急绳之何益？虽然此为北雍言也，南则异是。南之习汏于北，诸生多贾人子，易与为非。”[5] 这样，随着科举捐纳之途向社会的放开，商人自然加入进来，尽管屡招非议，但由此入学毕竟仍是不少富商荣获恩命或进身仕途的一种便利选择。有的商人为子侄入资游太学，就勉励道:“吾欲使汝处乎儒若贾之间，内奉母而外友天下贤豪

[1] [清] 张廷玉等:《明史》卷69《志第四十五·选举一》，第1682、1679页。

[2] [明] 沈德符:《万历野获编》卷15《科场·纳粟民生高第》，第405页。

[3] [明] 余继登:《典故纪闻》卷14，顾思点校，北京:中华书局，1981年，第256~257页。

[4] [清] 张廷玉等:《明史》卷69《志第四十五·选举一》，第1683页。成化年间还有大量布衣杂流依靠特殊技能获得皇帝宠幸而以内批径直授官者，称“传奉官”，其直接由皇帝任命，不经国家科考选推正途，故颇遭诟病。《今言》载:“是时四方白丁、钱虏、商贩、技艺、革职之流，以及士夫子弟，率夤缘近侍内臣，进献珍玩，辄得赐太常少卿、通政、寺丞、郎署、中书、司务、序班，不复由吏部，谓之传奉官。”[明] 郑晓:《今言》卷2，李致忠点校，北京:中华书局，1984年，第80页。又《四友斋丛说》云:“太监梁芳进淫巧以荡上心，收买奇玩，引用方术，以录呈异书为名，夤缘传旨与官。已官者辄加超擢，不择儒吏兵民工贾囚奴，至有脱白除太常卿者，名曰‘传奉官’。”[明] 何良俊:《四友斋丛说》卷7《史三》，第63页。

[5] [明] 叶向高:《苍霞草》卷9《送大司成兼宇林先生之任留都序》，《四库禁毁书丛刊》集部第124册，第237页。

长者，惟太学可耳。”[1]

事实上，在明代科举应试中，商人本与其他庶民步入仕途参与政治的机会均等，且许多名卿士宦的先世或同辈都有从商服贾的经历，其自身亦不讳言出自经商之家。而离乡在外的商人子弟却又常因籍贯限制不能参加当地考试，这一问题也引发了朝内争论。《五杂组》云：

> 国家取士，从郡县至乡试，俱有冒籍之禁，此甚无谓。当今大一统之朝，有分土，无分民，何冒之有……山东临清，十九皆徽商占籍。商亦籍也，往年一学使苦欲逐之，且有祖父皆预山东乡荐，而子孙不许入试者，尤可笑也。余时为司理，力争之始解。世庙时，会稽章礼发解北畿，众哄然攻之，上问：“何谓冒籍？”具对所以。上曰：“普天下皆是我的秀才，何得言冒？”大哉王言，足以见天地无私之心也。[2]

彼时科考确有“冒籍”之禁，不仅要求“试卷之首，书三代姓名及其籍贯年甲，所习本经，所司印记”[3]，《礼部志稿》尚载：

> 正统九年奏准，各处应试生儒人等，从提学官考送。在京各衙门吏典承差人等，听本衙门保勘，礼部严考，通经无犯者送试，仍行原籍勘实，不许扶同诈冒……景泰元年，令应试儒士、册内原无名籍儒士及赘婿、义男并文武官舍、军校、匠余，不许于外郡入试……（正德十年）又奏准，两京文职衙门及各布政司，凡有弟男人等回籍乡试者，令赴告本州县取结明白，转送提学官考试入场，不许径于仕宦衙门移文起送……（嘉靖）十六年题准，今后顺天府乡试儒士，务要查审辨验籍贯明白，其附籍可疑之人，取有同乡正途出身官印信保结，方许应试。[4]

嘉靖中礼部还议有“禁流移附籍入试”：

> 人才之生其地者，多寡不同，故解额因之而异……奈何法久禁疏，遂有游学矫诈之徒，见他方解额稍多，中式颇易，往往假为流移，冒籍入试……至于会试，举人报籍印卷，亦有假托族属，改附籍贯，朦

---

[1] [明] 李维桢：《大泌山房集》卷106《蒋次公墓表》，《四库全书存目丛书》集部第153册，第155页。

[2] [明] 谢肇淛：《五杂组》卷14《事部二》，第412～413页。

[3] [清] 张廷玉等：《明史》卷70《志第四十六·选举二》，第1694页。

[4] [明] 俞汝楫等：《礼部志稿》卷23《仪制司职掌·贡举·科举·乡试》，《景印文渊阁四库全书》第597册，第432页。

胧开具，以南作北……乞于明年会试严加核究……凡遇乡试开科，提学考选生儒，不得将流移附籍之徒一概滥收，以玷科目，违者奏请治罪。[1]

可以明确的是，这项旨在杜绝冒滥的禁例实针对假为“流移附籍”者，原非因“抑商”而设。

同时为公平起见，国家对偏远地区考生也适当提供“就近乡试”照顾。如宣德时贵州布政司建议：“前奉礼部文书，本司所辖州郡生徒堪应举者，许于湖广布政司就试。缘去湖广路远，于云南为近，宜就近为便。”[2]嘉靖年间礼部亦尝题：

辽东都司卫学应试生员，先附山东，多系缘海道之便。今海道既塞，陆路辽远……贫生寒士，裹粮挟策，奔走长途，动经数月，委于人情不便。今欲改附近顺天府应试，又与潼关之附陕西、宣府之附顺天事体相同……今照辽东卫学远去山东六千余里，乃使越过顺天而附山东科举，德州左等卫学本是山东地方，而科举反附于顺天，事体人情通属未便……今后德州左等卫儒学，听山东提学官管辖，就山东布政司应试，辽东科举生儒，辽东巡按御史考送顺天府乡试……则不惟解额无拘，而人情事体两得便益。[3]

如此从国家管理角度看，明廷对科举冒籍的顾虑出于唯恐各省原定解额被淆乱顶充，立法本意乃在维护社会公平公信，以求“人情事体两得便益”。诚如景泰时礼科都给事中张轼所言：

立法不可以不严，待人不可以不恕，贵乎张弛得宜而轻重适均也。窃此冒籍等人，因多避难就易，欲希侥幸，然亦有因地里遥远、盘费弗给而不能回者，有因从亲在外生长、不识乡里而难以回者……其所犯亦非甚重。今既问罪而不容会试，固为当矣，至若终身不许录用，则将终为罹罪之人，竟无自新之路，待人无乃未恕乎？乞敕礼部通查此等冒籍之人，已经问发者给引照回原籍，如遇开科乡试，仍许本地

---

[1] ［明］俞汝楫等：《礼部志稿》卷71《科试备考·试约·禁流移附籍人试》，《景印文渊阁四库全书》第598册，第215页。

[2] ［明］俞汝楫等：《礼部志稿》卷71《科试备考·试条·远方学生就近乡试》，《景印文渊阁四库全书》第598册，第198～199页。

[3] ［明］俞汝楫等：《礼部志稿》卷71《科试备考·试条·就近乡试》，《景印文渊阁四库全书》第598册，第203页。

入场。[1]

就当时社会实际说，商人远途跋涉，贸迁贩易，其本人及子弟回原籍应试的困难更为突出。明政府显然已考虑到这一情况，故嘉靖时民人在寄居地附籍已有成例可循，只是商人同其他职业人群一样，附籍条件受到严格限定："嘉靖六年诏，巡城御史严督各该兵马司官，查审京师附住各处军民人等，除浮居客商外，其居住年久，置立产业房屋铺面者，责令附籍宛、大二县，一体当差。"后又补充："在彼寄住年久，置有田产家业，不愿还乡者，查照流民事例，行文原籍查勘明白，许令收造该州县册内……其不愿入籍者，就令还乡。"[2] 按此条款，则商人除"浮居"外，若"寄住年久"并"置有田产家业"，即可一体入籍当差。然而即便是附籍之人，于当地入学及参加科考时，仍多受压抑排斥。如两淮地区：

> 本司所属富安等三十场灶民不下万户，天下盐商在于扬州、淮安二府守支，子孙相继住居者亦不下数千家，二项俊秀子弟堪以教养者亦不少。虽旧例许其在附近州县儒学教养，但必有产业、户籍在州县者，方与起送，如无，则以冒籍黜之。稍有商灶子弟得入，则各学生员恐其占夺增廪之额，呈讦备至。[3]
>
> 初事章句，就试有司，或秦越视之，谓其户籍不隶州县也。同学诸生，亦复积嫌相忌，往往斥之不为伍。至于各省商人，占籍州县者凡数百家，有祖宗坟墓丘陇成行，已历数世，于此长子育孙，盖世为扬人矣。其间以儒为业者，土著之人辄群起而排之，视灶户犹特甚焉。故向往壮心强半销毁，遂以货殖世其家，而不能自拔于流俗之外。[4]

而若要这些祖孙相继置产经营多年，"婚姻于兹，衣食于兹，坟墓于兹"，与土著无别者回原籍应试，不仅路远道艰，抛家舍业，且"故乡之人反得指而责之，谓其言语不相通，面貌不相习，又无产业之可考，群以冒籍攻

---

[1] ［明］俞汝楫等：《礼部志稿》卷71《科试备考·试约·陈入试人禁例》，《景印文渊阁四库全书》第598册，第206页。

[2] ［明］申时行等：《明会典》卷19《户部六·户口一·附籍人户》，第131页。

[3] ［明］史起蛰、张矩：（嘉靖）《两淮盐法志》卷5《法制二·立运学以育遗才议（陈暹）》，《四库全书存目丛书》史部第274册，济南：齐鲁书社，1996年，第220页。

[4] ［明］庞尚鹏：《百可亭摘稿》卷2《比例建学养育人才以励风教疏》，《四库全书存目丛书》集部第129册，济南：齐鲁书社，1997年，第140页。

击之，是进无所售，退无所容”。[1] 因明中叶后盐法自赴边输粮开中部分改为内地运司纳银，“诸淮商悉撤业归，西北商亦多徙家于淮”[2]。伴随山陕大贾纷纷南下向盐司所在地集中，此情此景在两淮等大量异籍盐商汇聚侨居府县尤为常见。

万历十三年（1585），明廷开始尝试以另立“商籍”增加录取名额的办法解决这种困境，“采御史蔡时鼎议，许扬州商灶子弟于运司应试，提学官一体选取入学”[3]。康熙《两淮盐法志》也称：“先朝万历年间设有商籍，每试许西商入泮者十四人，灶六人。”[4] 又据藤井宏、王振忠等人研究，两淮商灶学籍问题的处理，还可求证于嘉庆《两淮盐法志》卷47《科第表上》的一段记载：“明万历中定商、灶籍，两淮不立运学，附入扬州府学……且有西商，无徽商，亦偏而不全。”[5] 这样，山西盐商率先在两淮地区获得了凭借单独设籍而应考入学的资格。此处所谓“商籍”，不同于明初编定的以审核民户、征发赋役为指向的户籍，也不同于随社会经济发展商人在经商地“非占商籍不许坐市廛”[6] 的“市籍”，及两京等商业城市铺商按“所业所货注之籍”[7] 以应差服役的“铺籍”，而是指主要为外

---

[1] ［清］谢开宠：（康熙）《两淮盐法志》卷15《造士》，台北：台湾学生书局，1966年，第1200页。

[2] ［清］张廷玉等：《明史》卷77《志第五十三·食货一》，第1885页。

[3] 《明神宗实录》卷164，万历十三年八月甲辰，第2984页。

[4] ［清］谢开宠：（康熙）《两淮盐法志》卷15《造士》，第1200页。

[5] 参见［日］藤井宏：《新安商人的研究》，《江淮论坛》编辑部编：《徽商研究论文集》，第234页；王振忠：《明清徽商与淮扬社会变迁》，北京：生活·读书·新知三联书店，1996年，第59页。

[6] ［明］文章等：（嘉靖）《增城县志》卷9《政事志·民赋类·商税》，《天一阁藏明代方志选刊续编》第65册，第294页。

[7] ［明］沈榜：《宛署杂记》卷13《铺行》，第103页。

地盐商及子弟在其经营盐业地区取得参加官学修习并科举考试的许可凭证。[1] 明清时人虽屡谈及明代户籍除有“民籍灶、军、匠外，儒籍、商籍、官籍、先贤籍”[2]，或“凡占籍者，自军、匠、民、灶、商外，有儒籍、官籍、御医籍、先贤籍”[3]。但就当时政府确立之户籍大类言，“凡户三等：曰民，曰军，曰匠”[4]，商人自该大多归属民籍。而明廷特置“商籍”方便其异地入学应考，于确保他们正当的政治与社会权利的同时，很大程度上亦体现了国家对大盐商的重视和优待。

继两淮之后，在徽州商人的努力下，两浙地区也建立了与科举相关的“商籍”制度。雍正《两浙盐法志》载：

> 明嘉靖四十年，两浙纲商蒋恩等为商人子弟有志上进，比照河东运学事例，具呈巡盐都御史鄢懋卿，批提学道议允，行运司录送，附民籍收考。万历二十八年，巡盐御史叶永盛题为《广开商籍以弘乐育事》，疏称：“……淮扬、长芦等盐场行盐商人子弟，俱附籍应试，取有额例，惟两浙商籍子弟岁科所取，不过二三人而止……伏乞圣慈广作人之化，悯旅寄之劳，敕令在浙行盐商人子弟，凡岁科，提学使者按临取士，照杭州府、仁和、钱塘三学之数，另占籍贯，立额存例。庶商籍广而世无迁业，赋有常经矣。”奉旨该部议奏，部议覆允，札行

---

〔1〕许敏指出：“明代商人户籍的变化大体历经了三个阶段。第一阶段，即明朝建国初年，商贾无专籍，他们的本籍是民籍，但也有相当部分人属军、匠、灶诸籍。第二阶段，随着时间的推移，政府为了在城市征派税役和市场管理的便利，在两京和其他商业集中地实行铺商注籍制度，即是让商铺在营业居住地注册登记，编为排甲。所注之籍，有人称为商籍，也有称之为铺籍，叫法不一，实质相同……第三阶段，狭义‘商籍’的建立。万历十三年后，经两淮、两浙盐商努力而设定的‘商籍’，其意义在于盐商及其子弟可不必返回原贯、以本籍报考科举，而在营业地就获得学额和科考资格。这种‘商籍’曾在科举中生效，但只是大盐商的专利，一般商贾所占的籍不能与之相提并论，同时通行范围也很狭隘。”许敏：《明代商人户籍问题初探》，《中国史研究》1998 年第 3 期，第 125 页。

〔2〕［明］谈迁：《枣林杂俎》智集《逸典·占籍》，罗仲辉、胡明校点校，北京：中华书局，2006 年，第 13 页。

〔3〕［清］查慎行：《人海记》卷下《占籍》，北京：北京古籍出版社，1989 年，第 66 页。

〔4〕［清］张廷玉等：《明史》卷 77《志第五十三·食货一》，第 1878 页。

提学道，牌行运使，编立商籍，录送考取入学。[1]

至于上文提到的河东、长芦所置运学情况，康熙《河东盐政汇纂》云："儒学在司治东南，元大德三年，运使奥屯茂创建。明洪武初，运籍生员分附解、安二学，而运学废。正统间，鹾司韩公伟请复旧制，堂庙祠庑，师生员额，仍比郡庠。"[2] 再嘉庆《长芦盐法志》附编"古迹"记："永保观，在长芦南关，明万历十九年设运学于此，后罢，遂改为观。"[3]

上引嘉靖《两淮盐法志》内又录运使毕亨建议比照河东事例开设两淮运学："河东运司原无学校，近年始设儒学，教养一方，即今人才之出，彬彬其盛。况两淮运司商灶国赋，比之河东，无虑数倍，亦学校可兴之地也。合无比照前例，本司建立儒学一所。"[4] 其后运使陈暹又旧事重提："河东运司原无学校，及设儒学教养之后，人才彬彬辈出。而两淮运司商灶，比之河东，无虑数倍，人才未蒙教养，深为可惜。乞题请比照河东运司，建立儒学一所，设立学官考课诸生，属本司提调，科贡亦如各府故事。"[5]

---

〔1〕［清］李卫：（雍正）《敕修两浙盐法志》卷15《商籍·科目》，台北：台湾学生书局，1966年，第1737～1739页。嘉庆本文字与此基本一致。参见［清］延丰等：（嘉庆）《钦定重修两浙盐法志》卷24《商籍一·科目》，《续修四库全书》第841册，上海：上海古籍出版社，2002年，第523页。

〔2〕［清］苏昌臣：（康熙）《河东盐政汇纂》卷2《运治·敷教》，《续修四库全书》第839册，上海：上海古籍出版社，2002年，第526页。在晚后的《河东盐法志》和《河东盐法备览》中，记载亦大体相同。参见［清］觉罗石麟：（雍正）《初修河东盐法志》卷8《运学》，台北：台湾学生书局，1966年，第715～716页；［清］蒋兆奎：（乾隆）《河东盐法备览》卷10《学校·学宫》，《四库未收书辑刊》1辑第24册，北京：北京出版社，2000年，第185页。另明中期人吕楠曾作《河东运司学进士题名记》，提及"正统丁卯，本运学之复建"，并曰："河东较利之地，运学讲义之府，商贾逐末之流，髦士务本之人。故非义无以辨利，非士无以形商，故作事莫如敦实，敦实莫如尚名。"［明］吕楠：《泾野先生文集》卷14《河东运司学进士题名记》，《四库全书存目丛书》集部第61册，第111页。

〔3〕［清］黄掌纶等：（嘉庆）《长芦盐法志》附编《援证十·历代营建》，《续修四库全书》第840册，上海：上海古籍出版社，2002年，第566页。

〔4〕［明］史起蛰、张矩：（嘉靖）《两淮盐法志》卷5《法制二·请建运学呈文（毕亨）》，《四库全书存目丛书》史部第274册，第220页。

〔5〕［明］史起蛰、张矩：（嘉靖）《两淮盐法志》卷5《法制二·立运学以育遗才议（陈暹）》，《四库全书存目丛书》史部第274册，第220～221页。

时倡导兴两淮运学的还有屯盐都御史庞尚鹏，他在《比例建学养育人才以励风教疏》中切言：

两淮盐商，挟资旅寄，多携其家，生长子弟，岂无茂异之可以招选、俊良之可以登崇乎？但父兄之教，竞逐兴贩，浮游干没……安得从学问、知义理以反于士习哉？由是利心益炽，义心益微……间有颖秀出群、明敏卓颖、厌薄故态愿为诸生者，乃苦故乡之遐阻，勒客籍之诈冒……广陵当天下之中，俯视河东，其为胜会可知也；财赋居天下之半，即能培植其人才又可知也……安得独抑商灶子弟自外于庠序之教耶？合无比照河东事体，将空闲祠宇改建两淮运司儒学……准令灶户并商人真正儿男有读经书谙晓文理者，赴运司报名听考……如此上焉可以为国得人，下焉可以因利为义，生财之道，兼得淑人之方矣。

他表示商人子弟实不乏卓异俊秀、求学上进之士，他们既易近利趋末，就更该由国家提供惠便及时豫养，以安商储课，兼收育人生财两得之效。同疏还称："人才为邦家之桢，学校为人才之地，我朝兴贤育才，学宫遍海内，即河东运司亦特为建置焉。盖人才之生，本不择地，培养而录用之，亦不以其地有间也。"〔1〕不过从前文引述的嘉庆《两淮盐法志》能够了解，后来两淮另立商籍附入扬州府学，运学之设虽未成行，但盐商子弟与当地民众同获选拔资格的目的已经达到。可以看出，两淮、两浙在编定商籍前，尽管曾仿照河东等运学先例允准外省盐商子弟附本地民籍应试入学，但限制较严，处处掣肘，规模十分有限。而最迟至万历中期，经巡盐官员呈请置立商人学籍，不仅山西盐商设籍于两淮，且徽州等客居盐商在浙江参加科举也已得到朝廷的正式认可。

关于两浙盐运司设置"商籍"，尚有不少相关人物的传记材料可资为证：

汪文演，字以道，号宾石。万历时，中官高时夏奏加浙江盐税，演上书御史叶永盛，得免岁征十五万。又与同邑吴云凤兴商籍，如河东、两淮例，岁收俊士如额……吴宪，自新安来钱塘，器识为人望所属。初试额未有商籍，业鹾之家艰于原籍应试，宪因与同邑汪文演力请台使设立商籍，上疏报可。至今岁科如民籍例，科第不绝，皆宪之

〔1〕［明］庞尚鹏：《百可亭摘稿》卷2《比例建学养育人才以励风教疏》，《四库全书存目丛书》集部第129册，第139～140页。

倡也。[1]

吴宪，字叔度，一字无愆，杭商籍诸生。杭故未有商籍，宪与邑汪文演上书当事，力言杭当局设籍。台臣以闻，报可。[2]

万历二十三年，歙人吴宪请立商学。巡盐御史叶永盛题奏："徽商行销浙引，许令现行盐人并其嫡派子弟附试杭州，例由两浙驿传盐法道取送学院，岁科两试，各拔取新生五十名，内拨入杭州府学二十名，仁和、钱唐两学各十五名。"[3]

叶永盛，泾县人，万历中按视南浙盐务。先是三殿灾，度支告匮，谋利者纷出言："浙盐如丘山，树繁如林，可得饷三十万。"中贵倚势要胁，永盛力持之，减至三万，且疏言者罔上罪。神宗察其直谏，能恤商爱民，报可，人心获安。又山陕、新安诸商有子弟者，以外籍不得入试。永盛惜其材，为请于朝，得特立商籍，取入儒学七名，商人德之。[4]

明叶永盛字子沐，泾县人，万历中以御史巡视浙江盐政。时有请增课税者，永盛力争乃已。又疏请许商人占籍应试……此即吾浙商籍所自始。浙商多徽人，永盛亦徽人，其力争加课，自为公议。请许商人占籍，或亦维桑之私意乎？[5]

而《歙事闲谭》对此事的来龙去脉讲述得更为明晰，只是时间有所出入：

明天启中，吴氏有名宪者，始自歙迁于杭……明制设科之法，士自起家应童子试必有籍，籍有儒官民军医匠之属，分别流品，以试于郡，即不得就他郡试……士或从其父兄还役，岁岁归就郡试不便，则令各以家所业闻著为籍，而就试于是郡。杭为南方一大都会，故未有

[1] [清] 李卫：（雍正）《敕修两浙盐法志》卷15《商籍·人物》，第1792～1793、1796页。

[2] 吴吉祜：《丰南志》卷3《人物志·士林》，《中国地方志集成·乡镇志专辑》第17册，南京：江苏古籍出版社，1992年，第282页。

[3] 吴吉祜：《丰南志》卷10《杂志·杂记》，《中国地方志集成·乡镇志专辑》第17册，第579页。

[4] [清] 王国安等：（康熙）《浙江通志》卷26《名宦一》，《中国地方志集成·省志辑·浙江》第1册，南京：凤凰出版社，2010年，第641页。

[5] [清] 俞樾：《九九销夏录》卷10《浙江商籍》，崔高维点校，北京：中华书局，1995年，第116页。

商籍，宪与同邑汪生文演上书当事，力请，台臣以闻，报可。于是宪遂得试于杭，而为商籍诸生。杭之有商籍乃宪倡之也。[1]

另外，叶永盛巡盐两浙期间，不仅请立商籍，还曾力抗税珰，广减盐课。他在《浙鹾纪事》中自叙甚详，内中不仅饱含着对惨遭剥削压榨的困苦商众的同情，又体现了对商业兴衰关乎国家财政大局及商人活动有益国计民生的价值判断，可见其体国恤商之良苦用心。[2] 而叶永盛能够受理商人之被害诉告，也显示了政府层面对商人权利地位的一种肯认。由此考虑到明清商人于经商之地做出的实际贡献，那么国家在他们科举附籍问题上予以通融照顾亦为情理宜当。即如徽商王子承在蜀多年，曾独力翻新当地学宫，后督学使者召其子“入试补县诸生，时异籍不得隶学官，有厉禁，官师弛禁而命之入，盖多子承”[3]。而雍正《河东盐法志》言及该地运学时也说：“天下运司六，惟河东运司有专学，余皆附于府……财赋之薮，沃土之民，逸则忘善。建有专学，则师道立而教化行，理义明而风俗美……所以厚商也。”[4] 况盐税本是当时政府财赋收入的重要来源，嘉、万时人汪道昆尝言“治盐策以纾国用”：“今制大司农岁入四百万，取给盐策者什二三，淮海当转毂之枢，输五之一。诸贾外饷边，内充国，戮力以应度支。”[5] 万历末户部郎中袁世振规划盐政纲法时亦疏云：“国家财赋，所称盐法居半者，盖岁计所入，止四百万，半属民赋，其半则取给于盐策。”[6] 朝廷有赖盐商提供巨大的经济支持，盐商们则希望得到官府的经营许可和政治庇护，在这层意义上，两者互相需求，关联紧密，具备了基于共同利益的合作可能。正如后世康熙《两淮盐法志》所称：“国家造成作养之典，自应一视同仁，似毋庸以外省、本省而歧视之……在朝廷无所损，而服贾

---

[1] 许承尧：《歙事闲谭》卷29《吴宪》，李明回等校点，合肥：黄山书社，2001年，第1041页。

[2] 参见［明］叶永盛：《浙鹾纪事》，北京：中华书局，1985年，第1~8页。

[3] ［明］汪道昆：《太函集》卷17《寿域篇为长者王封君寿》，《续修四库全书》第1347册，第11页。

[4] ［清］觉罗石麟：（雍正）《初修河东盐法志》卷8《运学》，第715页。

[5] ［明］汪道昆：《太函集》卷66《摄司事裴公德政碑》，《续修四库全书》第1347册，第533页。

[6] ［明］陈子龙等：《明经世文编》卷474《两淮盐政编一（袁世振）·附户部题行十议疏》，第5203页。

之子咸得踊跃于功名，使知父兄竭忠效力以济王家之用者，子弟亦食其福焉。”[1]

这样，两淮、两浙盐商经寄住附籍到独立编籍，终于可以和本地民众一样，平等获得学额解额，应举入仕。不过，这虽是彼时社会公平的一个表现，但有研究强调，商籍的持有只限定在盐商及其子弟范围内，众多其他中小商人无此优遇，故而反倒成了大盐商的科举特权。[2] 又日本学者藤井宏在考证该问题后联系万历中期以降皇室挥霍无度及国家连年用兵导致国库耗损严重的事实，谈道：

> 商籍的规定……是意味着对于盐商为主的客商的特别优待，一般地说官僚子弟虽附籍于寄居各地，但不许应科举试。所以对于商人就其分配有生员名额等，应认为是特殊的优待。当明万历十年到二十年之间，其时正值神宗穷奢极侈，大肆挥霍，外则以对付满洲、蒙古，军饷告匮之际，特别是万历十九年开始的援朝之役所造成的人力物力的巨大损耗，于是，盐课收入，则是国家财政之重要的来源。因此，对于能提供资金的盐商予以怀柔优待，俾便征税工作得以顺利进行，乃属当然之理。[3]

毕竟，此一优待确保了盐税征缴，既方便商户又有利官府。而明廷为盐商科举应试创造便利，反映出盐课收入对于国家财政日益重要的同时，也显示着在当时开放程度和层级流动渐趋增强的社会结构中商人地位的提高与影响的扩大。

---

[1] [清] 谢开宠：(康熙)《两淮盐法志》卷15《造士》，第1202~1203页。

[2] 如许敏认为：“从明代‘商籍’的产生，到清前期朝廷所明令占该籍所必备的条件，以及‘商籍’的内涵，即设定学额、允许参加当地的科举考试，直至‘商籍’的确定、该籍的转移等具体运作，都证明‘商籍’的持有者必须是盐商……‘商籍’确实带有明显的特权印记。‘商籍’出现伊始，本是明朝统治者给少数大盐商的一种恩典——只在盐业发达的两淮、两浙大盐商云集的地区实施。入清以后，随着盐商垄断地位的加强，这方面的优惠仍在延续。”许敏：《试论清代前期铺商户籍问题——兼论清代“商籍”》，《中国史研究》2000年第3期，第148~150页。

[3] [日] 藤井宏：《新安商人的研究》，《江淮论坛》编辑部编：《徽商研究论文集》，第238页。

二、商事诉讼中商人的法权地位

(一) 以苏州工商业碑刻为例

明代商人在遇到商业纠纷或不法侵害时可以诉诸司法手段寻求解决，如《问刑条例》载：“江西等处客人在于各处买卖生理，若有负欠钱债等项事情，止许于所在官司陈告，提问发落。若有蓦越赴京奏告者，问罪，递回。”[1] 这表明当时江西等地商人经常为商事纠纷而发起法律诉讼，以致官府发有不许赴京越奏的布告。明末王肯堂对此注解：“江西等处，仍天顺间旧例之文。贾客不止江西，江西亦非首省，似宜改此二字。”[2] 他认为商事诉讼及由此引发的商人越讼已成社会普遍现象，该条例的适用范围应扩至全国。这种情况主要是针对流转各地的行商言之。而从前文论述可知，万历以后，朝廷佥商应役愈发成为商民大害。下文即以明末苏州府工商业碑刻为例，就当地罢除铺商承值当行等涉商讼案加以说明。

如万历四十四年（1616）的《常熟县禁革木铺当官碑》载：

> 该县修理用木，取诸铺行，则赔累必多。江同等之呈，非得已也……铺户当官之苦，裁革已久……惟是常熟僻处海隅，官司遵行，吏书怙弊。照前出票取料，恣意罔上，行私不照。同等千里经商，揭本买木，经关纳税，到县投牙发卖。凡遇修理衙门、座船、炮船等项，则有管工老人，钻谋承管。价数既已勘估，并无现银给发。动即朱票差人，着取供送，难以抗违。至于工完之日，具领钱粮，分毫无与……责令经手侵渔人役，照数足还……嗣后勒石严禁，将来凡有兴作，俱照时价平买，不得仍蹈前辙，擅自出票取用，永为遵行。

碑记还解释了该县取木铺行的原因并做出具体规定：

> 本县僻处海隅，凡蒙修理船只，与夫修理衙门公所，合用木料，并无往来木商可以零买，势不得不取用于铺家……既无见银给发，而

---

[1] [明] 舒化等：《问刑条例·刑律五·诉讼·越讼条例》，《大明律》附录，第423页。

[2] [明] 王肯堂：《王仪部先生笺释》卷22《刑律·诉讼·越诉》，《四库未收书辑刊》1辑第25册，北京：北京出版社，2000年，第604页。

且官价与民价毕竟不侔。况管工者，高下其手，承行者出放愆期。即使领出，而大半为若辈所耗蚀……本县兴作时动，取用木料势所难免。唯是计木之大小，定价之重轻……凡管工人役，督同匠作，从公估计定数，开单报县……即将原单抄与木铺，照数送用，并不差人催取。用毕，仍将原单照依勒石价值，逐项填明，具领赴县，当堂补支……事不落吏胥股掌，而干没之弊永清，商民无怨辞矣。[1]

再据万历四十六年（1618）《常熟县裁革典铺代备各衙门铺陈碑》所讲，其时各衙门铺陈供具本有专款动支，并不烦劳民间，只因一次偶然失火，原备物件尽毁，上司莅临无从筹措，只得暂借典铺置办。起先不过权宜之计，“岂后来各吏书引此为例，每一上司将至，差人执票登门，星夜另买段匹剪裁”，然“上司过后，发领之时……则见在者变为乌有，细软者易为粗恶”，甚至门子之衣鞋裤袜以及扶轿红衣、听事吏役圆领等皆就中取用，事毕亦不付还。典户因此上告，蒙批：

本院自□铺陈，间或天寒，止取一二，用毕复还。吏书铺陈，久已裁革，何为又备？惟门厨势不得不用，备一二十副小铺陈足矣，何用许多？即各官府时备用，得五六副尽可换用，奈何以一官而既备衙门，又备座舡，何用此滥冒为？且每年原编银三十两，至失火后至今几年，奈何不以此银续做？今遽欲动三百余金，以作此不急之务耶？典户极当速□裁革，铺陈不可滥用过多……将原估铺陈工料，从俭估计，毋得滥费。[2]

又有天启二年（1622）《抚院批禁长吴二县红花马尾行免当金铺户德政缘由碑记》，铺户陈宾等具告:“先年日遇上司各衙门公贺□□并回府宴待文武场取用金花盘盏……一遇取用，即着宾等承值，差役拘唤，□价苦于无处买金……宾等业倚经纪，惟赖商贾辏集吴下，可以养生。近因□□

---

〔1〕《常熟县禁革木铺当官碑》，苏州博物馆等编：《明清苏州工商业碑刻集》第69条，第106～108页。

〔2〕《常熟县裁革典铺代备各衙门铺陈碑》，苏州博物馆等编：《明清苏州工商业碑刻集》第118条，第181～182页。另《江苏省明清以来碑刻资料选集》中此事被题以《常熟县为吁天申禁敦民水火事碑》，时间为万历四十二年，两文内容一致，只个别字词句读有出入。参见江苏省博物馆编：《江苏省明清以来碑刻资料选集》第319条，北京：生活·读书·新知三联书店，1959年，第553～556页。

年荒，经商路阻，贸易□□，金户重役。节蒙各上司……蠲免诸色铺行，未几废弛良规。”经批示：“铺行一节，查系先年间历奉抚按二院严行申禁……乃日久废弛，而各吏胥恣行扰累……上司公贺及宴□文武二场取用金花盘盏，俱在堪动银内，着□□承□吏办值，并不许骚扰。□长吴二县红花马尾铺行知悉，今后照依碑禁事理，永为遵守。”[1] 另天启三年（1623）《常熟县严禁致累绸铺碑》中记铺户林辉等呈：

> 辉等微业小民，勉为糊口之计，切今当官烦苦，首莫甚于此也。宪台怜悯禁革，纤毫不染。民间恩例，公价平买……惟独常熟未经刊刻，故违沉蔑恩典，奸书狡吏专权，不遵禁例，不恤民艰，而视铺家反为鱼腐。凡遇上司临案，乘机混出朱牌，拴通狼役，科需常例。官价毫无，执行差派……嗟呼！民脂有限，奸徒利弊无穷。辉等受其苦楚，而非朝夕之冤。

后获准勒石，“将一切浮费遵行禁约，并不许骚扰民间，致累行户”。[2]

官府取用铺户，虐民至深，废止其承应差役势在必行，这已成为朝野共识。到崇祯初明廷终下旨意，命通行官买，而“永除其例，民困大苏”[3]。苏州地方碑文里也有表露：

> 民生之蠹□，行户承值其一也。已奉圣旨，立石永禁……一切上司按临府县公务，取用各色□足额设原银两公费钱粮，照依时价平买，该房胥役供应，并不用铺行承值。[4]

> 近蒙皇上洞悉民隐，颁发圣谕七款，中有禁革铺行一款。复蒙宪天俯念民瘼，刊布按吴十四款，内禁革铺行，万民有幸，千载难逢。[5]

此两处石刻分别立于崇祯四年（1631）和崇祯七年（1634），后者起因为

---

〔1〕《抚院批禁长吴二县红花马尾行免当金铺户德政缘由碑记》，江苏省博物馆编：《江苏省明清以来碑刻资料选集》第174条，第268～269页。

〔2〕《常熟县严禁致累绸铺碑》，苏州博物馆等编：《明清苏州工商业碑刻集》第3条，第3～4页。

〔3〕［清］郑达：《野史无文》卷3《烈皇帝遗事上》，第9页。

〔4〕《苏州府为永革布行承值当官碑》，苏州博物馆等编：《明清苏州工商业碑刻集》第39条，第53页。

〔5〕《常熟县永禁诈索油麻杂货铺行碑》，苏州博物馆等编：《明清苏州工商业碑刻集》第125条，第193页。

常熟县油麻杂货铺行朱元等联名上陈苦情：

元等俱系经纪小民，撺卖油麻杂货为活，向被本县吏胥垂涎索诈，即办卖物当行。凡遇上司按临，及发号船修造，概县修葺衙门公所，春秋祭祀交际礼节，一应佥票，或取或借，名曰候支官价，经年守候不发。即或发银，总遭吏胥侵啖……甚且迩年以来，吏胥需索无穷。混派税银，一概追纳……切蒙圣谕天恩，洞民疾苦，悉已禁革。何独常熟不遵，仍行纷扰……伏乞准赐勒石，垂之不朽，俾三吴商贾，愿藏于市，二天恩泽，悠久无疆。

终而奉多官批答，其怜商恤民之意跃然纸上：

原行禁革铺行告示书册，令各铺自行立石遵守……将一应□用物件及修理衙门船只取用油麻，春秋祭祀交际节礼，借用□品油烛杂货等项，悉发现银，照依时价平买，并不许吏胥假冒当官名色，出票借用，亏扰铺行……今将本院禁革铺行告示，拟合一并立石，永为遵守。

今后各衙门疏禀，俱照民间时值，发以现银……至于修理公事，万不得已而用之，则票中先书发去足纹见价若干，后所买物件若干，铺行非见银，决不得发物；有司非发银，决不得填票……短少分毫，不但物不得发，并许各铺行明白呈禀侵克之役，重加责治，使市民共晓体恤之意，则差役自不敢蹈侵克之习。

本院按临兹土，决不以纤毫安饱之念，累扰吾民……将一切当行支取名色，务在痛革……一照民间时价，宁多勿少。现发纹银，足价买办。犹恐去役克落，今着各铺于所买物件下，自填时价若干于簿内。若买物而不给现银而不与之价者，许明填于簿。仍一面具告，以凭作赃论……至缎匹丝棉等物，分毫无所需用，不许该员役冒名私买。如违，查出究治。[1]

由上述碑文可知，尽管中央朝廷及苏州地方政府三令五申严厉杜绝吏胥科索强取铺行，但违禁派纳横征之事依然屡见不鲜。不过从当时法律观念上看，官府并未对普通商人和其他庶民人群做出特别区分，因而无论铺行商还是贩运商，明廷通常均本于爱养黎元、恩泽众庶的为政理念将之同等视为微业小民一体怜悯惠恤。且再看严禁奸徒豪牙截商掠货的碑记，如

〔1〕《常熟县永禁诈索油麻杂货铺行碑》，苏州博物馆等编：《明清苏州工商业碑刻集》第125条，第193~195页。

万历四十五年（1617）的《常熟县严禁流奸赤棍截商劫民碑》，商民呈词："切有流奸赤棍，假仗关委，巡拦列船□□，截商劫民，称官称吏，名号不常，或东或西，踪迹不定。遭其毒螫，靡不倾资。"地方诸官批复："正税之征，商切难支，而无名之扰，民岂能堪……棍徒藉口盘诘殃民，其弊由来已久。今据假冒浒墅关名色，伙众分截，近害尤甚，民奚以堪？是亟宜杜绝，以宁此土者。"最终以立碑明示结案："常熟县东门外等处盘诘诸棍，实系冒名诈骗……文到即便刊示勒碑，永远禁绝。敢有仍前冒名诈骗者，许即擒拿解究，以祛民害。"[1] 天启七年（1627）《苏州府严禁南濠牙户截抢商船客货碑》复载：

南濠牙户，先遣健仆使船，纠集□□党棍，预计屯扎中途湖口。一遇海味揽船（中缺六字）哨党蜂拥，丛打乱抢……致使异乡孤客，素手空回……别省商民，远贩土产货物，或顿于南濠，或停于枫桥……则客自来投止。乃今奸民罔兴垄断之举，遂行招揽，（中缺十八字）一遇客航扬帆而来，蜂拥其船……自今以后，凡客货商航，任其自投，仍然（中缺十七字）本客并地方报实，定以抢夺之条重惩，决不轻贷尔□。[2]

还有一方意在恤商免税的碑刻见于崇祯十五年（1642）刊布的《院道移会浒墅关禁革盐商银钱船钞与铺役生情指索碑示》，众商朱以时等于此陈诉：

朝廷设关，原止税商，而未闻税官。鹾商转运钱粮，即系国课而实非私钞，故祖制凡盐商装载银钱过关，并不起税。迩年以来，奸棍为害……历蒙前盐院梁严行勒石禁止，每商仍给免税批照。岂期浒墅关自上户部朱到任，辄有关蠹……乘机煽毒，遂违明制，毁灭院文，酷督贸商，横加苛税，扰诈多方……课□消□，国需壅匮，时等受累经年，茹冤莫诉。

又盐商李如玉等亦请肃法除蠹，免税便商：

《大明会典》钦门钞关监收船钞，惟装载自己米粮薪刍及□官物

---

〔1〕《常熟县严禁流奸赤棍截商劫民碑》，苏州博物馆等编：《明清苏州工商业碑刻集》第250条，第372~373页。

〔2〕《苏州府严禁南濠牙户截抢商船客货碑》，苏州博物馆等编：《明清苏州工商业碑刻集》第157条，第240页。

者，免其□钞。宪典煌煌，孰敢违越？玉等挟资充商，身冒艰险，专为行销引盐……预取银钱赴司赴场完课买卖，孰非官物？向系浒墅关经过，从无纳钞之例，给有□帖可考。迩来突遭奸棍借名生端勒诈……匪第课本无归，而且性命不保……恳乞晋关恪遵《大明会典》免钞，镌石禁绝奸胥地棍吓诈。

经署关同知勘查，证实前例，对征商之失予以解释并表明态度："盐商装载银钱船只过关免钞，未见祖制，奉有院文，见有碑记存证，自应遵依优免。今每年关税多缺，主□者或苦于点金无术……复税盐商，但较之已往，减补为平，已为宽政恤商……仍旧免料，以广洪慈，以恤商困，以垂永久。"该案最后终以勒石明禁告结："示仰委官铺家胥役人等知悉，嗣后务各永遵批示恪守。凡遇盐商装载银钱船只到关，即速放行，不得仍前违禁，妄指纳钞，借名盘验拦阻捐索，与地棍生情骗害。有一违犯，许各商即时扭禀本部究惩。"[1] 由是观之，遇财产侵损，明代商人不但可以像普通民众一样向权力机关提起申诉，且他们还能灵活运用祖制和典章律例来保全自己的利益。《明会典·钞关》内的确录有"惟装载自己米粮薪刍及纳官物者免其纳钞"[2] 的条文，不论凭之为据适当与否，单就这种民告官的案例讲，商人为求胜诉，在状辞中把商业活动的意义提升到裨益国需的高度，试图借此增加说服力促使主管官员减免税收，用心实乃良苦，而判处结果也可谓如愿。

（二）以《盟水斋存牍》为例

明代遗留下来的判牍文献，也保存了不少有关商事诉讼的材料。本节以崇祯末年广州府推官颜俊彦所撰公牍判语专集《盟水斋存牍》为例，探讨彼时国家体系内商人的法权地位状况。该书内容多有涉商案件的审判情由，如严肃查办劫商掠货的地棍强寇：

铁商陈卢兴等，以梁敬鸾、何天祐等结党要截，朋奸横诈，激而控宪。此中相沿。有一种商人，即有一种光棍，耽耽而视之，商旅不

---

〔1〕《院道移会浒墅关禁革盐商银钱船钞与铺役生情指索碑示》，江苏省博物馆编：《江苏省明清以来碑刻资料选集》第149条，第233~235页。

〔2〕［明］申时行等：《明会典》卷35《户部二十二·课程四·钞关》，第245页。

能出于其涂，最可发指……应重惩之，以安商贾之行李。[1]

刘合兴之以抄商控也，以棍党之集于省城者，专以剽掠异贾为生涯……查合兴以闽商飘风入粤……告饷给引，查历来市司再四核覆，似于国饷有裨而于地方无害，乃上台犹难之者，海上方多事，而闽人之商于兹者，未必无奸徒溷处其中，因不轻易允可，宪虑至深远也。但合兴辈已造船装货……地方无赖因乘机鱼肉之，倘置不问，势不可遏。商人鸡肋有几，堪供咀嚼……不若听其输饷归闽，自给引而行。李志、许瑞事发在逃，立案照提。[2]

再如周燕堂和黄俞意两人均为以跳诈为生的市井无赖，前者与商人卢光寰合伙卖木，其立约赊买木材，自雇工人黎茂贤运送，然中途失木，"牵连寰侄，则堂实有以构之"。经审，"贤即堂鄰（邻）也，雇繇堂也，假非藏匿，即有不明，应问之原雇，与寰何涉？总之堂负寰本，反生跳诈，小人之狡而险者也"。[3] 后者见蔡幼溪乃异乡远贾可欺，诈为其父养子索银，并纠党以殴主诬之，"此数棍者遍身罗绮，满口笙簧……五方流棍，其为祟于国中者比比是也，言之真堪发指"[4]。其他挑拨是非、设局骗财之徒同样受到惩处：

钱应龙与娄见湖等，皆异乡而商于粤久矣。因锡箔同行，适有小眦，遂为土究何永福者，乘间图诈，捏以劫杀虚词诳禀督捕行拘……应龙骇出无端，同商俱抱公愤，疑是见湖所嗾，遂有透局之告……万里孤商，蝇头度活，事出被诬，情激使然，合准俯从和解，姑从免拟……使跳棍不得售其奸，而异商稍得安其业……[5]

严胜为歇客店家，有江西客人魏爵九寓焉，买胡敬之婢亚桃……虎棍冼真乘爵九之开船，截而邀之，捉送捕衙。捕衙以其婢属胜，令认还客银……未几而复追婢还胡敬，则严胜前银作何着落……总之，胡敬之婢卖之爵九，非有来历不明，何与冼真事而无端兴此波涛？粤

[1]［明］颜俊彦：《盟水斋存牍·一刻谳略》卷3《诈商奸棍梁敬鸾等》，中国政法大学法律古籍整理研究所整理标点，北京：中国政法大学出版社，2002年，第125页。

[2]［明］颜俊彦：《盟水斋存牍·一刻谳略》卷3《闽商刘合兴》，第158～159页。

[3]［明］颜俊彦：《盟水斋存牍·一刻署府谳略》卷1《市棍周燕堂等》，第371页。

[4]［明］颜俊彦：《盟水斋存牍·一刻署府谳略》卷1《棍跳黄俞意等》，第372页。

[5]［明］颜俊彦：《盟水斋存牍·一刻谳略》卷3《孤商钱应龙等》，第159页。

中之交易，或货或人，惯为此跳局。若冼真者，所当重创之以徇余人者也……[1]

且当时广东沿海盗贼为患甚厉，“数十年来，山有建号之妖，海有树帜之寇，民不得安于寝，商不敢出诸途……商思改业，民无幸生”[2]。颜俊彦在《海寇充斥详》中又称“粤中向称盗薮，然或聚党海外，剽掠客商，或窥伺孤单，间肆劫夺”，岂料近来“白日公行毫无顾忌，沿村肆劫殆无虚日……红袍黄盖，称雄海上，兵哨见之却走矣……与官府相遇诸涂，而联艅接舰，器械森列，无可如何矣……亲到坊村捉人，停舟大叫，兑银赎人矣”。其请示宪台“早赐申饬，密示方略，责成当事，以救倒悬”，分守岭南道批示：“粤盗纵横，日甚一日，不及时剪灭，贻害匪浅……除移会巡海二道及总镇督兵防御擒剿外，仰厅严行各汛地官兵加谨御备，相机堵剿。”[3] 颜俊彦还针对海备废弛涣散、寇盗白昼纵横的现状，听取属将“并船裁哨”之议，得军门回复：“里海不成世界，商人难必其生，可为流涕痛哭。再不着实整顿，是地方官坐视其死而不救，负生灵，负朝廷……并兵并船，扼贼制贼，持其要而握其权，足其饷而利其器……选并之后，如何互巡，如何擒贼，每月十日一报。”[4] 由此可见当地政府在维护社会秩序稳定、保障商民生命财产安全方面的重视程度。

从书中判词看，该地各级官府确实对于诸如“出船聚党，袭截商人”[5]，“邀劫商船……肆劫二客之货”[6]，“鸩商四命以饱鱼腹”[7]，“窃浙商金茂之囊资……捆溺灭口”[8]，“纠劫闽商，尽掠其资，且图为灭迹之计”[9]，“啸党海上，剽掠商人，罄资殒命”[10] 等之强梁巨盗从严惩治，

---

[1] ［明］颜俊彦：《盟水斋存牍·二刻署府谳略》卷2《藉婢跳局冼真》，第734页。
[2] ［明］颜俊彦：《盟水斋存牍·二刻公移》卷1《查叙剿海寇各官功次》，第649～650页。
[3] ［明］颜俊彦：《盟水斋存牍·一刻公移》卷1《海寇充斥详》，第325～326页。
[4] ［明］颜俊彦：《盟水斋存牍·二刻公移》卷1《覆议里海并船裁哨详文》，第643～644页。
[5] ［明］颜俊彦：《盟水斋存牍·一刻谳略》卷1《强盗黄承轩等》，第19页。
[6] ［明］颜俊彦：《盟水斋存牍·一刻谳略》卷1《强盗邵亚杰等》，第32页。
[7] ［明］颜俊彦：《盟水斋存牍·一刻谳略》卷1《谋杀蔡长成等》，第48页。
[8] ［明］颜俊彦：《盟水斋存牍·一刻谳略》卷1《人命何公进》，第48页。
[9] ［明］颜俊彦：《盟水斋存牍·二刻谳略》卷3《强盗陈胜朋》，第558页。
[10] ［明］颜俊彦：《盟水斋存牍·二刻署府谳略》卷1《强盗温良等》，第676页。

决不姑息。但另一方面，若遇存疑案宗，颜俊彦也会详究事件始末原委，依法据实，公平审慎裁理。如：

伍芳美等哨党劫船，事主识认既真，乡保族邻共质，县审凿凿，无可推敲。唯是伍芳美等皆伍伟扬兄弟叔侄，而白昼露面不惧识认，到底留一线疑窦也。八人已毙其七，仅存芳美一犯。匪特赃仗不明，情可矜疑，即果抢夺，罪不致死，仍请以本律改配，情法允当。[1]

梁亚保乃已故贼首袁允瑞之同徒也。劫掠商□，溺死三命，可谓剧盗矣。伙党三十，已毙二十有九……当秦典史连船搜捉之时，妄供寄于梁氏，而梁氏实未尝起有是赃也。虽在同舟，确为受雇火仔无疑……与其疑系图圄，不若实充军伍，况逢恩诏，改戍当辜。[2]

周道迁以两船二十七人为哨捕一起并获。据报赶劫商船，究竟无赃无主……前卫今故吴会友等四犯逾墙宵遁……繇是各监诸犯，概置重辟……当时虽系并解，监口各别，迁在后卫，绝无举动。以不逃者而与逃者同罪，非法之平也。相应仍照原拟，即时发配，以肃图圄。[3]

他若李国贤等行劫客船案，经查，“此案所据止李惟一纸之首状，所劫三板船之客人，又言不识姓名。此不识姓名之客人，既未被杀，何无鸣官……李惟应引诬告拟配。李国贤与李惟同驾船海上，踪迹可疑，然难遽定为盗。国贤应杖治发落”[4]。

再看一起势商诬盗之案：

奉盐道押发贼犯熊成恩一名到府，随奉批通河客商罗兴等劫运异常一呈仰府究报。据呈称：有贼十三徒，各怀短刃，到船索银，以赎二伙，凶狠莫睨。遵奉酣饮，贼众返船，天网败露，遗贼熊成恩一人醉卧舱内，张庚成即投通河水客捉送等情……但据称有贼十三徒挟刃到船，凶狠可畏，此时必手足无措，何暇奉饮交欢？亦何从即置有酒？且成恩一人醉卧，余未醉十二人，独不虑留此漏泄，乃不挈之偕去？

颜俊彦在此并未单听一面之词，袒护客商众人，认为本案证据不足，疑惑

[1] ［明］颜俊彦：《盟水斋存牍·一刻署府翻案》卷1《盗情伍芳美》，第280页。
[2] ［明］颜俊彦：《盟水斋存牍·一刻矜审》卷1《强盗梁亚保》，第287页。
[3] ［明］颜俊彦：《盟水斋存牍·一刻矜审》卷1《强贼周道迁》，第291页。
[4] ［明］颜俊彦：《盟水斋存牍·二刻翻案》卷1《诬盗赵龙等》，第608页。

从生，“于情于理，俱不可通……成恩为庾成等极相识之人，所称十三徒到船索银，直说鬼说梦矣”。因而断以“诬盗，配庾成而杖其余人”，同时声明：“不敢必成恩之非盗，但欲舍当堂之对质、印信之结状，而凭臆入罪，有所不能。欲杀一无辜以媚盐贾，并媚盐贾所仗托之人，更有所不能。”[1]这即是秉公执法者的应有态度，又如：

何荆石之讼顾东山也。据称同往河源回龙贩谷……串贼陈亚萧白昼劫去银一百零二两，当即获拿送县，其词似凿凿有据。乃调查河源县卷，止有王东一、陈清宇投词，绝无所谓何荆石、顾东山者……据失银在河源，鸣官在河源，必就彼谳质，才可穷其情伪。[2]

吴启明剿窝之控……既被劫于陈休征之家，自应告及休征……且陈休征曾寓有商人陈南溟、陈伯仁，绸匹被盗，业经捕盗厅及本府审明有案，事在二年，未尝有所谓吴启明也。突如其告，而所告之犯全非原案所有，盗劫何事，堪如许孟浪乎？法应重拟。[3]

复有汤参玄先马匹遭劫，后于南海县遇何敌所骑，认为原马，遂解县投官。经查证此马被盗后确由各商贩辗转贩卖而来，故判决：“何瑞真、叶紫芝以窃盗拟配。钟太宁、陈伯演、何敌、黄意参虽系不知情而买，然不审来历，朦胧授受，何敌又架劫银虚词相抵，各杖无词。”[4]此处判罚将窃马盗贼与转手商贩区别对待，同样体现出一种司法公正精神。

另强盗李庭耀之劫案十年不决，经颜俊彦请示，获批：“何广兴等合本商贩，而强盗李庭耀等聚众邀劫，甫上盗而为哨兵追捕，至获庭耀等于弃船登岸之时，其无劫赃显然矣。止因哨捕邀功，故张大其说，致成十年难结之案。该厅此审出四囚长系之苦，免主株连之累，情法允当。”[5]这起案件关涉哨所军士为邀功图赏捏造夸饰盗情问题，颜俊彦亦能允公允理，排解冤抑，及时予以纠正。其他尚有：

谭亮弘、全瑞贤皆哨兵所擒。谓其扮商搭渡，伺客行劫。据称突起舟中杀死渡夫四命，而众客一无伤害。再四研鞫，苦称一卖腌鱼，

[1]［明］颜俊彦：《盟水斋存牍·二刻署府谳略》卷1《详熊成恩盗案批防厅就案审》，第684页。
[2]［明］颜俊彦：《盟水斋存牍·二刻谳略》卷3《盗情顾东山等》，第561页。
[3]［明］颜俊彦：《盟水斋存牍·二刻谳略》卷3《控盗吴启明》，第563页。
[4]［明］颜俊彦：《盟水斋存牍·二刻署府谳略》卷1《盗马何瑞真等》，第681页。
[5]［明］颜俊彦：《盟水斋存牍·一刻翻案》卷1《强盗李庭耀等》，第236页。

一卖网巾，经纪度日，突被擒拿。狡口虽未足全信，然四尸不闻捞获，家属绝无质告……矜疑改戍，似亦持法之平。[1]

黄富勤……劫案累累不一。其被获于哨官，则以俟劫商船于小埔海面因而擒之。操戈相向，兵哨被伤，横亦甚矣……赃主如许，卒不得一人一物以塞其呶呶之口……庭讯之，本犯极称被哨妄拿，拒捕伤兵，则未成为盗……要未足死其心也。矜疑改戍，自不失于慎耳。[2]

由《盟水斋存牍》还可了解，广东地方官府在保护商人正当权益的同时，也注重加强对其中贪财图利者走私匿税等不法行径的稽查。如卢裔成、袁良合伙兴贩私盐，"影射宦势，擅给示帖，船至双桅，盐至万余……徒没允当"[3]。商人单妙元亲捕私盐二百余斤，陈起教"人盐并获，按律坐罪"，冯丽宾等既"原非现犯"，则"拒捕之情难凭"，因此"应从末减，俱各加责，拟杖示儆"。[4] 林碧所贩卖白糖不投单报税，"私贩漏税是实"，据律罚没，"笞而逐之"。[5] 再如"夏仰镇为诸商雇船揽货之人，曾雇蔡永兴之船，与王云从等装货海南贸易。因船中带有土茯苓、面粉二种，为出海所禁，永兴出首。初经番禺县审，照漏税没半。后奉司道批县覆审，仅没其违禁之土茯苓、面粉，余货给还，已及宽政，案结久矣"[6]。至于商人涉嫌诈冒驿递，颜俊彦也悉究事由，酌情处置：

浈阳驿所获假牌，一为兵部勘合扶送三贡生之柩者，张应元、鲁宗也。一为兵部火牌勘合差官公干及扶故官柩者，钱耀海、王桂湖、袁凤台也。同日俱到，二事混一，既发觉，而耀海、桂湖已逃。随细鞫鲁宗，则系嘉兴人，因行贾并取债于广，附搭张应元之船……再鞫袁凤台，则湖州人，因寻兄来广，途穷失路……合无坐以失察来历，应得之杖，与无干之鲁宗、张应元一并摘发，俟严缉正犯另结，庶泾渭分而情罪不滥矣。[7]

又有文大成贩锡被哨兵黄璘等盘获，其遂以劫盗上控。颜俊彦审理以为：

---

〔1〕［明］颜俊彦：《盟水斋存牍·一刻矜审》卷1《强盗谭亮弘等》，第293页。
〔2〕［明］颜俊彦：《盟水斋存牍·一刻矜审》卷1《强盗黄富勤》，第296页。
〔3〕［明］颜俊彦：《盟水斋存牍·一刻谳略》卷2《私盐卢裔成等》，第110页。
〔4〕［明］颜俊彦：《盟水斋存牍·一刻署府谳略》卷1《私盐陈起教等》，第361页。
〔5〕［明］颜俊彦：《盟水斋存牍·一刻谳略》卷3《匿税林碧所》，第157页。
〔6〕［明］颜俊彦：《盟水斋存牍·二刻谳略》卷2《诬告夏仰镇》，第506页。
〔7〕［明］颜俊彦：《盟水斋存牍·一刻谳略》卷3《假冒袁凤台》，第153页。

“私锡有禁，哨官捕获，固其职也……获货侵匿，情不能无。而大成添告多赃，挟仇反噬，亦已甚矣……姑将文大成以不应拟杖，货物照匿税以一半入官。黄璘获锡虽即解官，不无少有隐匿，已经该县追给外，并以杖警。”[1] 此因广东地濒南海，接壤澳门，地方衙门为防止奸徒通夷构衅，自然着意加强对商民包揽私货、出海接济等行为的查办力度。如颜俊彦等尝言“滨海奸徒，满载私货，走澳觅利，罪不容诛”[2]，其往往“手书招夷，包籴觅利”[3]，“满载牙硝、刀胚下海济夷，此真走死如鹜，愍不畏法”[4]。民间泛海经商虽不乏合法交易，但在当地官府看来，走澳逐利，“亦非正经营生”[5]，他们无视例禁，携带私货出洋，损害国家利益，罪在不宥。

个中情由可见以下案例：闽商郭玉兴等以飘风停靠之名，未经核准允许，遽入广东内海，然该地屡有明示，“饷船出入，必繇香山抽盘，必繇市司投单，无朦胧停泊之理……其飘风等船假借名色，非奉两院详允，片帆不许出入，海禁甚严”。之所以这般，乃因“番夷在澳”，恐“船众竟入内地……内奸引导接济，故冥行无忌耳”。据称当时四船“满载番货，排列刀铳，聚集千人，突入省地，通国惊惶”，甚有人目睹“洋贼千余突入内河”。为此，颜俊彦称：“使妄言之则可，果其有之万一，无赖聚集，谋为不轨，变生肘腋，实可寒心……以国家疆土人民供其蝇唇鼠腹，罪岂胜讨！”颜俊彦等地方官其实是把国防战备和民生安全放置首位，因之严饬哨戒，防微杜渐，征商榷税则反在次要，“关系课饷尚轻，关系封疆实重”，“封疆大事，必不为锥刀之税，而伏叵测之患也”。有鉴于兹，他请示：

> 郭玉兴、高廷芳等甫称投单，未奉详允，遽入省河……奉两院严批，应引违禁下海条例，下海之人与接买之人俱应边戍，货并入官。但念已在本道授单，姑开一线，以舶商匿货论罪……行市舶司，查照郭进兴例罚饷之为长也。其陈仰昆一船，虽并未投单，推广宪恩，一

---

[1] ［明］颜俊彦：《盟水斋存牍·一刻谳略》卷2《私锡奸徒文大成》，第110页。

[2] ［明］颜俊彦：《盟水斋存牍·一刻谳略》卷2《走澳棍徒孟如积、许一广》，第76页。

[3] ［明］颜俊彦：《盟水斋存牍·一刻谳略》卷2《通夷关圣重关国隆等》，第72页。

[4] ［明］颜俊彦：《盟水斋存牍·一刻谳略》卷2《接济奸徒陈胜宇等》，第73页。

[5] ［明］颜俊彦：《盟水斋存牍·一刻谳略》卷4《讼债陈巳等》，第172页。

体加罚，以宽远人，以裨课饷……至包徐良者，装载假官，踪迹诡秘，排列刀铳，殊骇听观……所当从重究拟，以信功令，以固海防者也。

颜俊彦明言厉禁下海接夷主要目的在巩固海防，因而他对正当商业活动并未横加阻拦，且能意识到商人输课资国足用的社会价值而时予惠恤。诸主管衙门的批复同样印证了上述主张：

兵巡道批……既有该省给引，则商也。但风飘突来，宁于海禁无碍？本道所司者，封疆耳。若使地棍潜引奸徒，出入无忌。他日保无伏莽窥伺而蹑白衣之诡者，不可不毖饬也。

巡视海道批……肩越海禁，走利如鹜，即非奸宄，犹当严究。姑照郭进兴例一并罚饷，一以恤商，一以裨课……务足国饷，无听其隐匿瞒课……以肃海禁。

察院梁批……闽海巨寇，皆□干通番之奸宄……溺数缗而滋后衅，非计也。违禁下海，法自昭然……封疆为重，法禁攸关。[1]

以上言论，表现出广东地方官员对禁海与通商关系问题的审慎姿态。这里提到郭进兴、刘合兴之事，刘合兴飘风入粤一案前文已述。[2] 再看郭进兴浮海来粤：

郭进兴出洋之船，非制也……若辈重利轻生，走死如鹜，非一番痛彻惩治，必不惧而知返……陈诚者，亡赖棍徒，始乘进兴等之开船要挟为利……今见进兴辈之重来，复架词诳耸……奸徒之扞禁走险，游棍之藉告为奇，均罪不胜诛耳。今后有不入市司版籍，冒称商贾潜匿此地者，即以进兴之罪罪之。而如陈诚其人，游手游食，扛帮扎诈，罪亦无赦。[3]

颜俊彦表示，就“足饷额”与“靖地方”相较，前者“或出一时之权宜”，后者“实怀百年之远虑”，孰轻孰重自可晓辨。也正因此，他屡次发布禁

---

〔1〕［明］颜俊彦：《盟水斋存牍·一刻谳略》卷2《闽商阑入郭玉兴等》，第77～81页。

〔2〕在刘合兴一案中，颜俊彦即已言及“告饷给引……似于国饷有裨而于地方无害”，然军门及察院分别批示：“刘合兴以闽商告引泛洋，事体委属未便。但既经纳饷，载货久泊河下，恐生戎心。姑令速开回闽，以后永行禁止。”“审未详允，而刘合兴已造船装货……载货出海，能必其果归闽否？候军门详示行。”［明］颜俊彦：《盟水斋存牍·一刻谳略》卷3《闽商刘合兴》，第159页。

〔3〕［明］颜俊彦：《盟水斋存牍·二刻谳略》卷3《违禁出洋郭进兴》，第573页。

止棍揽接济私运之令：

粤省密迩澳地，闽揽实逼处此。拔置夷人往来构斗……今后如有前项棍揽，敢扞宪纲，复行接济种种不法，许军民人等当即擒解本厅，转解院台，尽法究治，决不轻贷。[1]

地方军民人等，有遇私将米谷接济射利者，当时擒拿解府，重责四十板，枷号拟罪……其有捕弁员役，借拿接济名色，拦截到省谷船，罪亦如之。[2]

由是可见，严查接引交通外夷，实为杜防奸邪棍徒向其提供物资情报，以致彼此勾结，侵扰内地。而政府管理商品货易原有法律规范，初衷本不与抑制商业发展与否直接相关。这确如颜俊彦所讲："香山逼近澳门，无人而非接济也。故往买木石，粜运米谷，必向县告照以往……船果无违禁之物，必盘诘之而使行，毋为奸人借口也。"既严榷算、重关防如此，则他认为若木户陆炳日者，装驾大船，贩珍贵之木，往来觅利，"既不给帖，又不告税，往来海上而莫之敢问"，即使夹带接济证据不足，但民人"尤而效之，将来之逐末者俱悍不相顾"，且此辈取利地方，理当裨益国课，遂"相应将其所买诸木，作漏税没官，以为奸人假借贩易、阴行接济之戒"。[3] 在其他此类案件审判中，颜俊彦同样做到了实事求是，据理裁定：

王心原供称的名王寰，心原其号也，贾粤有年……李我供称，其子李苍山向出外生理，并无奸细别情。王三官供称，向歇客度活，王寰以商贾歇其家……并非窝藏奸伪。三人之言，尽于此矣。穷诘根因，必须原访原缉之人对质，始见明白。而毫无凭据，难以凿空立案。[4]

王明主同船户郑胜明贩谷营利，违禁下海，事关接济，法无轻宥。但查获自内地尚未出境，与走泄事情之律原不相牟，似难周内比私盐之犯，船货尽数入官，二犯均从徒配，允当厥辜……海上多警，若辈敢于为奸，仍请量罚王明银贰百两以充买船防汛之用。[5]

---

〔1〕［明］颜俊彦：《盟水斋存牍·一刻公移》卷1《禁棍揽接济》，第334～335页。

〔2〕［明］颜俊彦：《盟水斋存牍·一刻公移》卷1《禁接济私运》，第335页。

〔3〕［明］颜俊彦：《盟水斋存牍·一刻署香山县谳略》卷1《漏税木户陆炳日》，第436～437页。

〔4〕［明］颜俊彦：《盟水斋存牍·一刻谳略》卷3《奸徒王心原等》，第152～153页。

〔5〕［明］颜俊彦：《盟水斋存牍·一刻署府谳略》卷1《接济王明等》，第360页。

林德、吴标、梁福等聚党多人，驾船海面，非行劫则接济……非剽掠商民则私通番澳，德辈有死法无生理矣。但既无害主出证，又无现赃可凭，而所假之牌又无上下衙门印信，即罪浮于法而法不当罪。合以诈充差遣，引律拟配，庶得其平。[1]

另市舶司官员因缉私从严而遭商人诬陷的情况时或有之，颜俊彦亦能立场鲜明予以回应：

市舶张提举之被告也，阅其单款，赃私累累，且淫刑以逞……乃奉宪役庭讯之，强半不到，到者又多不肯认……反复推求，皆缘本官于走私澳接济之徒持法太严。若辈衔之次骨，乘其有丁艰之信，遂捏单款以图报复……倘不稍戢之，将来之任斯官者，动色相戒，不敢复过接济而问焉，非地方之福也。[2]

揽棍奸商潜藏暗踞、勾夷导引是为一害，而哨兵甲壮时"以缉接济为名"[3]，拦截海上，朦胧诈索，通同有司受贿纵奸，亦为地方积弊。颜俊彦即言:"奸揽朋踞粤地，闪烁变幻，不可方物。甲壮辈往往串通为弊，运私货而亏公饷，实可痛恨。"[4] 他指出"闽揽之不利于粤"，足以玷官剥商，"此虽繇奸商借端，亦必有墨吏作俑"，故"肃商弊亦以儆官邪，不可贷也"。[5] 其又道:"闽棍接济为奸，甲壮受贿纵弊，此宜大索穷治，不可姑息养祸……近来地方大害，无过接济之公行，番哨之拦人，而两者皆缘奸揽为之导。奸揽之敢于逞其伎俩，又皆缘市司官吏为之导。"[6] 颜俊彦还有一篇长议，专论"清接济之源":"今巡捕兵哨各员役所获接济，强半疑真疑假。即万分真者，不过零星单薄菜佣寒乞，借以搪塞官府，而非其巨奸积猾也。真正接济，非漫焉而为接济者也。职以谓香山，接济之驿递也。香山参府，接济之领袖也。市舶司，接济之窝家也。"[7] 文中表示，接济澳夷形成利益链条，地方衙门串同作弊，坐地分赃，充当庇佑奸究揽

---

[1] ［明］颜俊彦:《盟水斋存牍·二刻谳略》卷1《假牌出海林德等》，第490页。

[2] ［明］颜俊彦:《盟水斋存牍·一刻谳略》卷2《衙蠹钟贵等》，第87页。

[3] ［明］颜俊彦:《盟水斋存牍·二刻谳略》卷1《假哨劫掠周权等》，第491页。

[4] ［明］颜俊彦:《盟水斋存牍·二刻谳略》卷1《奸揽李寅冲等》，第488～489页。

[5] ［明］颜俊彦:《盟水斋存牍·一刻谳略》卷2《奸揽谢玉宇等》，第73～74页。

[6] ［明］颜俊彦:《盟水斋存牍·二刻公移》卷1《禁奸揽接济》，第668页。

[7] ［明］颜俊彦:《盟水斋存牍·一刻公移》卷1《澳夷接济议》，第318页。

利的保护伞，而消除接济根源的关键依然在于完善榷征管理制度及执法者自律自廉。由此，他在审理案件时对兵哨假通夷接济为名欺讹劫夺商船一事多有注意。如：

香山之驾艇往返海面者，无一而非接济……是在地方兵哨之严其盘诘，而地方兵哨之获以闻者，又非其人也。真正接济之人，兵哨且护而送之矣。吴明立贩木于香顺之间……捕盗黄镇邦、林汉需索酒食不遂，遂以接济解捕官……最可笑者，插一番书以为接济之券……此辈之诈而愚也。镇邦、林汉痛责之，以观其后。吴明立之运木也，既无给照，又无税单，则亦漏税之属也。姑杖之，宽其讨也。[1]

林翠寰据把总吴家相拿解海道，所称驾船通夷之人也……今日所争，止弹死船兵李高未明耳……此中弁辈拿人，无不以伤兵杀兵为辞，非经目难尽信也。今吴家相已随征惠州，无从对质。据翠寰所开，货本约有六百余两。查防厅前所变价，仅得二十四两零，则余皆饱此辈之腹矣。粤东兵哨别无长技，专以掳掠客货、克匿盗赃为活计，此不可不深究……不然吴家相以从征脱去，翠寰等又久羁圜中，倘冻馁瘐毙，则终为不明之案也。[2]

又"尹迁以市舶门役，挟官吓诈，如米商洋客二项，赃证有处，徒配非枉"[3]。哨官陈诚等倚势诈财，"以不应为而为之律杖之"，而所获闽船四只，"水客船户各有姓名，并无违禁货物，已经海道发市舶照例输饷，其中委无别项情弊"。[4] 再如炉户梁秀兰"运铁经过新宁地方海面，狼哨麦盛等藉称盘诘"，锁禁船家，勒要银两。颜俊彦批道：

造锅苦差，赔累难计，贫户勉强成服，原非所愿。剜肉有几，不能饱墨弁之腹……且戴把总与张守备串谋，欲将梁秀兰等坐以接济名色，解送道府……何物守把，敢恣行索诈，目无三尺，其于奉公炉户彰彰耳目者尚敢尔尔，则商民之往来，哑受鱼肉，岂复可问乎……此中把哨兵役，每每借"接济"二字为活络题目，坑人不少。不重创

〔1〕［明］颜俊彦：《盟水斋存牍·一刻署香山县谳略》卷1《贩木吴明立》，第436页。

〔2〕［明］颜俊彦：《盟水斋存牍·一刻谳略》卷1《通夷林翠寰》，第488页。

〔3〕［明］颜俊彦：《盟水斋存牍·一刻谳略》卷2《衙蠹尹迁》，第86～87页。

〔4〕［明］颜俊彦：《盟水斋存牍·二刻谳略》卷3《吓诈洋船得财陈诚等》，第572～573页。

之，未肯衰止……梁秀兰虽非接济，而借票私带，逾额不无，造完之日算明，追没其铁解官。

这伙官哨妄指接济，勒索敲诈，几同劫盗。海道回复："官兵岁縻粮饷，不图缉盗周防，肃清信地，而徒借事索诈，苦累商民，此中弁流风习，牢不可破，每深痛恨。"察院又批："细阅道审，似有疑情。哨兵藉捕吓财，罪也。奸商借票玩法，亦罪也……各犯俱依拟，听道定配，追赎发落。"[1]另有军哨掳掠内地商船，如：

周福自梧州粜米五十四石到省，因新奉旨禁谷米抽税，而所过关厂以谷米不税、饷额不足，有意压勒之，使不得行。粜米者急于行，只得改谷米为柴竹名色认税而过，亦无聊极矣。行至大通滘口，哨官凌化龙截船盘诘，见其票为柴竹而实乃是米，竟遣兵何胜等拦住其船，分其米之半而使行……军人掳掠内地，法应置之重典……并请为二三饥民代呼吁于宪台，乞严行各处管税管吏，分别谷米别项应免应税，不得任意混填，任其操纵……[2]

巡海哨役顽习难改，其暴横索贿、仗势讹财已成商民生计大患，但从中也可看到广东地方官员之安定民生、体念商艰的情衷及其在整肃奸佞贪纵、整饬商业秩序上所做的努力。

除此之外，针对衙门中人逞私舞弊、虐商害民情事，颜俊彦也曾连续发出谕示，禁止奸狡胥役人等不遵成法，恣扰民间，且准许遭受克剥的商众赴官首告：

市司为奸侩聚集之薮，借通商之名以行接济，借拿接济之名以恣骚扰，殊可痛恨……为此示谕：商揽诸人，有利病兴革及前任作法不良，衙役狐假盘踞，流毒商民者，许即赴本厅呈告，以凭解院究夺……本厅不惜佐之末议，一苏若辈之困也。[3]

盐司向多陋规，近年以来，奉盐道台加意振刷，什亦去其六七。乃有不肖司官罔上行私，恣意浚削，致商民重困，叠控两院，真可切齿……为此示谕：商民人等，如有兴革利病及前任官吏朦胧科敛，自

[1] [明] 颜俊彦:《盟水斋存牍·二刻署府谳略》卷 1《诬指接济刘韬等》，第 692～694 页。

[2] [明] 颜俊彦:《盟水斋存牍·一刻署府谳略》卷 1《诈欺凌化龙等》，第 364 页。

[3] [明] 颜俊彦:《盟水斋存牍·一刻公移》卷 1《谕市司商揽首弊》，第 339 页。

润囊橐，贻害地方者，许即赴厅呈告，以凭究拟解夺。[1]

他并因市棍宦仆借征缴税饷伺机讹诈，恣意私抽，而示禁抑止：

前部院虑省城单弱，召募新兵以实中营，而添兵势不能不议添饷……奸徒梁卓关、朱明赍承此税，给帖人手，遂恣横抽……粤中诸税如黄江厂、太平桥等处，以府县官俨焉临之，犹不免若辈之纵横，况径假之事权，而有不咆哮诛索，饮民血而吸商髓，必不然矣……商旅裹足，正饷缺额，是名为添饷而实以亏饷……蒙宪台轸念民瘼，以此呈发审，职敢为商民请命……梁卓关、朱明法应徒创，念在事未久，无赃可据，姑杖惩之。[2]

此处提及黄江厂之苛征横敛，颜俊彦亦专门做过判示："黄江一厂为积棍所踞，吸商血而咀民膏……毒商侵官，罪状罄竹难书。卑职奉宪严查……此辈如蝇溺浆，如蚊嘬血，不顾生死利害，驱逐一番，又有一番。是在管厂者洁己奉公，除奸剔蠹，以一身之清成衙门之清，乃可仰承宪台加意商民之热肠耳。"察院批示："黄江厂蠹屡革屡犯……王三等皆积蠹剥商蚀饷，罪恶贯盈，配惩允当……招内所列需索赃数，移文该府，刊榜禁谕。"[3]可见，普通客商辛劳跋涉，势单利微，谋生本已不易，且时更受到地方强贼恶棍、不肖官哨的掠诈敲索。颜俊彦的判决在维护社会公正与市场秩序的同时，一并表达了对远道孤商不幸遭遇的怜恤之情。

铺行与官府以及各行户之间的交涉也是《盟水斋存牍》记录在案较多的内容，颜俊彦尝道："以官价而克剥小民，可恨也。以市棍而横加苜蓿，亦可恨也。"[4]为防禁衙役侵勒盘剥商铺，其戒示曰："本厅到任以来，日逐所用薪米菜蔬之类，从无官价，现发纹银平买。恐役辈于中不无侵匿，仍借官价名色克削铺行。今刻成簿式，须铺户自注领银若干，才准销算。其有低银短少，即执簿赴厅禀究，决无轻恕。"[5]这方面案例有木户何启巽指官上控，"廷质之，出该县取木答应票百余纸，俱未给价，铺户铜斗家

---

[1]［明］颜俊彦：《盟水斋存牍·一刻公移》卷1《谕盐司商民首弊》，第340页。

[2]［明］颜俊彦：《盟水斋存牍·一刻署府谳略》卷1《横抽税饷梁卓等》，第372～373页。按，梁卓关、朱明似应为梁卓、关朱明。

[3]［明］颜俊彦：《盟水斋存牍·二刻谳略》卷3《厂棍钟良、王三等》，第569～570页。

[4]［明］颜俊彦：《盟水斋存牍·一刻谳略》卷3《棍徒何恩梧等》，第151页。

[5]［明］颜俊彦：《盟水斋存牍·一刻公移》卷1《禁差役侵匿物价》，第345页。

计何克堪此，不在官则在衙门中人矣”。终判照票算还木价，同时警告差役，“票取答应，宪禁森严，再敢效尤，讨之无赦”。[1] 又如：

铺行陈永泉等指官剥行之呈……罪当在官，而今已不可问……其中稍有侵克，似亦不免。总之官清吏清，标正而影乃直也。姑断李灼还前银水之半给予铺行，免其问罪……[2]

库吏郑邦相，负铺户何见潜纸札银一十三两，经前县审追有案，邦相恃顽不与，见潜所以迫而上控……严追而给之。以衙门人而勒削铺行，可配也。念其贫而老也，姑杖之。[3]

颜俊彦不但责令清还官衙负欠铺行的款项，且对因当行利益分配不均而引起的争端亦能依事就理做出适当调整。如革除木户帮贴：

木户李昌、黄俊、单明觉等以争收帮贴纷纷上控……徐知府分充之议，李昌、黄俊准当府行，答应省城衙门公务……单明觉、钟惟一准当县行，答应增城衙门并四寨各船哨桅军务杉炭……议亦极平。而两家犹不肯相下，贪心所使，非并吞之不厌也……合行南海、番禺、增城三县议定，照各色铺行例……按月轮流答应。即有赔费，众轻易举，又何须帮贴为？况公家将作铺行多串通委官吏胥，种种冒破有数倍于民价者，政不必帮贴也。[4]

再如议准执行由炉户帮贴铺行：“佛山炉户计数万家，省下公务取铁钉答应……铺行不堪赔累，议炉户帮贴……陈健荣、霍见东等恃顽不贴，旧年修造各船铁钉，无从取办。铺户叶世祖执原案诉之委官，而陈健荣等遂借衙官为囮，架词渎宪……杖健荣、见东，以惩其狂率。仍听照原规答应。”[5] 而对于木户，则又规定其不许索帮贴于木匠，两者各效其职，毋互侵利：“霍聪等为造船木匠，陈平等为木户，木户不应索帮贴于木匠……但匠役时自驾船贩木，则匠已侵木户之事矣。今断木匠不许贩木，而木户不许索帮

[1] [明] 颜俊彦：《盟水斋存牍·一刻署府谳略》卷1《取木吓诈李秀等》，第367~368页。另本书第697页题为《局诈李秀等》，与此处内容完全一致。

[2] [明] 颜俊彦：《盟水斋存牍·一刻署香山县谳略》卷1《库吏李灼》，第438页。

[3] [明] 颜俊彦：《盟水斋存牍·一刻署香山县谳略》卷1《负欠铺行郑邦相》，第438页。

[4] [明] 颜俊彦：《盟水斋存牍·一刻署府谳略》卷1《革除木户帮贴详》，第404~405页。

[5] [明] 颜俊彦：《盟水斋存牍·二刻谳略》卷2《息讼霍见东等》，第553页。

贴于匠，给示遵守，以杜纷纭。”[1] 颜俊彦还尝从铺户之请以“输饷益国”为由要求金行比照铅锡近例纳税，并强调：“客商不得私倾私贩，以累饷户。饷户不得借纳饷名色骚扰生事，以累客商。”但布政司表示“金行向无承税，今若创设，难免借税剥商之弊”，稳便起见，“与其禁之于后，不若慎之于始”。[2]

此外，颜俊彦为避免官司滥派当行苛取商民及铺行间互相搀越纷扰，复分别裁定：

> 铺行答应原有成规，物之产于外夷者，夷商供之，物之出于内地者，内商供之……夷商纲纪盘踞粤地，取利不赀，与各铺行肥瘠不同，且难得之货非彼匆致，岂容赍管脱卸，变乱旧规，重为贫户累也？应候详允日，重立板榜，永垂画一，再有推诿，三尺从之。更请宪禁大小衙门非急切需用之物，珍奇玩好徒供耳目，何致腼颜索取……[3]

> 青砖铺户马林、梁李成等构争叠讼，已经几审，孙知县断梁李成当番务，马林当南务，以杜纷纭。因马林稽误公务，奉院台批革，自无垂涎再复之理……梁李成原议当番物，今又兼南务矣。马林即不应复，而利之所在一人专之，其谁肯甘心焉？合行南海县，另择一般实的当之户充当，不得仍如前借官名色倚草附木，只知饱其溪壑而置公务于不问也。[4]

判牍中关于商人与牙行的纠纷，则如惩处牙人侵骗客商资本之事：

> 贾人之商于粤者，近无不饱牙侩之腹，小则倾资，大则丧命……冯敬涯、冯禧之父子，领去众客买荔果银……皆禧之的笔，禧之亦自认无辞……照票追给，以慰孤客，毋使间关跋涉而来徒供棍辈之鱼肉……依拟各杖示惩，赎完发落，照断追给。[5]

> 有陕西丝客吕鹏等投行发卖，振海为之居停……其间完欠不一，总责成于振海一人……今振海所开郭养锦等挂欠，逐一面质，俱各招

---

〔1〕［明］颜俊彦：《盟水斋存牍·二刻署府谳略》卷2《木户陈平等》，第738页。

〔2〕［明］颜俊彦：《盟水斋存牍·二刻公移》卷1《金行承饷详》，第651页。

〔3〕［明］颜俊彦：《盟水斋存牍·二刻公移》卷1《各铺行答应照依旧规详》，第662～663页。

〔4〕［明］颜俊彦：《盟水斋存牍·二刻署府谳略》卷2《争当行户郑国珙等》，第736页。

〔5〕［明］颜俊彦：《盟水斋存牍·一刻谳略》卷3《负骗冯敬涯等》，第154页。

认，合断郭养锦等名下各照数追还吕鹏。而振海所收侵，亦复不少……依拟与逋欠之郭养锦，各杖赎发，余如照，各欠数追还。[1]

再有铺店逋欠牙商钱财不还的情况，如“方礼以衢州纸客居广有日，自货自卖，并代客作牙，有各散铺店家赊取，完欠不一”，经查，“各帐亲笔立约，一一可证，俱照数清还”。[2]

而商民捏告牙行不实者，同样依法得到处理。如：

余明商于粤以王启公为居停，启公负余明货本，写屋一所抵偿，已经县审勘有案。但余明急欲得银，而此屋未能脱手，是以复讼启公。一屋之外已无剩物，其觅主变易，听明所为……其添捏杀逐情节益无谓矣。启公之拖延客债，余明之告不以实，均杖示惩。[3]

熊庆以异乡磁客投牙余相发器各店家，王腾卿欠银三十三两，李则之欠银六两七钱，延骗不还，致庆控告，乃腾卿希图抵饰，反捏牙行收匿……应照数勒限追完给庆，腾卿疑（拟）杖，则之所欠既少，甘认清还。免究。[4]

还有一案因相关人员均已亡故，根据疑罪从轻从无原则，牙人得以开释：

曹积初之男曹宠繁贩牛骨为生，牙行罗应奇领同买骨，繁以素识，腰银偕往，连日不归。积初追叩无踪，扭投营司。解县后，积初觅尸海面，验有刀伤，究据应奇供称：途遇邓郁兰，引至叠滘村黄三叔即黄茂逵、黄信一家，讲价不登，旋各散去。及拘郁兰，亦止报黄茂逵等不一姓名在案。曾未招有谋杀情迹，而兰与逵俱先毙狱，不可问矣……今积初又故，无可质证，若以死冤而臆坐之，生不称冤乎……原告既已物故，词内以奇开证，再押缉访，未免株连，保释另详可也，缴。[5]

船户承揽货品运输，时与商人交道往还，其间不免因折损客物而起摩擦。如：

张进吾贩槟榔于琼南，附搭船户林念真装载回广……石尤为祟，

[1] ［明］颜俊彦：《盟水斋存牍·一刻谳略》卷3《牙行韩振海等》，第161页。

[2] ［明］颜俊彦：《盟水斋存牍·一刻署府谳略》卷1《逋帐倪心源》，第397页。

[3] ［明］颜俊彦：《盟水斋存牍·一刻署府谳略》卷1《负债王启公》，第397页。

[4] ［明］颜俊彦：《盟水斋存牍·一刻署香山县谳略》卷1《负帐王腾卿》，第419页。

[5] ［明］颜俊彦：《盟水斋存牍·一刻谳略》卷1《人命罗应奇》，第65～66页。

覆舟失货……雇渔捞获，十不存一。凭店同客共议，酌量原货多寡，每百包派分一十四包……业各立单数收明，具付之……张仪韩认吾弟兄，先经告府……又同进吾联词上控。设令诸客尽如进吾，群起而责之，念真即齑粉，其身亦无从分派矣。仪韩包讼叠词，杖有余辜。进吾姑免深究。[1]

天灾难测，不免意外之失，对于此类商事讼案，颜俊彦不光参酌法律条文，且还考虑到两造实际境况，判处力求秉公据实，情法至当。这一立场在下述案例中表现得尤为明显：

温明雇船户邓何凤船装载引盐，据呈称泊扎河南角，风雨大作，未牌时分有刘子奕长船断缆，飘压船破盐没，已经盐司，有追原领脚银并量赔盐银之议，明犹不服，且众商以河例为请……职，刑官也，止有律例而已矣。查律：起运官物，若船行卒遇风浪及失火延烧，或盗贼劫夺事出不测而有损失者，申告所在官司，委官保勘覆实，显迹明白，免罪不赔……又查受寄人财物，其被水火盗贼费失及畜产病死，有显迹者勿论……此律文之可据者也。又据称上湿下漏，照价赔偿，风雨大作，飘船海面则非上湿下漏也。据称疏虞没沉，追还水脚，仍追本船还商，船现泊扎，忽别船断缆飘压撞断明船，则非疏虞也。此河例之无可据者也，职不能于官律私例之外，更别出一意以曲徇商情也。无已据何凤领过水脚银伍拾两追出还明，亦情也，非法也。明之利有凤船与凤之诉多滥词，各杖无辞。[2]

可以看到，明代商人在交易活动中已经形成一套习惯规范，虽未上升至国家正式法条，但其在遇到商业纠纷时仍希望援此约俗争取胜诉。不过颜俊彦认为该民间河例主要适用于因人为过错而造成的财产损失，与本案事出不虞之实情不符，所以未予采纳。

当然，若船户以飘风没货欺诈客商，自应穷究。如“陆梅宇船户也，有客陈华玉在横州贩谷……附搭梅宇船上，并装易仪廷等谷共有千计……据称华玉之谷遭风飘没，然则易仪廷之谷何以独免……本应重究，合追还

---

〔1〕［明］颜俊彦：《盟水斋存牍·一刻谳略》卷3《刁讼张仪韩》，第136页。

〔2〕［明］颜俊彦：《盟水斋存牍·一刻署府谳略》卷1《载盐被没邓何凤等》，第401页。

客，但事无证佐，姑量追银十两给偿华玉，仍拟杖惩”[1]。在另一清理结算案件中，颜俊彦则表现出以商业合同为基本依据，并能够斟酌情理量为添减：“吴春以承饷艇户，揽装监生程世勋磁器往澳，立有合同……至澳，而春以货粗费大，复议加银四钱，此艇家故态……而勋欲执原议，遂有掳杀之控。庭讯之下，春执饷费不敷，合同有据，合于加数之内，□□酌处……庶毋偏徇。”[2] 再看一起失火赔偿案情：

叶应洪店屋二座，前座赁梁志宗焙果，后座为黄端浩寄顿……不过相与情分，听其停顿耳。应洪有祝融之祸，铜斗家计付之一炬……端浩讼其纵火，天下有火己之庐而没人之货者乎……县引商例，店主遗失客货例有赔偿……应洪、志宗非不甘赔，实无可赔……况当日失火者，潘志豪也，而今已匿影无可问矣……职因语端浩曰，应洪曾得汝赁价，则引商例，乃合以情分容尔寄顿，而彼此俱焚，复欲责其赔偿，恐天理人心说不去。端浩无以应，但县已断出……职尽抹之，非情也，断应洪、志宗勉措二十金赠之……亦无可如何矣。应洪、端浩两俱捏词求胜，各杖之。[3]

此案情形与前引“载盐被没”一事类似，也涉及商业赔付惯例的适用性问题。这里县审尽管援用商例，但由颜俊彦观之，双方本不构成商业关系，且肇事者亦非店主，认定其承担主要责任乃考虑欠周，于情理有所未当。然既经断出，不妨通融折衷，以为均平无私、两相成全之策。可见，在判案过程中，颜俊彦将商例作为参考之一，但同时也要综合衡量其他因素。

同书还载有调停盐商间利益纷争的案例：

国家盐课，最称吃紧……商客中贩，厥有时岁，规条损益，不啻详矣。但法久弊生，是在饬政者调剂，使不失旧章耳……郭汝游等以通河盐商庾遂等，以场贩水客两相呈讦，哗然其词。总之，彼有所亏，则此有所短……庭鞫之，两造之下，平情理谕，各各允服，合将旧例申明，新弊参酌，定为画一，以附考成，而息嚣纷。[4]

---

[1] [明] 颜俊彦：《盟水斋存牍·一刻署府谳略》卷1《欺骗船户陆梅宇》，第400页。

[2] [明] 颜俊彦：《盟水斋存牍·一刻谳略》卷3《船户吴春等》，第160～161页。

[3] [明] 颜俊彦：《盟水斋存牍·一刻谳略》卷3《失火黄端浩等》，第156页。

[4] [明] 颜俊彦：《盟水斋存牍·一刻谳略》卷3《盐商郭汝游等》，第160页。

梁聚翔劫饷占埠之控司、控道、控部院，批行非一……卑职以事关盐课，不敢稽延……按新宁有灶丁，新会有引商，宁灶告票，止许运盐宁属，越界发卖，即为私盐，此定例也。邓学昌辈欲肆其影射侵渔……若言增饷助边，所裨无几，而坏祖宗之盐制，开私贩之便径……合无径行本县查例，较正其影借名色侵商霸埠……据律正罪解究，永杜纷纭……[1]

商人中盐排商、军商三七分承……原有成案。袁于硕等以预饷为辞，遂欲专踞之，不许于运昌等分中，非其制矣。今经群商处明，运昌原认还预饷，如例承中，两造无词。袁于硕、于运昌不早调停，纷纭渎宪，各杖示儆。[2]

盐课在明代国家财政中占有重要位置，要确保税收足额稳定，就必须及时疏通清理盐法，平衡多方利益，并妥善处理好各类盐商间及其与官府的关系。上引几起案例已足可说明此点，又如当广东地方企图增加盐税以满足军需等项开支时，不同地区盐商群体的意见呼声确是地方官们在分摊配额前不得不加意考量的因素。颜俊彦于《雄盐加饷议》中解释："引盐抽税本有成规……本道苦心酌派，议于江商之来南雄买盐者，每包征银一分……盖北商虽税于赣，而接买实起于雄。雄故粤地也，输一分以益粤饷，良不为过，安得与南商互相推托，而费宪檄之翻驳乎？"面对南北粤赣二商的矛盾与困境，军门表示增饷并非得已："赣商加饷之苦，本部院据其群诉，业已为之恻然。该道再三覆议者，亦因粤商困极，为万分不得已之计尔。"后会同南雄府知府议得："商有南北，盐无彼此……赣商以代粤加饷，哓哓不服，则部派万不可免而赣商势难再强，非加之广商则无策矣。应议广商照包加纳，以充部饷……亦不论商而论盐，每包稍昂一分之价，听交易时自为之，广与赣俱不必问。"这样的处理结果，很带有政府同商人沟通协商的意味在里面，饷税虽改成加之于本地广商，但同时为照顾盐商生计，准许其随物市行情稍稍增价售卖，亦不失为官商共利的公平便宜之策。即如当地军门批复，"南北均属行盐，今移原派北商者归之南商，而酌为两利，此之处置得其平矣"。[3]

[1] ［明］颜俊彦：《盟水斋存牍·一刻谳略》卷3《盐商梁聚翔等》，第164页。
[2] ［明］颜俊彦：《盟水斋存牍·一刻谳略》卷3《盐商袁于硕等》，第165页。
[3] ［明］颜俊彦：《盟水斋存牍·一刻公移》卷1《雄盐加饷议》，第328～329页。

下面再举出一些普通商人彼此及其同其他庶民人群之间的诉讼案例，如有关财务清算：

苏茂业以贩锅来广，凭店郭奉宇交银贰百叁拾肆两柒分与霍来鸣、何华生。华生陆续交明来鸣，尚欠五十贰两叁钱，赤贫无措，将别项铁器家伙物件央亲抵，已立收数付执，乃茂业执物细度，不免虚抬太过，不甘控究……合断原经手郭奉宇同领伴何华生，实占前虚抬之数，着来鸣量行贴补，便可了局。来鸣逋负，茂业过添，各杖，招详。[1]

钟瑞芝与已故陈二明即陈天禄之父，皆铁商也。领黄广仁之银，订期交铁，帐数可证。但查帐……一纸一百六十八两，系二明与瑞芝共收，非瑞芝亲笔。又一纸九十五两，系陈二明独收，与瑞芝无干。今二明既化为异物，在广仁方欲尽责债于瑞芝，而瑞芝且不无过，推卸于二明……其与二明共领一百六十八两，姑断其半瑞芝与二明之子天禄共偿之，其二明自领九十五两，责天禄亦偿其半，广仁可以无言矣。[2]

吴廷隆三票借唐廷范银贰百捌拾伍两，据廷隆出有收票，谓已完过……而收票非廷范手笔，捏一何物许伯蕃代收，其为驾空抵赖不待其辞之毕也。合断廷隆照票算还，但廷隆一无赖棍商，目下所可抵还前负者，止此壹百叁拾根之木……断以拾肆根属之唐廷范，听其自卖……若廷隆愿以银易木，则亦听之。廷隆负心图赖，杖不蔽辜。[3]

这些案件情节相对简单，大体按照先前字据契约推原事实并参酌债务惯例裁处即可。

与商人钱财争执相关的复有：

余腾苍以闽人而商于粤，与冯钟奇夙有周旋，两家婢女时相往来……腾苍失银，而疑婢从喜透仆社庆窃之，且疑钟奇匿其仆，何诞甚也……以诬从喜、社庆则冤，而以诬钟奇，则悖也。念其失银，姑薄杖之。[4]

---

[1] ［明］颜俊彦：《盟水斋存牍·一刻谳略》卷4《讼债苏茂业等》，第171页。
[2] ［明］颜俊彦：《盟水斋存牍·一刻谳略》卷4《讼债钟瑞芝等》，第172页。
[3] ［明］颜俊彦：《盟水斋存牍·二刻署府谳略》卷2《负骗吴廷隆等》，第714页。
[4] ［明］颜俊彦：《盟水斋存牍·一刻谳略》卷3《刁诬余腾苍》，第133页。原文句读有误，已更正。

麦巽南以倾银为业，倾销郑祥客银，欺其异贾，侵盗低假，致祥告县。而祥店主萧济宇不无直证……越两月，另因与官仆严福倾银相争，缠禀经历司，与郑祥一案，了不相涉也。南不自咎，扯前饰后，捏告济宇跳诈，亦大无谓矣……姑念无知工匠，杖惩而已。[1]

戴旭午以卖糖土户先收异客定价，后因时值低昂，彼此较论，致林平有抄杀之控。随有两造亲知折中处明，具词乞息，交易细故，姑免深穷。旭午轻喏于先，胶执于后，召讼有因，杖惩。[2]

吴志予欠郭谟等货本，志予死，听市司封货足饷之外，余应发还商人。而施萃国挨身其际，乘机侵匿……且萃国以私金接济，甫经海宪引越度边关之例追赃拟徒……郭谟等之银既经处明具息，不必深究。施萃国应移市司查明，钉解出境，毋使踞地方为种种不轨也。[3]

合伙经营的商人之间也会产生一系列账目纠纷，如：

唐灿玄、梁星阁共本逐末，以结帐不清遂兴雀角……因押至经历司，同原中黄砺庭等细算竟日……砺庭等两家所倚信，从中无左右之袒，其言可据……灿玄别出合同，称尚有本银三百余两，砺庭等勿是也。星阁又称并簿为灿玄伪为，砺庭等勿是也。总之，人以利交，自以利败……应依簿公算断给，执照涂抹，并各杖之，以为见利忘义之戒。[4]

胡一敏与周九赋为翁婿，共本贩卖桅木过黄江，厂例该纳饷银壹百陆拾伍两……止九赋完伍拾两……又一敏同九赋借贩绸客人金文银贰百两，议加子银壹百两，止九赋还伍拾叁两……契约中证甚明，亦不容抵赖者也。唯是一敏欲推九赋独偿……今查周九赋存有桅木叁拾壹株，胡一敏存有桅木贰拾捌株，相应委官公估作价，抵还饷银并金文之债。金文利银既已涉讼，不能尽如原约。止每百加利拾伍两，减去柒拾两，以恤客途之苦，可也。[5]

在颜俊彦眼中，锱铢必较，好事生非，乃市井逐末小人常态，此辈见利忘

---

[1] [明] 颜俊彦：《盟水斋存牍·一刻谳略》卷3《奸骗麦巽南》，第154页。
[2] [明] 颜俊彦：《盟水斋存牍·一刻谳略》卷5《息词戴旭午》，第228页。
[3] [明] 颜俊彦：《盟水斋存牍·一刻署府谳略》卷1《息讼吴伟等》，第406页。
[4] [明] 颜俊彦：《盟水斋存牍·二刻谳略》卷2《讼帐唐灿玄等》，第522页。
[5] [明] 颜俊彦：《盟水斋存牍·二刻谳略》卷3《逋饷胡一敏等》，第583页。

义、背信弃约者尤为其所不齿。不过从上述诸起商事诉讼却可看出，审案官员大都能严核实情，以当事人先前所定契约字据为主要凭依，参合考量，进而做出较为合理的断罚。判词不仅寓含教化民众之意，且还兼顾涉案各方的经济能力及道义人情。

以下对合伙经商终而反目成仇诸案的裁决大致延续了上述思路：

严氏夫李君亮与明惟存合伙贩鱼营生，君亮客死，严氏与惟存辈结算账目，中有龃龉……奉宪拘审，两造悔息……姑杖其干审之明从吾，以惩其妄，明惟存起衅有因，并杖。[1]

关伦与黎斗琏共本而商，斗琏远贩未归，伦急于对算，数叫呼其家。而琏妻温氏遂以琏死无踪相抵……今经算明，亦随以息进矣。伦之控毋乃多事，杖之。[2]

蔡孔恩以劫掳、诈掠二词控院控司……以贩布分息不均角口，遂敢捏如许大状，冒昧上控……姑念蚩蚩，均从杖治。[3]

冯顺宇与胡圣健合本开铺有年，各怀市井之心，不能相调。而圣健遂欲借官势，以独踞其铺，则太横矣。今断两人算清子母，分铺生理，以安其业。姑各杖之，以儆多事。[4]

黄振初与陈怀德合伙贸丝，结帐不明而争，争而讼。旋有为之解纷者，而愿息以进。愚民无知，亦上台所必矜也。各杖之。[5]

冯湛吾与冯参宇同本贩谷，因结算不明，遂致兴讼，奉宪拘质，两造具息，似可俯从。各杖，以惩其多事。[6]

尚有部分事关人命的合伙经商案件，相关责任的核准自更该审慎服众，惩必当辜。在这种情况下，颜俊彦执断唯公，互不偏袒，对涉事各方做出充分调解，尽量使判决结果上弗悖法理，下顺应人情。如：

周理俊之兄理雄，伙贩海上，以病死……从来海船人死，辄弃之，不能携归。以舟中人多，恐病气渐染，通船人俱无生理耳。贩海逐利，原走险轻生之道也。理俊之以灭尸讼刘钦德。延质船人陈意吾，承船

---

〔1〕［明］颜俊彦：《盟水斋存牍·一刻谳略》卷5《息讼明惟存》，第231页。
〔2〕［明］颜俊彦：《盟水斋存牍·一刻谳略》卷5《息讼关伦》，第233页。
〔3〕［明］颜俊彦：《盟水斋存牍·一刻谳略》卷5《息讼蔡孔恩等》，第234页。
〔4〕［明］颜俊彦：《盟水斋存牍·二刻谳略》卷2《踞铺冯顺宇等》，第541页。
〔5〕［明］颜俊彦：《盟水斋存牍·二刻谳略》卷2《息讼黄振初》，第555页。
〔6〕［明］颜俊彦：《盟水斋存牍·二刻署府谳略》卷2《息讼冯参宇等》，第741页。

人麦鹏溟，俱言钦德自油烛生理，未尝同行，绝不相涉……理雄之货，有单有数，店主算明交割于其父晓日……念晓日、理俊痛心亡者，姑免深求。[1]

与之相同的处置还有："黎恒简之子起发以疫死，而讼及康诚素，谓其凑伙生理疾病不相扶耳。不知天灾流行，骨肉不能相顾，况同伙乎？甚矣，其无赖也。既经悔息，各杖惩之，以免深求。"[2] 而下面这两则案例同样体现了颜俊彦情理并顾的司法精神：

邵灿明有屋，为何东海僦居开铺，东海以逋客帐自经，然灿明亦与本，其间不无口角。死之日，灿明或小小捐助葬埋，尽可相忘无言。而灿明既悍然不顾，何鳔湾等又挟死为奇。县审恐开跳诈之风，只薄杖灿明了案。而东海之棺至今尚停灿明门首，终属未了之局。灿明驾弥天之谎，上渎部院，审之不过急欲去其棺……断烧埋银八两给汤氏，令即移棺埋之，不许更有支离。灿明架词控宪，杖不尽辜。其何鳔湾未免以死者为波澜，并杖。[3]

黄贞与冯氏之夫陈诚吾以异商合伙，贸易有年，诚吾客死，一妾一子茕茕寡稚，旅榇难归……历年伙帐既凭张仁宇等算结，仰黄贞自认有本银四百八十一两在手，但冯氏为诚吾之妾，未必肯矢柏舟之节……黄贞之封券，约以待诚吾家亲人之到，亦非尽抵饰之词也。今应先追五十金给冯氏收明取领，扶榇还乡，其余银应照数追贮，俟诚吾亲人至即给之。[4]

为了更全面理解明代商人在商事诉讼中的法律权利和地位，最后再举几件商人与地方保长、府吏及青衿秀才发生纠葛的案例，以进一步明晰审案官员处置涉商事务的态度。如：

邓大基，地方之保长也，借保长名色诈害乡民……黎喜阳、钟明所同贩竹器为业，非游手无艺者流……适明所以母丧回家，独存黎喜阳守店，大基欺其异孤，嗔不尽礼，遂借面生窝歹为名，同邻甲用强

---

[1] ［明］颜俊彦：《盟水斋存牍·一刻谳略》卷2《衙棍朱旭日》，第98页。原文句读有误，已更正。
[2] ［明］颜俊彦：《盟水斋存牍·二刻署府谳略》卷2《息讼黎恒简等》，第744页。
[3] ［明］颜俊彦：《盟水斋存牍·一刻谳略》卷3《刁讼邵灿明》，第145页。
[4] ［明］颜俊彦：《盟水斋存牍·一刻署番禺县谳略》卷1《商人黄贞》，第419页。

逼逐，不免毁损铺业……经纪小民必皆有拜见钱致之保长而始称出入已明者乎？保长之不利于地方，大概如斯矣。加责拟杖，以警其类，余不深究。[1]

何肖兰等与郭瑞进俱籴谷生理，瑞进船遇风飘流，肖兰捞拾衣物，已即送还，因索谢启衅……曹槐生乃本府之吏，据称出本同郭瑞进处籴谷……乃以瑞进蚩蚩愚民，挺身上控，竟以罄抢为词，欲尽致捞救诸人于盗……应坐诬配，念事有因，姑从杖革……肖兰与瑞进既有亲谊，以捞救而索谢，致此纷纭，并杖无辞，余免株求。[2]

相对而言，尽管保长、府吏之流要比普通商贩小民社会地位稍高，但由上引两案可见，颜俊彦不因前者倚势官府而包庇袒护，也不因后者经商逐末而故作贬斥，这也应是当时社会普遍认同的做法。

事实上，青衿士子在诉讼中虽多少能受到些礼遇，但基本不会影响判案的整体方向。再如余下两例：

商人汪公对以杀商控，孝廉陆应骧以殴掠控。夫一商人乃敢与孝廉抗乎？且一孝廉之不已，又添一孝廉陈君美者……念已悔息，姑不深究。是役也，皆汪清度从中播弄，杖之。并杖汪公对，以稍存孝廉之意可也。[3]

薛兴周兄岐周，贩锡射利而不经报税……私货入官，自有明例……邹以行恃其子衿，攘臂搬运……孙梦麟与邹以行同恶相济……总之，以行实为戎首，梦麟从而和之。以行应从褫革拟杖，以为败群之戒。梦麟或量行降青，开其自新之路。其原锡应行该县于以行名下追足，一半入官，一半给主。岐周已故，不可复问。兴周架杀兄为词，杖不可已。[4]

而对于生员之家营商负人钱债，颜俊彦的判罚主张至为鲜明："霍洪练父霍日门借向尔贞前后本银伍百伍拾金，据契写明，完过贰百金……即如县断，追完亦可已矣。日门借人重资，行贾于粤西，乃以青衿子洪练出头抵赖，负心实甚。四民之中，士商原分为二，如洪练者，儒其貌而贾其行……杖

---

[1] ［明］颜俊彦：《盟水斋存牍·一刻署府谳略》卷1《欺诈邓大基》，第369页。
[2] ［明］颜俊彦：《盟水斋存牍·二刻署府谳略》卷1《诬盗曹槐生》，第682页。
[3] ［明］颜俊彦：《盟水斋存牍·二刻谳略》卷2《息讼汪公对等》，第554页。
[4] ［明］颜俊彦：《盟水斋存牍·二刻谳略》卷3《搬匿私锡邹以行等》，第582页。

之以洗士林之秽，具招详夺。”[1] 在他看来，士绅具有国家授予的功名出身而与一般庶民商贩地位有别，然也正因如此，其尤该砥砺风节，严于自律，若冒儒名而行贪鄙攫利之实，反为学林蒙羞。另一方面，若奸商负骗欺凌官宦，则更为世法不容：“梁达之兄弟出海贩盐为生，取利不赀，乃揭区宦之银贰百金，久假不归。区宦年老子幼……既告本府拘审，而兄弟五人逞凶逐殴……凌宦可恨，凌宦之老而畏事者更可恨。负债可恨，负债之贩而获利者更可恨。法应重惩，姑杖达之、穗生，以儆其余可也。”[2]

总的说来，由《盟水斋存牍》能够看出，颜俊彦惩恶扶善，不仅给予无辜商人以深切同情，且还意识到商业活动及商课税收用以输饷裨国的社会价值。如果把颜俊彦看成明代地方循吏的代表，那么可以认为，着眼于地方安全和社会秩序，他们在审查商事案件时，虽然观念上仍时或表露出传统的“义利”“本末”之见，但在实际操作中又确实尽力做到了基于事实调查取证，依律照章、公正明确认定各方责任，判决结果也大体合乎法理人情。商人彼此及其与其他庶民之间法律地位平等，并未因身份职业区别而遭到不公对待。

综上，本节所引碑刻和判牍资料虽仅限于明末个别地区，但从中已可窥见当时商品经济发达地区商事诉讼的概貌。商人经由这一渠道，诉求得以获许，权益得以伸张。在牵涉商人集体利益案件的司法裁决中，他们为防止既得利权日后再遭侵害，还希望以刻石树碑的方式将胜诉判词公之于众，立证为凭，以儆效尤。[3] 尽管实际执行效果或许未尽如人意，然就商人与国家的基本关系讲，明代的司法实践已足够说明商人在法律地位上相对于庶民中的其他人群确无实质性差异。

---

[1] [明] 颜俊彦：《盟水斋存牍·一刻谳略》卷4《讼债霍洪练》，第170页。

[2] [明] 颜俊彦：《盟水斋存牍·二刻署府谳略》卷2《负债梁穗生等》，第713页。

[3] 范金民又指出：“明清时期特别是国家和地方财政窘紧时期，商人经营的法律环境是相当险恶的……从实际运作来看，商铺不仅希望官府能够颁示，而且还要将禁令镌刻在碑石上，既立此存照，以昭慎重，更可能是商铺作为对付胥役滋扰的手段。商业铺户不断地告官告役，官府不断地就具体控诉作出维护商铺的禁令，但是却缺乏对衙门吏胥行为的普遍约束条例，禁令越具体，越难约束名目繁多的吏胥的作弊行为。商铺有可能获得了法理上的胜诉，而难以获得实际利益上的胜诉。”范金民等：《明清商事纠纷与商业诉讼》，第11～12页。

小　结

总观本章，明初商人尽管在衣着服饰和离乡外出上受到一定的限制，但这实与当时甫经战乱的现实环境下，统治者为重建秩序和恢复生产而推行的强化对社会各阶层群体控制的施政方针有关。明太祖出于培植农本、崇俭务实以扭转趋利风气的现实考虑，重点打击的乃是不事生理、骄奢怠惰的游食之徒，商人正常的商业活动及社会职能获得认可，并未成为一意抑制的对象。且随着社会经济的稳步发展，一般庶民的衣饰差别趋于缩小，明中叶后商人出外经营较前期也有了更大自由。故以长时段发展眼光来看，明初的服制与路引规定虽然对商人权利和商业活动造成某种不利影响，但该制度的立意与实践均未明确表现出在社会体系内商人地位要低于其他庶民的含义。与此同时，《大明律》《皇明条法事类纂》《明会典》等律例典章从立法层面不仅规范了市场秩序及商业行为，且还保护商人的正当权益不遭非法侵损，内里也没有传达出阻遏商业开展的用意。再者，明代商人于科举仕进方面亦不曾遭遇特殊歧视，他们能够得到同其他庶民均等的机会参加科考，也可以上书言事并通过捐资进学补官，而当时很多名宦的先辈家人本就有从商服贾的经历。为顾及科举的地区公平与商人的实际需求，明中后期朝廷还在两淮、两浙盐运司所在地专门设立“商籍”，以解决盐商子弟由于户籍所限不能异地入学应考的困难。联系到盐税已日益成为国家财政收入的重要来源，这一政策也体现了国家对于盐业商人权利与地位的一种肯定，甚至是优待。

明政府惠恤商民的为政理念还直接落实在商事诉讼的司法调解审判过程中，商人与庶民中的其他人群一样，拥有同等的法律地位。本着司法公正原则，地方官员以安定民生、轸顾商艰为念，严肃查办劫掠欺诈之寇盗棍徒、敲索讹勒之吏胥哨卫，力求保障商民生命财产安全，并加强打击走私匿税等不法行径，此间亦透射出沿海地方政府对禁海与通商问题的审慎态度。大体说来，明代官员能够意识到商业课税便益国计民生的价值功用，不仅厉行禁革官衙有司的侵商害民弊政，且注意妥善处理官商之间、商人彼此及其与其他社会群体的利益关系。他们在审理商事诉讼时，总体做到了实事求是，秉公据理，其中民间契约合同作为断案凭据发挥出效用，商人意见、商业惯例亦被适当采纳，但仍须参照衡量其他因素。判词不仅寓含教化民众之意，且还需兼顾两造之经济能力及道义人情。这样，明代商人经由法律途径，他们的合理诉求得以表达和实现，合法权利得到认可和维护，并未因身份职业而遭到区别对待。就其与国家基本关系讲，彼时的司法运作已足够说明商人在法权地位上相对于庶民中的其他人群确无实质性差异。

综上可知，从明代商人的法律权利和地位角度观察，国家是把他们归属于庶民阶层，并视作社会组织的基本组成人群加以平等看待的，二者不构成本质上的对立冲突。既然如此，则表示明代商人很大程度能被广泛包纳在当时帝制体系框架之内，其本非社会既有体制的瓦解势力。而当言及明朝的“抑商”政策时，也应对上述情况予以慎重考量。

第四章　明代国家同商人的合作

一、盐法运行中的官商合作

（一）开中法确立的官商合作架构

盐政是明代国家经济管理的重要环节，也是关涉民生的重要领域，商人在盐法运行中扮演了重要角色。从盐运制度来看，明太祖初起兵时就重视盐课之利，“立盐法，置局设官，令商人贩鬻，二十取一，以资军饷”〔1〕，后次第于诸产盐地建两淮、两浙、长芦、山东、福建、河东六都转运盐使司及七处盐课提举司，行开中之法。《明史》载：“有明盐法，莫善于开中……召商输粮而与之盐，谓之开中。其后各行省边境，多召商中盐以为军储。盐法边计，相辅而行。”〔2〕其缘由情形，乃山西官员议及大同粮储运送，路远费繁，“请令商人于大同仓入米一石，太原仓入米一石三斗，给淮盐一小引”，支盐鬻毕，“以原给引目赴所在官司缴之”，故是“转运费省而边储充”。〔3〕洪武四年（1371）定中盐则例，户部出榜，商人自行向各仓纳粮

〔1〕［清］张廷玉等：《明史》卷80《志第五十六·食货四》，第1931页。
〔2〕［清］张廷玉等：《明史》卷80《志第五十六·食货四》，第1935页。
〔3〕［清］张廷玉等：《明史》卷80《志第五十六·食货四》，第1935页。

换引，计道里险易远近、时值高下利否、情势轻重缓急，石数增减不一。[1]“编置勘合及底簿，发各布政司及都司、卫所。商纳粮毕，书所纳粮及应支盐数，赍赴各转运提举司照数支盐。转运诸司亦有底簿比照，勘合相符，则如数给与。”[2]可见，开中法是因国防需要，为解决边地粮饷军储的运输供应问题而颁布实施的，“以边饷不继，定召商开中法，令商输粟塞下，按引支盐，边储以足”[3]。该法主要以盐引做交换条件，采取招募方式，借助商人财力为国家服务。由此官省费，军储实，商获利，民不劳，一举数得，故在边方多地迅速展开。

仅以洪武时期为例说明，洪武三年（1370），“中书省臣言陕西、河南军储，请募商人输粮而与之盐……河东解盐储积甚多，亦宜募商中纳”[4]，又“诏令商人输米北平府仓，每一石八斗，给淮、浙盐一引”[5]，且“户部言陕西察罕脑儿之地有大小盐池，请设盐课提举司……募商人入粟中盐，粟不足则以金银布帛、马驴牛羊之类验直准之，如此则军储不乏，民获其利”[6]。翌年晋王相曹兴言“朔、蔚等州俱在边陲，宜依大同之例召商纳米中盐，以充边饷”[7]，太祖从之，后再准户部所请，“商人中盐运米至重庆仓者，每淮盐一引，纳米一石二斗，浙盐一引，纳米一石”[8]。洪武

---

〔1〕《明太祖实录》载:“户部定淮、浙、山东中盐之例，皆以一引为率，商人输米临濠府仓，淮盐五石，浙盐四石；开封府及陈桥仓，淮盐二石五斗，浙盐二石；襄阳府仓，淮盐二石五斗，浙盐一石五斗；安陆府仓，淮盐四石，浙盐三石五斗；辰州府、永州府及峡州仓，淮盐三石五斗，浙盐二石五斗；荆州府仓，淮盐四石五斗，浙盐四石；归州仓，淮盐二石，浙盐一石二斗；大同府仓，淮盐一石，浙盐八斗；太原府仓，淮盐一石三斗，浙盐一石；孟津县仓，淮盐一石五斗，浙盐一石二斗；比（北）平府仓，淮盐一石八斗，浙盐一石五斗，山东盐二石三斗；河南府仓，淮盐一石五斗，浙盐一石二斗；西安府仓，淮盐一石三斗，浙盐一石；陈州仓，淮盐三石，浙盐二石；比（北）通州仓，淮盐二石，浙盐一石八斗，山东盐二石五斗。”《明太祖实录》卷61，洪武四年二月癸酉，第1190～1191页。

〔2〕［清］张廷玉等:《明史》卷80《志第五十六·食货四》，第1935页。

〔3〕［清］张廷玉等:《明史》卷150《列传第三十八·郁新》，第4157页。

〔4〕《明太祖实录》卷56，洪武三年九月丙申，第1090页。

〔5〕《明太祖实录》卷58，洪武三年十一月辛亥，第1143页。

〔6〕《明太祖实录》卷59，洪武三年十二月庚申，第1148～1149页。

〔7〕《明太祖实录》卷61，洪武四年二月戊午，第1184页。

〔8〕《明太祖实录》卷67，洪武四年八月甲午，第1265页。

五年（1372）则有“青州都指挥使司言，青州军储宜令商人……纳米中盐，以省转输之费”[1]，又“命户部募商人于永平卫鸦红桥纳米中盐……时纳哈出觇伺，欲挠边，故储偫以俟征讨”[2]。转年贵州卫题，“岁计军粮七万余石，本州及普宁、播州等处岁征粮一万二千石，军食不敷，宜募商人于本州纳米中盐，以给军食”[3]。太仆寺复请：“黄河迤北宁夏所辖境内，及四川西南至船城东北至塔滩，相去八百里，土田膏沃，舟楫通行，宜命重将镇之。俾招集流亡，务农屯田，什一取税，兼行中盐之法，可使军民足食。”[4]

到洪武九年（1376），已有臣僚依照现实供求关系建议体恤商情，酌减引价，以便广为招徕，足给军需：

> 永宁军卫地居边陲，戍卒尝（常）苦，馈饷不继，良由道险，舟楫难至。近者虽募商人于永宁入粟中盐，而商旅未有至者，诚以入粟多而得盐少故也。今宜减粟增盐，则商人慕利而边储自给矣。[5]

> 兰县、河州旧募商人入粟中盐，每引计米一石，道远费重，故商人稀少，宜减其价，庶边储可积。于是命淮盐减米二斗，浙盐减米三斗，河东盐减十之四。[6]

洪武十三年（1380），“湖广布政使司言，商人纳粟靖州、崇山二卫中盐者，每米二石给淮盐一引，米贵盐轻而商人稀少，宜减价以便之，乃命减旧则四之一”[7]。洪武二十年（1387），命云南楚雄开中盐粮，“先是商人输米云南楚雄、曲靖诸府，给以淮、浙、川盐，未久而罢，令戍卒屯田以自给，至是仍啬于用，户部请复行中盐法，从之”[8]。事隔两年，普安军民指挥使周骥提议：“自中盐之法兴，虽边陲远在万里，商人图利，运粮时至，于军储不为无补。今蛮夷屡叛，大军所临，动经岁月，食用浩穰，而

---

〔1〕《明太祖实录》卷73，洪武五年五月癸丑，第1349页。
〔2〕《明太祖实录》卷73，洪武五年五月戊辰，第1351页。
〔3〕《明太祖实录》卷79，洪武六年二月壬辰，第1442页。
〔4〕《明太祖实录》卷81，洪武六年四月壬申，第1457页。
〔5〕《明太祖实录》卷105，洪武九年四月丁酉，第1759页。
〔6〕《明太祖实录》卷106，洪武九年五月甲戌，第1766页。
〔7〕《明太祖实录》卷129，洪武十三年正月庚申，第2056页。
〔8〕《明太祖实录》卷184，洪武二十年八月癸酉，第2771页。

道里险远，馈运弗断（继），宜减盐价以致商人。”[1]再洪武二十五年(1392)，户部下调四川苏州、建昌二卫中纳盐价，“先是商人于建昌卫输米……以建昌山路险远，难于转输，且米数重，故中纳者少，以故两卫军储不给，至是议减”[2]。四年后，征南将军左都督杨文言广西南丹卫“不通舟楫，山路崎岖，商人中纳盐粮，避远就近，宜令先于南丹输粟为便”，然引价过高，于是重定则例，“俱于顺便仓所支盐”。[3]户部尚书郁新、兵部尚书唐铎又指出：

海北之盐，往者召商人于桂林……其时米贱盐贵，商人利之，故中盐者多。比来米贵盐贱，虽累榜招之不至，今宜减其价。

昨运广东盐已至广西，宜召商人于南丹、奉议、庆远卫仓依例纳米，给梧州所贮之盐偿之。其原定桂林府盐粮宜且罢中。[4]

此外，明廷还先后规定了永平、登州、安宁、黎州、毕节、大宁、乌撒等地的中盐则例，并根据实际需要适时罢免了四川越嶲卫的商人中盐。[5]

经过明初一段时间运行，开中盐制已相对较为完善。《天下郡国利病书》言：

国初制沿海灶丁，俱以附近有丁产者充之，免杂泛徭……乃召商纳粟中盐，量所在米价高下、道里远近为之则。中已，出给引，诣场行支盐如目。盐出场，经批验所依数验掣，而所过官司辨验放行。其转卖各照上所定行盐地，毋过界，若引与盐离及越境卖者，同私盐追断。商卖盐已，即所在退引还官。伪造引者斩，诸监临势要令家仆行商中盐侵民利者，罪如律，盖法令严具如此……上所榷利甚微，而商利甚厚，以总利权，抑专擅，赡民食而已。[6]

---

[1]《明太祖实录》卷197，洪武二十二年九月丙寅，第2957页。
[2]《明太祖实录》卷221，洪武二十五年九月戊申，第3236页。
[3]《明太祖实录》卷244，洪武二十九年二月丙申，第3545页。
[4]《明太祖实录》卷246，洪武二十九年六月戊申，第3572页。
[5] 分别参见《明太祖实录》卷136、150、167、187、198、224、230，洪武十四年三月癸卯、洪武十五年十二月丙申、洪武十七年闰十月乙卯、洪武二十年十一月庚子、洪武二十二年十二月甲寅、洪武二十六年正月癸丑、洪武二十六年十二月己卯，第2155～2156、2370、2560、2800～2801、2975、3275、3367～3368页。
[6]［清］顾炎武：《天下郡国利病书·扬州府备录·盐法考》，第1247页。

《明会典》又载：

洪武二十六年定，凡客商兴贩盐货，各照行盐地方发卖，不许变乱……各处有司，凡有军民客商中卖官盐，卖毕随即将退引赴住买官司，依例缴纳……凡遇开中盐粮，务要粮（量）其彼处米价贵贱及道路远近险易，明白定夺则例，立案具奏，出榜给发各司府州并淮、浙等运司张挂，召商中纳。二十八年定开中纳米则例，出榜召商，于缺粮仓分上纳。仍先编置勘合并底簿，发各该布政司并都司卫分及收粮衙门收掌，如遇客商纳粮完，填写所纳粮并该支引盐数目，付客商赍赴各该运司及盐课提举司，照数支盐。其底簿发各运司及盐课提举司收掌，候中盐客商纳米完，赍执勘合到，比对朱墨字号相同，照数行场支盐。[1]

《明史》亦云："鬻盐有定所，刊诸铜版，犯私盐者罪至死，伪造引者如之，盐与引离，即以私盐论。"[2]《大明律》并称：

凡犯私盐者，杖一百，徒三年……拒捕者斩，盐货、车船、头匹并入官……若客盐越过批验所，不经掣挚关防者，杖九十，押回盘验。凡客商贩卖官盐，不许盐引相离，违者同私盐法。其卖盐了毕，十日之内不缴退引者，笞四十。若将旧引影射盐货者，同私盐法……凡客商将官盐插和沙土货卖者，杖八十。凡将有引官盐不于拘该行盐地面发卖，转于别境犯界货卖者，杖一百。[3]

另一方面，明政府不仅对夹带私盐、越境售卖、伪造盐引等阻坏盐法的行为处罚甚严，且在法律上也给予商民必要保护，禁止强豪势要侵害其正当权益。明太祖就曾谕"公侯伯及文武四品以上官，不得令家人奴仆行商中盐，侵夺民利"[4]。《大明律》中亦有"凡监临官吏诡名及权势之人中纳钱粮，请买盐引勘合，侵夺民利者，杖一百，徒三年，盐货入官"[5]的规定。《问刑条例》又记：

---

〔1〕［明］申时行等：《明会典》卷34《户部二十一·课程三·盐法三》，第238页。

〔2〕［清］张廷玉等：《明史》卷80《志第五十六·食货四》，第1935～1936页。

〔3〕［明］刘惟谦等：《大明律》卷8《户律五·课程》，《续修四库全书》第862册，第477～478页。

〔4〕［明］申时行等：《明会典》卷34《户部二十一·课程三·盐法三》，第240页。

〔5〕［明］刘惟谦等：《大明律》卷8《户律五·课程》，《续修四库全书》第862册，第480页。

各边召商上纳粮草，若内外势要官豪家人开立诡名，占窝转卖取利者，俱问发边卫充军。干碍势豪，参究治罪……凡伪造盐引、印信，贿嘱运司吏书人等，将已故并远年商人名籍、中盐来历填写在引，转卖诓骗财物，为首者，依律处斩外，其为从并经纪、牙行、店户、运司吏书，一应知情人等，但计赃满贯者，不拘曾否支盐出场，俱发边卫充军……各处盐场无籍之徒……把持官府，诈害客商，犯该徒罪以上及再犯杖罪以下者，俱发边卫充军。[1]

此外，当时还有“商屯”之制与边地开中辅配施行。《明史》载：“明初，各边开中商人，招民垦种，筑台堡自相保聚，边方菽粟无甚贵之时”[2]，“召商入粟开中，商屯出粮，与军屯相表里”[3]。商人或运米上边，或就地开垦，纳粮易引，支盐贩售。

从后来明代官员士人的议论看，开中盐制的推行使国家获益，商民受惠，切实发挥出充裕军储、巩固边防的预期成效。如成、弘时大臣丘濬曰：“召商贾行中盐法，用其地之粟，供其地之兵，内郡无转输之劳，而边境有积储之富。其良法善计，度越前代矣。”[4] 弘治末户部尚书韩文奏：“国家之务，莫重于边饷；飞挽之利，莫良于盐法。故我太祖高皇帝，立为禁条，至严且备。以是一遇边方有警，粮草缺乏，召商上纳，无不响应。小民免转运之劳，边方得紧急之济，效速而大，未有过于此者也。”[5] 正德时佥都御史王琼称：“太祖高皇帝神谋圣断，度越千古，即位之初，议立盐法，即令商人运米于边塞，不劳民而兵食自足……开中以盐粮为名，召天下商贾，捐之厚利，令其乐从。输刍于边，以宽百姓挽运之劳，边储既足……盐法行于天下，财利散于四方。”[6] 嘉靖初户部尚书梁材云：“詹事府詹事

---

[1] [明] 舒化等：《问刑条例·户律五·课程·盐法条例》，《大明律》附录，第381～383页。

[2] [清] 张廷玉等：《明史》卷80《志第五十六·食货四》，第1939页。

[3] [清] 张廷玉等：《明史》卷82《志第五十八·食货六》，第2005页。

[4] [明] 丘濬：《重编琼台稿》卷11《赠王郎中往辽东序》，《景印文渊阁四库全书》第1248册，台北：台湾商务印书馆，1986年，第214页。

[5] [明] 陈子龙等：《明经世文编》卷85《韩忠定公奏疏（韩文）·题为钦奉事》，第751页。

[6] [明] 孙世芳等：（嘉靖）《宣府镇志》卷16《军储考·议处盐粮疏（王琼）》，《中国方志丛书·塞北地方》第19号，台北：成文出版社有限公司，1970年，第156页。

霍韬奏为安边足用之长策，莫善于太宗皇帝之盐法……该部议得：国家于淮、浙、长芦、山东等处设有额盐，专以接济边饷。如遇地方有警，边储告乏，就于各边开中，召商上纳，图其飞挽刍粟，赖以紧急应用。其利甚多，其效甚速，百有余年，著为成典。"[1] 霍韬之议见《哈密疏》："昔我太宗皇帝之供边也，悉以盐利……是故富商大贾，悉于三边自出财力，自招游民，自垦边地，自艺菽粟，自筑墩台，自立保伍，岁时屡丰，菽粟屡盈。"[2] 再时人钱薇有论："盐曷为法也？藉足国也。盐曷为足国也？国耗在边，而边之陆挽甚难，故假盐之利以召商，藉商之力以储粟，积商之粟以实边，边可足也。"[3] 隆庆初右佥都御史庞尚鹏道："先年皆商人亲自报中，获利甚厚，名曰飞挽，是以国无转输之劳，边有积储之富。"[4] 万历时刘应秋同样说："我圣祖独观大计，深惟永利，念边城险远，兵饷不充，而粮运劳费，乃以盐粮召商开中，令其输粟实边，谓之飞挽。"[5] 曾任大学士的李廷机回顾明初开中法时也提到："当其时，岁召商开中入粟实塞下，塞下粟无腾价焉，则边利也。令商自为办，而国不闻输将之费，士饱马腾，扞圉疆固，则国利也……商利而民亦利，国足而边亦足，称美善已。"[6] 至清初李塨的《阅史郄视》亦言："明初令商输粟于边，官给盐与引，货买以酬其劳，名曰开中。商贾自出财力，招游民就塞下垦荒种艺，自为保伍。塞下之人，其勤者，亦力耕岁收，以待贸易，边备充足。"[7]

由此观之，明初以降盐法制度的设计安排，乃是建立在国家对商人资本财力赖以需求的基础上，政府以食盐售卖许可为交换凭介，按自愿原则

---

〔1〕［明］陈子龙等：《明经世文编》卷103《梁端肃公奏议二（梁材）·会议王禄军粮及内府收纳疏》，第925页。

〔2〕［明］陈子龙等：《明经世文编》卷186《霍文敏公文集二（霍韬）·哈密疏》，第1913页。

〔3〕［明］陈子龙等：《明经世文编》卷215《承启堂文集二（钱薇）·盐法论》，第2251页。

〔4〕［明］庞尚鹏：《百可亭摘稿》卷2《清理盐法疏》，《四库全书存目丛书》集部第129册，第169～170页。

〔5〕［明］陈子龙等：《明经世文编》卷431《刘文节公集（刘应秋）·盐政考》，第4718页。

〔6〕［明］陈子龙等：《明经世文编》卷460《李文节公文集（李廷机）·盐政考》，第5044页。

〔7〕［清］李塨：《阅史郄视》续卷1，北京：中华书局，1985年，第63页。

招募商人于指定地点应纳粮饷草料，并用法律条例予以规范调控。围绕开中盐法，官府和商人间进行双向选择，结成一种经济上的互利合作关系。这一举措不仅使边境地区的物资供给及军需储备得到有力补充，且在减轻民众赋役负担的同时，亦能保证商人的合法经营权益，广收官、商、民三方共赢互惠之效。

（二）“叶淇变法”对官商合作方式的适应性调整

洪武之后，开中盐法基于国家现实需求时有调适变化。“成祖即位，以北京诸卫粮乏，悉停天下中盐，专于京卫开中”，唯云南、四川、陕西部分卫所开中如故，后因“京卫粮米充羡，而大军征安南多费，甘肃军粮不敷，百姓疲转运”，“于是诸所复召商中盐，他边地复以次及矣”。[1] 仁宗时钞法不通，“户部尚书夏原吉请令有钞之家中盐”以敛之，宣德初停，后“原吉以北京官吏、军、匠粮饷不支，条上预备策”，召商纳米，并言“中盐旧则太重，商贾少至，请更定之”，且朝廷还因“甘肃、宁夏、大同、宣府、独石、永平道险远，趋中者少，许寓居官员及军余有粮之家纳米豆中盐”。[2] 正统伊始，奏准“召商纳马中盐，每上等马一匹，一百二十引，中等马一匹，一百引……又令各边召商中纳盐粮，淮、浙兼中……淮盐止米麦一色，浙盐杂粮皆准”[3]，“因淮盐直贵，商多趋之，故令淮、浙兼中也”[4]。

其时支盐依期挨次，长年困守，“商人有自永乐中候支盐，祖孙相代不得者”[5]。宣德年间已有大臣指出：“洪武中，中盐客商年久物故，代支者多虚冒，请按引给钞十锭。”[6] 为疏通盐引积滞，缓解商人劳苦，后又定：

> 正统二年令两淮运司，永乐年间客商该支引盐，以十分为率，支与淮盐四分，其六分兑与山东运司支给，不愿兑者，听令守支……（三年）令客商中纳官盐支给不敷者，两淮运司、云南盐课提举司于河东、陕西、福建、广东各运司、提举司兑支，河间、长芦及河东、

---

〔1〕［清］张廷玉等：《明史》卷80《志第五十六·食货四》，第1936页。
〔2〕［清］张廷玉等：《明史》卷80《志第五十六·食货四》，第1936页。
〔3〕［明］申时行等：《明会典》卷34《户部二十一·课程三·盐法三》，第238页。
〔4〕［清］张廷玉等：《明史》卷80《志第五十六·食货四》，第1937页。
〔5〕［清］张廷玉等：《明史》卷80《志第五十六·食货四》，第1937页。
〔6〕［清］张廷玉等：《明史》卷80《志第五十六·食货四》，第1936页。

> 陕西运司于广东、海北盐课司兑支……五年令年远客商中盐未支者，每引给资本钞三十锭，愿守支者听。八年奏准，永乐、洪熙、宣德年间客商，原中淮、浙、长芦运司引盐，愿兑支河东、山东、福建运司者，每一引支与二引，不愿者听其守支……十年令客商年久不得支盐，愿兑支者，如系原中地方，准量各场远近，三七关支，非原中地方，一引兑与二引者，量地远近，中半关支。[1]

当时除准许异地兑支外，还出现以常股、存积分别开中的方式："议仿洪武中例，而加钞锭以偿之，愿守支者听。又以商人守支年久，虽减轻开中，少有上纳者，议他盐司如旧制，而淮、浙、长芦以十分为率，八分给守支商，曰常股，二分收贮于官，曰存积，遇边警，始召商中纳。"[2] 该法"中常股者价轻，中存积者价重"[3]，但"存积官盐，人到即支，其常股盐，每年依期将见在商人挨次量高低场分，派搭封验引目，赴场关支"[4]，故"人甚苦守支，争趋存积，而常股壅矣"[5]。

盐法攸关边防军备与国计民生，措置举动自要牵扯朝廷注意。大体说来，明代政府为边警灾荒粮草不济计虑，总会采取依靠商人中盐输纳的办法以应对困境。前文多已论及其开中实边之效，而在赈灾方面，则如景泰七年（1456）"解州、猗氏等州县连年荒旱民饥……召商于各州县，纳米给盐，任其发卖，以济饥荒"[6]。《明史》又曰："景帝时，边圉多故，存积增至六分。中纳边粮，兼纳谷草、秋青草……广东之盐，例不出境，商人率市守关吏，越市广西。巡抚叶盛以为任之则废法，禁之则病商，请令人米饷边，乃许出境，公私交利焉。成化初，岁洊灾，京储不足，召商于淮、徐、德州水次仓中盐。"[7] 故明廷对于商人遭遇的经年守支等难处，尽力予以筹措解决，同时多方细化强化中盐各环节监管。再如《明会典》载：

---

〔1〕［明］申时行等：《明会典》卷34《户部二十一・课程三・盐法三》，第238页。
〔2〕［清］张廷玉等：《明史》卷80《志第五十六・食货四》，第1937页。
〔3〕［清］张廷玉等：《明史》卷80《志第五十六・食货四》，第1937页。
〔4〕［明］申时行等：《明会典》卷34《户部二十一・课程三・盐法三》，第238页。
〔5〕［清］张廷玉等：《明史》卷80《志第五十六・食货四》，第1937～1938页。
〔6〕《明英宗实录》卷269《废帝郕戾王附录第八十七》，景泰七年八月乙巳，第5699页。
〔7〕［清］张廷玉等：《明史》卷80《志第五十六・食货四》，第1938页。

永乐十七年令各处客商，原中不拘资次盐引，遇到即支……（正统二年）令各该中盐卫分，造册一本，具客商名数，径缴户部。其盐运司仍将该司额办盐数申报，每年终支过引盐及客商姓名，另具总数，径申本部注销……九年令客商中盐，不许过三千引，其所纳粮，限半年内完足……十四年令中盐客商，先将仓钞赍赴户部，送礼部铸印局办（辨）验，前去运司支盐。景泰元年令各处该上盐粮仓分，置立内外字号底簿二扇，用半印勘合，内号一扇本仓收，外号一扇申送运司，候各商赍仓钞前来，比对印信朱墨字号相同，仍查原投印信勘合，并印信流通文簿俱同，每于十二月派场支给……二年令各商报中盐数，迁延一年之上不报完者，即于常股盐内派拨，挨次关支。四年令各运司、提举司，客商引目支盐出场，该场即为截角，仍具商名引数，申缴总司收照……（成化）十六年令永乐、宣德、正统年间客商所中引盐，全未支者，各造册送部，于原籍有司关给资本钞，每引三十锭。景泰元年以后未支引盐，愿关资本钞者听，愿守支兑换者，两淮兑福建、山东，两浙兑广东，俱每引加半引，不愿者听照旧守支……十九年奏准，正统十四年以前客商中盐未支者，淮盐每引给资本钞三十锭，两浙、广东、四川、云南每引二十五锭，河东、长芦、福建、山东每引二十锭……又令客商支盐，皆以上下场分三七分派常股存积，正收正支，如违，商人治罪，盐货入官，官吏坐以枉法赃罪。[1]

然利薮所在，奸邪易萌，景泰中就有人指出宦官家丁恣意中盐，“虚占引数，转而售人，倍支巨万，坏国家法，豪夺商利”[2]。成化以来，势豪权要请托占窝之弊益加显露：

旧例中盐，户部出榜召商，无径奏者。富人吕铭等托势要奏中两淮存积盐。中旨允之。户部尚书马昂不能执正，盐法之坏自此始。势豪多搀中，商人既失利，江南、北军民因造遮洋大船，列械贩盐……十九年颇减存积之数，常股七分，而存积三分。然商人乐有见盐，报中存积者争至，遂仍增至六分……报中寝怠，存积之滞遂与常股等。宪宗末年，阉宦窃势，奏讨淮、浙盐无算，两淮积欠至五百余万引，

〔1〕［明］申时行等：《明会典》卷34《户部二十一·课程三·盐法三》，第238页。
〔2〕［清］张廷玉等：《明史》卷164《列传第五十二·华敏》，第4450页。

商引壅滞。[1]

彼时势豪之家诡名报中，买窝卖窝，霸占利权，侵夺正课，至成化末年，商引越发阻滞。弘治元年（1488）孝宗命官员清理盐法，敕曰：

近闻运司盐课递年亏欠，客商往往不肯报中。原其所以，皆因始则买窝中纳，多费资本；及到支盐之处，又被官赏官卖……无盐支给，守候年久，只得借债买盐，抵充官课，照引发卖，盘费又加数倍，此客商受亏之弊也。其盐课亏欠，亦由各场灶丁多缺，有司不即佥补，山场草荡多被豪势占据，仓敖锅盘年久损坏，不能修治，灶丁艰窘无所赈恤……此盐课不完之弊也。由是官盐不足，私盐盛行，加以运司姑息逢迎，御史因循不理，盐法既坏，边储欲充难矣。今特命尔督同巡盐御史并运司官亲历各场查盘清理，禁革奸弊……但有官豪势要顶名报中，嘱托有司多买私盐、装载大包、强掣搀卖等弊，悉照近日奏行事理，逐一查出，人拿问罪，盐没入官，不许容情纵放，亏欠盐课……客商应给盐者，即便给与，不许所司刁蹬。各该行盐地方，有别省盐越界来卖及盐徒兴贩私盐者，行令所在有司严加缉补（捕）……尽心竭力，使盐法兴举，奸弊革除，商贾疏通，边储给足。[2]

虽有朝命三令五申，不过盐法废坏局面并未得到根本改观。面对势家贵戚奏买引勘，占窝侵利，弘治末户部尚书韩文乃痛陈盐政冒滥夙弊：

祖宗旧制，各处盐课，遇有边方紧急声息，粮草缺乏，方许招商开中。若权势之人请买盐引勘合，侵夺民利者，犯人问罪，盐货没官……近年以来，势豪之家，往往主令家人诡名报中，及至赴官上纳，则减削价值，下场关支，则不等挨次。货卖则夹带私盐，经过则不服盘诘……甚至买窝卖窝，而任其规利，折银折布，而本色不收……合无通行禁约……若是遇有开中，再收轻赍，不收本色，及纵容卖窝买窝等项，听本部指实参究。[3]

南京国子监祭酒章懋亦言议处盐法，申明盐禁：

昔我圣祖以边城险远，兵饷不充，而粮运劳费，乃命商人输粟边

---

〔1〕［清］张廷玉等：《明史》卷80《志第五十六·食货四》，第1938页。

〔2〕《明孝宗实录》卷16，弘治元年七月己丑，第403～406页。

〔3〕［明］陈子龙等：《明经世文编》卷85《韩忠定公奏疏（韩文）·题为钦奉事》，第752页。

仓，而多给引价以偿其费。商人喜得厚利，乐输边饷，公私两便，最为良法。近年以来，法久弊生，每遇开中之时，权豪势要之家诡名请托，占窝转卖，商人不求于彼，无路中纳。以故中盐者少，边饷不充，而国家失利，为害非轻。先朝虽有禁例，而权豪玩法，仍袭前非，未能尽革。伏望特赐宸断，申严前例，有犯必诛，使人知警惧，则其害可除，而边饷无不足矣。[1]

两奏疏都主张恢复明初盐政旧法，杜绝势要占中谋利。

同时，通览《明会典》有关“盐禁”条款，除常见的缉拿查办夹带私盐、越境售贩、诈冒影射等不法之徒外，还特别强调：“内外官员之家，不许占中盐引，其报中客商，引数不许过多，并转卖与人及听人包揽”；“各王府不许奏讨食盐，其织造官有奏讨引盐，越境货卖者，听户部并户科论奏治罪”；“额办盐课……务要如法收积，听候各边商人关支，但有势豪之家仍前奏讨买补，侵夺商利，阻坏盐法者，奏词立案，仍听户部及科道官论奏，治以重罪”；“商人支盐出场，不许堆积日久，坐待高价，三月以上不行发卖者，商人、牙行、店户问罪，半年以上者，盐引没官”；“一应商人并势要人等，俱不许违例奏讨风雨消折等项残盐，阻坏盐法，有误边储”；“商人投托势要，诡名占中，卖窝买窝……并奏开残盐减价报中者，悉照《大明律》裁革入官，不许放掣派支”；“总镇等官不许纵容下人，倚势贩盐，侵夺民利，阻坏军饷”；“开中各运司引盐，不许透派，以误紧急边饷，如有奸商人等故违律例……治以变乱成法重罪”；“各运司节年开剩残盐，风雨消折，有名无实，奸商投托势要奏讨，减价中支，任场买补，不候挨单者，听该科参出，径送法司枷号示众”；“张家湾客商运到盐斤，听其从便堆卸，不许权豪势要之家及牙行人等邀截停勒，如违，听巡按御史拿问重治”；“今后缉事衙门旗校，敢有远出数百里外，生事扰害，阻坏盐法者，听巡盐御史参奏治罪”；“开中引盐，如有权豪势要之人投书嘱托，及积年无藉之徒占窝卖窝等项作弊者，各该官员即便拿问治罪”；“长芦运司运进年例盐斤到京，不许军民势豪人等开店囤住，及歇家抽取店钱，指称打点”；“河东运司报中盐课……但有赢余，俱解布政司，通融处补拖

---

〔1〕［明］陈子龙等：《明经世文编》卷95《章枫山文集（章懋）·议处盐法事宜奏状》，第835～836页。

欠禄粮，宗室不得陈乞自行掺掣，阻坏盐法”。[1] 势豪奸商违禁取利，勾结作弊，妨碍盐法运行，扰乱市场秩序，虽会受到政府的严惩重治，但明廷屡番重申禁令，亦反映了整饬效果不容乐观。

这样看来，明代国家依靠商人中盐输纳以补给边饷，充实粮储，然开中法在长期运行中一再遇到守支、侵占、壅滞等诸多不利因素干扰，故政府多方设法加强监管，疏理整治，力求保障军费开支和商民生计，实现常态化有序性的官商合作。当时除厉禁势豪奸商侵占盐利外，朝廷还从严规范了盐引代支条件：

> 弘治元年令，上纳引盐客商，病故无子，父母见在，兄弟同居同爨，不系别籍异财，妻能守志，不愿适人，孙非乞养过继者，保勘明白，俱准代支。妻若改嫁，仍追还官，其伯叔妾侄并在室出嫁之女，及远族异爨之人，不许代支……十六年令，已故商人遗下引盐，父母、祖孙、同居兄弟俱准兑支，免其具奏。[2]

时又兴买补余盐之议以补足正课：

> 余盐者，灶户正课外所余之盐也。洪武初制，商支盐有定场，毋许越场买补；勤灶有余盐送场司，二百斤为一引，给米一石。其盐召商开中，不拘资次给与。成化后，令商收买，而劝借米麦以振贫灶。至是清理两淮盐法，侍郎李嗣请令商人买余盐补官引，而免其劝借，且停各边开中，俟逋课完日，官为卖盐……由是以余盐补充正课，而盐法一小变。[3]

如此种种措施，皆说明裕国便商，公私交利，正是当政者所期欲实现的目标。而盐政开中行至成、弘年间，盐引阻滞、商人困支现象日益突出。其

---

[1] ［明］申时行等：《明会典》卷34《户部二十一·课程三·盐法三》，第240～242页。

[2] ［明］申时行等：《明会典》卷34《户部二十一·课程三·盐法三》，第238～239页。

[3] ［清］张廷玉等：《明史》卷80《志第五十六·食货四》，第1938～1939页。后来又规定：“盐场先将该年正课纳完，剩有盐斤，方许各商买补，正课未完，就将盐斤先买装出者，灶商一体治罪”；“商人赴场支盐，比照原引，量买勤灶余盐，打包过所秤掣，敢有务为贪得，打包至不可秤掣者，查照私盐事例，连正额引盐俱令没官”；“商人买盐添包，各于本场收买勤灶纳剩官盐，不许别场买补”。［明］申时行等：《明会典》卷34《户部二十一·课程三·盐法三》，第241～242页。

时公私交病，变革已迫在眉睫，再加上社会经济环境的变化，终于演化出纳银运司之制以做开中法的补充。

《明史》云:“成化间，始有折纳银者，然未尝著为令也。弘治五年，商人困守支，户部尚书叶淇请召商纳银运司，类解太仓，分给各边。每引输银三四钱有差，视国初中米直加倍，而商无守支之苦，一时太仓银累至百余万。然赴边开中之法废，商屯撤业，菽粟翔贵，边储日虚矣。”[1] 折色中纳引价虽有增加，但程序简化，效率提高，不仅商人受惠乐从，且利于国库积蓄。然商人就此不必输粮实边，造成边储空虚，“第令输银于京，分送各边自籴，折银较旧为增，得引比粟甚易，于是一遇凶岁，边粟如珠”[2]。故该法一经动议，便不断遭到诟病。嘉靖初陈洪谟详言此事：

弘治间户部叶尚书淇，淮安人，盐商皆淇亲识，因与淇议:“商人赴边纳银，价少而有远涉之虞；在运司纳银，价多而得易办之便。”时内阁徐溥与淇同年交好，遂从其议，奏准两淮运司盐课，于运司开中纳银解户部，送太仓银库收贮。分送各边盐价，积至一百余万，人为利便，而不知坏旧法也。盖洪武、永乐以来，天下盐课俱开中各边，上纳本色米豆，商人欲求盐利，预于近边转运本色，以待开盐报中，故边方粟豆无甚贵之时。今废商人赴边报中之法，虽曰得价多，而近边米豆无人买运，遂致腾涌。[3]

《名山藏》及《天下郡国利病书》对此盐政之变均有扼要概括：

盐法之屡变也，皆淮盐也。商人实粟塞下，归而支盐，故无资次。其后中纳数多，守支日久，有老死不得者，又令于他处搭配兑支，及淮、浙兼中，而商人有奔命之劳。其后存积、常股之法兴，而盐法一变矣……是法立于正统之四年，存积开中价倍矣。顾商人乐有见盐，

---

[1] [清] 张廷玉等:《明史》卷80《志第五十六·食货四》，第1939页。

[2] [明] 陈子龙等:《明经世文编》卷215《承启堂文集二（钱薇）·盐法论》，第2252页。

[3] [明] 陈洪谟:《继世纪闻》卷2，盛冬铃点校，北京：中华书局，1985年，第83页。另据日本学者藤井宏研究，此处记载最早出自于正德时曾总理两淮盐法的佥都御史王琼的随笔《双溪杂记》，且与下文用到的霍韬《哈密疏》并列为记述该事件的两大文献系统源头。参见［日］藤井宏:《明代盐商的一考察——边商、内商、水商的研究》，刘淼译，古籍整理办公室编:《徽州社会经济史研究译文集》，合肥：黄山书社，1987年，第262~274页。

报中殊多，行之既久，滞无以异常股，而商复困。弘治初，户部尚书叶淇，淮人也。淮商皆其乡旧，言于淇曰："塞下所输者粟，商人实粟，亦须赍金，而归又有守支之困。孰若增盐之直，输金县官，县官出金送边，不两利哉？"淇以其言奏行，得岁输金解户部，名曰折色，而盐法又一变矣……一时太仓之藏，充羡至百余万，举朝之人，谓淇为能。然自是塞下商人，撤业自归，田作坐废……仓库空虚，输盐之直虽贵，而粟豆贵亦视昔以数倍，两无利也。[1]

永乐中，令商于各边纳米二斗五升，或粟四斗，准盐一引。于是富商大贾自出财力，招游民垦田，田日就熟，而年谷屡丰，甘肃、宁夏粟石直银二钱，而边以大裕……其后始分为常股、存积。常股者，商人中纳依次守支之盐。存积者，积盐在场，遇边饷急，增价开中，越次而放支之盐也。存积行而常股益艰滞……成化中，户部尚书叶淇言商人输粟二斗五升，是以银五分得盐一引也。请更其法，课输银于运司，银四钱，支盐一引，可得粟二石，是以一引之盐，坐致八倍之利。且商人银纳运司，道近而便安，是上下交利之道。奏可。于是商人引盐，悉输银于运司，类解户部，盐银岁骤增至百万余两。诸商垦田塞下者，悉撤业归，西北商或徙家于淮以便盐，而边地为墟，粟踊贵，石至值五两。[2]

而据嘉靖《宣府镇志》所载之正德初督理两淮盐法佥都御史王琼的奏疏，可知运司纳银解边制度，迟至成化末年已经出现：

天顺以前，俱是户部出榜，定立斗头则例，开中粮草，官有定规，商有定志……成化年间，始有纳银之例。弘治元年，校尉胡余庆建言，其略曰："召商上纳粮草，易以盐课，商人获利而不惮劳，此祖宗立法备边深意，万世不可易者。前年户部奏，准将淮、浙额办盐课，委官去彼，召商中纳，止收价银解边，殊失祖宗备急美意，而不察饥寒之时，虽富有银货，亦将焉用……乞榜谕天下商人，照旧上纳粮草。"胡余庆之言，既未及行，其后开卖滋甚，年年卖银解京，贮之太仓银库。虽曰解边备粜，而别项支用实多，取目前近功，忘久远大计……近因

[1] ［明］何乔远：《名山藏》卷55《盐法记》，《续修四库全书》第426册，上海：上海古籍出版社，2002年，第480页。
[2] ［清］顾炎武：《天下郡国利病书·扬州府备录·盐法考》，第1247～1248页。

> 各边本色粮草素无蓄积，一遇虏贼大举入寇，命将出师，整理军饷，仓卒无措……况盐乃天地自然之利，取之无穷，捐之于商而得之于边，又何惜也？[1]

王琼不仅指出纳银中盐自运作伊始就显露弊端，得不偿失，且表示官商同享共用自然资源以利国安边本为理所应当。日本学者藤井宏即就此申明："边方纳粮中盐向运司、提举司纳银中盐的变化，实在不能断定是从叶淇才开始的，而是于成化末年就已经成为一种习惯的做法，叶淇在任中继承了这个做法，充其量不过是一度于两淮大规模地进行运司纳银而已。"[2] 不过即使如此，由大量文献所见，经叶淇承接推动而逐渐形成的运司纳银或曰盐引出售制度，的确对明代开中盐法产生了深刻影响。

有关针对"叶淇变法"的批评，再如嘉靖初霍韬追溯盐法变迁原委，痛陈边地困敝现状，奏请兴复开中：

> 天顺、成化年间，甘肃、宁夏粟一石，易银二钱。时有计利者曰："商人输粟二斗五升，支盐一引，是以银五分，得盐一引也。请更其法，课银四钱二分，支盐一引……是一引之盐致八引之获也。"户部以为实利，遂变其法。凡商人引盐，悉输银于户部，间有输粟之例，亦屡行屡止……商贾耕稼，积粟无用，辍业而归。墩台遂日颓坏，堡伍遂日崩析，游民遂日离散，边地遂日荒芜。戎虏入寇，一遭兵创，生齿日遂凋落，边方日遂困敝。今千里沃壤，莽然蓁墟，稻米一石，直银五

---

〔1〕［明］孙世芳等：（嘉靖）《宣府镇志》卷16《军储考·议处盐粮疏（王琼）》，《中国方志丛书·塞北地方》第19号，第156～157页。

〔2〕［日］藤井宏：《明代盐商的一考察——边商、内商、水商的研究》，刘淼译，古籍整理办公室编：《徽州社会经济史研究译文集》，第284页。又罗冬阳在考察相关史实后认为，"'叶淇变法'的实际内容是叶淇任户部尚书期间在两淮运司实施的大规模出售'残盐'政策"，同一时期，"大量的开中，仍是'边中'，并且以纳粮为主要形态"，而"成弘正时期边中纳粮向场中纳银的转变有一个渐变过程，不是仅经某一部门某一个人的变法而完成的"，且转变主体不是两淮，"两淮正课除个别年份外，一直维持边中纳粮（偶尔也有纳银）体制"，故"以开中法全面由'边中纳粮'向'场中纳银'变迁作为内容和标志的'叶淇变法'乃是出于后世误解的乌有之事"。罗冬阳：《"叶淇变法"的虚与实》，林文勋、张锦鹏主编：《中国古代农商·富民社会研究》，第353、345页。该文另以《叶淇变法与明代两淮余盐开中》为题，发表在《史林》2016年第5期。

两，皆盐法更弊之故也……输粟支盐，则边方日垦，边民日繁，边粟日多，盐价亦平。输银支盐，则边地日荒，边民日耗，边粟日少，盐价亦贵。[1]

成化以前，盐引皆输边粟，故富商自招流民，自垦边地，自艺菽粟。粟米自多，其价自平，而食自足。弘治以后，盐引输银，故富商大贾，得输银之便，不复肯垦边地。三边开中盐引，偶欲输粟，卒无售者。边地愈荒，边军愈困，食乌得而足也？[2]

同朝桂萼与之呼应：

近日霍韬所论，惟言边盐当复旧法一节，则是实事……宣德、正统间，天下盐商尽在三边输纳本色草料米粟，其价甚轻，而户部并无收银转解之法。此所以边粟益多，边农益增，而天下盐价亦贱。中外咸受其利，所以三边安固，而居民充实。自弘治初，徐溥在内阁，叶淇为户部尚书，因与扬州盐商至亲，遂改此法，以致中国盐贵。而年例之银，尽归边官，其三边屯农粮料为之大耗。[3]

时人郑晓同样说：

国初，召商中盐量纳粮料实边，不烦转运，而食自足，谓之飞挽。后因积纳数多，价值亦贱，兴利之臣遂改议上纳折色……彼时改折，粮料有余，而价亦贱，计似所入，为有赢利，未为不可。近来粮料不足，价亦腾贵，徒烦转粜，边用索矣……故商人所纳数倍于前，而国初之所资以饷军者，实则无增于旧，彼此亏费，其弊益滋，是故多得银不如少得米。[4]

万历时王德完论及边塞救荒时也讲道：

召商中盐纳粟，谓之飞挽，言无转输之劳，而有刍粟之利也。国朝洪武、永乐时，边商引盐，一引止输粟二斗五升……故耕种甚勤，边地大垦，仓廪自实。弘治来，尚书叶淇变为折银之例……边地从此

---

〔1〕［明］陈子龙等：《明经世文编》卷186《霍文敏公文集二（霍韬）·哈密疏》，第1913页。

〔2〕［明］陈子龙等：《明经世文编》卷186《霍文敏公文集二（霍韬）·天戒疏》，第1916页。

〔3〕［明］陈子龙等：《明经世文编》卷181《桂文襄公奏议三（桂萼）·进哈密事宜疏》，第1853页。

〔4〕［明］郑晓：《今言》卷3，第145页。

荒芜，米价因之腾踊。倏遭旱魃，银四五两始买粟一石，于是有米珠之忧。师旅一行，粮不继，乃发帑金十万籴买，又无所得粟，于是有脱巾之患矣。[1]

又李廷机言盐法变迁，指陈边计匮乏实由“盐政之旧未复”：

盐政固边计也，盐政之通塞，边计之虚实也……国家鹾政，操纵有权，调度有法，公平正大，严密精详……乃常股、存积之设也，自正统中始也……倍偿开中，越次放支，是居货罔利，则非体也。乃输之不粟而银也，不之塞下而之鹾司也，自司农叶淇始也。取目前之近利，忘久远之大计，遂至边储资于内帑，商迹绝于塞垣……坐令储蓄外空，则非计也。乃私窦之开也，自弘、正间始也，或勋戚恩泽，或权幸请求，皆予以余盐，容其夹带……供权要之报中，侵商利，亏国课，则非法也。乃商之困也，自守支始也……有数十年老死不得给，至令兄弟妻子代支者，则非便也……盐政之不修，愚恐其患不独边计，且移之社稷也。[2]

同时稍后华钰《盐策议》亦曰：“洪武、永乐时，内地大贾争赴九边，垦田积粮，以便开中。朝中暮支，价平息倍，商乐转输，边免飞挽，士饱马腾，缓急有备，策至良也……自司农叶淇为淮商地……轻请增额，准改折色，径于运司上纳……西北商胥内徙便转贩，而边计大坏。”[3] 明末孙承泽同样叙及国初“商人纳粟于边，受盐于场，无守支之苦”，“下以资灶户，上以揽利柄”，自“引价日增，需索日繁”，且易粟为银，纳之盐司，“于是塞地尽荒，边储俱匮，而边事亦大坏”，至于“造其议者，户部尚书叶淇，允其请者，内阁徐溥也”。[4] 而《明史·叶淇传》也称其虽“居户部六年，直亮有执，能为国家惜财用”，然“惟变开中之制，令淮商以银代粟，

---

〔1〕［明］陈子龙等：《明经世文编》卷444《王都谏奏疏（王德完）·救荒无奇及时讲求以延民命疏》，第4875页。

〔2〕［明］陈子龙等：《明经世文编》卷460《李文节公文集（李廷机）·盐政考》，第5044～5045页。

〔3〕［清］嵇璜、曹仁虎：《钦定续文献通考》卷20《征榷考·盐铁》，《景印文渊阁四库全书》第626册，第476页。

〔4〕［清］嵇璜、曹仁虎：《钦定续文献通考》卷20《征榷考·盐铁》，《景印文渊阁四库全书》第626册，第476页。

盐课骤增至百万，悉输之运司，边储由此萧然矣”。[1] 以上言论大致均从固边足食着眼，重申了期望在政府主导的开中盐制下，排除干扰，通过恢复早期官商合作机制以促使国家摆脱当前所面临的危急境况。[2]

不过对于叶淇变通盐法，尽管指责之声不绝，“论国是者皆不韪之”[3]，但当时无论官府还是商人确实都有势不得已的苦衷。《明会要》引《三编发明》即抱以理解地说道：

> 叶淇召商纳银之议，论者多咎其更开中法，以致边储日匮。而不知明代边储之匮，自在屯政不修，而不尽关于盐法。其盐法之坏，又在势家乞中，而不关淇之变法也。盖产盐有盈有绌，边地不能悬知，则但知召商开中，而初不为支盐计。故守支之弊，在永乐时已不免。逮宪宗之时，势家争先奏乞，所赐盐引动以万计，且许其越场支盐，不限年次。于是商人益困守支，而盐亦壅遏不行……商人病开中亦极矣。虽曰下令招之，其谁应哉？淇见报中之怠，乃为更制以利商。商利则报中多，报中多则国课裕，是亦救弊之策也。[4]

其时情形，已是公私俱疲，官府病于乏储，商人困于守支。“叶淇变法”意在剔刷时弊，裕国通商，运司纳银制作为边方开中的一种调整，并未打破此前形成的官商合作基本格局。

且此后明廷依现实处境和财政需求，在本折中纳间不时权衡调适。上引王琼奏疏即曰：

> 弘治十四年，巡盐御史马（冯）允中奏称，开去边方引盐，不肯趋纳，皆因运司之开卖银两，故商人舍远就近。户部议得，今后照旧各边开中，召商上纳本色粮草，不许收受银两布货，不得再于各运司、

---

〔1〕［清］张廷玉等：《明史》卷185《列传第七十三·叶淇》，第4895页。

〔2〕另《明史·食货志》对纳马中盐后改为折色也持批评态度：“中马之始，验马乃掣盐，既而纳银于官以市马，银入布政司，宗禄、屯粮、修边、振济展转支销，银尽而马不至，而边储亦自此告匮矣。”［清］张廷玉等：《明史》卷80《志第五十六·食货四》，第1936～1937页。

〔3〕［清］嵇璜、曹仁虎：《钦定续文献通考》卷20《征榷考·盐铁》，《景印文渊阁四库全书》第626册，第477页。

〔4〕［清］龙文彬：《明会要》卷55《食货三·盐法》，北京：中华书局，1956年，第1053～1054页。

提举司开卖银两，阻坏盐法。[1]

再据《明会典》载：

正德三年议准，辽东二十五卫盐场，额设军余煎办本卫官军食盐，离卫窎远，难以运送，自后免运给军……每引定价银二钱，召商籴买粮料，以备官军月粮支用。五年议准，盐课不许于腹里地方中卖，亦不许奏开残盐，以遂商人奸计。待各边奏有缺乏，户部开送各边报中本色粮草，不许折纳银两……嘉靖五年议准，以后各边开中引盐，都遵照旧例，不许径自奏讨及专乞淮盐。六年议准，以后开中两浙盐课价银，每引以六钱为例，不许任意增添，两浙、长芦仍量搭配。八年议准，今后各边开中淮、浙等引盐，俱要查照旧例，召商上纳本色粮料草束，不许折纳银两……又议准，辽东各卫盐场煎办官军食盐，果有额外余盐，尽行查出，召商收买，易谷上仓，以备赈济支用。[2]

这表示由于路远运艰、势豪占窝等现实问题时时存在，商灶纳银支盐完课不失为目前纾乏解困的便宜之计，而政府自正德以来亦未专一凭借纳银开中，其在接受折色报中并从中受益的同时，更能注意到召商上纳本色粮草对于边防战备的重要意义。这样，“正盐不减旧时之价可广粮草之资，又倍得余盐之银可备和籴之本”[3]，历经几番改换权量，明廷最终原则上确立了正盐赴边上纳本色、余盐赴司折纳银两互为补充的开中方式。《明会典》续云：

（嘉靖）十四年题准……正盐俱照旧，淮、浙上纳本色粮草，长芦、山东折纳价银，遇有愿纳本色者听。余盐不必开边，照旧运司纳银解部，转发各边籴买客兵粮草……正余盐斤数外，各商不许夹带，违者依时价追入官问罪……二十七年题准，自二十八年为始，开中引盐，无论常股、存积，不分淮、浙、山东、长芦，俱照原定价则，止令上纳本色粮草。仍须申严法令，不许势豪占中，经纪包揽……四十年题准，自今以后每正盐一引之外，许带余盐一引，正盐在各边报中，

---

〔1〕［明］孙世芳等：（嘉靖）《宣府镇志》卷16《军储考·议处盐粮疏（王琼）》，《中国方志丛书·塞北地方》第19号，第157页。

〔2〕［明］申时行等：《明会典》卷34《户部二十一·课程三·盐法三》，第239页。

〔3〕［明］陈子龙等：《明经世文编》卷151《万太宰奏疏（万镗）·应诏陈言时政以裨修省疏》，第1512页。

上纳粮草，余盐在各运司查照题定则例，征银解部，永为遵守。[1]

又如隆庆初右佥都御史庞尚鹏在清理盐法时指出：

> 淮盐供边，其利甚大，而山东、长芦次之。故全纳本色，惟两淮为然，山东、长芦俱纳折色，仍搭配两淮。如遇年丰，愿纳本色者，听从其便，此定例也……弘治五年户部尚书叶淇，以边粮二斗五升，支盐一引，费少而利多，遂改令纳银，发边籴买。初年甚以为利，其后边粮腾贵，积储空虚，寻复开中本色。而飞挽艰难，商人利薄，大非往时矣。故论者每归咎于淇，谓其废坏成法，自改折色始，而不知自淇改废者，今已复其旧矣。

其旁附有《明经世文编》编辑者批注："淮盐仍中本色，至今犹然，而议者不考，以为尽行折色。"[2] 时人许国《盐法考》亦云："自叶尚书疏请运司招商解银户部，于是开中内徙，边储不支。今既修复旧额，量收本色，而折纳之弊蠲矣。"[3]后华钰《盐策议》同样提到，"今正引虽仍赴边中，余课悉如淇议"[4]。可见，为足储固边计，明政府实倾向收纳本色粮草，但为顾及商人、灶户的经济效益和困顿境况，又不得不通盘考量，就中做出通融取舍。这确如庞尚鹏所说："余盐以折色解部，此不易之法也。至于革去余盐，则引目易销，诚救时之论。然困商病国，灶亦苦之，其弊殆有甚焉。"[5] 如此则明代盐政实施虽屡有变动，然宗旨皆着意于苏解商困，足课实边。且当时盐法运行方式的调整，始终体现着国家经济对商人财力的依赖，所以政府才会尽可能适应时变，救弊纠偏，保持官商合作的基本

---

[1] [明] 申时行等：《明会典》卷34《户部二十一·课程三·盐法三》，第239页。

[2] [明] 陈子龙等：《明经世文编》卷357《庞中丞摘稿一（庞尚鹏）·清理盐法疏》，第3848页。

[3] [明] 许国：《许文穆公集》卷4《盐法考》，《四库禁毁书丛刊》集部第40册，第449~450页。

[4] [清] 嵇璜、曹仁虎：《钦定续文献通考》卷20《征榷考·盐铁》，《景印文渊阁四库全书》第626册，第476页。

[5] [明] 陈子龙等：《明经世文编》卷357《庞中丞摘稿一（庞尚鹏）·清理盐法疏》，第3849页。另庞尚鹏在给友人的书信中也曾谈及商人输边艰难，"一引之价，中纳实粮，犹不及三斗……况在边勘合，历年皆有拖负"，而折色纳银简便易行，若能"照原价发边，专设一官立法籴买"，则得利除弊，"边仓之充实又不待言矣"。[明] 陈子龙等：《明经世文编》卷360《庞中丞摘稿四（庞尚鹏）·答王总制论屯盐疏》，第3894页。

架构。

另外，彼时灶丁盐课折银也渐为士大夫认可。如嘉靖中兵部尚书胡世宁上疏备边之策，内中“立简便以收盐利”一事直指盐务时弊，而其参酌实际、通融区处之后的建议，乃是：

盐课收银，比之收盐待中，得利加倍也。又闻灶丁畏盐难纳，多愿纳银，近年两浙盐课内，将一半折银，民情称便。乞敕户部计议，合无今后淮、浙盐课，通令从便折银……递年立限征收，解边籴粮……以后灶丁煎盐，听令自卖，或转卖与客商……如此立法，则国家得盐利自多，而不必多方整理……盐可通卖，人无争夺，势豪专利之弊，不禁而自息……边境渐实，边储可充……为公私之便，省上下之费，盖不一而足矣。[1]

明中叶后，赋役折银已逐步演成社会趋势，商人报中及灶户盐课的折纳即与这一趋势正相符合。而明代部分官员虽能由此注意到适应经济环境变化、改进盐政管理方式的必要性，但纳银解部、发边籴买的前提须是确保专款专用，及边地粮食物资供给的丰富和市场运行机制的完善，否则政府专凭收放货币结算并过度依赖边境粮食市场，易导致军储兵饷渐有不支，后继乏力，反不如实物财政稳定有效。诚如隆庆初户部尚书葛守礼言：“国家设盐法过于前古者，正谓报中于边，不烦朝廷输运……利赖于边方者无穷……余盐之价解京，既有转输之费，及其分解各边，又为驿递之苦。银至于边，往往不及新熟之时，增价以籴，则所亏折者以半计矣，边饷何由充乎？”[2]“叶淇变法”的症结，确乎在此。

（三）盐法改革对商人内部及官商利益关系的平衡

正德以后，权要开中有增无减，且许附带余盐，造成价重课耗，“引目积滞，私盐通行”：

淮、浙、长芦引盐，常股四分，以给各边主兵及工役振济之需；存积六分，非国家大事，边境有警，未尝妄开。开必边臣奏讨，经部

[1]［明］陈子龙等：《明经世文编》卷136《胡端敏公奏议四（胡世宁）·备边十策疏》，第1353～1354页。

[2]［明］陈子龙等：《明经世文编》卷278《葛端肃公文集（葛守礼）·与庞惺庵中丞论盐法》，第2946页。

覆允，未有商人擅请及专请淮盐者。弘治间，存积盐甚多。正德时，权幸遂奏开残盐，改存积、常股皆为正课，且皆折银。边臣缓急无备，而势要占中卖窝，价增数倍。商人引纳银八钱，无所获利，多不愿中，课日耗绌。奸黠者夹带影射，弊端百出。[1]

是时“盐臣承中珰风旨，复列零盐、所盐诸目以假之”，名目迭兴，旧引未销，新引复添。嘉靖时余盐大行，其初以补正课，偿逋赋，“后令商人纳价输部济边”，至是用兵缺饷，两淮余盐悉发边开中，“又设处置、科罚名色，以苛敛商财”，遂使“正盐未派，先估余盐，商灶俱困”。[2] 嘉靖十三年（1534），给事中管怀理上言盐法之坏：“开中不时，米价腾贵，召粜之难也。势豪大家，专擅利权，报中之难也。官司科罚，吏胥侵索，输纳之难也。下场挨掣，动以数年，守支之难也。定价太昂，息不偿本，取赢之难也。私盐四出，官盐不行，市易之难也。”他指出正因有此六弊，正课滞碍难行，司计者才设余盐佐之，“余盐利厚，商固乐从，然不以开边而以解部，虽岁入距万，无益军需”，故“欲通盐法，必先处余盐，欲处余盐，必多减正价”，且“不必解赴太仓，俱令开中关支，余盐以尽收为度”，如此“正盐价轻，既利于商；余盐收尽，又利于灶”，商灶俱利，而国课自充。然“事下所司，户部覆，以为余盐银仍解部如故，而边饷益虚矣”。[3]

此中问题，乃在正引既已壅滞，朝廷另立引目疏通，既而再遭侵夺，“不惟常股，加以存积，不惟存积，益以工本，近工本之外，又兑益余盐，盐愈加而用愈不足”[4]。灶户无力办课，商人困于守支，国用入不敷出，边储物资匮乏，形成恶性循环。其时余盐之议未决，又有工本盐之请：“两淮灶户余盐，每引官给银二钱，以充工本，增收三十五万引，名为工本盐。令商人中额盐二引，带中工本盐一引……行之数年，积滞无所售，盐法壅不行。言事者屡陈工本为盐赘疣。户部以国用方绌，年例无所出，因之不变。”[5] 新旧引目叠积累压，国计大绌。嘉靖三十九年（1560）副都御史鄢懋卿总理盐法，复增额银满百万，“又搜括四司残盐，共得银几二百万”，

---

[1] ［清］张廷玉等：《明史》卷 80《志第五十六·食货四》，第 1940 页。

[2] ［清］张廷玉等：《明史》卷 80《志第五十六·食货四》，第 1940～1941 页。

[3] ［清］张廷玉等：《明史》卷 80《志第五十六·食货四》，第 1941 页。

[4] ［明］陈子龙等：《明经世文编》卷 364《张给谏奏议一（张卤）·陈末议以备经画以赞安攘疏》，第 3924 页。

[5] ［清］张廷玉等：《明史》卷 80《志第五十六·食货四》，第 1942 页。

且立克限，逻卒每季查获私盐有定数，不及辄削其雇役钱，至“经岁有不得支一钱者，乃共为私贩，以牟大利，甚至劫估舶，诬以盐盗而执之，流毒遍海滨”。[1] 再巡盐御史徐爌备述明前期官商合作功效及此后盐政弊害：

祖宗朝两淮盐法……商人赴边报中，每引纳银八分。永乐以后，每引纳粟二斗五升，下场关支，四散发卖，商人之利，亦十五焉……商人挟资万里，躬冒矢石，出百艰，得一生，以为我足边耳。当时诸边不劳而积贮足，户曹画诺而转输充，盖鼓舞有方，实使然也。迩年以来，增添迭出……正盐之外，加以余盐，余盐之外，又加工本，工本一兴，必加添单，添单不足，必加添引，且加以割没，加以虚包斤数，则析入秋毫矣。懋卿因见掣盐沮滞，故欲一切为疏通之术，而不知前盐有掣无售，一时征敛，似若奇功，而商人困苦，亦至此极。[2]

当此情形，盐商分化已成明显之势。早在成化年间，一些盐商因守支年久，争中存积，淮、浙不给，配支长芦、山东等地，“一人兼支数处，道远不及亲赴，边商辄贸引于近地富人”，边、内二商遂分，且“内商之盐不能速获，边商之引又不贱售”的情况也已出现。[3] 到嘉靖后稍复开中，商人既输粮边地，又纳银运司，费资耗时，力所不逮，于是边商、内商、水商一分为三：

各边谷踊贵不易籴，势要或占中卖窝，若斗头加耗，官科罚而吏侵渔之弊，诸为费不赀。及给引下场，或官吏留难，或灶丁额课不办，动经年而不得掣。且商业输饷于边矣，安所得赢羡？携重资往返数千

[1] [清] 张廷玉等：《明史》卷80《志第五十六·食货四》，第1943页。

[2] 《明世宗实录》卷515，嘉靖四十一年十一月壬寅，第8464~8465页。

[3] [清] 张廷玉等：《明史》卷80《志第五十六·食货四》，第1938页。日本学者藤井宏认为，两淮边、内二商的分离发生在弘治年间，而“长芦、山东盐参加搭中乃是嘉靖年间的事情”，故“《明史稿》《明史》把二商分离的原因归结于搭中法的实行，难以令人信服……明代盐商分离的首要原因，即是有名的商屯的崩坏和盐商的内徙”。[日] 藤井宏：《明代盐商的一考察——边商、内商、水商的研究》，刘淼译，古籍整理办公室编：《徽州社会经济史研究译文集》，第261~262页。不过若单是盐商整体从边地向运司内徙，本无涉分化问题。大体说来，由于盐引壅滞，盐商困守，事实上大幅拉长了中盐周期，明廷又要求正盐于边地、余盐于运司一并捆绑报中，则商人益发难以一己财力完成整个中盐周转环节，其内部分化在所难免，这同时也体现出一种社会分工的含义。

里外，复输纳于运司，而有司奉令甲严，非征完余盐，即正引不得下场。即已支盐上堆，而挨单守候，非五六年盐不得行……盖商惫至是而甚，于是商遂分而为三：曰边商，曰内商，曰水商。边商多沿边土著，专输纳米豆草束中盐，中已，所在出给仓钞，填勘合，以赍投运司，给盐引，官为平引价，听受直于内商而卖之。内商多徽、歙及山、陕之寓籍淮扬者，专买边引，下场支盐，过桥坝上堆候掣，亦官为定盐价，以转卖于水商。水商系内商自解捆者什一，余皆江湖行商，以内商不能自致，为买引盐代行，官为总其盐数、船数，给水程于行盐地而贩鬻焉。国初时严商人代支之禁，及是而诸商名目不一，以调停而均逐末利，旧制有所不行者，势使之也。[1]

起先“边商中引，内商守支”，分工配合，以实边储。然嘉靖末年，正盐滞碍难行，超掣河盐议起，诸商矛盾日增。《明史》云：

工本盐行，内商有数年不得掣者，于是不乐买引，而边商困，因营求告掣河盐。河盐者，不上廪囷，在河径自超掣，易支而获利捷。河盐行，则守支存积者愈久，而内商亦困，引价弥贱。于是奸人专以收买边引为事，名曰囤户，告掣河盐，坐规厚利。时复议于正盐外附带余盐，以抵工本之数，囤户因得贱买余盐而贵售之，边商与内商愈困矣。[2]

时户部尚书葛守礼又论革余盐：

商人既苦买余盐之费，而行盐地方有限，发卖不行，遂积在扬州，谓之堆盐。堆盐守掣未得，边上复拘报中，遂贱售于扬州人，名为坐商……扬州之余盐发愈多，则边方之报中日益少，坐商之利逸且博，边商之苦劳而赊……盐止卖于扬州，边方之报中，将不复行矣……故余盐不革，则盐法不行，盐法不行，则屯政亦不可得而举也。[3]

这里所称“坐商”，即相对于边商的内商之谓，而“各司坐司大商各收有边商盐引……足供数年之掣用，一遇边商盐勘到司，变卖则无主承买，守

[1] ［清］顾炎武：《天下郡国利病书·扬州府备录·盐法考》，第1250页。
[2] ［清］张廷玉等：《明史》卷80《志第五十六·食货四》，第1943～1944页。
[3] ［明］陈子龙等：《明经世文编》卷278《葛端肃公文集（葛守礼）·与庞惺庵中丞论盐法》，第2946页。

支则无资不能挨及，听其勒减价值”[1]，则财力雄厚、收买边引的“坐司大商”又实为“囤户”。至此边商、内商、囤户龃龉不断，官商合作陷入僵局，亟待官府统筹安排，妥善解决。

在这一背景下，隆庆二年（1568），右佥都御史庞尚鹏奉命清理两淮、长芦、山东等地盐政，兼领九边屯务。其上《清理盐法疏》，“就事参详，因时考订，悉加筹度，曲示剂量，酌通变权宜之方，为救弊补偏之术”，试图厘察病源，经画长远，消解纷更，恢复先年“边计常盈，公私兼利”的局面。奏疏围绕疏通壅滞、禁制私贩、调停专利偏累、定拟今昔不同之行盐地方及本色折色等问题论列条划，细密周致，旨在从社会实际出发，充分考虑各方需求，平衡彼此利益关系。如减轻盐斤，增引加掣，“一则宽恤商人，一则疏通引目，不惟可销目前之壅滞，虽传之经久，似亦可行而无窒碍”。如议减开中，暂停存积，“使引目既少，盐价必增，人情乐趋，而其效立见”。如有关官收灶丁余盐之价，他说道：“盐仓之远近难齐，道路之险夷不一，有商人应支正盐，而榜派场分隔远，自愿别场买补，不愿本场关支，以避脚价之费。即此推之，则灶丁余盐不可不收，而其价实有不可强同。悉听分司官随地剂量，曲为区处……使灶丁乐于官买，而翕然从之，乃为长策。”复如稽查实效，综核责成，依期给引，杜绝迟误等，皆针砭时弊，切实可行。

至于边商、内商间的利益纠葛，他表示“国初原无边商、内商名色，自边商难于守支，故卖引于内商，内商难于报中，故买引于边商”，是时“盐法疏通，引可速卖，盐可速掣，彼此交易，两利俱全”，今却窒碍难行，“在内商有支盐上堆，数年而不得掣者，则其不乐于买引……在边商有中引到司，数年而不得卖者，则其告掣河盐”，由是内商“抑勒减价之弊生，而边商始蹙额矣”，边商“展转增价之议兴，而内商始侧目矣”。二商遂“转相攻激，视为寇仇”，然双方劳困艰辛，势非得已，俱有苦衷：

> 边商之报中也，揭资于一二年之前，转粟于数千里之外……及赍仓钞到司，而又苦于内商之抑勒。若非超掣河盐，激励而鼓舞之，即诸商解散，边塞空虚……为国家飞挽者谁与？此河盐诚不可不掣矣……河盐既行，即内商堆盐守支年久，深以壅塞为患……坐受亏损，

[1] ［明］陈子龙等：《明经世文编》卷317《王鉴川文集二（王崇古）·条覆理盐法疏》，第3373页。

虽至愚者不为也。故边商至此，引既不能贱售，盐复不能守支，亦于是乎坐困……边人中纳粮草，利在卖引，以资奇赢之利……今留滞他乡，淹逾岁月，关给引目，收买余盐，劳苦万状，边人何以堪此……且闻告掣河盐，坐规厚利者，多系截买之人，于沿边报中者无与……内商支盐上堆，比三年前十减七八，人情向背，利害较然，河盐决不可不停矣。

而该如何调停化解，庞尚鹏续曰“详议引价”：

召集边、内二商，从公酌议，将边商引价，着为三等……剂量得宜，彼此称便……以后边商上纳粮草，内商分拨引目，彼此相济，着为定规……停河盐固所以速淮盐也，恤边商所以厚内商也。自今论之，边商跋涉诸艰，视内商何啻什伯。盖内商利重则趋，利轻则散……虽有守支之劳，终获自然之利。是专利者内商，偏累者边商……今超掣河盐，似为边商得利，然支掣之费，浮于内商，而转贩获利，复远不逮焉……故边商自以为偏累，而以专利恶内商；内商亦以为偏累，而以专利仇边商……惟引价一定，则停河盐于边商不为摧抑，行淮盐于内商不为偏利。在此无濡滞之患，在彼无觖望之私，二商相为表里，本相济而非所以相病也。

本来，边商、内商报中守支各有所专，相辅相成，表里互用，两者共同参与完成盐务运行，俱不可偏累。且在庞尚鹏眼中，国家和商人原应兼济共利，然“迩来边上中纳，多不依时估，及虽依时估，而转运交收，领给勘合，其间私费，尤难尽言……边商之不堪命久矣”。故对商人来说，“利之所在，人必趋之”，对政府来说，“商人报纳粮草，曲加存恤，减斤重，宽斗头……至于科罚劝借，通行禁革，仓钞勘合，给不逾时”，由此“凡能宽一分，使商人受一分之赐……务要委曲周全，勉为商人计……必使盐法大行，商人辏集，始为千百年永利”。[1]

庞尚鹏体谅边、内二商的辛劳苦楚，秉公集议，主持调解双方利益冲突。其处措之法，乃由官方调控引价，使不致过低而亏本，或过高而难售，同时停掣河盐，速掣正盐，保持盐法正常有序运转，二商互为让步，却均得遂愿沾惠。这样既确保政府税收，又顾全各商生计，国家与商人形成有效配合，两者合作关系亦随之更加紧密起来。当此之时，御史孙以仁同样疏言边商、内商利害相关，各有任责，而请停止兼掣：

> 盐引之滞塞、价之减削，始由于工本之加带而致也。今欲以河盐、堆盐兼掣疏通，则内商堆盐日渐壅塞，边商引目日益阻滞。盖边商之引，必得内商接买而后行……是以尽西北之旅，报中以筹边；聚东南之商，分拨以供课……今以河盐随到随掣，内商守支日久，不得趋利，或别图改业。况夫堆盐山积，其谁肯收边商之余引，以候数年之挨掣？[2]

再以《明史》简言之：

> 边商报中，内商守支，事本相须。但内商安坐，边商远输，劳逸不均，故掣河盐者以惠边商也。然河盐既行，淮盐必滞，内商无所得利，则边商之引不售。今宜停掣河盐，但别边商引价，自见引及起纸关引到司勘合，别为三等，定银若干。边商仓钞已到，内商不得留难。盖河盐停则淮盐速行，引价定则开中自多，边商内商各得其愿矣。[3]

于是工本、河盐悉罢，商困略苏。他如庞尚鹏整顿屯田，仍提出“遵祖宗诏令”，“宽斗头以广开中”，期待再现“古之所谓募民实塞下”的盛况。其重申，“边境富饶，则转输不劳而自足，利在民者，未始不在官”，若米

---

〔1〕［明］陈子龙等：《明经世文编》卷357《庞中丞摘稿一（庞尚鹏）·清理盐法疏》，第3838～3841、3843～3846页。疏中所称“淮盐”，即指“上堆候掣”的“堆盐”，是相对于河边装载在船径自超掣的“河盐”而言，下文《明史》所引亦同。另庞尚鹏还曾对友人提到，“今之谈盐法者多偏抑内商，谓其历年厚利，皆谈笑坐得之，非若边商之备尝诸艰”，然若以“有裨于边计论之，则内商之余银，每年皆六十余万……而接买边引，每逾数年，始得掣卖以自营，彼何负于边人”，故应“使内商、边商两利俱全”，“互相为用，不容有所轩轾”。［明］陈子龙等：《明经世文编》卷360《庞中丞摘稿四（庞尚鹏）·答王总制论屯盐疏》，第3891～3894页。

〔2〕［清］顾炎武：《天下郡国利病书·扬州府备录·盐法考》，第1251页。

〔3〕［清］张廷玉等：《明史》卷80《志第五十六·食货四》，第1944页。

价腾涌，“各商观望，日月迁延，在官司取盈于锱铢，以足原额，在商人较量于升斗，以规厚利……致官与商人非惟不相济，而反相病”，故“时估之外，量从宽假……但令商人稍有盈余，乃为通商足边之长策”。[1] 要做到通商足边，还须严究权势巧取豪夺，阻坏盐法，“务使边、内二商两利兼全”，以至“边储、盐法兼济无穷”。[2]

到万历时，朝廷增派苛敛，正盐不行，盐法敝坏、商困引壅的现象再度严重：“自嘉靖初，复常股四分，存积六分之制。后因各边多故，常股、存积并开，淮额岁课七十万五千余引，又增各边新引岁二十万。万历时，以大工搜远年违没废引六十余万，胥出课额之外，无正盐，止令商买补余盐……新引日益，正引日壅。”[3] 尽管朝廷多方筹措，但盐引壅滞问题仍不见好转。万历中太监鲁保“开存积八万引，引重五百七十斤，越次超掣，压正盐不行”，税监横扰，奸人蜂起，各地“借名苛敛，商困引壅”，至“李太后薨，帝用遗诰蠲各运司浮课，商困稍苏，而旧引壅滞”。[4]

为重建盐政秩序以通商裕国，万历四十五年（1617），户部郎中、疏理两淮盐法道山东按察司副使袁世振议立纲法。他认为两淮、九边互为表里，盐法敝坏，“其原皆始于套搭，套搭所以不能除者，其原皆由于不行见中之新引，只行久套之积引”，加之“正引余课，与场盐之价，日踊一日……支掣苛敛，衙门积蠹之费，日甚一日”，遂致内商困而边商无从售引，“于是边仓岁匮，内课频压”。有见于此，袁世振察访商情，体念商苦，疏通盐法，“大旨以正行见引、附销积引为主，惟正行见引，而边商之新钞即售，内商之套搭即解”。纲法规定：

> 遵照盐院红字簿，挨资顺序，刊定一册，分为十纲……以“圣德超千古、皇风扇九围”十字编为册号，每年以一纲行旧引，九纲行新引。行旧引者，止于收旧引本息，而不令有新引拖累之苦；行新引者，止于速新引超掣，而更不贻旧引套搭之害。两不相涉，各得其利……其在佥点之中者，既不苦于力量之难支，其在佥点之外者，又不苦于

[1] ［明］陈子龙等：《明经世文编》卷358《庞中丞摘稿二（庞尚鹏）·清理蓟镇屯田疏》，第3858页。

[2] ［明］陈子龙等：《明经世文编》卷358《庞中丞摘稿二（庞尚鹏）·清理辽东屯田疏》，第3865～3866页。

[3] ［清］张廷玉等：《明史》卷80《志第五十六·食货四》，第1944页。

[4] ［清］张廷玉等：《明史》卷80《志第五十六·食货四》，第1945页。

冷坐而难待。[1]

如此再辅以引盐减价减斤，速售速掣，不出十年，旧引尽净，新引畅行。

袁世振认为，该法救商急，充国计，简明公允，兴利除弊，是自己“吊查诸卷”，“极目蒿思”，[2] 并同商众详备咨议后得出的最适宜方案。他表示，“法废弊滋，壅积日甚，内商之旧引既不能行，边商之新钞更何所用”，不仅“边商之怨望极矣，国计之蠹耗深矣”，且“淮盐日壅，苦不独贻之边商，即内商之苦，更有甚焉”，只有“内商既济，边商自苏”，“二商苏而国计举矣”。[3] 也就是说，“边、内虽分为两商蛩蹶，实相为依附”，要保证作为国计根本的盐务的畅通，只有“边引随到随卖，内盐随支随掣，所行者即见年之引，而边商无守候之艰，所掣者即见年之盐，而内商无壅积之困”。[4] 与庞尚鹏一样，袁世振改革盐法依然综合考量了盐商内部及国家同盐商间的利益关系，故其听取各方意见，善加参酌折衷。而在谈到囤户对边商、内商的操纵把持时，他又讲：

> 近年以来，阻滞日甚，敝套相沿……边商执仓勘到运司矣，守至何年而后起纸关引，引到司矣，榜派搭单矣，守至何年而后得价。展转羁延，河清难俟，不得不贱跌其值，而投引于囤户，此边商之苦也。至于内商掣盐，常压十载，一朝序及，实搭比严，又不得不倍其值，而收引于囤户，此内商之苦也……利归于囤户，而害及于两商……夫边商受害，则边仓之上纳，徒费严刑，内商受害，则搭单之比逆，日烦箠楚。商病则国病，而边计日廪廪矣。[5]

边、内二商之苦，已为人所共知，既然商病导致国病，国与商同息共运，那么政府理应顾惜商力，惠施两商。因而对于剥商欺官的囤户，袁世

[1] [明] 陈子龙等：《明经世文编》卷477《两淮盐政编四（袁世振）·纲册凡例》，第5246～5247页。

[2] [明] 陈子龙等：《明经世文编》卷477《两淮盐政编四（袁世振）·上李桂亭司徒》，第5250页。

[3] [明] 陈子龙等：《明经世文编》卷474《两淮盐政编一（袁世振）·附户部题行十议疏》，第5204～5205页。

[4] [明] 陈子龙等：《明经世文编》卷474《两淮盐政编一（袁世振）·盐法议一》，第5207页。

[5] [明] 陈子龙等：《明经世文编》卷474《两淮盐政编一（袁世振）·盐法议一》，第5207页。

振揭批他们专擅利权，攘夺国课，直以奸民视之："今两淮囤户，非顽民，乃奸民也。其所攘夺者，天下第一财利之权，天子不得与之争多少；其所挟持者，天下第一稳便之术，国课不得与之较盈亏；其所假借者，天下第一巧诈之谈，智士不暇与之辨是非。"[1] 由其看来，"自淮盐壅阻，在上则欲增，在下则欲减，在内商则欲行旧引，在边商则欲行新引，在囤户则欲假边商新引之名，而操内商旧引之利"[2]。政府同边、内两商本各具利益诉求，但盐利却被囤户专揽独占："贱收边引，而边商困；厚索内价，而内商困。又动假边商名目陈告疏通，即司鹾之官亦为其所困，而不知孰为边孰为囤。商病莫瘳，国课愈压，夫朝廷良法，自不料理，而使囤户专利，且至贻害无穷。"[3] 或曰，"今两淮疏引，设为新旧均行之法，似亦兼为边商"，但"边中仓勘，悉已贱值投之囤户……淮上之疏边引，不过囤户巧借边商之名，以自为疏"。[4]故此，"复祖制行正盐，必以行见引为主"，且"更减于仓勘之价，则利在内商，售仓勘而即同见引之速，则利在边商，两商均利，而囤户无所操缓急之权"。[5]

不过，虽"每年边中仓勘，尽为囤户所收"，然囤户亦是商人，且是"内商之有力者"。[6] 从盐政全局看，政府推行纲法又亟需这些囤户的协助支持。袁世振自言："曩所谓囤户者，非异人，皆各纲中有力内商耳。乘法坏而囤引，其骗国课多矣，若以法处之，彼亦何辞？然每纲去此辈数人，余皆疲乏穷商耳，故职一概抚而用之。方职初至，此辈甚为廪廪……开征

---

[1] ［明］陈子龙等：《明经世文编》卷 476《两淮盐政编三（袁世振）·奸囤擅利权揭》，第 5244 页。

[2] ［明］陈子龙等：《明经世文编》卷 475《两淮盐政编二（袁世振）·盐法议六》，第 5224 页。

[3] ［明］陈子龙等：《明经世文编》卷 475《两淮盐政编二（袁世振）·盐法议六》，第 5227 页。

[4] ［明］陈子龙等：《明经世文编》卷 474《两淮盐政编一（袁世振）·附户部题行十议疏》，第 5205 页。

[5] ［明］陈子龙等：《明经世文编》卷 474《两淮盐政编一（袁世振）·盐法议二》，第 5209 ~ 5210 页。

[6] ［明］陈子龙等：《明经世文编》卷 474《两淮盐政编一（袁世振）·盐法议二》，第 5211 页。

之初，惟此辈完银最多。”[1] 因此，他主张政府做出适当妥协，将囤户一体纳入国家正规化的盐政管理体制，以望上下通利，国商兼裕，“期于培两商，不期于锄囤户……恤囤户，何啻恤两商”[2]，这样“不但永为国利，亦永为诸商之利也”[3]。

在袁世振自己眼里，此法“至轻便，至明白，至公普，至饶益，利无不收，弊无不除，不待行之数年，而即今盐法，已一旦豁然大通矣”[4]。纲法提出之次年，由巡盐御史龙遇奇奏请实行，效果确为显著，“以旧引附见引行，淮南编为十纲，淮北编为十四纲，计十余年，则旧引尽行”[5]。“纲法行而套搭解，两淮内商死票尽活……其逃亡消乏之商，皆不远数千里奔赴邗江，求复故业”[6]，“两淮商人，皆肩摩毂击，争相输纳，两淮如此景象，开辟以来，所未有也”[7]。又天启五年（1625）户部言：“万历四十五年，该本部尚书李汝华与山东司郎中袁世振议行减斤之法，遣官疏理……每年计行新引七十万五千余引，带疏积引二十万有奇。于是二引并疏，三商乐利，而两淮六十八万之正额，遂输不缺也。”[8]

通观袁世振盐法改革，能够看到政府很大程度仍是力图依据经济规则、运用经济手段调节理顺盐商内部及其与国家间的利益关系，内中明显透露出国家同商人命运相连、盛衰与共的况味。袁世振强调，盐利“与民赋平分国课”，乃“安边足用之本，佐百姓之急，奉军旅之费，不可废也”，且“商灶利害与国家共之者也，商灶不足，国孰与足，欲利国而先害及于商

---

[1] ［明］陈子龙等：《明经世文编》卷477《两淮盐政编四（袁世振）·再上李桂亭司徒》，第5252页。

[2] ［明］陈子龙等：《明经世文编》卷476《两淮盐政编三（袁世振）·奸囤擅利权揭》，第5245页。

[3] ［明］陈子龙等：《明经世文编》卷475《两淮盐政编二（袁世振）·盐法议六》，第5229页。

[4] ［明］陈子龙等：《明经世文编》卷477《两淮盐政编四（袁世振）·纲册凡例》，第5247页。

[5] ［清］张廷玉等：《明史》卷80《志第五十六·食货四》，第1945页。

[6] ［明］陈子龙等：《明经世文编》卷477《两淮盐政编四（袁世振）·复王肖乾边储》，第5253页。

[7] ［明］陈子龙等：《明经世文编》卷477《两淮盐政编四（袁世振）·与商等轩》，第5253页。

[8] 《明熹宗实录》卷56，天启五年二月辛巳，第2545页。

灶，拙亦甚矣”。[1] 他还说道，“朝廷预借商本甚多，既欲行新引以办国课，又不得不行积引以还商资；既欲为国与商谋，又何敢不为地方谋”[2]，故“有司官务要一体商民，毋分秦越”[3]，“以减课宽商得之，非以朘商增课得之”[4]，“会计盈缩，平准贸易，使下不失商灶之心，上不损边储之备”[5]，如此“商利均平，血脉流贯，既不贻偏重之害，自不生壅滞之端……商利愈倍，岁课愈增，国家固得以大道生财，而泉流自远……两淮亦不必以套搭缚商，而财源自浚”[6]。时人钟惺也极称纲法“依人情而为”，“于裕国通商之外，留一往和平宽大之意”，并曰“其旨在显然示之以利，而不遽问其害。使国与商先尝吾法之利；而蠹国与商者，欲害吾法而无所用，且各择其所为利者而往焉”。[7]

值得注意的是，纲法出台看似表现为对贫弱盐商的惠恤照顾，其实在事实上乃以“窝本”形式赋予了在册商人世袭专卖的权利。正如袁世振所称：“此十字纲册，自今刊定以后，即留与众商，永永百年，据为窝本。每年照册上旧数，派行新引，其册上无名者，又谁得钻入而与之争骛哉?”各纲商由之“无不踊跃欢呼，情愿急于终事，昔求脱去而不得者，今惟恐窝本之有失也”。[8] 本已资产雄厚的囤户从此又列名纲册之中，成为官府授权的特许商人，他们与国家基于互相需要而结成合作关系，反映了彼此可

---

[1] [明] 陈子龙等:《明经世文编》卷 476《两淮盐政编三（袁世振）· 盐法议八》，第 5234 ~ 5235 页。

[2] [明] 陈子龙等:《明经世文编》卷 477《两淮盐政编四（袁世振）· 复楚中论盐价公书》，第 5256 页。

[3] [明] 陈子龙等:《明经世文编》卷 476《两淮盐政编三（袁世振）· 盐法议八》，第 5235 页。

[4] [明] 陈子龙等:《明经世文编》卷 477《两淮盐政编四（袁世振）· 与商等轩》，第 5253 页。

[5] [明] 陈子龙等:《明经世文编》卷 475《两淮盐政编二（袁世振）· 盐法议七》，第 5232 ~ 5233 页。

[6] [明] 陈子龙等:《明经世文编》卷 477《两淮盐政编四（袁世振）· 疏理略说》，第 5250 页。

[7] [明] 钟惺:《隐秀轩集》卷 19《袁太母八十序》，李先耕、崔重庆标校，上海：上海古籍出版社，1992 年，第 303 页。

[8] [明] 陈子龙等:《明经世文编》卷 477《两淮盐政编四（袁世振）· 纲册凡例》，第 5247 页。

通过盐业利益的共享和分配实现长期协同并存的发展态势。再联系到嘉、万时期盐商享有优待的科举“商籍”的确立，则他们实力更为壮大的同时，与国家和政府的关系也愈加密切了。

（四）盐政事务中士大夫的官商合作主张

明代士大夫对盐法运行中官商合作的意义有较深认识，他们着眼于盐政的固边之效，正视盐课收入在增益国计、调节民生方面发挥的重要作用。即如《名山藏》曰：

> 明有天下，置盐官，转运之司六，提举之司七，盐课之司百七十有奇，又非徒揽天下利权，使归上而已。军卒屯田塞下，使商人鬻其粟实边，官给盐与引，货买以偿其劳，名曰开中。夫非为无人无粟可以输边也，微征商人之利，而实借其力以储時。吾塞下刍粟出自商人，则塞下实有其利，可无干没废弛之虞。而军卒为我屯田，且亦可为我守边，万世之利也。[1]

《皇明条法事类纂》复载弘治初大臣上陈，“盐池乃天地自然之利，取之无穷，用之不竭，上足以资国用，下足以济斯民……今朝廷设官理，即古‘与民共之而有厉禁’之意”[2]。时兵部尚书马文升也言及盐法之重：“盐课者，国家之重事，民生一日而不可缺者。以之备紧急之军饷，以之救凶荒之民命，诚有国者之大利，济时之急务也。”[3] 再嘉靖中黄佐、王朝用云：“两广用兵，全仗盐利，而盐利之征，则出之于商。”[4] “天下之财赋，尽出于东南，而盐利尤为裕民之厚资；天下之兵戈，多在于西北，而粮刍

[1] ［明］何乔远：《名山藏》卷55《盐法记》，《续修四库全书》第426册，第479～480页。

[2] ［明］戴金：《皇明条法事类纂》卷19《户部类·阻坏盐法·阻坏盐法军发边远充军民发口外为民坑陷商人资本追赔边卫充军新近寄居路村恃强不服发边者口外为民例》，刘海年、杨一凡主编：《中国珍稀法律典籍集成》乙编第4册，第838～839页。

[3] ［明］陈子龙等：《明经世文编》卷63《马端肃公奏疏二（马文升）·重盐法以备急用疏》，第520页。

[4] ［明］陈子龙等：《明经世文编》卷235《黄王二公疏（黄佐）·两广盐利疏》，第2463页。

尤为备边之急务。故以盐粮召商报中，谓之飞粮挽刍，诚为筹边至计。"[1]

商人输粮纳价，中盐转鬻，为国民所依，其角色之关键不言自明。嘉、万以降汪道昆及耿橘云，"大司农岁入四百万，取给盐策者什二三……诸贾外饷边，内充国，戮力以应度支"[2]，"商贾通，盐价平……祖宗之所以设行盐法者，不过得盐之利以济国计耳"[3]。天启时御史樊尚燝又议："岁额之所入，自民赋而外，盐课其最巨者矣。三商流转，九塞饱腾……因民之所利以利商，而因以利国，讵不妙若转圜、沛若流泉哉？"[4] 而明末王猷定论当时盐政之衰时亦引宋人胡安国之言曰："祖宗时盐法行于西者，与商贾共其利；行于北者，与编户共其利；行于东南者，与漕司共其利。"他感慨"今之日利安归乎，不在于国，不在于商，徒令有心者蒿目而忧"。[5] 这样，以盐法运行为纽带，"商有居积之利，民赖日用之益，国获榷柬之济"[6]，商人与国家在经济合作中结成了命运息息相关的共同体。商厚则国饶，商乏则国亏，若"盐法日坏，盖重价留难，夹带私贩，朝廷既有以病商，而开中交纳，收支销缴，商人亦重以滋弊"[7]，诚所谓"法不行则盐不售，盐不售则商不通，商不通则课为之亏，而财计匮乏之病必及于国"[8]。

再前引马文升奏疏，已极论成化以来盐政废坏局面：

---

[1] ［明］陈子龙等：《明经世文编》卷235《黄王二公疏（王朝用）·应诏陈言疏》，第2465页。

[2] ［明］汪道昆：《太函集》卷66《摄司事裴公德政碑》，《续修四库全书》第1347册，第533页。

[3] ［清］顾炎武：《天下郡国利病书·苏州备录上·常熟县·平洋策（耿橘）》，第469页。

[4] ［明］张萱：《西园闻见录》卷36《户部五·盐法后》，《续修四库全书》第1169册，第99页。

[5] ［明］王猷定：《四照堂文集》卷6《侍御姜公寿序》，王德毅主编：《丛书集成续编》第151册，台北：新文丰出版公司，1989年，第528页。

[6] ［明］张四维：《条麓堂集》卷23《送都运少岳方公入觐序》，《续修四库全书》第1351册，上海：上海古籍出版社，2002年，第642页。

[7] ［明］陈子龙等：《明经世文编》卷364《张给谏奏议一（张卤）·陈末议以备经画以赞安攘疏》，第3924页。

[8] ［明］王慎中：《遵岩集》卷8《盐政刻石记》，《景印文渊阁四库全书》第1274册，台北：台湾商务印书馆，1986年，第157页。

我朝建制之初，其于盐法尤为严重。行盐各有地方，贩卖不许越境，势要中纳者有禁例，军民私贩者有重刑，所以盐法通行……或遇紧急用兵，缺乏粮饷，卒不能至，或地方水旱灾荒，军民缺食，乏粮赈济，方才召商中纳粮米，赖其飞挽以备急用。上纳完足，通关缴部，就给引文，随到随支，得利数倍。所以客商乐于中纳，而缓急得其所济……自成化年间以来，有乞恩求讨者，有织造支用者……虽有中者，及至到边，多不上纳粮料，止是折收银两。一遇紧急缺粮，复命大臣前去督理，重复劳民买运。所以祖宗盐法，坏之极矣。[1]

嘉靖时人胡松同样痛切指出盐法“大坏极弊而莫之省忧”：

顷岁以来，所司固以商人困敝不得利，改议每盐一引，止令输粟一斛，若银则四钱有半。此诚通商惠工之术，安边足用之道……奈何法立奸生，利不归商贾之家，而顾以充豪猾之橐。闻之边人言，每岁户部开纳年例，方其文书未至，则内外权豪之家，遍持书札，预托抚臣，抚臣畏势而莫之敢逆……至于躬身转贩真正商人，苟非买诸权豪之家丁，丐诸贵幸之仆隶，则一引半缗，曾不得而自有……伏望皇上敕下该部……务令召募正商上纳，而增其课额……着令凡沿边之人，无问车刍石粟，皆得诣吏上纳。则彼号称商人者，既无势豪之占据，既已乐从，而彼所谓势豪者，知其无利，亦自将舍置而不顾。[2]

有见于是，明中期以来不少官员士大夫建言献策，他们大都肯定明初开中盐法在政府组织下官商通力合作达至的积极成效，主张去除奸私，惩治权豪，疏通整顿，广施招徕，以期恢复盐粮开中旧制，裕课惠商。

如正德初总制陕西等处军务兼督马政杨一清言：

京师储蓄有限，各边仰给无穷……求其获利多而取效速者，莫如开中引盐为便……合无于陕西开中两淮等运司常股、存积等课盐百余万引，及今招商，于夏秋收成之后，籴买粮料草束……仍要斟酌贼情缓急，如果虏贼在套，尽收本色，量宽斗头，使人乐趋，不许嫌避误事。若无紧急贼情，又当酌量年岁丰歉，年丰有收，则广为招籴，不

---

〔1〕［明］陈子龙等：《明经世文编》卷63《马端肃公奏疏二（马文升）·重盐法以备急用疏》，第520～521页。

〔2〕［明］陈子龙等：《明经世文编》卷246《胡庄肃公奏议（胡松）·陈愚忠效末议以保万世治安事》，第2587～2588页。

厌其多。如岁歉收薄，则量收一半本色，以防目前之急，仍存一半银两，以为来岁之图。[1]

他后来还曾以“内地所派，既不足外供，朝廷间发内帑给之……而境内布种不广，别无辇致，虽有官银，无从籴入，以故谷价腾踊”，表示“处积边储，不过籴买、召商二事，今籴买既有弊，惟召商为最便之法”，规定自今除“凡开中盐引，务令商人上纳本色”外，备边剩余银两“亦当召商籴粟，稍优其直，而不苛其收”，且“欲以本土之所出，供本土之所需，非广兴屯种不可”。[2] 嘉靖初户部尚书梁材也说到兴复边屯、本色开中之利：

甘肃、延绥、宁夏等边，设有屯田，专以供给军饷。永乐年间，边备振举，夷虏不敢侵犯，故人得以肆力农亩，收成颇多。一遇开中引盐，易于上纳粮草，官商两便。以后边备渐弛，夷虏不时侵犯，以致屯种失业，田土抛荒，粮额亏欠……本部备行各边巡抚管屯等官，务要遵照前例，兴复屯田，积粮养兵，毋致边储匮乏……至于各边有警，开中盐引，召纳本色粮草，宽以斗头斤重。则本末兼举，而经久可行，仓库既充，而缓急有备矣。[3]

在另一篇处措陕西四镇边储的奏疏中，其引总督陕西三边军务尚书王琼题称：“复召籴之法，务使多积本色。开中盐课，再不许纳价，止纳本色，专在各边开中，不必又于运司中纳。如此边储渐充，供饷不乏。”对此户部议得：

我朝天下设立盐场……专备各边召商开中，飞挽本色刍粮，接济紧急军饷。往岁收成颇好，粮草易集，商人得利。迩来灾伤踵至，本色价高，加以私贩盛行，斗头未减，科罚劝借，秤掣迟留，以此商人不乐开中……愿敕下各该巡抚、巡盐并管粮郎中等官，申明律例，禁私盐，引价虽有定数，斗头听其低昂，止令上纳本色刍粮，此外不许分毫多索。支盐出场，随到随掣，勿使久候，费累资本。商人称便，

---

[1] ［明］陈子龙等：《明经世文编》卷115《杨石淙文集二（杨一清）·为预处边储以备紧急供饷事疏》，第1081页。

[2] ［明］陈子龙等：《明经世文编》卷119《杨石淙纶扉奏略（杨一清）·论甘肃事宜》，第1138页。

[3] ［明］陈子龙等：《明经世文编》卷103《梁端肃公奏议二（梁材）·会议王禄军粮及内府收纳疏》，第925页。

边饷有裨，盐法因以疏通，而紧急不致匮乏。[1]

再嘉靖二十一年（1542），群臣就“虏患绎骚，边储空乏”发表意见，南京湖广道御史吴琼等“请行各边商人中盐者，皆令输粟，毋得概准折银”。礼科都给事中管见复疏曰：

祖宗以来，军士月粮取给山陕诸路，而客兵与赏赐费，皆藉屯盐之利。其后夷虏日肆，屯田渐荒，而将帅有力者，尚号集家丁，与盐商巨贾连结堡寨，居常则屯种自营，虏至则阖众备御。岁久守臣恶其专利，遂为厉禁……屯盐二利俱废，而边陲荒落，兵力不振矣。今欲实边，必兴盐法，欲兴盐法，必复屯田。[2]

时人郑晓亦以为屯种久废，欲复本色中纳必减值而使商人有利可图：

说者又谓，间曾开纳本色，召商不至。盖向者上纳本色，时商自募民耕种塞下，而得谷为易。又塞下之积甚多而价轻，又无戎虏之患。今则耕种废矣，塞下之积虚矣，谷价腾涌，强虏出没，势不安居，商人安得粮料应召募乎？欲复本色，非减斗头，利商人，使商人趋利而开垦边地不可也。[3]

同朝为官的赵炳然则更强调官商经济合作中官方掌握主动的必要性：

理财实经国之要，利权又理财之机，利权在上，则操运重轻，得以通变，而货泉流沛，自无匮竭……盐法原以引目，飞挽实边，今则弊于余盐之重，坏于守支之难，遂使良法竟成故事。诸边开种，承纳无商……盐法利权，废坠日久，诸边缺乏，职此之繇……伏乞敕下该部会议盐法，务复旧规，令纳本色。至于召买，预前一年，多给粮价……务俾各边刍饷，不必全倚诸商。如此利权归上，奸商无垄断之心，市价可平，边用免虚耗之费矣。[4]

当时又有钱薇论曰：

盐之有法，国初所定，酌议既审，公私两利……商或赍粟赴各边输纳，或自垦边壤以积粟，此盐之为利，而边所由无乏……今各边屯

---

〔1〕［明］陈子龙等：《明经世文编》卷104《梁端肃公奏议三（梁材）·议处陕西四镇边储疏》，第939～940页。

〔2〕《明世宗实录》卷269，嘉靖二十一年十二月丁酉，第5308页。

〔3〕［明］郑晓：《今言》卷3，第145～146页。

〔4〕［明］陈子龙等：《明经世文编》卷252《赵恭襄文集一（赵炳然）·题为条陈边务以俾安攘事》，第2648页。

种之政废，而粟粒刍束之运艰，度支空缺之用多，而诛求取盈之令下，势家且为敛迹，而商贾益病矣。为今之计，第使盐引仍征粟，即商骛边，商骛边而田之垦辟必多，使边方各屯种，则本色赢，本色赢而商之中纳亦便。不待司农出银以籴，而边自可饶……夫盐一也，中引不以粟以银，则边无藏粟，而边地病……其惟复收粟之故制，则不劝之耕，而以商积粟，边无虞匮矣。[1]

至万历时期，仍不时有臣僚重申输粮开中通商实边之效。如刘应秋考述本朝盐政利害得失，且由此把商民、边军以至国家的长远利益一并贯连起来：

天下财赋，盐居其半……尝试考之，有数便焉。商人自募民耕种塞下，得粟以输边，有偿盐之利，无运粟之苦，便一。流亡之民，因商召募，得力作而食其利，便二。兵卒就地受粟，无和籴之扰，无侵渔之弊，便三。不烦转运，如坐得刍粮，以佐军兴，又国家所称为大便者……奈何议论之臣喜为纷更，睹末流而捐必然之画，计目前而忘长却之虑。有见谓本色莫如折色便……兼之有支给之难，有补赔之累，而商病矣……官盐日滞，刍粮日匮……一旦边城有警，仓皇失措，召商而商不从，挽饷而饷不继，其病兵民病国家，可胜道哉？[2]

再如延绥巡抚涂宗濬云：

延镇兵马云屯，赖召买盐引接济军需，岁有常额。往时召集山西商人……盐法疏通，边商获利，二百年来，未闻壅滞。乃至于今，商人党守仓等，苦称边盐不通，引积无用，家家亏本，恳词求退。本道再三晓慰，则皆泣诉山西之大贾皆去，土著之资本几何，原买旧引，堆积不行，财本已竭，今派新引，力不能承，死徙无门……率由私盐偏（遍）行，小票通而官引滞，所以山西之商，忿折资本，尽归原籍，土著之商，力穷难支，逃亡过半……三路盐粮，所藉以佐军储者，尽化乌有……为国家御虏者，恃有此月饷耳；月饷之所以充足者，恃有此盐商耳。今南方盐法阻滞，商盐不行，盐引不售，盐商不愿赴边

---

〔1〕［明］陈子龙等：《明经世文编》卷215《承启堂文集二（钱薇）·盐法论》，第2251～2252页。

〔2〕［明］陈子龙等：《明经世文编》卷431《刘文节公集（刘应秋）·盐政考》，第4718页。

纳粮中引，则军饷无所从出。[1]

涂宗濬亦重视盐商经济活动对于巩固国防的巨大作用，此后他又据陕西巡按余懋衡所议“盐商之开垦宜复”等五事，奏称：“国初召商开耕，输粟塞下，非徒裕饷，且以实边，法至善也。夫何折议一行，概籴内地，飞挽不易，逋负渐多。推原其故，良由旧法一更，开垦未复。”该疏且言，“盐粮引目，岁有定额，其时估斗头，又当视丰歉为高下……是在该道调停区处，毋令失额，而又合于人情”，同样表达了顺应商情、国商互惠之意。[2] 明末辅臣叶向高也认为盐政、边政密切相关，并极论本朝盐法始之修明益美，既之弊害迭兴，力促恢复祖制，济商恤灶，保障官商合作顺利开展：

国家之制盐政也，盖边政也。盐政修，而边政与之修也；盐政弊，而边政与之弊也……盐之为利，从来久矣。国初经制，远迈前筹；乃在今日，溃决万端，商灶两病……窒罅导流，以济缓急，则其说可稽已。减额课也，省搭配也，早掣支也，绝请乞也……乃其要在处置余盐也……宁稍通融于商灶，严吞舟之禁，毋轻假借于奸徒。使利行若流，商至如归，无倍征，有溢赋，不亦今日资盐策便国家之长计哉？若夫讲求立法之本意，修明已试之旧章，复飞挽，广屯田，塞下余红腐之饶，度支省转饷之苦，盐政边政，两利而俱存。[3]

群臣议复祖制的建言固佳，但时过境迁，各方利益纠缠，完全恢复边地开中旧法已然不切实际，“时议者屡言虚边储而实太仓非计，顾岁所增入，当数十郡一岁钱谷之数，而县官经费日繁，即缓急可以支应，虑不能捐目前厚利以深惟边计，欲复如祖宗时尽输粟塞下，及薄取八分之利，必不可得矣”[4]。如何应对现实，通达识变，使国课边储俱充而又不失官商互利共济之旨，的确是摆在盐务职司面前的难题。另外，对于恢复开中也不乏有反对之声。王夫之即称：

自盐政边储之坏，议者争言开中输粟旧法之善，而不知其非。既

---

〔1〕［明］陈子龙等：《明经世文编》卷447《涂司马抚延疏草一（涂宗濬）·边盐壅滞疏》，第4919～4921页。

〔2〕［明］陈子龙等：《明经世文编》卷448《涂司马抚延疏草二（涂宗濬）·奏报阅视条陈十事疏》，第4925～4926页。

〔3〕［明］叶向高：《四夷考》卷8《盐政考》，北京：中华书局，1991年，第95～96页。

〔4〕［清］顾炎武：《天下郡国利病书·扬州府备录·盐法考》，第1248页。

违事之宜，又拂人之情，故叶淇得以利动一时而尽废边屯，诚有以召之也。法之最颠倒者，农所可取者粟，而条鞭使输金钱；商所可征者金钱，而屯盐使之输粟。边可屯，官不能屯，而委之素不安于农之商；粟可博金钱，官不移丰以就歉，而责农之易金钱以偿官。其不交困也，得乎！取之必于其所有，使之必于其所长，一人效一人之能，一物抵一事之费，《周官》之善，尽于此耳。[1]

其实，赋役折银反映了明中叶以来货币白银化的普遍趋势，白银在社会的全面流通进而导致货币财政体系的建立及一条鞭法、运司纳银制的实施。王夫之言下之意，旨在强调官府仍须布置有法，取用有道，以使人效其能，物尽其材，官民协力，达于至善。

盐法佐缓急，实边储，供匮乏，足具备边助饷之功。为使官商两便，当时士大夫除力主盐法革除积害、复归开中外，几乎一致要求赈恤商灶，宽待民力。《天下郡国利病书》曰："自代有盐法以来，未有若我国家九边军实半仰给于盐课。两淮岁课百余万，安所取之？取之商也。商安所出？出于灶也……大都盐法之本在恤灶，在通商，在慎任人。"[2] 万历时萧良榦也言盐法事关重大，要在国商一体，通商恤灶：

盐之为制，因天地自然之利，以实边足国，其策不可废也。历代无论已，国朝盐法，大都以通商恤灶为本……征之官者薄，而贻之商者厚……嗣后权豪报中，引价腾贵，科罚门多，商利渐薄……私贩盛而官盐阻，余盐兴而引目乱，奏讨烦而输纳壅，折色征而边实匮……今边储宜裕而商人极累，不可不通其财……国课宜增而灶丁重困，不可不恤其隐……务在遵成宪以酌时宜，使公私俱盈，上下无患，庶几不失立法之旨。[3]

叶向高又云：

盐策之利兴自管子，《管子》书具在，其所以恤商……其厚天下之商，归齐若流水，齐以富强。国家经费半倚盐策，两淮于诸转运为

〔1〕［清］王夫之：《噩梦》，第 11 页。
〔2〕［清］顾炎武：《天下郡国利病书·扬州府备录·盐法考》，第 1252 ~ 1253 页。
〔3〕［明］萧良榦：《拙斋十议·盐法议》，第 9 ~ 11 页。

最巨，富商豪贾，杂沓广陵……商有余力则国赋饶，此《管子》之意也。[1]

且由这些士大夫看来，他们通商裕国的愿望更多还需要政府对商人因势利导，普捐恩惠，靠经济利益的驱动以促使达成，即“饬兵备而修屯田之政，又宽两淮盐商，使得厚利乐输粟于彼，则军输有余裕”[2]。再如嘉靖中兵部尚书胡世宁讲，“公私盐利，皆归国用”，若“低昂其权，使输粟于边者，量地远近米价贵贱倍减其数，而又得先掣，纳银本处者，随时旱涝盐价贵贱倍增其数，而又与迟掣，则商人益劝于输边……上下之利，盖不一而足”。[3] 时兵部侍郎万镗又云：“我国家租赋之外，得利莫如盐……盐法之设，其重在于足边，其要在于宽商，其本在于恤灶，其用在于惠民，而其终在于息盗也。”他列叙其他官员奏疏称：

> 边方盐引虽开，而召商不至，良由开中不时，科取太过。合于每年正月预派各边，但遇收成之时，听其召商，照依原价，上纳本色粮草。其极边如甘肃二镇，或量减价值，以致乐从……当地方收成之候，粮草价贱，而商人易于上纳，故一引之盐，常得二引之用。定价每引不过三四钱，而无处置科罚之费，是非不知商人每引所入，不足以当给盐之利也。以为利不厚，则商人不趋，而边储无赖，何暇计锱铢之利，以与商人较哉……官无高价以病商，商无高价以病民，买补日众而勤灶日劝，官盐既通而私贩自息。

故而万镗“酌宽严以用其中，揆事体以求其当，兼彼此以会其全，考今昔以通其变”，建议“今后各商在边，每中正盐一引，许带中余盐二引”，正盐复旧随宜定拟，上纳本色，余盐“自行买补，相应量减……就随正盐在边上纳折色”，如此则“商人得余盐赢饶之利，以补正盐多费之亏，无运司倍取余盐之银，以免一时贱纳那借之苦”，商利既通，盐价自平，私贩自

---

〔1〕［明］叶向高：《苍霞草》卷10《两淮巡盐御史应公善政碑记》，《四库禁毁书丛刊》集部第124册，第263页。

〔2〕［明］林希元：《同安林次崖先生文集》卷2《王政附言疏》，《四库全书存目丛书》集部第75册，第478页。

〔3〕［明］胡宗宪：《筹海图编》卷11《经略一·足兵饷》，《景印文渊阁四库全书》第584册，台北：台湾商务印书馆，1986年，第305页。

消，而官给民足。[1]

同时人陆深亦言及约束势要毋夺商利，否则商困利微无人应招，必致国课亏减：

盐课一事，本因海泽自然之利，以充边方缓急之储，于国计甚便……设法以开中，其要在于通商而已，大抵商益通则利益厚，此立法之本意也。且穷边绝塞，输转极难之地，而能使商贾挟货负重以往，随令而足……以利驱之耳，彼既以有利而来，亦必以无利而去……仰惟皇上轸念立法之本意，靳惜恩泽，不妄施与……上之支中，尽归于商贾，下之场荡，尽归于灶丁，则商通课足，而盐法不行者，未之有也。[2]

又总督陕西等四镇军务王崇古鉴于“盐法壅滞已极，各边飞挽久失”，提议“兼搭盐引，宽减时估”，以照顾商人利益，确保官商合作之经济效益得以有效发挥：

盐法名曰飞挽，为可速济边储，通商利国也。必司计者，布大信于远近，方可格众心之归乎；贻美利于商贾，方可鼓泉货之云集……近年盐利浸微，边商消乏，盐勘招商无报，故坐派以逼纳，商引经年无售，致亏本而贱卖……今欲高其时估，则商畏折本，无肯报纳；欲止开正额，则客饷不继，缓急何济……合无敕下户部……破格调停，给发盐勘，以济秋防主客兵马紧急支用。庶商众得遂更生，盐粮可渐催纳，而临秋不至匮乏矣。[3]

再有万历年间御史郭惟贤疏请清理盐法以惠商足国：“理盐固所以足国，而足国莫先于惠商……兴一利，莫若除一害，而省一分，则商受一分之赐。惟去其所以害商者，而其所以利商者自在也。”他指明“包揽之不可不严禁”，“秤掣之不可不亲验”，“常例之不可不严禁”，“耗余之不可不尽革”，并进一步申言：“商人之熙熙为利来也，固将徼其赢余以博富厚也……伏惟圣明留意，并敕部院议覆，容臣遵照施行，如有蹈前弊者重治之。如此则

[1] ［明］陈子龙等：《明经世文编》卷151《万太宰奏疏（万镗）·应诏陈言时政以裨修省疏》，第1511～1512页。

[2] ［明］陈子龙等：《明经世文编》卷155《陆文裕公文集（陆深）·拟处置盐法事宜状》，第1551～1552页。

[3] ［明］陈子龙等：《明经世文编》卷319《王鉴川文集四（王崇古）·陕西四镇军务事宜疏》，第3404～3405页。

宿垢尽剔而实惠暨沾，富商辐辏而赴挈恐后。”[1] 其时大学士张位也议及通商之利：“我朝盐法，专备九边军饷而设，国计所关，莫此为重……大约欲其上不至于亏国，下不至于病商，则其法可以久行而不废。一经变动，必致商贾不来，国课减额矣。”[2] 大学士许国同样认为，各边“穷荒绝远之地，民力难于转输，故以内地盐课开中于边，使商为之飞挽，则民不劳而边用足”，因而“国家盐政本以济边，非利其岁课之入，其行之要在恤灶通商”。他还称：

> 商本牟利，非重利无以驱之。国初屯政修举，近边之地，刍粟颇饶。商既易于上纳，其富厚者往往什伍其家童，开垦荒芜，疏理沟洫，力耕积谷，以待国之中纳之事，于是粟益饶而价益平。又稍稍得籍其什伍沟洫，以助边守，策至善也……取于商甚薄而所给于灶甚厚，取之薄，故商乐于报中，给之厚，故灶勤于煎办，商灶两利而国课常足。然要在于外实边储，内便民用，国家无所利之，乃其利常在焉。[3]

至崇祯时，工部侍郎张慎言依然直陈盐法要在恤商，“欲课之无亏者在得商之情而去其商之害”，其云：“故策盐者不必官别寻一整齐之法，即以行盐之法仍曲询于商，若何而行，若何而可以经久，若何而可使私贩不禁而自止，因其势而利导之；即有奸商积弊，但去其太甚，使之乐而喜从事，自下令于流水之源矣。”[4] 这里提出政府不仅应体商之情去商之害，还需多加咨访吸纳商人意见以推动盐法改革，且其明确表示要采用经济利导方式调和官商关系，更体现出希望进一步强化双方合作之旨。当然，明代盐法在制定实施、调整改革过程中，不时渗入凭借皇权所进行的强制干预和过度压榨，且纲法又以专利特权的形式造成商人间的实际不平等。尽管如此，在明代盐政运行中，商人为帝制国家体系所需求仰赖，二者互利合作、彼此兼济共生的制度精神及合理意义仍不难显现。

---

[1] ［明］陈子龙等：《明经世文编》卷406《郭中丞三台疏草（郭惟贤）·申明职掌疏》，第4417～4418页。

[2] ［明］陈子龙等：《明经世文编》卷408《张洪阳文集（张位）·请止搭卖官盐揭》，第4440页。

[3] ［明］许国：《许文穆公集》卷4《盐法考》，《四库禁毁书丛刊》集部第40册，第449页。

[4] ［清］孙承泽：《天府广记》卷13《户部·盐法》，第162页。

二、茶法运行中的官商合作

（一）茶法运行概况

茶法与盐法类似，在国家的组织管理下也显示出官商互惠协作的意味。其实施运作同样与边政关联紧密，“西番中国藩篱也……西番人嗜乳酪，不得茶则困以病，彼以我茶生，我以彼马用”[1]。故唐宋以降“行以茶易马法，用制羌、戎，而明制尤密”，明代“有官茶，有商茶，皆贮边易马”，且“官茶间征课钞，商茶输课略如盐制”。[2] 由于行茶法以御西番、控北虏的关系，明廷于陕川“诸产茶地设茶课司，定税额……设茶马司于秦、洮、河、雅诸州”，并对私茶出境通番者惩处甚严：“初，太祖令商人于产茶地买茶，纳钱请引。引茶百斤，输钱二百，不及引曰畸零，别置由帖给之。无由、引及茶引相离者，人得告捕。置茶局批验所，称较茶引不相当，即为私茶。凡犯私茶者，与私盐同罪。私茶出境，与关隘不讥者，并论死。”[3] 后又定：

> 凡茶引一道，纳铜钱一千文，照茶一百斤，茶由一道，纳铜钱六百文，照茶六十斤。诸人但犯私茶，与私盐一体治罪。如将已批验截角退引，入山影射照茶者，同私茶论……客商贩到茶货经过批验所，须要依例批验，将引由截角，别无夹带，方许放行……伪造茶引者处死，籍没当房家产。[4]

当时“西方诸部落，无不以马售者”，而“帝绸缪边防，用茶易马，固番人心，且以强中国”，设使“私茶出境，互市者少，马日贵而茶日贱，启番人玩侮之心”，故其严缉私茶外漏，“贩鬻之禁，不可不严”，甚至“驸马都尉欧阳伦以私茶坐死”，又“制金牌信符……下号金牌降诸番，上号

---

〔1〕［明］何乔远：《名山藏》卷54《茶马记》，《续修四库全书》第426册，第474页。

〔2〕［清］张廷玉等：《明史》卷80《志第五十六·食货四》，第1947页。

〔3〕［清］张廷玉等：《明史》卷80《志第五十六·食货四》，第1947页。

〔4〕［明］申时行等：《明会典》卷37《户部二十四·课程六·茶课》，第266页。

藏内府以为契，三岁一遣官合符”。[1]

嘉靖时人归有光述及国初马政亦云：

> 朵甘乌思藏、长河西一带西蕃，自昔以马入中国易茶，迩因私茶出境，马之入互市者少，于是彼马日贵，中国之茶日贱。命秦、蜀二王，发都司官军，于松潘、碉门、黎雅、河州、临洮及入西蕃关口，巡禁私茶之出境者……谕蜀王曰：“秦、蜀之茶，自碉门、黎雅抵朵甘乌思藏，五千余里皆用之。彼地之人，不可一日无茶……夫物有至薄而用之则重者，茶是也……前代非以此专利，盖制夷狄之道，当贱其所有而贵其所无耳。国家榷茶，本资易马以备国用，今惟易财物，使蕃夷坐收其利，而马入中国者少，岂所以制夷狄哉?”又命曹国公李景隆赍金牌勘合，直抵诸蕃，令其酋领受牌为符，以绝奸欺。[2]

至此，茶马贸易“最为西边大利”[3]，“内供边镇，外制羌戎，尤前代所无而我朝独有之者”[4]，其重要意义已然突显。确如明初解缙所称：“太祖高皇帝因其利而利之……数年之间，河州之马如鸡豚之畜，而夷人亦往来慕知识，效信义，有仕为臣者，不但茶马之供而已。”[5]

为保证边储军备供应，明政府根据现实需求，以多种方式召商中茶。《明会典》载：

---

〔1〕［清］张廷玉等：《明史》卷80《志第五十六·食货四》，第1948～1949页。《明会典》记：“永乐十四年，停止茶马金牌。”［明］申时行等：《明会典》卷37《户部二十四·课程六·茶课》，第267页。《明史》又云：“太祖之禁私茶也，自三月至九月，月遣行人四员，巡视河州、临洮、碉门、黎、雅。半年以内，遣二十四员，往来旁午。宣德十年，乃定三月一遣。自永乐时停止金牌信符，至是复给。未几，番人为北狄所侵掠，徙居内地，金牌散失。而茶司亦以茶少，止以汉中茶易马，且不给金牌，听其以马入贡而已。”［清］张廷玉等：《明史》卷80《志第五十六·食货四》，第1949～1950页。

〔2〕［明］归有光：《震川先生集》别集卷4《马政志》，周本淳校点，上海：上海古籍出版社，1981年，第825～826页。

〔3〕［明］陈子龙等：《明经世文编》卷54《李西涯文集（李东阳）·西北备边事宜状》，第420页。

〔4〕［明］陈子龙等：《明经世文编》卷386《褚司农文集（褚铁）·目击番虏情状疏》，第4186页。

〔5〕［明］陈子龙等：《明经世文编》卷11《解学士文集（解缙）·送习贤良赴河州序》，第86页。

(洪武)三十年，令四川成都、重庆、保宁三府及播州宣慰使司各置茶仓贮茶，以待客商纳米中买。[1]

宣德十年题准，开中茶盐许于四川成都、保宁等处官仓关支，官茶每百斤，与折耗茶十斤。自备脚力运赴甘州，支与淮、浙官盐八引；运赴西宁，与盐六引。正统元年，命罢运茶支盐事例。弘治三年，令陕西巡抚并布政司出榜招商报中，给引赴巡茶御史处挂号，于产茶地方收买茶斤，运赴原定茶马司。以十分为率，六分听其货卖，四分验收入官。七年，以陕西岁饥，开中茶二百万斤，召商派拨缺粮仓分，上纳备赈。八年，令免易马，止中茶四百万斤，以资边储。十二年，停止粮茶事例。十四年，以榆林、环、庆、固原粮饷缺乏，将洮河、西宁发卖茶斤，量开四五百万斤，召商上纳价银，类解边仓籴买粮料。十五年，令今后不许召商中茶。十七年，令召商收买茶五六十万斤，依原拟给银定限，听其自买自运至各该茶司，取实收查验。仍委官于西宁、河州二卫发卖价银，官库收候给商。[2]

再明初定制，“上马一匹，给茶百二十斤，中七十斤，驹五十斤”[3]。又弘治三年(1490)，“以各边缺马，令招商报茶……运赴原拨茶马司，以茶百斤易上马一匹，八十斤易中马一匹”；正德十年(1515)，则“以每年招易，蕃人不辨秤衡，止订篦中马，篦大则官亏，小则商病，令酌为中制”。[4]《明史》也记：“番人之市马也，不能辨权衡，止订篦中马。篦大，则官亏其直；小，则商病其繁。十年，巡茶御史王汝舟酌为中制，每千斤为三百三十篦。”[5]

可见明代召商报茶，同样意在借用商力，省民劳而实军储。此间涉及茶粮、茶盐、茶银等多种开中形式，因应时需，屡有调整，其变化因由，《明史》稍做解释：

宣德中，定官茶百斤，加耗什一。中茶者，自遣人赴甘州、西宁，而支盐于淮、浙以偿费。商人恃文凭恣私贩，官课数年不完。正统初，

[1]［明］申时行等：《明会典》卷37《户部二十四·课程六·茶课》，第267页。
[2]［明］申时行等：《明会典》卷37《户部二十四·课程六·茶课》，第266页。
[3]［清］张廷玉等：《明史》卷80《志第五十六·食货四》，第1948页。
[4]［明］申时行等：《明会典》卷37《户部二十四·课程六·茶课》，第267页。
[5]［清］张廷玉等：《明史》卷80《志第五十六·食货四》，第1951页。

都御史罗亨信言其弊，乃罢运茶支盐例，令官运如故……弘治三年，御史李鸾言："茶马司所积渐少，各边马耗，而陕西诸郡岁稔，无事易粟。请于西宁、河西、洮州三茶马司召商中茶……"从之。十二年，御史王宪又言："自中茶禁开，遂令私茶莫遏，而易马不利。请停粮茶之例。异时，或兵荒，乃更图之。"部覆从其请。四川茶课司旧征数十万斤易马。永乐以后，番马悉由陕西道，川茶多浥烂。乃令以三分为率，一分收本色，二分折银，粮茶停二年。延绥饥，复召商纳粮草，中四百万斤。寻以御史王绍言，复禁止，并罢正额外召商开中之例。[1]

此间政策反复，在朝廷固以捍边驭番、拒奸防患为首要目标，而在商人也不免常有走私偷漏之弊，然明政府于茶法运行中仍旧虑及商人的切实利益，遵循着一定的官商合作理念。大致情形即如《明会典》总结：

国初招商中茶，上引五千斤，中引四千斤，下引三千斤。每七斤蒸晒一篦，运至茶司，官商对分，官茶易马，商茶给卖。每上引仍给附茶一百篦，中引八十篦，下引六十篦，名曰酬劳。经过地方责令掌印官盘验，佐贰官催运……私茶之禁甚严，凡中茶有引由，出茶地方有税，贮放有茶仓，巡茶有御史，分理有茶马司、茶课司，验茶有批验所。[2]

其由国家主持招募，各部门权责明确，公私兼顾，官商通利，管理可谓细密，立法亦为良善。

至于明初以来一直执行的贩茶夹带走私之禁，弘治十八年（1505）又题准："各处行茶地方，但有将私茶潜住边境兴贩交易，及在腹里贩卖与进贡回还夷人者，不拘斤数，事发，并知情歇家牙保，俱问发南方烟瘴地面卫所，永远充军。"[3] 正德时，"武宗宠番僧，许西域人例外带私茶"[4]，茶法自是渐坏。嘉靖伊始，世宗着手整顿：

嘉靖五年题准，四川所属税亩课茶，照旧征收。商贩货卖茶至百斤以上，俱赴管茶官处报中引目一道，每年课程十分收一。凡中芽茶

---

〔1〕［清］张廷玉等：《明史》卷80《志第五十六·食货四》，第1950页。
〔2〕［明］申时行等：《明会典》卷37《户部二十四·课程六·茶课》，第265页。
〔3〕［明］申时行等：《明会典》卷37《户部二十四·课程六·茶课》，第268页。
〔4〕［清］张廷玉等：《明史》卷80《志第五十六·食货四》，第1951页。

每引定价三钱，叶茶每引定价二钱，俱令赴管茶官处报中，价银赴司上纳。其腹里产茶地方，凡茶不上百斤，俱赴本州县报数，每十斤上银一分，给票照卖，立限完缴。其无引无票，俱系私茶，入官问罪。十二年奏准，凡收放商茶，俱要辨验真正，挨陈及新，如有求索那移等弊，查照律例举行。十三年奏准，今后开茶之期，商人报中，每岁至八十万斤而止，不许开中太滥，致坏茶法。二十六年，令陕西开中茶一百万斤，召纳紧要边镇，以备军饷。[1]

（嘉靖）二十六年议准，各处茶商有原无资本，混报茶批入山，通同园户蒸造假茶，及将验过真茶盗卖，沿途采取草茶纳官。各至五百斤以上者，商人、园户及知情转卖之人，民发附近卫分，军发边卫，各充军……至一千斤以上，本犯发极边卫分，永远充军，店户不问知与不知，一体治罪。其官司开报茶引，令各商互相保结，中间若有前项之徒，听其首发，通同妄保者一并治罪，不知者不坐。各处行茶地方，但有豪强茶徒，出本雇觅十人以上挑贩私茶者，事发审实，悉照弘治十八年题准事例问发……巡捕官兵通同茶徒卖放首恶及挟诈良民者，事发，官参问降一级，应捕人役枷号两个月，有赃者各从重论。三十一年议准，今后进贡蕃僧，凡有援例陈乞顺买茶斤者，一切据法通行查革……如有挟带私茶，不拘多寡，即没入官，仍将伴送人员通把，依律问罪。[2]

此番近于严苛的条例，规范了报茶中纳程序，打击了私贩造假行为，无疑为茶马贸易的平稳运行提供了有力保障。此后明廷对召商开中茶引仍做出一些具体规定：

隆庆三年题准，四川岁额茶引……每年布政司差官径赴南京户部，请给引目，转发该道，召商报中，上纳税银，该司贮库，年终差官解部济边。五年议准，近年奸商假以附茶为由，任意夹带，恣情短贩……今后招商引内注定，一年完者厚赏，二年量赏，三年免究，四年问罪，仍抽附茶一半入官，五年问罪，附茶尽数入官，不准再报，六年以上即系老引兴贩，照例问遣……又定买茶中马事宜，各商自备资

---

〔1〕［明］申时行等：《明会典》卷37《户部二十四·课程六·茶课》，第266～267页。

〔2〕［明］申时行等：《明会典》卷37《户部二十四·课程六·茶课》，第268页。

本，执引前去各该衙门，比号相同，收买真细好茶……完日，原住买茶所在官司催发起程，仍填注发行年月日期印钤，运至汉中府辨验真假……各照格填注，印钤截角，依限运赴洮岷参将，转发洮州茶司，照例对分贮库，取实收赴院销缴。如有夹带数多，伪造低假，正附篦斤不同，即从重问罪……万历十三年题准，陕西腹里地方西安等三府，因无官茶，私贩横行，议行巡茶御史招商，印给引目，每引定为一百斤。收买园户余茶，运发汉中府验明发卖，每百斤量抽三十斤入官……引内明坐地方，随路截角，如无印记及越境者，以私茶论。[1]

以上条例反映了明政府在其主导的官商合作中，对商人既多有倚赖又欲善加管控的心态。

（二）朝臣对茶政事务中官商合作的建议

从明中期以来诸臣有关茶法事宜的建言中，也可看出统治层对商人通过中茶实边而与国家形成互动合作关系的态度。如成化时南京户部左侍郎王恕鉴于茶政废弛，申明酌量道里远近就便纳课办引，并指出实现官商互利的前提乃在严行禁约，加强监管，杜绝诈伪：

本部先于景泰五年，为因各处茶商人等，多将旧引影射私茶，不行销缴……今照前项退引，累催不缴，其故盖因批验所不置簿籍，附写茶商姓名贯址，或不照茶商路引，听其冒名开报，或将引繇卖赍产茶地方，转卖与人……况茶货出山，经过官司，既不从公盘诘，又不依例批验，纵有夹带斤重，多是受财卖放……产茶地方，相去前项三批验所，远者数千里，近亦不下数百里……今却令茶商皆来此三所买引，路途窎远，往返不便……合无请给圣旨榜文，通行天下晓谕，今后园户卖茶及茶商兴贩茶货，造引给繇，与夫批验纳课等项，务要俱遵引繇内条例……仍令前项产茶府州斟酌所管地方，每岁可出茶货若干，合用引繇若干，预先具数，差人赴本部关领前引，回还收贮。出榜召商中买，仍要辨验茶商路引，果无诈伪，即将其人姓名贯址附簿，将引给与。年终该府州各将卖过前引造册，就将收过纸钞，差人一同解缴本部……各批验所如遇茶商经过，务依例逐一批验，将引截角，如无夹带，即便放行，若有夹带，就连人茶拿送本处官司问理。年终

---

〔1〕［明］申时行等：《明会典》卷37《户部二十四·课程六·茶课》，第267页。

将批验过客商姓名贯址并引数目，及盘获私茶起数缘繇，造册申达所辖，转缴本部查考。[1]

弘治十六年（1503），督理马政都御史杨一清兼理巡茶，言修复开中“召商买茶，官贸其三之一，每岁茶五六十万斤，可得马万匹”，三年后他又建议“商人不愿领价者，以半与商，令自卖”，于是“着为例永行焉”。[2] 其在奏议中谈到：

考之前代，自唐世回纥入贡，已以马易茶，至宋熙宁间，乃有以茶易虏马之制……戎人得茶，不能为我害，中国得马，足以为我利，计之得者，宜无出此。至我朝纳马，谓之差发……彼既纳马而酬以茶斤，我体既尊，彼欲亦遂。较之前代曰互市，曰交易，轻重得失，较然可知……以是羁縻之贤于数万甲兵矣。此制西番以控北虏之上策，前代略之，而我朝独得之者……乃知中国之茶，真足以系番人之心而制其命。[3]

茶以易马制番，所系尤重，杨一清申严私茶之禁的同时，也基于官商合作的精神，依从经济规律，讲求双方互惠共利之道：

今边方在在缺马骑征，官帑有限，收买不敷……惟茶马可济目前之急……汉中府产茶州县，递年所出茶斤百数十万……若商贩停革，私茶严禁，在山茶斤无从售卖，茶园人户仰事俯育何所资藉？彼见茶园无利，不复葺理，将来茶课亦亏。夫在茶司则病于不足，既无以副番人之望，在茶园则积于无用，又恐终失小民之业……如欲官民两便，必须招商买运，给价相应……令其自出资本，前去收买，自行运送各茶司交收明白，听给价银……若运到官茶，量将三分之一，官为发卖，以偿商价，尤为便益……合无自弘治十八年为始，听臣出榜招谕山陕等处富实商人，收买官茶……听其自出资本，收买真细茶斤，自行雇脚转运。照商茶事例，行令沿途官司，秤盘截角，如有多余夹带茶斤，照私茶拟断。运至各该茶马司，取获实收，赴臣查验明白，听给价银。

---

〔1〕［明］陈子龙等：《明经世文编》卷39《王端毅公文集（王恕）·申明茶法奏状》，第309～310页。文中另有批注曰：“纳课远近不同，费用多少因之，茶商少利，不得不夹带私茶矣。”

〔2〕［清］张廷玉等：《明史》卷80《志第五十六·食货四》，第1951页。

〔3〕［明］陈子龙等：《明经世文编》卷115《杨石淙文集二（杨一清）·为修复茶马旧制以抚驭番夷安靖地方事》，第1071～1072页。

> 仍行委廉干官员，分投于西宁、河州二卫，官为发卖……价银官库收候，尽勾给商……如是茶出于山而运于商，民不及知，以茶易茶，官不及知，不伤府库之财，不失商民之业，而我可以坐收茶马之利，长久利便之策，宜无出此。[1]

其后他也在多处场合言及茶马之利：

> 洪武、永乐年间，金牌旧例，三年一次，番人该纳差发马一万四千五十一匹，价茶先期于四川保宁等府运送一百万斤。四川军民运赴陕西接界去处，交与陕西军夫转运各茶马司交纳，转输数千里，所费不赀。宣德、正统以来，为因边方多事，运粮为急，势不能行，茶马停止……如臣近所收易番马，以三年计之，似过其数，所用茶斤，皆招商买运，不烦军民转输。故边方既得实用，而内地若罔闻……马政茶法，事体委实相须。[2]

> 茶马论列已罄其愚，虽未敢自以为是，要其事势不得不然……所患私茶不易禁，官茶不易积耳。大抵茶是本，马是利，无本则利将焉出？官买固顺，以输运之艰，故有招商之议；商买固便，以价出之难继也，故复有官卖之议。行之数年，茶司各有数十万之积。[3]

杨一清能够认识到茶斤官收民运效低费多，亟欲恢复召商旧制，通过商人自买自输、官方给价并酌量发卖的方式达成官商之间的密切配合。因政府对商人的经济依赖又使其更注意采取有效措施调动他们的积极性，同时严格执行茶马贸易的各项制度章程，禁绝私茶泛滥。由此官商各获所需而民不受扰，藩篱久固，促成西北边境茶银、银茶、茶马顺畅周转的良性局面。

彼时官员不仅展现出对茶法足国御边、通商便民显著成效的肯定，还表达了对商民辛劳的悯恤之情，因而积极寻求对策，兴利除害。嘉靖十五年（1536），御史刘良卿言整饬茶法：

> 番人恃茶以生，故严法以禁之，易马以酬之，以制番人之死命，壮中国之藩篱……洪武初例，民间蓄茶不得过一月之用。弘治中，召

---

〔1〕［明］陈子龙等：《明经世文编》卷115《杨石淙文集二（杨一清）·为修复茶马旧制第二疏》，第1078～1079页。

〔2〕［明］陈子龙等：《明经世文编》卷115《杨石淙文集二（杨一清）·为总奏修理马政疏》，第1079～1080页。

〔3〕［明］陈子龙等：《明经世文编》卷118《杨石淙文集五（杨一清）·与内阁吏兵诸先生第四书》，第1121页。

> 商中茶，或以备振，或以储边，然未尝禁内地之民使不得食茶也。今减通番之罪，止于充军，禁内地之茶，使不得食，又使商私课茶，悉聚于三茶马司。夫茶司与番为邻，私贩易通，而禁复严于内郡，是殴民为私贩而授之资也。以故大奸阑出而漏网，小民负升斗而罹法。今计三茶马司所贮……积久腐烂而无所用。茶法之弊如此。番地多马而无所市，吾茶有禁而不得通，其势必相求，而制之之机在我……请敕三茶马司，止留二年之用，每年易马当发若干。正茶之外，分毫毋得夹带。令茶价踊贵，番人受制，良马将不可胜用。且多开商茶，通行内地，官榷其半以备军饷，而河、兰、阶、岷诸近番地，禁卖如故，更重通番之刑如律例。[1]

此处含义，乃在重视茶马贸易对于西北国防战略之重大意义基础上，强调茶法宽严有体，通禁有制。茶商贩运报中既是内中一必要环节，且其赈饥固边，有裨国家亦多，故政府就该确立合理规章，完善监管机制，而为使边方商民顾全并服务大局，他们的隐情疾苦也理应得到体谅惠恤。

时户部尚书梁材在《议茶马事宜疏》里详列了刘良卿奏疏原文，除上文《明史》所引外，尚有云：

> 国家设立三茶马司收茶易马，虽所以供边军征战之用，实所以系番人归向之心……茶聚于茶司，则通番之弊易滋；茶严于内郡，则私贩之弊难究……茶司地方，则皆与番为邻者也，关隘少而岐路多，其相通固已易矣……商人去家千里，既不得以速卖，势复难于久守，不得已而赊寄居民……番人欲之而不可得，吾民积之而无所施……欲其不相通，岂可得乎……今禁私茶矣，而官茶止行于诸边，腹里八府皆不得行。以人所必用之物，而禁之使不得行，使不得食，欲其不私买，岂可得乎……今商茶之外，严禁私卖，又以茶多阻滞，商人不得多中，则将使小民终岁收获置于何地，而衣食之资取办于何所耶？欲其不私卖，岂可得乎……茶法之禁，其要在于通番，非切切为吾民也。今使大奸巨恶，往往得以通番而漏网，闾阎小民，以数斤之茶囚禁囹圄，而致死者不可胜计焉。

为修整边务，体顺人情，梁材特举“量积边境之茶以防私通”“通行内郡之茶以息私贩”“严通番之刑以杜轻玩”“严贩马之禁以便招易”“公养茶

[1] ［清］张廷玉等：《明史》卷80《志第五十六·食货四》，第1951～1952页。

马以苏贫困”五事。前两事曰：

> 今后三茶马司积茶，止留二年之用……课茶之外，足以商茶……正茶之外，分毫不许夹带。如此则非惟通番者无所资而自止，将茶价涌贵，番人受制，而良马亦有不可胜用者……官茶易马，先年招马之易，于今招马之难。盖以开中太滥，商茶数多，番人坐以得茶，不仰给于茶之难，故欲少开中以便招易……今后开茶之期，必先审有力商人，方许报中。
>
> 今后商人中茶，每年多开百万斤……悉听臣衙门酌量西、凤等府地方广狭，分派各府，对半抽分，照依时估，定以价值。商茶给商自卖，文引截角挂号，不得出所属州县之境。官茶并拿获茶，俱出给印票，分散铺行发卖……近番地方，仍旧禁卖。如此则非惟私贩者无所利而自息，将来茶价充溢，军储可免匮乏之忧矣。[1]

就中目的，是在政府组织领导下，依据社会实情调整茶法方略。其于防控走私之余，兼顾官、商、民三方需求，寻求相互间的一种利益均衡，共同维护官商合作的常态有序运行。

此后陕西岁饥，茶户逋课，面对灾情，户部官员仍首先想到召商增开中茶，以助饷军赈荒之用。《明史》载：

> （嘉靖）三十六年，户部以全陕灾震，边饷告急，国用大绌，上言："先时，正额茶易马之外，多开中以佐公家，有至五百万斤者。近者御史刘良卿亦开百万，后止开正额八十万斤，并课茶、私茶通计仅九十余万。宜下巡茶御史议，召商多中。"御史杨美益言："岁祲民贫，即正额尚多亏损，安有赢羡？今第宜守每年九十万斤招番易马之规。凡通内地以息私贩，增开中以备振荒，悉从停罢，毋使与马分利。"户部以帑藏方匮，请如弘治六年例，易马外仍开百万斤，召纳边镇以备军饷。诏从之。[2]

又次年兵部覆御史梁汝魁条陈马政："国家茶马之禁，禁阑出与番市者耳，非禁民之相市也。而有司不察，而悉禁之，故茶商不来。乞明示民商，得

[1] ［明］陈子龙等：《明经世文编》卷106《梁端肃公奏议五（梁材）·议茶马事宜疏》，第955～956、958～960页。

[2] ［清］张廷玉等：《明史》卷80《志第五十六·食货四》，第1952～1953页。

相买卖，每马一匹，官税银三钱，以寓稽察之意。不惟惠民，且因可以资国。”[1]

隆庆年间，御史褚铁上《条议茶马事宜疏》，重申茶马贸易诸事项的兴革利弊。内详言：

> 旧例招商中茶……情法本为兼至。近年以来，积习因循……以致奸商假以附茶为由，任意夹带，恣情短贩……比到茶司，又买求官吏，将绝细极重黑茶挑作附茶，尽数入己，获利数倍。至领出正茶，将黑茶货卖，黄茶寄顿店舍，待下年仍复交官换新茶，辄又入己。玩法欺公，弊难枚举……合无今后招商，引内注定，一年完者厚赏，二年量赏，三年免究，四年问罪，仍抽附茶一半入官，五年问罪，附茶尽数入官，不准再报，六年以上即系老引兴贩，照例问遣。其经过汉中、巩昌，专责理刑推官查照引内篦斤，着实盘验……如有引外夹带及正附篦斤不同者，即斫截入官，若系假茶，尽数焚烧，仍将本商问罪……各处巡捕官，照臣新定长单，催攒人夫，令商出备脚价，挨次每引一起发运，不许零散参差，以防夹带。仍差人押送前途，刻期销缴，不许任意耽延，短贩作弊。运到茶司，监收官将附茶信手抽给，正茶拈阄对分，贮库易马……如违，不分正附贮库，俱待下年给领。庶茶篦皆得精美，商人不敢稽迟，番夷乐从而招中不误矣。[2]

可知，上节《明会典》所题“隆庆五年议准”之议，即是由此而来。

其实，以茶马贸易为标志的明代茶法，因涉及备边驭番等有关国防安危的重要利益关切，故带有较强的国家政治权力掌控管制的色彩。明中叶人何孟春即云：“中国得以摘山之利易彼乘黄，此中国之利，茶不可无禁也。若守边者不得其人，不通赂商贾纵放私茶，即假名朝廷横科番马，既亏国课，又启戎心。”[3] 再如嘉靖初王廷相巡抚四川论及“严茶”之事：

> 山林草木之叶，而关系国家政理之大……近年以来，法弛人玩，虽有禁茶之名，而无禁茶之实。商旅满于关隘，而茶船遍于江河，权要之人，每私主之以图利……茶可以利朝廷也，今利归私门矣，可制

---

[1]《明世宗实录》卷 456，嘉靖三十七年二月甲午，第 7710 ~ 7711 页。

[2]［明］陈子龙等：《明经世文编》卷 386《褚司农文集（褚铁）· 条议茶马事宜疏》，第 4181 ~ 4182 页。

[3]［明］何孟春：《余冬序录摘抄内外篇》卷 5，第 62 页。

诸番之命也，今仰望于商人矣。以中国御番之大权，而倒持以授之于商贾，不惟自失其利国之具，而反害之矣。为今之计，莫要于严私茶之禁，绝商贾之贩，使茶利之权在官，则诸番可以坐制……番仰茶于官，权在国也，边鄙因之无虞，利在我也。一禁茶之间，使权归于国，而利其民。[1]

又万历时兵部尚书郑洛疏陈“饬茶禁”：

我中国之制番夷……其禁非不严也。然惟禁于开中之时，而不禁于既开之后……甚有一种奸商，私挟茶篦，深入番地，利其货殖。又有一种奸夷，私载茶篦，远抵虏穴，收其厚利。则其岁月往来，交结贸易者，禁犹不禁……是必严为之禁，凡茶商卖茶，只许于城内本铺开卖，敢有私挟出境者，按如律……凡番夷入城买卖，各给以印信执照，如无执照而故行买茶者，按如律。不拘番汉人等，但遇有私茶出境入虏，捉获举首者，则给以所获之茶，仍赏银若干，其本犯则加常律一等重治。夫严禁若此，则私茶不行，私茶不行，则海虏自困。[2]

再万历五年（1577），蒙古俺答款塞请开茶市，御史李时成云：“番以茶为命。北狄若得，藉以制番，番必从狄，贻患匪细。”朝议“给百余篦，而勿许其市易”。[3] 而尽管规限禁约甚严，但明廷运行茶法一直未曾放弃召募商人自愿报中的方式，其出自凭借商业资本以巩固国防、通货利民的考虑，对待商人依然表现出经济合作的意愿。《明史》复曰：“自刘良卿弛内地之禁，杨美益以为非，其后复禁止。十三年，以西安、凤翔、汉中不与番邻，开其禁，招商给引，抽十三入官，余听自卖。御史钟化民以私茶

[1] ［明］陈子龙等：《明经世文编》卷149《王氏家藏文集（王廷相）·呈盛都宪公抚蜀七事》，第1489～1490页。

[2] ［明］陈子龙等：《明经世文编》卷405《郑经略奏疏二（郑洛）·敬陈备御海虏事宜以弭后患疏》，第4402页。按此处“海虏”，乃指西北边地“西海”之虏。《明史》记：“西宁即古湟中，其西四百里有青海，又曰西海，水草丰美。番人环居之，专务畜牧，日益繁滋，素号乐土。正德四年，蒙古部酋亦不剌、阿尔秃厮获罪其主，拥众西奔。瞰知青海饶富，袭而据之，大肆焚掠。番人失其地，多远徙。其留者不能自存，反为所役属。自是甘肃西宁始有海寇之患。”［清］张廷玉等：《明史》卷330《列传第二百十八·西域二·西番诸卫》，第8544页。

[3] ［清］张廷玉等：《明史》卷80《志第五十六·食货四》，第1953页。

之阑出多也，请分任责成。"[1] 又万历二十三年（1595），陕西御史李楠请禁湖南茶引以绝夹带，其时"中茶易马，惟汉中、保宁，而湖南产茶，其直贱，商人率越境私贩……茶户欲办本课，辄私贩出边，番族利私茶之贱，因不肯纳马"。李楠说道："湖茶行，茶法、马政两弊，宜令巡茶御史召商给引，愿报汉、兴、保、夔者，准中。越境下湖南者，禁止。且湖南多假茶，食之刺口破腹，番人亦受其害。"已而御史徐侨言："汉、川茶少而直高，湖南茶多而直下。湖茶之行，无妨汉中。汉茶味甘而薄，湖茶味苦，于酥酪为宜，亦利番也。但宜立法严核，以遏假茶。"户部乃为折衷调停："以汉茶为主，湖茶佐之。各商中引，先给汉、川毕，乃给湖南。如汉引不足，则补以湖引。"[2] 此后茶司匮乏，朝廷依然采取召商中纳方式救急："课茶征输，岁有定额。先因茶多余积，园户解纳艰难，以此改折。今商人绝迹，五司茶空。请令汉中五州县仍输本色，每岁招商中五百引，可得马万一千九百余匹。"[3]

保境安边，足国裕饷，到底离不开商人的财力支持，然法堕禁弛，这种合作关系又不断遭到官商双方的破坏。《明史》云："明初严禁私贩，久而奸弊日生。洎乎末造，商人正引之外，多给赏由票，使得私行。番人上驷尽入奸商，茶司所市者乃其中下也。番得茶，叛服自由；而将吏又以私马窜番马，冒支上茶。茶法、马政、边防于是俱坏矣。"[4]《五杂组》亦言："西戎茶马之市，自宋已然……以草木之叶易边场之用，利之最大者也。但茶禁当严，马数当核。今之茶，什五为奸商驵狯私通贸易，而所得之马又多尫病残疾，不堪骑乘者。直与之耳，非市也！"[5] 又明末朱朝瑛论曰："茶法之坏，亦土商为之也。交结总理通官，勒索远商，不责其茶之良，而惟贿是求。故番马之入也，亦不敢责其马之良，而惟茶之得脱为幸。于是番人怨肆，渐轻中国。而敌因之以为利，私市好茶以售之番，良马不入于边，而折而入于敌矣。其为害至此，可不禁欤？"[6] 由此可见，明代茶法

---

[1] ［清］张廷玉等：《明史》卷 80《志第五十六・食货四》，第 1953 页。
[2] ［清］张廷玉等：《明史》卷 80《志第五十六・食货四》，第 1953 ~ 1954 页。
[3] ［清］张廷玉等：《明史》卷 80《志第五十六・食货四》，第 1954 页。
[4] ［清］张廷玉等：《明史》卷 80《志第五十六・食货四》，第 1954 页。
[5] ［明］谢肇淛：《五杂组》卷 4《地部二》，第 112 页。
[6] ［明］朱朝瑛：《罍庵杂述》卷下，《四库全书存目丛书》子部第 19 册，济南：齐鲁书社，1995 年，第 858 ~ 859 页。

运行中的官商合作，仍然需要政府发挥主导作用，依据实情适时加以协调完善，以使通商禁私俱见成效。

三、其他方面的官商合作

明代的官商合作机制不仅体现在盐法、茶法的运行上，也表现在其他为实边、佐军、赈饥、营造而采取的召商买办方面。如边境地区粮草匮缺时，明廷多就便先通过募商输纳以筹集军储，“各边粮草缺乏，召商报纳，徒以目前易办”[1]，“脱或草料不继，或令原解上纳本色，或召商依时收买，以资后用”[2]。国家适当把握时机，广募商人上纳，不仅于遭遇紧急之际可解燃眉之急，且在平时本就是对边储军资的一项有力补充。

如景川侯曹震即曾向明太祖奏请“于云南大宁境就井煮盐，募商输粟以赡边”，并“令商人粟云南建昌，给以重庆、綦江市马之引”。[3] 正统末尝令京场召商纳草，“不分官员军民之家，每谷草一百束，官给价银三两，禾草一百束，二两二钱”[4]。弘治中清理宣府兵饷的户部左侍郎刘大夏调整方策，惠施边人，令“封圻内外官民客商之家，愿告报者，米自十石以上，草自百束以上，俱准告报……不两月，仓场粮草具足”[5]。又嘉靖时题准，“各边年例盐银，每年正月以里，查照常数，奏差官解送该镇交割，乘时召买本色粮料，分发紧要城堡仓分收贮，永为定规”[6]。时右佥都御史巡抚宣府韩邦奇也称：“宣府地方，岁入百万，凡各路城堡，召商籴买，殆无虚日。”[7] 后户部侍郎邹守愚上边储之议：

> 幸而无事，则居安而积玩；万一有事，则临机而始谋。高价以招

---

〔1〕［明］陈子龙等：《明经世文编》卷33《于忠肃公文集一（于谦）·急处粮运以实重边以保盛业疏》，第244页。

〔2〕［明］陈子龙等：《明经世文编》卷159《毛东塘集二（毛伯温）·修举马政疏》，第1607页。

〔3〕［清］张廷玉等：《明史》卷132《列传第二十·曹震》，第3867页。

〔4〕［明］申时行等：《明会典》卷25《户部十二·草料》，第177页。

〔5〕［明］刘世节：《刘忠宣公年谱》卷1，《四库未收书辑刊》6辑第29册，北京：北京出版社，2000年，第591页。

〔6〕［明］申时行等：《明会典》卷28《户部十五·会计四·边粮》，第209页。

〔7〕［明］韩邦奇：《苑洛集》卷13《分守官员兼理道事以裨地方事》，《景印文渊阁四库全书》第1269册，第555页。

人，殚力以转馈，其为时亦晚，而其计亦疏矣……道里有远近，天时有寒燠，价直有盈缩。宜籴之时，则限于登输之未至；欲籴之日，则病于时估之涌腾……解户困于帮贴，商人苦于搬输，平准之法虽行，贸迁之道未尽……审措置之宜，广储蓄之计，或岁先请发太仓银两，谨视丰耗，极力收积，以专主客兵之用……或先请太仓银两，即乘时召商籴买……至下年收成之后，即先自召商上纳，以坐积明年之储。则伸缩由己，敛导因时，商贾乐贸易之便，解户宽帮贴之困，边仓有常积之粟。息费从省，一举兼得，虽有仓卒之变，亦不为患矣。[1]

事关御边防患等要机重情，钱谷收放尤显迫切，及时召商籴买确为军国一助。同时人兵部侍郎万恭又曰粮储不足乃“泥法之故”：

如去年八月秋成，银一两可招商得粮二石，竟不招商，延至十月，止得一石八斗，始乃议籴……继因寇至，延及今年二月，则米价止一石四斗矣……坐派州县，百姓惊散，遂不敢市买而银故在……臣欲自今年秋成，预于六月借支，不拘何项官银，分发三兵备道，多委贤能官员，分投招商。不必十月定估，但每月内价贱即买，价贵即止……议法贵尽，立法贵宽，若照时估招商给军，每石仍加脚价银二分，使商来军悦，价必愈下，是少捐而多获也。[2]

而会逢国家重大军事战备部署，自也少不了商人活动的身影。景泰初陈文任云南右布政使，时“贵州比岁用兵，资饷云南，民困转输”，他“令商贾代输，而民倍偿其费，皆称便”。[3] 正德时“武庙北狩，车骑万数，刍粮告乏”，时任户部主事叶天球“即驰至部中，画招商之策”，其“拒权势之请，绝冒中之人”，终而“民商乐输，供亿不缺”。[4] 再嘉靖“庚戌之变”后右佥都御史王忬奉旨计筑张家湾城堡，疏云：

欲伐谋以息虏心，设险而安众志，必须酌量便宜，豫为经略……但仰给官钱，委难措备，其议除该请讨内帑官银五千两外，要将富室

---

〔1〕［明］陈子龙等：《明经世文编》卷 201《邹襄惠公俟知堂集（邹守愚）· 边储议》，第 2101 页。

〔2〕［明］陈子龙等：《明经世文编》卷 352《万司马奏议二（万恭）· 条陈三关通变等疏》，第 3789 页。

〔3〕［清］张廷玉等：《明史》卷 168《列传第五十六 · 陈文》，第 4520 ~ 4521 页。

〔4〕［明］吕柟：《泾野先生文集》卷 25《皇明亚中大夫四川布政司左参政砚庄先生叶公墓志铭》，《四库全书存目丛书》集部第 61 册，第 313 页。

商贩以义劝借，各牙行量力处派，各出银两多寡不等，亦约得五千两余。盖因富室商贾，方虑多藏诲盗，各色牙行，又皆白手起家，劝借处派，非以病彼。以彼之财，设彼之险，人情事体，委为顺利。[1]

王忬以为，无论于公于私，从抵御虏患、保家卫国的共同目标出发，在筑城出资问题上，官商之间的合作应可顺利达成。此前朝廷还曾以安南莫登庸弑逆议讨，派兵部尚书毛伯温率兵南征，筹划军情。其奏道："伏望皇上轸念粮饷重务，特敕户部查议上请，仍通行……各巡抚都御史，通查所属某库有银若干，某仓有米谷若干……足军士若干几月支用，不足之数，作何区处？其见在官银，趁今年秋熟，照依时价，一面招商籴买，收置南宁、临安二府。"[2]

万历年间明廷又举兵东征，援朝抗倭，亦敕谕召商籴粟，供应军需："已令所司亟发银十五万两，赍赴军前，从宜犒赏优恤。仍一面行山东等处召商籴粟，方舟而下……所有合用粮草，户部一面发银，或从山东海道召商，高价籴买，或就近输运，务使东征四五万人，可彀半年之用。"[3] 时也有朝臣提出山东防倭"设法召商买近地之粮以自补，非但备倭，兼以备饥"[4]。复有万历二十六年（1598），朝鲜监军御史陈效条上八议，其中第八条议东征兵饷："岁费八十余万，脱或倭不即平，其何能继？宜开赎罪、援纳、通商之利（例），以裕接济。"[5] 其后"朝鲜闲山失利，东方亟索舟师，阁臣议募闽省惯海商船，以资防剿"，御史徐兆魁言不便，兵部覆曰："募船未便，自当停止，日来各处抽取额兵、额船已足……举事莫先于浙，尤莫便于闽广。以日本多两省之人，可以响应，两省多近洋之国，可以结联，加之商贩杂出其间，可以别用。是在各督抚同心秘计，随便酌

---

〔1〕［明］陈子龙等：《明经世文编》卷283《王司马奏疏（王忬）·遵奉明旨计筑湾镇城堡以防虏患疏》，第2988页。

〔2〕［明］陈子龙等：《明经世文编》卷158《毛东塘集一（毛伯温）·奉命南征疏》，第1587页。

〔3〕［明］陈子龙等：《明经世文编》卷394《王文肃公文集一（王锡爵）·拟进征东敕谕疏并敕谕二道》，第4257页。

〔4〕［明］陈子龙等：《明经世文编》卷441《冯北海文集二（冯琦）·东省防倭议》，第4834页。

〔5〕《明神宗实录》卷318，万历二十六年正月戊戌，第5919页。

行。"[1] 可见，若兵船不足，招募商船参与战事亦不失救急良策。用意与之相同，时福建巡抚许孚远云："中国商货通于暹罗、吕宋诸国，则诸国之情，尝联属于我，而日本之势自孤。日本动静虚实，亦因吾民往来诸国，侦得其情，可谓先事之备。又商船坚固，数倍兵船，临事可资调遣之。"[2] 此外，崇祯朝大学士徐光启主张和日本通市，同样号召国家与商贾展开多方配合以克敌制胜：

> 愚尝有四言于此，惟市而后可以靖倭，惟市而后可以知倭，惟市而后可以制倭，惟市而后可以谋倭……朝鲜之役，首尾八年，而彼中情形，未获明了，何不知彼之甚乎？岂无知之者，私市之商，彼不敢言也。闽中开府，尝遣数辈往，虽不能悉其委曲，然而略得其梗概……惟交市通而往来者多，一举一动，纤悉具知……今之海船，悉赝物耳，惟出海商船，不可得赝。俞大猷尝言造船不如顾船，若非贩鬻，而令之造船应募，又无是理。惟官与之市，商贾既通，而籍数在官，亲识为之保任，有鬻舡于倭者，以私将军器下海律论抵重辟。则商舡必多，亦皆坚致，一遇有事，随可顾募为捍御之备。[3]

这样看来，在国防军事上注重官商合作已逐渐为明代士大夫所认同。[4]

至如国家所税粮料草束之赋，明中期后也常征以折色而行召商买纳办法。正统时，朝廷就有"凡南直隶各府起运马草，愿纳价银者，每束纳银三分，解部送太仓银库收贮，用草时召商上纳，照时价支给"[5] 的规定，《明会典》又载：

> 正德八年议准，山东、河南并直隶各府州县解到税粮草料价银，除光禄寺、酒醋面局、供用库等衙门……其余仓场俱收户部，令科道

---

〔1〕《明神宗实录》卷318，万历二十六年正月己亥，第5922页。

〔2〕［明］陈子龙等：《明经世文编》卷400《敬和堂集（许孚远）·疏通海禁疏》，第4334页。

〔3〕［明］陈子龙等：《明经世文编》卷491《徐文定公集四（徐光启）·海防迂说》，第5443～5444页。

〔4〕万明即曾论析晚明政府与海商的关系，指出郑氏海商集团凭借财富和武力，同政府从对抗走向合作，昭示着当时海上秩序的重建，而官、商、民基于共同利益展开的通力协作，使中国海上力量得以重新整合，成为能够与西方势力博弈胜出的关键。参见万明：《商品、商人与秩序——晚明海上世界的重新解读》，《古代文明》2011年第3期。

〔5〕［明］申时行等：《明会典》卷29《户部十六·征收》，第219页。

官估价，召商上纳，照数支给。嘉靖五年，令山东、河南、北直隶各该司府钱粮，除本色可自运者，听从民便。其征银到京收买者，听总部官同部运官查验银两，暂寄本部，召商照时定价，量添脚费，纳完给与价银，不许势豪用强包揽，占窝误事。八年议准，除内府白粮照旧收本色，每石加耗一斗……其余粮料草束，每年科道官斟酌时估，悉令征银解部，送赴太仓支收。遇有缺乏，召商照依时估，纳完领价……又题准，今后各仓场粮料草束，征银解部，召商上纳。[1]

弘治十三年题准，凡各边召商上纳粮草，若内外势要官豪家人，开立诡名，占窝转卖取利者，俱问发边卫充军，干碍势豪，参究治罪……正德六年议定，陕西起运各边粮草，照依时价解银籴买上纳。[2]

较之征收本色，利用市场关系折银召商，事完领价，不仅操作利便，减省劳费，同时也折射出明中叶以来商品经济蔓延及白银广泛流通的社会现实。嘉靖以降，官府继续折征草料，依靠召商收买办纳，且则例有所细化：

嘉靖八年奏准，各草场豆料，以后俱免坐派，应征之数，各量减原价，征银解部，辏买支用……十三年题准，今后会派草料，查照各仓场马牛实数，量行增减……其余征解折色，收贮太仓，以备召买接济。二十七年议准……所给价值，务照时估增减……不许官校人等，在场勒要多支，及奸商草束不敷，通同官攒人等作弊。违者听委官呈部参究……三十九年题准，通行山东、河南、北直隶各府，将原派应纳各税粮马草银两，作速征解……赴部交纳。如遇商人纳完，领价照数支给，不得迟留及那移别用。隆庆三年，令御马等仓，料草等项钱粮……责令依期完纳。如有拖欠，致压商人原价者，听各该抚按核实参治。[3]

从另一面讲，募商运纳粮草原为除弊去患，结果反造成新的祸端，此亦引起统治层注意：

先是四方输粮草诸物于京师者，多挟轻赍至，奸民争笼，致为之揽纳。既得其资，辄侵费亡度，及讼治，淹系更年，赃竟不入。输者苦久羁，不得已重输，揽户遂冒以抵赃。时督运官山东参政常道讼其

[1] ［明］申时行等：《明会典》卷28《户部十五·会计四·京粮》，第207页。
[2] ［明］申时行等：《明会典》卷28《户部十五·会计四·边粮》，第209页。
[3] ［明］申时行等：《明会典》卷29《户部十六·征收》，第219页。

冤……请自今北直隶、山东、河南各州县粮草，可自辇致者听之。他处道远，宜止计直输户部，而官为募富商代纳，纳已，乃发直给之，则无侵费之患。诏可，募商纳粮草自此始。然其后皆径佥富人为之，不俟应募，主计者多大抑商直，且不以时给，京师富人往往坐此破产矣。[1]

再者，明代商人于赈饥救灾中也发挥了显著作用。景泰时给事中张宁道："连岁四方多故，水旱相仍，粮道方艰，仓储未实，而京师物价不甚踊贵，京民未甚窘迫者，政以买办交通，商贾四集，有无得以相通，匮乏得以相济也。"[2] 嘉靖中总督漕运右副都御史马卿论奏攒运粮储："今岁灾伤，既蒙多派折色，则粮运易完不误……若将折色银两招商和籴，则亦无损于本色……趁时招商，但稍加其值，平其收，宜无不乐从者……借出库银招商籴买粟米百余万石，待解到折色银两补还，则亦不失四百万石之数，而国与民俱利矣。"[3] 隆庆时大同"会大旱，继以霖雨，米暴腾踊"，山西佥事冯子履"亟发仓赈而厚为直，召诸商米，远近辏集，岁不为灾"。[4] 又万历时户部尝言："今天下各处饥馑，都门米价腾踊，所赖逐末之民转籴他处。是必设法招徕，宽其厉禁，人胥乐趋，民方缓死。"[5] 后有广西道御史史弼议处水患漕粮："漕河固国家咽喉，而漕粮尤国家命脉。臣窃计，每省协助不过三四万，则数十万金钱一朝可具，然金钱不可食，必变为粟米。臣闻山东、河南、江北地方颇稔，诚厚值以募米商而捐其税，米商必集，米价自平，转三省粟以供数万之众，何忧不及？"[6]

国家和地方政府依照市场价值规律，倚靠商人籴买贩运，向受灾地区调拨粮食，救济荒歉，这种做法在当时比较常见。再如康熙《徽州府志·

---

[1] 《明世宗实录》卷66，嘉靖五年七月戊戌，第1521页。

[2] [明]陈子龙等：《明经世文编》卷50《张方洲集（张宁）·乞省买办疏》，第386页。另《明实录》载上此言者为礼科左给事中杨穟，参见《明英宗实录》卷254《废帝郕戾王附录第七十二》，景泰六年六月乙丑，第5483页。

[3] [明]陈子龙等：《明经世文编》卷170《漕抚奏议二（马卿）·攒运粮储疏》，第1742～1743页。

[4] [明]李维桢：《大泌山房集》卷65《冯氏家传》，《四库全书存目丛书》集部第152册，第115页。

[5] 《明神宗实录》卷339，万历二十七年九月戊辰，第6300页。

[6] 《明神宗实录》卷418，万历三十四年二月壬寅，第7887页。

宦业传》记程资，“正德丁丑进士，授温州府推官……补台州，岁大祲，资请于郡守，捐租赈之，且募商远籴”[1]。同书还录有崇祯末年汪伟等人为邻县遏籴、徽民受害而抗辩的奏疏，从中尤可见商人周转食粮对地方民生的重要影响：

臣等籍在徽州，介万山之中，地狭人稠，耕获三不赡一，即丰年亦仰食江楚十居六七，勿论岁饥也。天下之民寄命于农，徽民寄命于商……一日米船不至，民有饥色；三日不至，有饿莩；五日不至，有昼夺。今连年饥馑，待哺于籴，如溺待援，奈何邻邦肆毒，截河劫商，断绝生路……名为抢米，并货物攫去，稍与争抗，立死梃下，舟亦椎碎。商人赴诉于浮梁，知县反听胥吏拨置，言贫民无活计，暂借尔商救度。此言一出，恶胆愈壮，劫杀遍野……江右抚臣闻之，调兵往缉，然不弛禁米之令，严匿商之法，盗终不可熄……伏乞圣慈矜悯一郡生灵，敕下江、浙二省抚按，严饬有司，有遏籴绝商者，即时擒获，庶几待哺饥民犹有起色也……奉圣旨：据奏，钱塘、浮梁、鄱阳等县抗旨遏籴，诲奸厉商，殊可痛恨。各有司官好生玩肆，着两省抚按官严行申饬，务令通商惠民，如敢再蹈前辙，即从重参来处治。[2]

为防止因遏籴而截商伤民事件的发生，亟需国家从全局着眼统一筹划，商人在其中扮演了救急解困的重要角色。政府在依赖商人的同时，也注重对商人利益的保护，官商之间的合作关系亦就此得到展现。

官商合作还可体现在召商采木上。采木之役始于成祖营建北京宫殿，《明史·师逵传》云：“永乐四年建北京宫殿，分遣大臣出采木。逵往湖、湘，以十万众入山辟道路，召商贾，军役得贸易，事以办。”[3] 此时商贾可能尚未直接参与其中，不过到嘉靖时曾派“使者采木江南”，已有商人孙文曜应募，“如期而集，咸中选，为诸商最”。[4] 再《广志绎》载：“世

[1] ［清］丁廷楗等：（康熙）《徽州府志》卷14《人物志三·宦业传》，《中国方志丛书·华中地方》第237号，第1860页。

[2] ［清］丁廷楗等：（康熙）《徽州府志》卷8《恤政志·汪伟等奏疏》，《中国方志丛书·华中地方》第237号，第1218～1220页。

[3] ［清］张廷玉等：《明史》卷150《列传第三十八·师逵》，第4162页。

[4] ［明］李维桢：《大泌山房集》卷96《孙处士汪孺人墓志铭》，《四库全书存目丛书》集部第152册，第723页。

庙末……征古田、征府江、征怀、征八寨，召商伐木，江河道路始通。"[1]"万历戊子，韩少参绍议召商伐去沿江林木，开一官路，令舆马通行。"[2]召商伐木开路，使商人获采木之偿，亦为官商两利之法。复如万历时"三殿灾，诏蜀采木，郡议役富民从事"，时巴县令萧敷持议不可，"请使小民出其力，富民出其财，募诸商贾素市木者，经纪部署之"。[3]且所谓召商，本意乃预领官银，报以酬劳，"商民领银，在手采买自由……虽一时估给，未必尽足所费，而目前之利，人犹乐趋之"[4]。然事实上，"大木产在夷方，高山险阻，出甚艰滞，每采木一次，百姓劳费，凋敝至极，盖难言之"[5]。对商人来讲，与其说是合作，不如说是苦役。

至于官府修造船只所用木料，有时也系召商领价收买，"物料会无者，该坐派苏松等府征解……先已招商应付"[6]。其间虽难免商人乘机作弊，却也大体能够保证临期不致误事。[7]再王世贞《弇州四部稿》里记有时任南京工部营缮司主事沈启一事："世宗皇帝当幸楚，所从水道，则南京具诸楼船以从。具而上或改道，耗县官金钱，不具而上猝至，且获罪……公曰：'召商需材于龙江关，急驿侦上所从道，以日计，舟可立办。夫舟而归直于商，不舟而归材于商，不难也。'已，上果从陆，得不匮。"[8]其随机应变，巧借商力，官商终两无亏累。

另如柴炭供用不足，同样召商买纳：

---

[1] [明] 王士性：《广志绎》卷5《西南诸省》，第119页。

[2] [明] 王士性：《广志绎》卷5《西南诸省》，第116页。

[3] [明] 李维桢：《大泌山房集》卷65《萧令公家传》，《四库全书存目丛书》集部第152册，第123页。

[4] [明] 陈子龙等：《明经世文编》卷427《张毅敏集（张养蒙）·为川民采木乞酌收余材以宽比累事》，第4661页。

[5] [明] 萧良榦：《拙斋十议·采木议》，第11页。

[6] [明] 陈子龙等：《明经世文编》卷144《何柏斋先生文集（何瑭）·战船议》，第1434页。

[7] 参见 [明] 席书等：《漕船志》卷7《兴革·招商收买物料》，第135页。另万历时杨成议及召商买木有夤缘钻刺、买窝顶名、挪移更换、结党阻挠、火光诈骗诸弊。参见 [明] 陈子龙等：《明经世文编》卷361《杨庄简公奏疏（杨成）·厘正起运板木疏》，第3896～3897页。

[8] [明] 王世贞：《弇州四部稿》卷81《湖广按察副使沈公传》，《景印文渊阁四库全书》第1280册，第345页。

永乐中，后军都督府供柴炭，役宣府十七卫所军士采之边关。宣宗初，以边木以扼敌骑，且边军不宜他役，诏免其采伐，令岁纳银二万余两，后府召商买纳。四年置易州山厂，命工部侍郎督之，佥北直、山东、山西民夫转运，而后府输银召商如故。初，岁用薪止二千万余斤。弘治中，增至四千万余斤。转运既艰，北直、山东、山西乃悉输银以召商。[1]

还有材料显示，明代官府于开矿冶金事项上也倾向采用召商方式。如嘉、万时人霍与瑕议处两广军需，其中请开“龙门铁冶之利”及“各处银矿之利”曰：

古者富国强兵之术，以盐铁为首务。两广铁货所都，七省需焉，每岁浙、直、湖湘客人，腰缠过梅岭者数十万，皆置铁货而北……窃以为当此大窘之时，宜多方招商起冶，凡有铁山场，听令煎铸。上裨军饷，下业贫民，一施行间，实阴锡贫民十万工作之给也。或以为窑冶所起，聚集奸人，为他时地方祸，此横议也……倘御得其道，以大商领众，因其便宜，申其约束，缮其营垒，设其堡伍。官府结之以恩，宽之以利，予之以法，定之以和……是不但无祸，且种溪峒无穷之祉也。

闻昔之大商，知盈缩之计者，每择出产铜铁金银之山以居，卒收百万之资……银矿出广东西甚多，近年历私开之禁，犯者罪至死，亦以盗贼所趋，为地方害故也。今禁之数年，而盗贼弥炽，岂矿之为祟？窃以为宜弛此禁，凡有矿所在，听民纳饷开煎，以裨国课。[2]

冶铁炼银，官府申明约法，施以恩信，委托资财雄厚的大商人经营管理，上足国课，下资黎民，一举数得，为利不菲。

又《广志绎》对云南当地采矿运营模式有较详记载，官、商、民关系于此可见一斑：

采矿事惟滇为善。滇中矿硐，自国初开采至今以代赋税之缺，未尝辍也……其成硐者，某处出矿苗，其硐头领之，陈之官而准焉，则

---

[1] [清] 张廷玉等：《明史》卷82《志第五十八·食货六》，第1994~1995页。

[2] [明] 陈子龙等：《明经世文编》卷369《霍勉斋集二（霍与瑕）·上吴自湖翁大司马》，第3984~3985页。此议中他还建言“收省城税榷之利”和“慎抽分官员以清宿蠹”，均表达了通商裕国、惠民恤商的理念。

> 视硐大小，召义夫若干人……择某日入采，其先未成硐，则一切工作公私用度之费皆硐头任之……及硐已成，矿可煎验矣，有司验之。每日义夫若干人入硐，至暮尽出硐中矿为堆，画其中为四聚瓜分之，一聚为官课，则监官领煎之以解藩司者也，一聚为公费，则一切公私经费，硐头领之以入簿支销者也，一聚为硐头自得之，一聚为义夫平分之。其煎也，皆任其积聚而自为焉，硐口列炉若干具，炉户则每炉输五六金于官以给札而领煅之。商贾则酤者、屠者、渔者、采者，任其环居矿外……是他省之矿，所谓“走兔在野，人竞逐之”，滇中之矿，所谓“积兔在市，过者不顾”也。采矿若此，以补民间无名之需、荒政之备，未尝不善。[1]

政府利用民间资本，许可硐头自出钱财，自雇工人，自行组织开矿冶炼，以此充裕国课，赡给民生，客观上又带动了地方社会经济发展。从这层意义上说，官府和硐头之间已形成一种较为密切的商业合作关系。

此外，土木之变后边事孔棘，国家以固边和赈灾为名，起先“令直隶真定等府儒学生员，纳草四千束，给与冠带，以荣终身”[2]，并“命舍人军民有输米豆二百五十石或谷草二千束或秋青草三千束或鞍马十四于大同、宣府助官者，悉赐冠带以荣其身”[3]，后逐渐允许富民通过捐纳财物获得“义官”称号，其中商人当不在少数。[4] 该法行之伊始，即不断遭致批评反对。景泰二年（1451），“诏客商人等输银一百八十两入官置买鞍马十五匹者，量授杂职，不任以事……以山西平阳、太原、大同等府旱灾民饥，命劝谕富民召商纳粟补官，并货赃罚物易粟以赈济之”[5]。时礼科都给事中金达等奏：

> 户部以边储不足，许官员军民人等纳粟补官，自试所镇抚至于指挥使，皆以所纳多寡得以次第升除，支俸署事，子孙世袭。彼纳米者，

---

〔1〕［明］王士性：《广志绎》卷5《西南诸省》，第121页。

〔2〕［明］申时行等：《明会典》卷25《户部十二·草料》，第177页。

〔3〕《明英宗实录》卷187《废帝郕戾王附录第五》，景泰元年正月壬寅，第3801页。

〔4〕关于对正统至天顺年间明廷动员富民赈灾助饷从而引发国家权力与社会财富“异势”的讨论，可参见方志远：《“冠带荣身”与明代国家动员——以正统至天顺年间赈灾助饷为中心》，《中国社会科学》2013年第12期。

〔5〕《明英宗实录》卷200《废帝郕戾王附录第十八》，景泰二年正月丙辰，第4256页。

以有限之费而易无穷之利，所补益于朝廷者，能几何邪？况名器国之重事，不可以不惜。请令纳米补武职者，止得袭荫闲住，不许支俸署事。其有补文职者，亦止授其官衔，令于原籍闲住，有司遇之以礼，复其徭役……庶几上无损于朝廷，而下有补于军饷矣。

事下户部，议以“纳粟补官，止令闲住，恐应之者少”，景泰帝曰：“此一时权宜，俟边储稍足，罢之。”[1] 同年又有监生郭佑上言兵事，中云：“昨以国用耗乏，谋国大臣欲纾一时之急，令民纳粟者赐冠带。今军旅稍宁，行之如故。农工商贩之徒，不较贤愚，惟财是授。骄亲戚，夸乡里，长非分之邪心。赃污吏罢退为民，欲掩闾党之耻，纳粟纳草，冠带而归……举措如此，是以空乏启寇心也。”[2] 针对纳粟输豆补官者得以世袭，给事中曹凯复言：“近例，输豆四千石以上，授指挥。彼受禄十余年，费已偿矣，乃令之世袭，是以生民膏血养无功子孙，而彼取息长无穷也。有功者必相谓曰，吾以捐躯获此，彼以输豆亦获此，是朝廷以我躯命等于荏菽，其谁不解体！”[3] 彼时军余华敏也指出：“市井无籍之子，纵横豪悍，任意作奸，纳粟补官，贵贱淆杂。”[4]

其后《寓圃杂记》里同样讲到成、弘时期“义官”“指挥”之骄滥：

近年补官之价甚廉，不分良贱，纳银四十两即得冠带，称“义官”。且任差遣，因缘为奸利。故皂隶、奴仆、乞丐、无赖之徒，皆轻资假贷以纳。凡僭拟豪横之事，皆其所为。长洲一县，自成化十七年至弘治改元，纳者几三百人，可谓滥矣。[5]

朝廷所重者名爵，庶民所畏者县官。近年富儿入银得买指挥者，三品官也，县官岂能抑之？余偶入城，忽遇驺呵属路，金紫煌赫，与府僚分道而行。士夫见之，敛避不暇。因询于人，始知其为纳银指挥。虎而翼之，无甚于此。[6]

---

[1] 《明英宗实录》卷206《废帝郕戾王附录第二十四》，景泰二年七月戊申，第4420～4421页。

[2] ［清］张廷玉等：《明史》卷164《列传第五十二·郭佑》，第4448～4449页。

[3] ［清］张廷玉等：《明史》卷164《列传第五十二·曹凯》，第4454页。

[4] ［清］张廷玉等：《明史》卷164《列传第五十二·华敏》，第4450页。

[5] ［明］王锜：《寓圃杂记》卷5《义官之滥》，张德信点校，北京：中华书局，1984年，第40页。

[6] ［明］王锜：《寓圃杂记》卷10《纳粟指挥》，第79页。

明末宋应星亦言："纳粟得官，效劳尺寸，归家而有司以礼优待，此固然也。山城远乡，专出白丁、猾手……入京空走一度……归来张盖乘舆，拜谒有司，结交衙役……纱帽罗衣，抗礼县庭，以为荣耀之极。无主见者，视田园为无用低下之物，日夜心痒，思聚金而走国门。"[1] 这些种种所谓"义官"虽涵括商人，但成分复杂，良莠不齐，且其应国家所需，也非全带来消极作用，"富民有愿入粟拜官者，明开条格，给与告身冠带，以荣其身，复其家，此虽一时权宜之术，盖时事亦有不得已而然也"[2]。难以否认的是，除荣身耀祖以得实惠外，明代商人参与政治，内中确也不乏重义轻利、急公为国的忠善之士，此层含义将在以后讨论。

小　结

综上所述，明代盐法始终是在政府主导下展开运行的。开中法建立于国家财政在国防、民生等方面对商人资本财力具有一定需求的基础上，意欲以招募方式按自愿原则实施，使官商双方结成一种经济上的互利合作关系。在这一合作架构下，商人成为国家经济组织管理功能得以有效实现的内在结构要素，承担着重要的社会角色。他们不仅自身得到盐利实惠，且于公共层面发挥了固边裕国、缓解民劳的有益作用。为保障官商合作的持续稳定，明政府设立了较为规范的制度法律，除严禁夹带私贩及限制势豪侵夺商利外，还参酌实际，顺应时变，对盐政运作中出现的诸多问题予以权衡调适，通融区处。"叶淇变法"即是因应社会经济环境的变化，针对权要诡名请托、越次关取、占窝转卖而引发的盐引壅滞、守支年久等困商弊病进行的政策调整，目的在于通过疏导引目、施惠商众来改善和维护官商合作的关系。尽管由边中纳粮向场中纳银的中盐方式转换遭到了明代众多官员士人的批评，但该法的出台毕竟兼顾了官商双方的利益诉求，并未打破此前官商合作的总体格局。且明廷几经反复，最终原则上确定了正盐赴边上纳本色、余盐赴司折纳银两互为补充的开中形式。

---

〔1〕［明］宋应星：《野议·风俗议》，上海：上海人民出版社，1976 年，第 42～43 页。

〔2〕［明］陈子龙等：《明经世文编》卷 265《胡少保奏疏一（胡宗宪）·题为献愚忠以裨国计事疏》，第 2805 页。

至明代中后期，庞尚鹏、袁世振等官员察访商情，体念商苦，宽待商力，先后推行了系列盐法改革。这些改革旨在利用经济规则和手段协调盐商内部及官商之间的利益关系，速行积引，化解冲突，以求公私相济共赢。内中官商博弈，使实力雄厚的纲商成为政府正式授权的特许商人，二者的合作关系亦随着彼此共享与分配盐业利润而变得更加密切。明代士大夫对于盐法运行中官商合作的意义也有充分认识，其着眼于盐政的固边足课之功，肯定明初开中基于官商通力合作所达至的积极成效，视国家与商人为一命运相连的共同体，建言纠偏补正，除弊兴利，恢复祖制，赈恤商灶。为保证盐法正常运转，他们尤其强调官府对待商人要顺应时情，因势利导，依照价值规律广施招徕。在完成裕国通商目标的同时，双方的经济合作关系亦由此得到进一步深化。

明代以茶易马，制御番虏，茶法同边政紧密关联。其与盐法类似，在国家的组织管理下也显露出官商互惠协作的意味。明廷为确保边地军储供应，往往根据现实需求，以多种方式召商中茶。而政府完善报中程序，打击私贩行为，尽管带有较强的国家政治权力管控色彩，但当事官员出于借助商人财富以巩固国防、通货便民的考虑，依然能够注意体恤商苦，照顾商利，对他们表现出明显的经济合作意愿。此外，明代的官商合作还多体现在国家为备边、佐军、赈饥、营造而采取的召商收买方面，个别地区的采矿冶金也可运用委托许可商人经营的办法开展。政府又时常因实边赈灾之需，开纳粟补官之例，虽本是一时权宜之术，然亦代表着统治层对凭借资财为国家做出贡献的包括商人在内的富民群体的认可和表彰。

总的来说，明代政府通过官商合作方式，基本实现了盐法、茶法等的有序运行，完成了一部分国防军备建设和财政收支周转。但事实上，官商合作关系并非平等，政府无视经济规律，对商人剥削压榨、强行摊派时有发生，名义上的借助本质上也成了转嫁祸端的手段，且佥商买办尤为明中叶后官民上下的一致怨府。此间虽无法避免专制权力对商人的操纵苛敛，然考量立法和变法本意，实均建构在官商彼此互有依赖需要之上。国家依靠商人，得以有无相通，匮乏相济，官府召商偿以货利，并未单方面强制其服务报效。士大夫也主动采取措施应对各种弊端，努力找寻惠及双方的长远解决之道，同时市场经济繁荣和商业利益驱动又为二者协同合作提供了助力。这样看来，明代商人对国家经济运作的常态化参与及官商在经济合作中形成的互济共利关系，显示着当时商人、商业不仅被国家和社会既有体制所广泛吸纳包容，且与之具有相当程度的契合性。如此则国家主导的官商合作能够长期保持并继续深入，明代帝制体系与商品经济结构之间，也可以达成一种共生并荣的历史演进态势。

结　论：明代商人、商业与帝制国家体系基本关系

总括全书，可知从明代国家的商业政策看，明初统治者由重建秩序、恢复生产、巩固国防、维护稳定、施行教化等统治策略出发，强调农业为立国根基，故而在“重农”视角下强化了对民间社会各阶层群体的普遍控制，路引和服饰规制即为这种政策的具体表现之一。不过朝廷本意乃是要求四民各安生理，力行本业，重在打击游食怠惰、好事生非之徒，不仅正常的商业活动及其职能得到政府认可，且商人亦被视作社会组成的基本人群以及缘于自然分工的一类正当职业。因此明初所谓种种约束商人的举措虽然起到限制商业的实际效果，但原非专门针对商人并以“抑商”为根本目的。而随着社会经济的稳步发展，商人的衣饰规约渐趋松弛，其外出贩鬻经营也获得了很大自由。同时，明初统治者能够肯定商业对于国计民生的促进作用，顾念商人的切身疾苦和利益诉求，本着利官富民、公平交易原则，确定较低商税课率课额，建立健全商品贸易、市场运行制度法规，改进完善征榷管理。其所制定颁布的律例典章不但从法律层面规范了商业秩序行为，还着意于保护商人的合法权益不受削夺侵损，这些都为此后明代商品经济的有序开展奠定了良好基础。至于国初实施及后来时紧时松执行的“海禁”政策，实因明政府立足于国防安全和民生安定，在对日沟通交涉不畅，又无法彻底杜绝倭寇侵扰的现实环境下所出台的一项应对性措施。明廷此举首要着眼于军事防御部署，旨在防控私人出洋通番勾引致乱，并未刻意闭锁国门孤绝于世，更非阻断海外商贸交流。事实上，明朝始终与海外诸国保持了较为频繁的政治经济文化往来，且能意识到官府主动掌控外贸利权的必要意义，其根据时局变化于嘉靖末年倭患平息后放宽“海禁”，则体现着当时国家的一种有限开放特征。

洪武以后，明代君臣大都秉承了国初的商业政策基调，将减免商税、惠恤商人作为便利民生的善政之一，从而对商民一体平视，并同考量施政。有明一代的商业管理，总体规章设计于太祖初创时期已堪称完备，后世渐

有调整改善，稽考审核亦见严密周详。与宝钞发行的疏通回笼相关，宣德年间开始设置钞关征收船料钞和商税，钞关税收在后世政府岁入中所占地位愈显突出。而明代士大夫有关商税征收的认识，则大多重申关市缘起于缉奸除暴、控遏垄断的古意，在满足正常开支情况下，榷商不被看成政务必需。然从重本抑末、防杜专利角度说，征商有助于缓解农劳，减轻农负，故他们看待商税问题时，又多有适当调节农商关系以均平赋役的考虑。在避免因商侵农的同时，这些士大夫也能体会到借资商税以供给地方、增益国赋的合理价值，指出商业与民生息息相关，商民又和国家命运同系，课商无度必然导致民乏国匮。为保证商人生计和政府财用，明代士大夫一致主张常怀仁惠之心，宽商恤民，他们批评机构冗迭、肆意勒索等虐商弊害，提倡爱养民力，惜财节用，并建议强化榷政监管，慎选官吏，严惩贪渎，以期达到官府与商民双赢共利之效。明代士大夫的征商观念对中国古代榷税思想于继承中亦有发扬，他们正视工商业对于国民经济的重要意义，并未把“抑末”与“通商”完全对立起来。且鉴于国家财政对商税需求日益提升的社会现实，有些士大夫将“讥而不征”的传统观点转化为“足国裕民”“富国利物”“惠商佐国”等因应时需的解释，并以社会全民的公义公利为准则，重新统合了农业与商业、国家与商人之间的关系，阐发了诸如“农末相济”“厚农资商”“农商交重”“工商皆本”等透射时代特色的理念，推动商人、商业于当时国家社会体系内发挥出更有益功用。由是可见，明代国家对商人、商业的态度总体趋向承认许可而非压迫排斥，朝廷着眼于保护和爱恤商民以使休养生息，溥受实惠，并未一贯奉行重征商税、压制商业的政策立场，抑制阻碍其在全社会的扩充发展，本不是施政的既定目标，更非长远国策。

与宝钞发行相关，明代榷商大致经历了以收钞为主到钱钞兼半再到广泛收银的变化过程，这也同当时社会商品经济发展及货币白银化波及下的国家财政体制由实物中心向货币中心转化的历史趋势正相应合。此一转变意味着国家财政管理已不能按照传统方式直接着落在自然状态的农业经济之上，而必须基于市场交换关系与商品货币经济较紧密联结起来，经济规律在国家事务中的影响逐步增强。同时白银以称量形态成为主导货币，于放大社会经济自由之外，也降低了明政府利用货币发行掌握调控国家财政和社会财富的能力。以上情况的出现，实则对国家经济管理的功能运作和人才水平提出了更高要求。不过相较于全国商业经济规模，明代商税收入虽呈增长趋势，但始终未在国家财政中占据重心位置。且不少士大夫亦守持“天地生财，止有此数”的农本经验一般看法，经济上多关注节流而非开源。这一方面说明明代商课负担不算十分沉重，官府无意通过高税收压制商人，另一方面也揭示出彼时士大夫尽管本着“通商裕国”的精神对推动商业发展以扩充税源表现了一定的积极态度，然其在国家治理层面要适应与接受商品市场化的榷税模式尚须做出更大调整。即便如此，从他们有关恤商惠民的言论及对国家、商人、农民三方关系的思考中，已能反映出在既有帝制框架下农商二业均有充分的活动空间，二者同国家体制共生并荣，仍具有较为广阔的发展前景。

从明代商人的法权地位角度来说，明初诸种约限虽对商人的权利、活动造成一些不利影响，但其立意与实践皆未明确表露出在社会体系内商人地位要低于其他庶民的含义。明代商人于科举仕进方面亦不曾遭遇特殊歧视，他们能够取得同其他民众均等的机会参加科考，也可上书言事，捐资进学。且明中后期朝廷还在两淮、两浙盐运司所在地专设“商籍”，以解决商人子弟由于户籍所限不能异地入学应考的困难。考虑到盐税已日渐成为国家财政收入的重要来源，这一政策事实上体现了官府对盐商权利地位的一种肯定，甚至是优待。又当时在对涉商案件的审判中，商人与其他庶民群体一样，拥有同等的法权地位。地方官员体念商民生计艰难，严肃查禁欺劫抑勒商贾、铺行的盗徒衙吏，力求保障他们的生命财产安全，并加强缉防走私匿税等不法行径。这些官员于坚持司法公正的同时，亦能依据或参考商业合同惯例，注意妥善处置诉讼各方的利益关系，终使判决结果兼顾法理人情。这样，明代商人经由法律途径，诉求得以表达，权利得到维护，并未因身份职业而遭受区别对待，彼时司法运作情状足可证明他们在法律权利和地位上与庶民中的其他人群确无实质性差异。而就商人同国家基本关系讲，明政府也是把其归属于庶民阶层加以平等看待，二者不构成本质上的对立冲突。

再从明代国家同商人的互动合作方面而论，国家组织管理除包含政治统治关系外，也需要更为具体的经济性运作。基于对商人财力和商品市场的需求依赖，在经济利益配置上，明朝政府显然不能固守僵硬的商业控制政策，不得不较多遵照价值规律行事。商人成为国家经济功能得以有效实现的关键因子，双方由此结成一种互利合作关系。明代的盐法运行，即集中展现了政府主导下的官商合作面貌。开中法采用招募方式实施，商人不仅可从中获得盐利实惠，且于公共层面发挥了固边裕国、缓解民劳的重要作用。为保障官商合作的持续稳定，明政府严禁夹带私贩、侵利占窝等扰乱阻坏盐政秩序行为，并参酌实际，顺应时变，对此间产生的壅滞困支等问题予以权衡调适，通融区处。“叶淇变法”因应社会经济变迁，试图通过疏导引目、施惠商众来改善与维护官商合作关系。尽管纳银运司之制遭到明代众多官员士人的批评，但该法毕竟照顾到官商彼此利益诉求，并未打破双方合作整体架构。此后庞尚鹏、袁世振等上体国用，下访商情，先后推行盐法改革。这些改革同样意在运用经济规则和手段协调盐商内部及官商之间的利益关系，速行积引，化解冲突，以求公私相济共赢。资本雄厚的纲商于此官商博弈中获取了政府特许专卖授权，二者合作关系随着盐业利润的分配共享而变得更加密切。明代士大夫对盐法运行中官商合作的意义也有充分认识，他们肯定施行开中通商资国的成效，积极建言纠偏补正，恢复祖制，尤其强调官府要赈恤商灶，因势利导，以期进一步深化国家同商人的经济合作关系。明代以茶易马，制御番虏，与盐法类似，茶法运行亦显露出某种官商协作的意味。明廷为确保边地军储供应，根据现实所需以多种方式召商中茶，内中虽带有较强的政治管控色彩，但仍表现出明显的合作意愿。明代的官商合作还体现在国家为备边、佐军、赈饥、营造而实行的召商买办方面，且政府又时开捐纳之例，授予商人政治荣誉以表彰他们为国家做出的贡献。大体说来，明代国家通过官商合作方式，完成了部分国防军备建设和财政收支周转，在此期间，商人的经济实力与社会地位亦有较大提高。

不过，货币财政体制引起的国家经济运转不适，加之统治者的横征暴敛，酿成明末严重的财政危机，商人、商业越发成为专制皇权任意压榨掠夺人民财富的利薮。然明廷广派税使、强佥商役、苛征官木等搜刮扰害商人的行为，很大程度是出自皇权滥用，原不代表政府的基本商业政策，故此这些行径遭到举朝上下一概反对。士大夫们从国家全局利益出发，纷纷劝谏罢停弊政，苏解商困，以切实行动对专制皇权起到一定制约作用。本来，商税收入的增加及召商买办的产生，无疑显示了当时商业经济及商品货币关系在全社会的不断扩展；政府介入商业，亦表现出欲对商人采取善加管控利用、努力顺应市场规律、讲求官商合作的一面。但国家权力向商业领域的渗透干预又往往由于对商人采取不等价交换和超经济强制而呈现出徭役化倾向，借助商力反成了转嫁祸端的托词，且官宦势豪的盘剥侵害也因吏治腐败的加深而日趋突显。此中专制政权的操纵苛敛虽无法避免，契约精神亦不能完全支配政府的经济管理运作，但考量明廷立法和变通本意，实建立在官商相互依需之上。官府召商输料服劳偿以货利，并未单方面强求报效，士大夫也直面应对各种商政弊端，尽可能找到惠及双方的长远解决之道。这样看来，明代官商之间确已在经济领域基于共同利益而衍生出一种互惠合作关系，且这一由国家主导的合作机制又能够在其自身的长期运行调适中继续深化下去。

进言之，商业本具有贸迁周转、通财鬻货的社会功能，作为广土众民之下涵盖多元经济的明代帝制国家体系，不仅不能排除商人、商业在外，还更需要其互通有无、调剂余缺以资乏济匮，安民足用。而帝制国家在强化中央集权的同时，因之创造的统一的交通、货币、市场、法律诸系统又为大规模商贸往来提供了便利条件。且随着明中叶以来社会经济的恢复稳定与持续发展，商人活动及其资本的巨大价值越加得以体现。商业扩充了政府财政收入，益发与农业一起成为帝制国家的内在组成部分和结构基础，并在当时农商共同支撑的社会经济格局中，上升为最活跃的因素。此间商品货币关系逐渐发达，市场容量和商贸水平大幅提高，中国经济体的开放性与自由度明显增强。这些情况促成明代社会发生一些结构性变迁，“抑商”不再是现实的国家制度安排和法律原则，帝制国家机构也曾多次做出政策调整，开始着意以适应市场经济的方式管理财政税收。而由以上变化带来的人身依附关系松弛亦促使农工商贾各社会阶层在国家体制内均获得较充足的活动空间，商人地位稳步提高，他们常态化参与政府经济运行，在官商经济合作中与国家形成互适共利关系。

总的来讲，明代商人、商业作为帝制体系的非异质组成要素，被国家社会既有体制所广泛吸纳包容，彼此相倚并存，具有相当程度的内在契合性。当时商人、商业的持续发展没有消解国家权力，瓦解社会结构，而是在更大范围继续支撑着帝制国家的经济社会基础，并从中获得了进一步延展潜能与扩充余地。明代国家在大幅度容纳商品货币经济的同时，又将其控制限定在承自悠久传统的政治体制制度框架内，使商品经济繁荣与帝制体系强固同向并行。双方由此磨合为一基本洽和局面，展示了互适共生的历史变迁态势，从而衍化出一种在既有体制框架下以农商混合经济为基础，且因呈现较高商业化发展前景故整体结构更具深入推演可能的帝制农商社会。

参考文献（分别以引用先后为序）

古籍史料

1.《明实录》，台北："中央研究院" 历史语言研究所，1962 年。

2.［清］张廷玉等：《明史》，北京：中华书局，1974 年。

3.［明］朱元璋：《资世通训》，《续修四库全书》第 935 册，上海：上海古籍出版社，2002 年。

4.［明］朱元璋：《御制大诰续编》，《续修四库全书》第 862 册，上海：上海古籍出版社，2002 年。

5.［明］刘惟谦等：《大明律》，《续修四库全书》第 862 册，上海：上海古籍出版社，2002 年。

6.［明］申时行等：《明会典》，北京：中华书局，1989 年。

7.［明］朱元璋：《明太祖文集》，《景印文渊阁四库全书》第 1223 册，台北：台湾商务印书馆，1986 年。

8.［明］朱元璋：《御制大诰三编》，《续修四库全书》第 862 册，上海：上海古籍出版社，2002 年。

9.［明］张瀚：《松窗梦语》，盛冬铃点校，北京：中华书局，1985 年。

10.［明］李东阳等：《明会典》，《景印文渊阁四库全书》第 617～618 册，台北：台湾商务印书馆，1986 年。

11.［清］谷应泰：《明史纪事本末》，北京：中华书局，1977 年。

12.［明］郑晓：《吾学编》，《续修四库全书》第 424～425 册，上海：上海古籍出版社，2002 年。

13.［明］朱元璋：《皇明祖训》，《四库全书存目丛书》史部第 264 册，济南：齐鲁书社，1996 年。

14.［明］陈子龙等：《明经世文编》，北京：中华书局，1962 年。

15.［明］王士骐：《皇明驭倭录》，《续修四库全书》第 428 册，上海：上海古籍出版社，2002 年。

16.［明］黄景昉：《国史唯疑》，陈士楷、熊德基点校，上海：上海古籍出版社，2002 年。

17. ［明］王圻：《续文献通考》，北京：现代出版社，1986 年。

18. ［日］释周凤：《善邻国宝记》，王德毅主编：《丛书集成续编》第 217 册，台北：新文丰出版公司，1989 年。

19. ［明］孙旬：《皇明疏钞》，《续修四库全书》第 463 ~ 464 册，上海：上海古籍出版社，2002 年。

20. ［明］史玄：《旧京遗事》，北京：北京古籍出版社，1986 年。

21. ［明］谢肇淛：《五杂组》，北京：中华书局，1959 年。

22. ［清］顾炎武：《天下郡国利病书》，黄珅等校点，上海：上海古籍出版社，2012 年。

23. ［明］沈德符：《万历野获编》，北京：中华书局，1959 年。

24. ［清］嵇璜、曹仁虎等：《钦定续文献通考》，《景印文渊阁四库全书》第 626 ~ 631 册，台北：台湾商务印书馆，1986 年。

25. ［清］陈梦雷：《古今图书集成·食货典》，台北：鼎文书局，1977 年。

26. ［明］袁宏道：《袁宏道集笺校》，钱伯城笺校，上海：上海古籍出版社，1981 年。

27. ［明］朱国祯：《涌幢小品》，北京：中华书局，1959 年。

28. 苏州博物馆等编：《明清苏州工商业碑刻集》，南京：江苏人民出版社，1981 年。

29. ［明］沈榜：《宛署杂记》，北京：北京古籍出版社，1980 年。

30. ［明］顾起元：《客座赘语》，谭棣华、陈稼禾点校，北京：中华书局，1987 年。

31. ［明］何士晋：《工部厂库须知》，《续修四库全书》第 878 册，上海：上海古籍出版社，2002 年。

32. ［明］何良俊：《四友斋丛说》，北京：中华书局，1959 年。

33. ［明］张永明：《张庄僖文集》，《景印文渊阁四库全书》第 1277 册，台北：台湾商务印书馆，1986 年。

34. ［明］王元翰：《凝翠集》，王德毅主编：《丛书集成续编》第 147 册，台北：新文丰出版公司，1989 年。

35. ［明］吕坤：《吕坤全集》，王国轩、王秀梅整理，北京：中华书局，2008 年。

36. ［明］孔贞运：《皇明诏制》，《续修四库全书》第 457 ~ 458 册，上海：上海古籍出版社，2002 年。

37. ［明］毕自严：《度支奏议》，《续修四库全书》第 483 ~ 490 册，上海：上海古籍出版社，2002 年。

38. ［清］郑达：《野史无文》，北京：中华书局，1960 年。

39. ［明］张萱：《西园闻见录》，《续修四库全书》第 1168 ~ 1170 册，上海：上海古籍出版社，2002 年。

40. ［明］席书等：《漕船志》，荀德麟、张英聘点校，北京：方志出版社，2006 年。

41. ［明］贺仲轼：《两宫鼎建记》，北京：中华书局，1985 年。

42. ［清］常明、杨芳灿等：（嘉庆）《四川通志》，成都：巴蜀书社，1984 年。

43. ［明］余承勋：（嘉靖）《马湖府志》，《天一阁藏明代方志选刊》第 66 册，上海：上海古籍书店，1982 年。

44. ［明］束载等：（嘉靖）《洪雅县志》，《天一阁藏明代方志选刊》第 66 册，上海：上海古籍书店，1982 年。

45. ［明］王士性：《广志绎》，吕景琳点校，北京：中华书局，1981 年。

46. ［明］丘濬：《大学衍义补》，《景印文渊阁四库全书》第 712 ~ 713 册，台北：台湾商务印书馆，1986 年。

47. ［明］王世贞：《弇州续稿》，《景印文渊阁四库全书》第 1282 ~ 1284 册，台北：台湾商务印书馆，1986 年。

48. ［清］佚名：《北新关志丛钞》，王其煌、顾志兴标点，孙忠焕主编：《杭州运河文献集成》第 1 册，杭州：杭州出版社，2009 年。

49. ［明］李维桢：《大泌山房集》，《四库全书存目丛书》集部第150 ~ 153 册，济南：齐鲁书社，1997 年。

50. ［明］朱健：《古今治平略》，《续修四库全书》第 756 ~ 757 册，上海：上海古籍出版社，2002 年。

51. ［明］焦竑：《澹园集》，李剑雄点校，北京：中华书局，1999 年。

52. ［明］萧良榦：《拙斋十议》，北京：中华书局，1985 年。

53. ［明］伍袁萃：《漫录评正》，《北京图书馆古籍珍本丛刊》第 70 册，北京：书目文献出版社，1998 年。

54. ［清］顾炎武：《日知录集释》，［清］黄汝成集释，上海：上海古籍出版社，1985 年。

55. ［明］李东阳：《怀麓堂集》，《景印文渊阁四库全书》第 1250 册，台北：台湾商务印书馆，1986 年。

56. ［明］王守仁：《王阳明全集》，吴光等编校，上海：上海古籍出版社，1992 年。

57. ［清］余丽元：（光绪）《石门县志》，《中国方志丛书·华中地方》第 185 号，台北：成文出版社有限公司，1975 年。

58. ［明］高攀龙：《高子遗书》，《景印文渊阁四库全书》第 1292 册，台北：台湾商务印书馆，1986 年。

59. ［明］倪元璐：《倪文贞集》，《景印文渊阁四库全书》第 1297 册，台北：台湾商务印书馆，1986 年。

60. ［明］杨时乔：《两浙南关榷事书》，《续修四库全书》第 834 册，上海：上海古籍出版社，2002 年。

61. ［明］王廷相：《王廷相集》，王孝鱼点校，北京：中华书局，1989 年。

62. ［明］汪道昆：《太函集》，《续修四库全书》第 1346～1348 册，上海：上海古籍出版社，2002 年。

63. ［明］张燮：《东西洋考》，谢方点校，北京：中华书局，1981 年。

64. ［清］倪文蔚等：（光绪）《荆州府志》，《中国方志丛书·华中地方》第 118 号，台北：成文出版社有限公司，1970 年。

65. ［明］黄克缵：《数马集》，《四库禁毁书丛刊》集部第 180 册，北京：北京出版社，2000 年。

66. ［明］王在晋：《三朝辽事实录》，《续修四库全书》第 437 册，上海：上海古籍出版社，2002 年。

67. ［明］张国维：《张忠敏公遗集》，《四库未收书辑刊》6 辑第 29 册，北京：北京出版社，2000 年。

68. ［清］孙承泽：《天府广记》，北京：北京古籍出版社，1982 年。

69. ［明］张应俞：《杜骗新书》，上海：上海古籍出版社，1994 年。

70. ［明］温纯：《温恭毅集》，《景印文渊阁四库全书》第 1288 册，台北：台湾商务印书馆，1986 年。

71. ［明］吕柟：《泾野先生文集》，《四库全书存目丛书》集部第60～61 册，济南：齐鲁书社，1997 年。

72. ［明］韩邦奇：《苑洛集》，《景印文渊阁四库全书》第 1269 册，台北：台湾商务印书馆，1986 年。

73. ［明］林希元：《同安林次崖先生文集》，《四库全书存目丛书》集部第75册，济南：齐鲁书社，1997年。

74. ［明］李光缙：《景璧集》，曾祥波点校，福州：福建人民出版社，2012年。

75. ［明］叶向高：《苍霞草》，《四库禁毁书丛刊》集部第124册，北京：北京出版社，2000年。

76. ［明］叶向高：《苍霞续草》，《四库禁毁书丛刊》集部第124～125册，北京：北京出版社，2000年。

77. ［明］袁中道：《珂雪斋集》，钱伯城点校，上海：上海古籍出版社，1989年。

78. ［清］丁廷楗等：（康熙）《徽州府志》，《中国方志丛书·华中地方》第237号，台北：成文出版社有限公司，1975年。

79. ［明］李应升：《落落斋遗集》，《四库禁毁书丛刊》集部第50册，北京：北京出版社，2000年。

80. ［明］王世贞：《弇州四部稿》，《景印文渊阁四库全书》第1279～1281册，台北：台湾商务印书馆，1986年。

81. ［明］许国：《许文穆公集》，《四库禁毁书丛刊》集部第40册，北京：北京出版社，2000年。

82. ［明］文章等：（嘉靖）《增城县志》，《天一阁藏明代方志选刊续编》第65册，上海：上海书店，1990年。

83. ［清］王夫之：《噩梦》，王伯祥校点，北京：古籍出版社，1956年。

84. ［明］毛凤韶：（嘉靖）《浦江志略》，《四库全书存目丛书》史部第186册，济南：齐鲁书社，1996年。

85. ［清］王夫之：《宋论》，舒士彦点校，北京：中华书局，1964年。

86. ［明］胡居仁：《居业录》，北京：中华书局，1985年。

87. ［明］张居正：《张太岳集》，上海：上海古籍出版社，1984年。

88. ［元］马端临：《文献通考》，北京：中华书局，1986年。

89. ［清］黄宗羲：《明夷待访录》，北京：中华书局，1981年。

90. ［清］李塨：《平书订》，北京：中华书局，1985年。

91. ［明］王鏊：《震泽长语》，北京：中华书局，1985年。

92. ［明］王世贞：《弇山堂别集》，魏连科点校，北京：中华书局，1985年。

93. ［明］张学颜等：《万历会计录》，《续修四库全书》第 831 ~ 833 册，上海：上海古籍出版社，2002 年。

94. ［明］叶向高：《后纶扉尺牍》，福建省文史研究馆编：《苍霞草全集》第 10 册，扬州：江苏广陵古籍刻印社，1994 年。

95. 黎翔凤：《管子校注》，梁运华整理，北京：中华书局，2004 年。

96. ［汉］司马迁：《史记》，北京：中华书局，1959 年。

97. ［汉］班固：《汉书》，北京：中华书局，1962 年。

98. ［清］王夫之：《读通鉴论》，舒士彦点校，北京：中华书局，1975 年。

99. ［明］何孟春：《余冬序录摘抄内外篇》，北京：中华书局，1985 年。

100. ［明］朱元璋：《明太祖集》，胡士萼点校，合肥：黄山书社，1991 年。

101. ［明］范濂：《云间据目抄》，王德毅主编：《丛书集成三编》第 83 册，台北：新文丰出版公司，1997 年。

102. 《大明律》，怀效锋点校，北京：法律出版社，1999 年。

103. ［明］宋濂：《元史》，北京：中华书局，1976 年。

104. ［明］雷梦麟：《读律琐言》，怀效锋、李俊点校，北京：法律出版社，2000 年。

105. ［明］戴金：《皇明条法事类纂》，刘海年、杨一凡主编：《中国珍稀法律典籍集成》乙编第 4 ~ 6 册，北京：科学出版社，1994 年。

106. ［明］郎瑛：《七修类稿》，北京：中华书局，1959 年。

107. ［明］叶权：《贤博编》，凌毅点校，北京：中华书局，1987 年。

108. ［明］李乐：《见闻杂记》，上海：上海古籍出版社，1986 年。

109. ［明］俞汝楫等：《礼部志稿》，《景印文渊阁四库全书》第 597 ~ 598 册，台北：台湾商务印书馆，1986 年。

110. ［明］唐顺之：《唐荆川先生集》，王德毅主编：《丛书集成续编》第 144 册，台北：新文丰出版公司，1989 年。

111. ［明］余继登：《典故纪闻》，顾思点校，北京：中华书局，1981 年。

112. ［明］郑晓：《今言》，李致忠点校，北京：中华书局，1984 年。

113. ［明］史起蛰、张矩：（嘉靖）《两淮盐法志》，《四库全书存目丛书》史部第 274 册，济南：齐鲁书社，1996 年。

114. ［明］庞尚鹏：《百可亭摘稿》，《四库全书存目丛书》集部第 129 册，济南：齐鲁书社，1997 年。

115. ［清］谢开宠：（康熙）《两淮盐法志》，台北：台湾学生书局，

1966 年。

116. ［明］谈迁：《枣林杂俎》，罗仲辉、胡明校点校，北京：中华书局，2006 年。

117. ［清］查慎行：《人海记》，北京：北京古籍出版社，1989 年。

118. ［清］李卫：（雍正）《敕修两浙盐法志》，台北：台湾学生书局，1966 年。

119. ［清］延丰等：（嘉庆）《钦定重修两浙盐法志》，《续修四库全书》第 840～841 册，上海：上海古籍出版社，2002 年。

120. ［清］苏昌臣：（康熙）《河东盐政汇纂》，《续修四库全书》第 839 册，上海：上海古籍出版社，2002 年。

121. ［清］觉罗石麟：（雍正）《初修河东盐法志》，台北：台湾学生书局，1966 年。

122. ［清］蒋兆奎：（乾隆）《河东盐法备览》，《四库未收书辑刊》1 辑第 24 册，北京：北京出版社，2000 年。

123. ［清］黄掌纶等：（嘉庆）《长芦盐法志》，《续修四库全书》第 840 册，上海：上海古籍出版社，2002 年。

124. 吴吉祜：《丰南志》，《中国地方志集成·乡镇志专辑》第 17 册，南京：江苏古籍出版社，1992 年。

125. ［清］王国安等：（康熙）《浙江通志》，《中国地方志集成·省志辑·浙江》第 1～2 册，南京：凤凰出版社，2010 年。

126. ［清］俞樾：《九九销夏录》，崔高维点校，北京：中华书局，1995 年。

127. 许承尧：《歙事闲谭》，李明回等校点，合肥：黄山书社，2001 年。

128. ［明］叶永盛：《浙鹾纪事》，北京：中华书局，1985 年。

129. ［明］王肯堂：《王仪部先生笺释》，《四库未收书辑刊》1 辑第 25 册，北京：北京出版社，2000 年。

130. 江苏省博物馆编：《江苏省明清以来碑刻资料选集》，北京：生活·读书·新知三联书店，1959 年。

131. ［明］颜俊彦：《盟水斋存牍》，中国政法大学法律古籍整理研究所整理标点，北京：中国政法大学出版社，2002 年。

132. ［明］丘濬：《重编琼台稿》，《景印文渊阁四库全书》第 1248 册，台北：台湾商务印书馆，1986 年。

133. ［明］孙世芳等：（嘉靖）《宣府镇志》，《中国方志丛书·塞北地方》第 19 号，台北：成文出版社有限公司，1970 年。

134. ［清］李塨：《阅史郄视》，北京：中华书局，1985 年。

135. ［明］陈洪谟：《继世纪闻》，盛冬铃点校，北京：中华书局，1985 年。

136. ［明］何乔远：《名山藏》，《续修四库全书》第 425～427 册，上海：上海古籍出版社，2002 年。

137. ［清］龙文彬：《明会要》，北京：中华书局，1956 年。

138. ［明］钟惺：《隐秀轩集》，李先耕、崔重庆标校，上海：上海古籍出版社，1992 年。

139. ［明］王猷定：《四照堂文集》，王德毅主编：《丛书集成续编》第 151 册，台北：新文丰出版公司，1989 年。

140. ［明］张四维：《条麓堂集》，《续修四库全书》第 1351 册，上海：上海古籍出版社，2002 年。

141. ［明］王慎中：《遵岩集》，《景印文渊阁四库全书》第 1274 册，台北：台湾商务印书馆，1986 年。

142. ［明］叶向高：《四夷考》，北京：中华书局，1991 年。

143. ［明］胡宗宪：《筹海图编》，《景印文渊阁四库全书》第 584 册，台北：台湾商务印书馆，1986 年。

144. ［明］归有光：《震川先生集》，周本淳校点，上海：上海古籍出版社，1981 年。

145. ［明］朱朝瑛：《罍庵杂述》，《四库全书存目丛书》子部第 19 册，济南：齐鲁书社，1995 年。

146. ［明］刘世节：《刘忠宣公年谱》，《四库未收书辑刊》6 辑第 29 册，北京：北京出版社，2000 年。

147. ［明］王锜：《寓圃杂记》，张德信点校，北京：中华书局，1984 年。

148. ［明］宋应星：《野议》，上海：上海人民出版社，1976 年。

今人著述

1. 万明主编：《晚明社会变迁问题与研究》，北京：商务印书馆，2005 年。

2. 张显清主编：《明代后期社会转型研究》，北京：中国社会科学出版社，2008 年。

3. 冯天瑜：《“封建”考论》，武汉：武汉大学出版社，2006 年。

4. 赵轶峰：《明代的变迁》，上海：上海三联书店，2008 年。

5. 中国人民大学中国历史教研室编：《中国资本主义萌芽问题讨论集》，北京：生活·读书·新知三联书店，1957 年。

6. 南京大学历史系中国古代史教研室编：《中国资本主义萌芽问题讨论集》续编，北京：生活·读书·新知三联书店，1960 年。

7. 南京大学历史系明清史研究室编：《明清资本主义萌芽研究论文集》，上海：上海人民出版社，1981 年。

8. 南京大学历史系明清史研究室编：《中国资本主义萌芽问题论文集》，南京：江苏人民出版社，1983 年。

9. 傅衣凌：《明清时代商人及商业资本》，北京：人民出版社，1956 年。

10. 傅衣凌：《明清社会经济史论文集》，北京：人民出版社，1982 年。

11. 吴承明：《中国资本主义与国内市场》，北京：中国社会科学出版社，1985 年。

12. 许涤新、吴承明主编：《中国资本主义发展史》第 1 卷，北京：人民出版社，1985 年。

13. 韩大成：《明代社会经济初探》，北京：人民出版社，1986 年。

14. 唐力行：《商人与中国近世社会》，杭州：浙江人民出版社，1993 年。

15. 姜守鹏：《明清北方市场研究》，长春：东北师范大学出版社，1996 年。

16. 张忠民：《前近代中国社会的商人资本与社会再生产》，上海：上海社会科学院出版社，1996 年。

17. 吴慧主编：《中国商业通史》第 3 卷，北京：中国财政经济出版社，2005 年。

18. 黄仁宇：《放宽历史的视界》，北京：生活·读书·新知三联书店，2001 年。

19. 沈志佳编：《余英时文集》第 3 卷《儒家伦理与商人精神》，桂林：广西师范大学出版社，2004 年。

20. 张明富：《明清商人文化研究》，重庆：西南师范大学出版社，1998 年。

21. ［日］寺田隆信：《山西商人研究》，张正明等译，太原：山西人民出版社，1986 年。

22. ［美］彭慕兰：《大分流：欧洲、中国及现代世界经济的发展》，史建云译，南京：江苏人民出版社，2003 年。

23. 李伯重：《江南的早期工业化（1550 ~ 1850 年）》，北京：社会科学文献出版社，2000年。

24. 范金民：《明清江南商业的发展》，南京：南京大学出版社，1998年。

25. 范金民等：《明清商事纠纷与商业诉讼》，南京：南京大学出版社，2007年。

26. 孙强：《晚明商业资本的筹集方式、经营机制及信用关系研究》，长春：吉林大学出版社，2007年。

27. ［加］卜正民：《纵乐的困惑：明代的商业与文化》，方骏等译，北京：生活·读书·新知三联书店，2004年。

28. 陈大康：《明代商贾与世风》，上海：上海文艺出版社，1996年。

29. 邵毅平：《中国文学中的商人世界》，上海：复旦大学出版社，2005年。

30. 张海鹏、王廷元主编：《徽商研究》，合肥：安徽人民出版社，1995年。

31. 王廷元、王世华：《徽商》，合肥：安徽人民出版社，2005年。

32. 张正明：《晋商兴衰史》，太原：山西古籍出版社，1995年。

33. 刘建生、刘鹏生等：《晋商研究》，太原：山西人民出版社，2002年。

34. 黄鉴晖：《明清山西商人研究》，太原：山西经济出版社，2002年。

35. 高春平：《晋商学》，太原：山西经济出版社，2009年。

36. 刘建生等：《明清晋商与徽商之比较研究》，太原：山西经济出版社，2012年。

37. 李刚：《陕西商帮史》，西安：西北大学出版社，1997年。

38. 张海鹏、张海瀛主编：《中国十大商帮》，合肥：黄山书社，1993年。

39. 王孝通：《中国商业史》，上海：上海书店，1984年。

40. 王振忠：《明清徽商与淮扬社会变迁》，北京：生活·读书·新知三联书店，1996年。

专题论文

1. 赵轶峰：《世界大变迁与明清中国——对现代早期东西方历史进程的再思考》，《社会科学辑刊》2015年第6期。

2. ［美］黄宗智：《中国经济史中的悖论现象与当前的规范认识危机》，《史学理论研究》1993年第1期。

3. 赵轶峰：《中华文明的延续性、内聚性及其演进的模式特征》，苗长虹主编：《黄河文明与可持续发展》第11辑，郑州：河南大学出版社，2015年。

4. 赵轶峰：《关于中国“封建社会”的一些看法》，《东北师大学报（哲学社会科学版）》2005 年第 3 期。

5. 赵轶峰：《政治文化视角下的明清帝制农商社会》，《中国史研究》2016 年第 3 期。

6. 赵轶峰：《明代经济的结构性变化》，《求是学刊》2016 年第 2 期。

7. 赵轶峰：《明代中国历史趋势：帝制农商社会》，《东北师大学报（哲学社会科学版）》2007 年第 1 期。

8. 赵轶峰：《明清帝制农商社会论纲》，《古代文明》2011 年第 3 期。

9. 赵轶峰：《明清江南研究的问题意识》，《探索与争鸣》2016 年第 4 期。

10. 李伏明：《义利之辩、重农轻商与明清江南商品经济的发展——兼评中国资本主义萌芽问题》，《学术月刊》1993 年第 4 期。

11. 赵轶峰：《晚明北方下层民众价值观与商业社会的发展》，《东北师大学报（哲学社会科学版）》2003 年第 1 期。

12. ［日］大岛利一：《“天工开物”的时代》，［日］薮内清等：《天工开物研究论文集》，章熊、吴杰译，北京：商务印书馆，1959 年。

13. ［日］藤井宏：《新安商人的研究》，傅衣凌、黄焕宗译，《江淮论坛》编辑部编：《徽商研究论文集》，合肥：安徽人民出版社，1985 年。

14. 陈支平：《中国商人历史研究中的制度与文化：一个新的路径》，《学术月刊》2009 年第 4 期。

15. 赵轶峰：《“大分流”还是“大合流”：明清时期历史趋势的文明史观》，《东北师大学报（哲学社会科学版）》2005 年第 1 期。

16. 赵轶峰：《中华文明演进历程中的帝制农业社会与帝制农商社会》，林文勋、张锦鹏主编：《中国古代农商·富民社会研究》，北京：人民出版社，2016 年。

17. 张明富：《抑商与通商：明太祖朱元璋的商业政策》，《东北师大学报（哲学社会科学版）》2001 年第 1 期。

18. 吴晗：《胡惟庸党案考》，北京市历史学会主编：《吴晗史学论著选集》第 1 卷，北京：人民出版社，1984 年。

19. 赵轶峰：《重谈洪武时期的倭患》，《古代文明》2013 年第 3 期。

20. 唐文基：《明代的铺户及其买办制度》，《历史研究》1983 年第 5 期。

21. 赵毅：《铺户、商役与明代城市经济》，《东北师大学报（哲学社会科学版）》1985 年第 4 期。

22. 高寿仙：《市场交易的徭役化：明代北京的“铺户买办”与“召商买办”》，《史学月刊》2011 年第 3 期。

23. 赵轶峰：《论明代中国的有限开放性》，《四川大学学报（哲学社会科学版）》2014 年第 4 期。

24. 赵轶峰：《试论明代货币制度的演变及其历史影响》，《东北师大学报（哲学社会科学版）》1985 年第 4 期。

25. 赵轶峰：《试论明末财政危机的历史根源及其时代特征》，《中国史研究》1986 年第 4 期。

26. 赵轶峰：《明清商业与帝制体系关系论纲》，《古代文明》2016 年第 4 期。

27. 陈学文：《晚明经济思想史上的一大发展——〈崇邑蔡侯去思亭记〉的评释》，《天中学刊》2010 年第 1 期。

28. 陈支平、林枫：《明代万历前期的商业税制与税额》，朱诚如、王天有主编：《明清论丛》第 1 辑，北京：紫禁城出版社，1999 年。

29. 许敏：《明代商人户籍问题初探》，《中国史研究》1998 年第 3 期。

30. 许敏：《试论清代前期铺商户籍问题——兼论清代“商籍”》，《中国史研究》2000 年第 3 期。

31. ［日］藤井宏：《明代盐商的一考察——边商、内商、水商的研究》，刘淼译，古籍整理办公室编：《徽州社会经济史研究译文集》，合肥：黄山书社，1987 年。

32. 罗冬阳：《“叶淇变法”的虚与实》，林文勋、张锦鹏主编：《中国古代农商·富民社会研究》，北京：人民出版社，2016 年。

33. 罗冬阳：《叶淇变法与明代两淮余盐开中》，《史林》2016 年第 5 期。

34. 万明：《商品、商人与秩序——晚明海上世界的重新解读》，《古代文明》2011 年第 3 期。

35. 方志远：《“冠带荣身”与明代国家动员——以正统至天顺年间赈灾助饷为中心》，《中国社会科学》2013 年第 12 期。

后 记

本书作为明代商人、商业与当时国家社会体制关系的初步研究，是在我的博士论文前半部分基础上整理修改而成。我的博士论文主要探讨了明代的商业制度、士商关系及商人角色，研究内容可以归纳为三组互相关联的问题，即从明代的商业制度看商人、商业与帝制体系基本关系，从明代士大夫对商人、商业的评议看彼时士商关系面貌，从明代商人的经营处世看他们的价值认同与社会角色。其中前四章具体论述了明代的商业政策、明代士大夫对商税征收的认识、明代商人的法权地位及明代国家同商人的合作，均从各自角度正面阐发了其时商人、商业与国家体制间业已形成“互洽共生”的基本关系。而后两章有关明代士商关系和商人角色的理析，考察对象虽由国家制度法规转移到士、商两大社会人群，但所要论证的问题背后的总体指向实与前述诸章保持一致。

大致而言，此前完成的博士论文可分为互有照应又相对独立的上下两部分，因前四章主题要旨比之后两章更为集中明确，文理逻辑亦较感顺畅清晰，故计划先予出版。当然，关于中国帝制时代国家权力与商人、商业角色地位的互动关系是一项牵涉中国古史研究理论探索与体系构建的综合性重大学术课题，本书所讨论的四个议题既难说充分，又远非全面，且还因自己先搜罗材料、再梳理长编的写作习惯而录载了大量史籍原文，整体颇显繁冗粗疏，只能当成本人在学习积累过程中一个不算成熟的初步探研，许多有价值、有意义的话题尚须留待日后做精深考究。现不揣冒昧，付梓印行，就教方家的同时，也欢迎学界同仁批评指正。

我学术成长中取得的每一点成绩与进步都离不开指导教师赵轶峰先生的悉心培养和严格教诲，借此机会向他表示由衷谢意。有幸跟随先生读书十载，于今毕业已过一年，仍时时真切体会到还需向老师学习的太多太多。先生提出的明清“帝制农商社会”学说，为我之前并今后史学研究的关注视域及思考方向打开了一条通路。“帝制农商社会”说富有创见地提供了解释中国历史社会形态结构及演进趋势的合理框架，尽管我的研究不好就此认为旨在直接证实该说确当与否，然目标却一定是希望得以追循、延续先生开创的学术道路，连通历史和现实，勉尽自己所知所能而将人类社会演化历程上具有特色的中国经验的研讨推进向前。

博士后进站之后，同样受惠于合作导师孙晓先生的亲切教导与多方照顾，本书的顺利出版，绝大程度得益于孙先生的鼓励支持，感激之情自不待言。此外，福建教育出版社与和景公司的相关工作人员为本书的编辑出版也付出了很多劳动，在此一并致谢。

最后，向含辛茹苦抚育我的父母及一直以来呵护关心我的家人、朋友道一声，谢谢你们！

常文相

2018年12月1日 北京